破除迷信全書

第一輯
第30冊

破除迷信全書

附錄
第3種

（新編）破除迷信全書目錄

卷二　卜筮……八三—一三四

卷三　看相

(一)韋挺……一七六
(二)東方朔……一七七
(三)桓溫……一七八
(四)絮廬……一七八
(五)嵐光……一八一
伍　結論……一八二

卷四　垂象……一八九—二四〇

壹　引言……一八五
貳　實用……一八七
叄　誤會……一八八—二一〇
(一)夏桀時……一八八
(二)成湯時……一八九
(三)周成王……一九〇
(四)周莊王時……一九一
(五)周顯王時……一九三
(六)周赧王時……一九四

肆　星命……二一〇—二一九

卷五　成佛

卷六　成仙

貳　謬說

卷七　妖祥

卷八　左道……四〇七——四九〇

卷九 邪說

卷十　多神

破除迷信全書

SUPERSTITIONS

Their Origin and Fallacy

SUPERSTITIONS

Their Origin and Fallacy

Compiled By

T. C. LI

Edited By

R. Y. LO, PH. D.

Published By

PUBLICATION DEPARTMENT

of

THE M. E. CHURCH

First Edition, March, 1924

Second Edition, February, 1926

Third Edition, March, 1929

Sale: Agent

THE MISSION BOOK COWPANY

13 Noth Szecouen Road, Shanghai

Price 40 Cents. Postage Extra.

破除迷信全書序

迷信是在原人時代就紮下了惡根，再加上歷代的潛滋默長，遂越發盤根錯節霸踞了人的腦海。說一句實情話，一部二十四史乃是以迷信爲主腦編成的；如果將史中的迷信剔除，所賸的不過是支支節節。

基督教素以破除迷信爲己任；近世紀迷信在我國所以不得過於猖獗，完全是因爲受了基督教的打擊，假如再用上積極的工夫，直搗迷信的老巢，當然可制迷信的死命了。

近三五年來，有一般號稱得了新覺悟受了新思潮的人物，將破除迷信列爲新文化運動之一，旗幟未嘗不鮮明，號筒倒也甚響喨，可是礮是亂放，鎗是亂射，或者不到五分鐘，也許要偃旗息鼓的。

至於論到基督教的破除迷信工夫呢，却是以步步緊爲工具；因爲歷年以來，已經有不少破迷的文字，最顯然的，則爲丁韙良博士的黜虛崇正論。可惜自博士被召以後，繼起的少有其人，况且當著這破除迷信的聲浪，囂塵直上的時候，敢說博士如果存在，則必重修他的黜虛論。

本美以美會百週紀念執行委員，目擊此種情勢，遂决意執行破迷的事業；所以本書報部秉承斯意，特請李幹忱先生編纂破迷全書。凡分十卷：卷一風水；卷二卜筮；卷三看相；卷四垂象；卷五成佛；卷六成仙；卷七妖祥；卷八左道；卷九邪說；卷十多神。所有論列，均屬抉擇精當，不拾前人牙慧，不襲前人皮毛。全書告成，予樂爲述緣起如右。

大中華民國十三年三月一日九江羅運炎

破除迷信全書

目錄

卷一　風水

卷二　卜筮

卷三 看相

卷四　垂象

卷五　成佛

卷六　成仙

貳 謬說……………二九八

卷七　妖祥

叁　妖異

卷八　左道

卷九　邪說

貳 人物

叁 節令

卷十　多神

破除迷信全書

卷一　風水

壹　開篇

按字面說：風是空氣流動的結果。至於要說到空氣爲甚麼要流動，可以取過那本七八歲的兒童所讀的初等國文來，在上面記著說：『空氣因爲受日光的蒸晒，所以就發熱；既發熱就漲大；既漲大就越發質量輕；既然輕所以就上升。他既然留下一塊空間的地位，那麼四圍的空氣就一齊要往這塊空間的地位奔，所以因此就成了風。』人若以爲這個說法不是眼睛所能看得見的，就請趁著嚴冷的天氣時，將嘴張開呼出來吸進去，都可以看見空氣是流動的，好像是颳一陣小風似的。設若是仍以爲這個比方還不算是十分顯明，那麼請在洗臉盆中盛滿了水，等著平靜的時候，就用一隻茶杯從水的正中舀出一杯來，就可以看見四圍的水要都往中間奔的了。這個水的流動，正如同風的流動是一樣的理。所以風可以說是天地忽然喘了一口氣，好像人的上唇與下層閼關了幾次一般這原是不足爲奇的，又有甚麽關乎富貴名利貧賤的呢？

在上古的時候人的智識未開，雖然遇見一點平常的物理，也總要是吃驚不小的，也總以爲是高深莫測的；所以在我國所尊稱的四子書的中庸上說：『知遠自近，知風之至。』意思是知道到遠處是必把近處走，知道風是從甚麽地方來，這就可以稱爲一個出奇的人了。祇因爲懂得風與水的人是很少的，所以社會上纔發生這關於風的迷信，以及關於水的迷信。

再往前說：古人稱金木水火土爲五行；以爲世界的所以搆成，少了五樣的一樣，也是行不得的。這五樣東西按化學說：就是組成世界的原質。可是到現在人又明白過來，世界原不是五行的，現在已經找出七十多種原質來了。可見古人的舊說，並不算爲完備；即便今人的學說，再往上幾十年幾百年也是要被駁倒的。况且五行中的木，又算不得一行；丁韙良博士（丁爲美國人六十年前來我國，譯著書籍甚多。前淸時北京設立同文館，聘了爲總教授，我國外交人才陸徵祥等均曾在丁門下受業。丁所著書籍，以公法會通，公法新編，天道溯源，關邪歸正，性學舉隅，流通最廣。）在他所著的性學舉隅中，說是五行應改爲金風水火土，因爲萬物所以生存，全是藉著風；木不過是藉著水土風生成的一種植物就是了。

若是照著丁博士所說的，即便將風高抬，使他居於五行的地位；那麼人若只要去論風水，說風水是關乎生死禍福；為甚麼反把那金火土三行，置之背後呢？這真是最不公平的辦法。況且丁博士這個說法，並不是武斷的；他所著的那本性學舉隅，有當時的相國李鴻章為他作了一篇序文，文中極口稱道他是能革舊學說之命的，這就見得不是杜撰的了。

貳　古時葬不擇地

人的心理原是游移不定的，也都是不知足的，也都是希冀尋一條捷徑，用不著費代價就可以大得幸福的；只因為有幾種心理，所以纔打算藉著風藉著水，為達到虛榮心的途徑。其實這種癡心妄想的舉動，不但愚得可笑，更是愚得可憐；因為世界上的幸福，都是一滴血一滴汗換來的，絕不是燒一柱香可以徼倖得到的；何況又去拏著死人的骨頭作當頭，那更是一蟹不如一蟹的辦法了。

這種迷信的事，原是相傳已久，似乎指不出到底是誰的發起人，也不一定是在甚麼地方發起的；可是無論如何，大概是自有生民以來，就存著這種妄想，漸漸相沿成風，遂致深深的種入人心，牢不可拔了。所以每逢有人到了大富大貴，總要附會著說是與他的祖墳有關；然而在上古的時候，却是對於親祖的遺骸，並沒有非分的希冀。孟子說：『蓋上世嘗有不葬其親者，其親死則舉而委之於壑，他日過之，狐狸食之，蠅蚋姑嘬之，其顙有泚，……』。意思就是上古的時候，父母死了，並不埋葬，不過是扛起來或是抬著丟在郊外的溝中，那麼有些蒼蠅蚊子一類的活物，都飛在上面叮啄，因此爲子的看見了這種光景，心中甚是下不去，所以後來纔好歹的把父母的屍身，加以掩埋；其實並未曾想到是如何的埋法，或是埋在甚麼發福生貴的地方。

論到這些歷史，在三皇（天皇地皇人皇）五帝（伏羲神農少昊顓頊帝嚳爲五帝，然而又有以伏羲神農黃帝堯舜爲五帝的。）的時代，並不發生問題。每逢他們死的時候，也不過是用一個特別的『崩』字，來表示尊崇就是了。即如書經上論到堯的死法說：『二十有八載，帝乃殂落。』意是就是堯把天下讓給舜，到舜攝政二十有八年的工夫，堯纔身軀歸地，魂靈升天。至於是怎麼殯葬的，在書經綱鑑上，祇記著說是『葬』了就算完，並沒曾再爲他看甚麼風水，擇甚麼地理，

四千年來，我國人每一開口，必定要說堯舜堯舜，其實這兩位開闢宇宙洪荒的大聖人，他自己並未曾在風水上留意，他們完全是以天下爲公，將天下讓給有德者繼任。當他們居最高地位的時候，有上帝的仁愛，有神靈的明智；雖然是富貴，却是不驕傲，完全是要爲人服務，求天下人的

福利。孔子也曾讚美堯說：『大哉堯之爲君也！惟天爲大，惟堯則之；浩浩乎民無能名焉！』又讚美舜說：『君哉舜也！巍巍乎其有成功也！』後世的人既然重看堯舜，爲甚麼不效法他們的大公無私呢？況且再說到那累代加封的大成至聖文宣王孔子，連他父親叔梁紇葬的地方，還不曉得；那麼他所以成爲聖人，豈又是因爲得了先人墳墓的蔭庇，總發跡的麼？那眞是無稽之談，荒唐到了極點！

叁　帝王的流毒

(一)殉葬　降及後世，世人就把上古的渾厚滋味失掉，專門的自私自利；不但在生前是要霸佔地土，侵奪人權；即便死了，他還要作福作威，還要將些金錢財寶，據爲己有；這樣的社會，實在黑暗到了極處。即如詩經上提到秦穆公葬的時候，還要用子車氏的三個兒子，活活去殉葬。這是那些無道昏君，生前所最得意的佣人，死的時候，還是捨不得他，因此要把他們活活的隨著他埋在地裏；眞算是暗無天日了！這樣的葬法，難道就算是可以介死鬼如意麼？豈是能叫後世的子孫發福麼？

以上所提的，是强迫的殉葬法，早已就不見諸實行；可是類似的辦法，就是在滿清時候，尙有一個搗亂失國的老寡婦西太后，因爲他受了幾十年寡，所以他以爲是不能再爲高潔，於是一倡百和的，弄的成了社會的風氣。有的年輕的婦女，因爲丈夫死了，就甘去守著上吊尋死。或有的婦女，雖然是未婚夫去世，他也要一生不嫁。還有的是強迫著跟著丈夫死了，埋在一個墳裏，家中的人也爲他們看風水看地理。這種可笑又可憐的盲從舉動，比較那盲人騎瞎馬夜半臨深池還更驚人！又怎能再替一家的人造後世的福呢？

(二)秦始皇　當周朝的末季，天下分爲六國，後來都是被秦始皇倂吞了。秦始皇既能渾一天下，總稱得起是一世之雄；誰知當他出巡的時候，竟是死在路上。雖然說人死如虎，然而這個死虎，却是完不噬人；所以始皇活著的時候是不能再英武的，然而一旦斷了氣，竟是要任憑他的臣下擺弄了。因此趙高等，仍然是說他未死，並且還假托著他的命令，將他的長子扶蘇活活的治死。秦始皇死的地方，是在現在的直隸邢臺縣，若是算計起來，到他建都的陝西咸陽，差不多有兩千多里；那麼按著當時的走法，至少也得三個禮拜纔到他的老家。他是死在七月，天氣既然炎熱，料想回到咸陽，屍首必定要臭爛了。可是他的少子胡亥，還給他看好了一塊風水，把他葬在驪山之下；這處陰宅一定能算好風水了，一定能出從一世直到萬世的皇帝了。不但如此，而且還用些銅鐵五金，塞斷了通山的路；四圍再溝通上三重的水泉。按著當時人的知識，誰也不能給他破壞了這處龍脈的了。他還將些最希奇最珍貴的寶物，都埋藏在墳墓裏，以便始皇的鬼應用；此外再將後宮中無有兒子的宮女們，都逼著他們從葬。若是要推想到底是有多少宮女呢？那可以藉著阿房宮賦推算推算。賦上說：『有不得見者三十六年』。這是說秦始皇藏在阿房宮的婦女，有的是三十六年的工夫，沒曾合他見過一次面。始皇所以强奪良家的婦女，爲的是快樂肉慾，他總要天天與那些婦女接近的；但是有的婦女竟是住了三十六年的長久時間，沒曾與始皇見過一次面，這就可以想像婦女們是不能再多的了。這一回始皇糊糊塗塗的死了，婦女們還得不著解放，竟是一齊都把他們活埋了，您想恨毒不恨毒呢！這樣的兇惡的作爲，雖然看一百年的風水，卽便埋在俗語所稱道的眞龍的頭上，也是不能叫兒子興旺的了。

　　這還不算拉倒！此外更把那些修造墳墓的匠人，也一個一個的將他們治死；這是恐怕他們走漏了消息的緣故。到最末了，又命些巧匠，製造出機關箭來，按放在墳墓的四圍穴道中；凡有私自靠近的，就必爲箭射死。像這樣的布置，總算是千妥萬妥了；雖然生不能傳到萬世，總該是死能傳到萬世了。誰料想不到三年零四十六天，就將皇帝的位失掉，阿房宮也焚毀了！始皇的墳墓也被掘發了！可見風水地理陰陽，是最靠不住的瞎話。然而今世的後人，怎麼反倒迷信的這樣厲害呢？推想說來，都是吃了自私的虧。

（三）朱溫　按史記上載著，當唐末的時候，皇帝是唐昭宗。當時最跋扈的軍人是朱全忠，他本是一個碭山（今江蘇碭山縣）的強盜，綽號叫朱三。唐末的時候，盜賊蜂起，以後朱全忠爲苟全性命，所以就投降了唐朝。不料他賊心不改，仗著兵力，不知坑殺了多少功臣，唐昭宗也沒法制服他。曾賜給他一個最尊的名號，叫做甚麼『回天再造竭忠守正功臣』。又因爲他權勢太大，皇帝就要設法除滅他，所以就在他的祖墳上，埋下了一些鎮壓的器物；這是因爲有人對皇帝說：『每夜有紅光從他祖墳上射出，一定是主著後人大貴』。所以那亡國的皇帝，聽了這個話，覺著是正對了胃口，這總有這飄渺無憑的舉動。

若是果然朱全忠得執兵權，關乎祖墳得了好的風水，則經過唐昭宗暗中的一番破壞，當然該不能再有所作爲，唐朝也可不至於滅亡；然而唐朝豈不是亡於朱全忠的手麼？如果他的祖墳眞得了地理的作用，能以使朱全忠作成梁朝的主，也理當多傳幾輩子，絕不能祇傳兩輩子十七年就忽然斷了宗嗣；而且又爲兒子所殺，兒子又各不得好死。此種家庭間的殘殺，絕非因爲祖墳所激蕩的；就是他能作過兩輩子十七年的皇帝，更不是關於甚麼祖墳的作用。

可是怎麼那糊塗的昏君唐昭宗反信服此等祖墳能發跡的說法呢？大原因則在處於無計奈何時，問天天不語問地地不應，那麼祇好求一個報仇的捷徑，去朝著祖墳洩氣便了。所以此種風水的說法，陰陽的道理地理的邪術無非俱是迎合失意人心理的方術，此外則並無半點可憑的實據。

（四）明太祖。再就著最近的大富大貴的人說；能手創有明一代的偉人朱元璋，自然是傑出的人才了。他的父親朱世珍，原是一個出外逃荒的，就好像現在的江北人到江南去逃荒一樣。（現在從上海到南京六百里路中的各城市，都有從江北徙來的貧民小工；他們都是無家無業，每逢流離到一處城市，不是住在破廟中，就是支搭一些蘆蓬，僅僅的能遮風蔽雨。這些流離失所的人，乃是江南本地的土著所視為最下賤的，每逢市上有了賣不了的臭魚爛蝦，必要說：『這是江北人所吃的啊！』六百年前的朱元璋，想必也是此等的人。）當時他一家遷徙無定，處境是不能再為困苦。論到他老家（江蘇沛縣）的祖墳，早就為犬馬踐踏，不存形跡了。朱元璋小的時候，家中無法度日，所以就把他捨給濠上（今安徽鳳陽縣）皇覺寺的（今改為龍興寺已經頹圮不堪。）老和尙，好歹的可以混一碗飯吃。所以這種光景，是不能再困難了。

誰知到了他登了帝位，一統天下，作綱鑑史記的人，也就捕風捉影的附會著說：『有一年濠泗一帶，瘟疫病大行，他父母哥哥兄弟都染疫死了；只因爲家中貧窮，連壽衣棺材也是買不給的，所以他和二哥就用些稻草等類的東西，將屍首捆起來，要隨便尋找一塊地土掩埋了。不料抬到山跟下的時候，忽然斷了捺的繩子，他們遂把屍身暫且放在地上；他二哥回家去再找繩子，並囑咐他在旁邊留心看守著，免得爲狼狗所吞噬。正在這個當兒，陡然的雷雨大作，朱洪武沒法，只得暫且將父母的屍身撇下，自己快跑到村中的廟裏去避避雨。誰知大雨落個不住，整整下了一夜；到第二天早晨，再到放屍身的地方去看一看，竟是出成了一座高墳。按該地的主人，原是叫劉繼祖，聽說這個奇怪的事情，心中就甚覺驚異，因此情願把那塊地白白的贈送給姓朱的』。

以上是記在綱鑑上的；從來說：『事乖青史定誰眞』。那麼就不能再批評他是荒唐的。其實這段記載，大有可以推翻的價値；因爲記載皇帝的事情，總是要說得格外出奇，十分驚人，以便表示他是上天特爲所器重的；也是要特爲的打消別人也存著非分的希望；以爲他是挖著了金鑛，是眞龍天子，別人既未得到這種發福生貴的墳地，當然該死心塌地，不再去指望意外的幸福了。況且每逢出了一代人王帝主，總要有幾十年的戰爭，那麼小百姓這纔要遭刼無法爲生的了，所以總想出用這風水的法子，可以免掉多數人的野心，社會上可以不生擾亂，國家也可以多得太平。試看現在的小學教科書，多半是叫人在聖賢身上學，多半是叫人學習其他偉人的歷史，對於以布衣成帝業的漢劉邦與明太祖，是格外要加以障礙，不叫人照著他兩個學，免得從小的時候，就把野心種在人的心中，到大了他就要學著爲擾亂國家的魔王了。用意是極可稱讚的；但是若要論到斷了繩子，屍首落地，只隔了一夜地面就突然凸起，因此關乎他兒子的貴不可言，那就未免說的過於是神話了。

明太祖既是發祥鳳陽，（今安徽鳳陽縣，與津浦路的臨淮關車站，相隔祇有十餘里，與安徽督軍駐在的蚌埠，相距祇有三四十里。）及到定都金陵之後，遂大修特修鳳陽城與龍興寺，並在附近城的西南關地十餘里，作他父親的遺骸改葬的寢陵。直到過了將近六百年後，還是一望平川，未曾開墾，只算一片荒野就是了。按當地的人說：『那一段平地，是不能再佔風水，因爲在遠處看來，那處地面是高過四圍的地面；及到跟前的時候，反倒如同站在盆的中心，竟是看著四圍又高起來了；所以這纔算是眞有風水，不能再爲寶貴了，這就是所以出了皇帝的原因』。

鳳陽城的東北兩方，有幾座小土山，山中出產一種青白色的石頭，可以雕刻茶杯等物品；據土人說：『這也是因爲出了朱洪武，所以山中纔出產這樣貴重的石頭。』

鳳陽城東的一座小土山，是孤立的，不與別的山連貫；遠遠望著，好像一把傘似的。城北的土山上，另外凸出一堆土，冷眼一看，恰如戲台上所安放的一顆假印。在那堆土的後面，則有形似馬鞍的平阜陵。既然有此種種怪像，所以當地的人，都是傳說是特爲朱洪武預備的馬鞍，印，傘，等物，以備他登了一代的大寶。以上的說法，只然是好奇的人故意的造作出來，眩人聽聞的；口裏說著，也故意的鬧著好玩的；所以並沒有可信的價值。可惜一個傳十，十個傳百，越傳越廣，因此人每逢過著甚麼山陵，也總要心下私加猜想；即便走到甚麼平地，也是心中懸懸不定，以爲這總是與富貴有連帶的關係的。此種心理，差不多人人心裏是有的；這就是養成風水地理陰陽專門惑人的左道的原素了。

鳳陽縣一帶，自古時就與一種花鼓戲；小孩子無論男女，都會背著徑約五寸長約一尺的小花鼓，敲起來有板有眼，唱起來有聲有色。那些花鼓調，有的是俗而雅，有的是鄙俚不堪入耳；就中有一齣是論明太祖的，也是與風水的眞謬，大有關係；今爲破除迷信起見，特將他列在左邊：

說鳳陽　話鳳陽　鳳陽原是個好地方
自從出了朱皇帝　十年倒有九年荒
大戶人家賣田地　小戶人家賣兒郎
我家沒有兒郎賣　背著花鼓[illegible]

這種歌曲，甚足以表示天眞的情況，也最能形容當地的風光，並能發揮社會的狀況，及人心中的蘊蓄；敢說較比那自號新文化巨子所作的長短不齊音韻不諧的新詩，更能以抒發天地間的眞氣，堪稱爲社會間的絕響了！

鳳陽縣的荒年，據調中的語氣，是對於朱皇帝大加埋怨；其實這種莫須有的罪狀，原是不足以服人的。荒年不荒年，並與朱皇帝無關；若是因爲出了一個皇帝，就弄的十年倒有九年荒，那麼這種妖孽的風水，又何必再去信服他呢？按公道的話說來，荒年不是因爲出了朱皇帝，出了朱皇帝也是不因爲有了甚麼好的風水；後世的人不察，以訛傳訛，竟說是朱皇帝的父親埋在有風水的地上，所以他的兒子纔作了皇帝；又說是山好水好，都是養成一代皇帝的元素；因此也學著在山陵間阜邱間尋找發跡的好所在，這未免是迷信太深了！

可是社會的習氣，是上有好者下必有甚焉者矣；所以在我國中，有些勢位富厚的人家，是存著非分的希望，每逢先人去世，總要在一個山水淸幽的地方，尋一處能枕山倚水，迎合上天鐘秀的所在，將屍身安放在裏面，這纔能滿足了心中的希望。他這一舉動，關係一己的原是有限，然而竟是爲社會上別的人立下了一個惡的模範，不啻是一種寫實的課本，迷住了全社會的人心，都跟著他瞎學起來了。所以最好的辦法，是先打破了上流社會的希冀心，然後將公正心安放在他們的腦海中，這纔能破除社會上的迷信，不至於瞎子領瞎子，兩個人都掉在坑裏了。

肆　附會的種種謬說

（一）李自成　當明末的時候，因爲天氣乾旱，五穀不登，國家又不知賑撫，因此流寇遍地，遂將有明二百五十年的天下踢倒了。流寇中最出色的，當推李自成與張獻忠，他兩個都是陝西人。李自成是生在米脂縣，當他作反最興旺的時候，有人以爲他是將來的人王帝主，因此也就造作出許多的謠言，說是他祖墳上也有甚麼異彩，是最能補益子孫大富大貴的；所以米脂的縣官，遂把那座墳掘發了；其實明朝還是不得存在。至於李自成所以也不能再昌達的原因，並不與他的祖墳被掘發有關，還是因爲他脫不了流寇的性質，未曾得著治國安民的大道就是了。

以上這些關於風水的事，原是不足憑信；因爲最令人難信的，就是無論是那一個，在他平平無奇的時候，並沒有人去管他的祖墳；直到他或是爲大盜或是爲大將，或是要篡位的時候，別人就拿他的祖墳當作談話的資料了。在本人並未曾去作理會，但是在旁觀的却是談的哄響，眞可說是替人擔憂的。至於推究到原委，人爲甚麼一經富貴就要重修祖墳呢？這原是木有本水有源的一種心理；人之所以成名起家，不是在乎祖墳埋的地方好，得著了甚麼好的風水，原來是祖墳所以能埋在一個好的所在，是因爲子孫發跡的緣故。這樣說來，祇有祖墳沾子孫的利益，斷沒有子孫能沾祖墳的利益。即如前兩湖巡閱使王占元，能聽說當他在湖北督軍任內時，曾登報尋找老家，這是因爲他從還不記事的時候，就撇開了老家，跟隨了別人在軍營中混了大半輩子，只求能得衣食，就算是不能再好了；及到步步升到高的位置，隨即想到木本水源的老家。但是起初原是一個不知家的童子，並沒有合他認作一家的，及陞到兩湖巡閱使的高位，雖然去登報尋找一家，也是白費了一回事。這就見出人的富貴原無關於風水的。

王占元若眞能找到老家，再從老家找出祖墳，那麼他一定是要將祖墳大加修築，表示報本的至意；這是明明祖墳沾了子孫的光，子孫又何嘗是得著祖墳風水的益處呢？可惜世人懵懵無知，祇想著去沾祖宗墳墓的光，反到自己不盡上天賦的才幹，在世上勇往前幹；這也難怪社會上充滿了浪當公子了。

（二）毛相國　當滿清初主中國的時候，在山東淄川縣出生了一個積學的文士，是姓蒲名松齡，字留仙，號柳泉。他的性情是樸厚的，他的交遊是狹廣闊的；他並不在當時的功名利祿上留意，他只要提倡道義名節。他所著作的聊齋誌異，雖然是多不能按科學來證實他，然而所記的事，有的却能少與事實相符合的；即如所記『姊妹易嫁』一段，記的是山東掖縣有一位名毛紀的，當明朝成化年間中過解元進士，作過謹身殿大學士，贈太保，謚文簡，這都是載在綱鑑上的。當毛相國年幼的時候，家中是最貧寒的，他父親是當爲人放牛爲生。當時城中有一家姓張的大族，在城東山的南邊有一塊新墳地，有人從那裏經過，就聽見有叱咤的聲音，說是『趕快的走開！不要在貴人的宅中亂擾！』地主張姓，聽見有這麼一回事，似信不信的也沒去作理會。後來就連作了幾個夢，在夢中有聲告他的話說：『您家的墳地，原是姓毛的該有的，你們爲甚麼常霸佔著呢？』因此家中常常遇見不順利的事，朋友們就勸他不必將祖先葬於那塊墳地，罷可以另遷葬就是了。張姓起初不肯，後來竟聽了朋友的話，果然遷葬了。

有一天毛相國的父親，又出外放牛，從張姓的墳地經過；忽然間遇見大雨，所以就在墳地的一個廢壙中，暫爲躲避躲避；不料雨勢來得很亟，轉眼間漲滿河平，廢壙中突然間滿了水，一時爬不上來，竟是在壙中淹死了。當時相國不過方是一個孩童，他母親遂親自到姓張的家中，請求讓出七尺的土地，好歹可以將丈夫掩埋起來。張姓問明以後，恰與夢中的警告相合，因此就越發希奇；又親到淹死的壙中看了看，正是好放棺材的地方，所以就越發的驚駭；於是遂准如所請，安葬在原壙中。以後纔出了一個相國，也就是現在的國務總理。

論到這段事情，不過出在五百年前，而且聊齋誌異又是最有價值的一本怪誕書，在我國小說界上，可說是佔了上風，已經是家喻而戶曉。再者淄川掖縣，又同是在山東省，相隔也不過六七百里，當然該是切切實實，沒有絲毫妄誕的了。其實不然，據掖縣的誠實可靠的人說：「掖縣的確是有毛家塋，但是不在城東，乃在城西的一座山坡上，距城約有五里，到現在雖有五百多年，還有石人石馬，並栽著幾棵松樹。至於論到墳地叱咤，張姓做夢，水淹廢壙等等的事，卻是絕對的與事實不符。因爲掖縣當地的人，並未有此種出奇的遺傳，也許蒲留仙是好爲怪誕，故意的鋪張，以誘惑世人的。論到毛家的後代，現在早已不在城內居住，只有幾家在鄉間種地。當相國在世的時候，果然是聲勢煊赫，家廟蓋的甚是高大，但是自從明鼎革後，將近三百年來，就另改作一座佛廟，稱爲千佛閣，因爲給他按置的手，是很多的。—毛相國家當時還有一座花園，是在城的西南角，可惜從滿清定鼎以後，就改築一座萬壽宮，也叫作龍亭，亭中竪著一座高碑，碑上鐫著『皇帝萬歲萬歲萬萬歲』幾個字。每逢新年或是國家有甚麼大故，地方官都要到那裏跪拜行禮的。」

（三）瞎說瞎聽　蒲留仙老先生所記的毛相國這一段事，雖然不眞，可是在社會上滿具有惑人的實力；所以我國講論風水的事，雖然是來得久遠，然而每一時代，又有些外派文士，故意舞文弄墨，淆惑聽聞，社會上就更信以爲眞。豈不知狡黠的文人，忽然丟下一個圈套，就把無識的國民，都圈在裏面了，這眞是可惜的事！從來文人好藉著筆，故意的游戲，誰知關乎一已者輕，流毒却是不可限量的。他自己也曾題聊齋著書圖說：『姑妄言之姑聽之。』意思就是『我暫且這樣瞎說，你們也暫且這樣瞎聽。』可見是絕無可信的價值了。

上面已經說道：凡是信風水的，都是私心自用的，也都是想著不勞而獲的，更是專門要取巧的；此等作爲，俱是不敢明以告人的，俱是要侵犯別人的利益以肥己的，俱是要釀造犯法律得有不可思議的惡結果的。凡是明白人，俱能跳出此種邪惡的圈套，但是世界上存心微倖的人，總是多的，所以有的兄弟三個，雖然各立門戶度日，一旦遇著父母逝世，老大老二老三，就要各人請到一位地理先生，各要看下一塊陰宅，好爲自己打算著發富生貴；因此弟兄三個各不相下，弄成官事，三五年不得能休，非到家業財產耗盡了，是不肯放手的。還有的遷延不決，雖到殯葬的時候，還要築三兩個墳，行到半路，竟施行硬强的手段，將靈柩搶奪起來了。此種現象，不是社會上沒有的，推究他的原委，無非是自私的心作祟。那些風水先生，只算腐物中的蟲子，還不算是禍患的根本；呂東萊先生在東萊博議上說：『物必先腐也，而後蟲生之；人必先疑也，而後讒入之。』正是與人信風水是一樣的理。

社會上既然存著非分的自私希望心，所以歷代不正式的著作家，在他們閒暇無事的時候，也就以欺世的文字，作投機的事業。此種文字，都可以在社會通行的稗官小說上尋出來，若是能搜集一處，不難成爲裒然的大作，越發的能引起人的好奇心，爲害更是不淺。即便散見於各處，也足能將人正當的心思，變爲徼倖的觀念。他們並且還製造出專門的名詞，藉以形容風水的實在。即如：

（四）**術語**　『牛眠地』是說晉朝的陶侃，當他還未作都督的時候，他父親忽然死了，正要想著開城埋葬；不料家中的牛竟是走失了一隻，因此四下裏出去尋找，尋找的時候，遇見一個父老對他說：『前面山岡上有一隻牛，臥在那裏，若是有人死了，葬在牛臥的地方，以後子孫必要大富大貴。』說完了話，忽然看不見了。陶侃聽了似信不信，仍然往前找牛，果見他的牛臥在一處山岡上，遂將父親葬在牛臥的地點；後來果然作了晉朝的都督。所以直到如今，這『牛眠地』三字，竟成了風水家的專名詞。其實此種無憑無據的迷信話，祇有引誘人爲非作惡的魔力，從那裏得有牛眠地呢？人爲萬物之靈，尚且不知道地的好歹，然則挨刀的蠢牛，豈是又能比較的越發有知識麼？『佳城』是說當漢朝時，有一人名夏侯嬰，又號滕公，是當時的太僕。當殯葬時，公卿們都去送殯，不料走到路上，拉車的馬就是不肯走，不住的雙蹄踏地，嘶嘶的鳴叫。人就以爲是必有出奇的緣故，因此就在馬蹄踏的地方往下掘挖，不料挖了不多深，就得著一塊石槨，上面刻著『佳城鬱抑三千年，吁嗟滕公居此室。』於是公卿們遂將他葬在石槨的地方，也不管他已經修築的墳墓了。後世的人遂造成『佳城』二字，當作看風水的專名詞。

此種不正當的邪說，寫在書本上，最足以惑亂人的心理。我國人多半是吃了此種邪書的虧，也足見出自古以來普通人的心理，都是要從中取巧；而且一般讀書的士子，又故意的推波逐浪，運用他們的生花筆，渲染的格外好聽，這纔叫人越看越有滋味，就好像眞有那麼一回事一樣。其實老實說來，此種心理乃是又可笑又可鄙的。

在聊齋上還有關於死葬的一段事記的前後似有不符，今錄在左邊，藉可表明是不足爲信。

（五）陽武侯　題目是『陽武侯』所記的是當明初的時候，有山東膠州的一位平民，名字是叫薛六，家住在附近的一座海島上，家中是甚貧窮，父親是爲人放牛，主人有一處荒田，每逢他父親放牛的時候，常看見有蛇有兎子在草中戲鬬，就甚以爲奇怪，以爲是一塊靈地，必定有甚麽寶物，所以就請主人將那處荒田讓給自己，以便在那裏蓋屋居住，主人遂准如所請。後來過了幾年，隨生了陽武侯。當臨盆的時候，大雨忽然驟來，正相應有兩個指揮使，奉著皇帝的命令到海邊巡察，所以就趕快到門下避雨，他兩個仰頭一看，見屋上有一羣鴉雀，爭著展開翅膀，蓋著屋上破漏的地方，免得漏進雨去，所以二人吃了一驚！等了不多一會，放牛的人要往外走，指揮使隨問道：『剛纔在家裏幹的甚麽事！』回答道：『適纔得了一個小孩子。』又問道：『是大喜呢還是小喜呢？』又答道：『不敢稱大喜，不過生了一個小犬。』指揮使更顯出驚駭的狀態，心中暗暗的想道：『這樣一定能成爲大貴人！不然爲甚麽有我們指揮使把門呢？』所以就念念不置的吁嗟著走了。

後來這位小孩子起名叫薛六，到了十八歲，正是朱洪武的兒子永樂皇帝，在北京起了靖難兵，來攻打明朝的第二張的建文皇帝的那一年。薛六被徵入伍，到關東遼陽戍守，帶著妻子一齊往遼陽去；總離開家十幾里路，就撞見了大雨，於是小兩口子快跑到一處懸崖下暫且避雨；不到一多會，雨就住了，因此二人再往前行，不料剛剛離開懸崖不多幾步，懸崖忽地就坍塌了！住在旁邊的人，遠遠望著有兩隻老虎從崖中跳出，附在兩人身上滅沒了。

此後薛六入了隊伍，隨着靖難兵屢次立下大功，因此軍隊中都不稱他是薛六，都改稱是薛祿了。靖難兵主動人永樂皇帝，遷都北京，所有一切建築宮殿的事，都是由薛祿計畫；以後封爲陽武侯，追封鄞國公，謚忠武公。

以上是蒲留仙所記的；但是在池北偶談上，則稍爲記的不同，說是他父親爲人牧羊時，常聽見地下發出鼓樂的聲音，所以特別的將那處地方記下，並對他的兒子們說：『等我死了以後，你們要緊把我葬在某處某處』。以後兒子們就照着父親的話行了，兒子中遂出了一個陽武侯。

按以上的記載看來，明明是一個人，却是前後有兩樣的說法，且是都在一篇上所記的，這就見出全是附會，全是風聞，絲毫沒有可信的價値了。所可惜的，聊齋誌異一書，論辭藻是甚富麗的，所以社會上讀聊齋本是要學行文敍事的方法，誰知竟於不知不覺中，被那些鬼狐虛誕的事，將心理纏住了，無論怎麽也是擺脫不掉弄的兄弟不和，家產敗落，試看下一段事，就可想像其流毒的無窮了。

（六）兄弟相持　乃說：『在山東沂州（今改爲沂水縣，與蒲留仙先生的故鄉淄川接界。）有一個姓宋名君楚的，原是居於司郎（官名）的職銜。家中素來就是講究風水的，不但男子能讀關於風水的書，連婦女們也是能誦讀，並且還能解說其理由。到宋司郎去世以後，他的兩個公子，本是早就各立門戶過日子，因此他弟兄兩個，各人都替父親看風水；每逢聽說某某處有某某人在風水上甚有閱歷，那麼雖然隔着一千兩千里路，也是要去聘請到家的。（當時交通不便，相隔一兩千里，往返起碼須一兩月的工夫。）他弟兄兩個既然各爲自己的發跡打算，所以並不商議着辦，各人都爭着去聘請，以後各人約召到了上百的風水家，天天都一齊到曠野去看風水；這一羣往東看，那一羣就往西看；那一羣往東看，這一羣又往西看；彼出則入，彼入則出，在旁觀的眼中看來，好像是兩軍對壘似的。

看了一個多月，兄弟兩個各都得了一塊好風水地。哥哥說：『若把父親埋在我看的風水地上，我家一定是封侯的。』弟弟說：『還是我這塊風水好，不信把父親埋在其中，還有不拜相的理麽？』所以兄弟兩個各不相下，各個都是求着自己發達，絕不顧念兄弟如手足的情誼。

兩個人因爲負氣，並不到一處商酌商酌事情是如何辦方纔兩不吃虧；於是各人都爲父親營造下一處墳墓，修飾的不能再爲華麗美觀。及到殯葬的日期，出門還沒多遠，就到了一條岔路；哥哥要强迫着抬到他所修的墳中，弟弟則强迫着朝着他所修的墳墓走。兄弟兩個爭持不下，還不算完，竟是各人邀約了許多幫手，加入戰爭，所以從早晨直爭到下午，尚且未得解決。送殯的賓客們，看看無法爲他們解說，所以漸漸的都散去了。擡棺材的人，左肩換到右肩，右肩又換到左肩，左換右換，也不知是換了多少次；至終實在擔不起這個重担，所以一齊商議妥當，丟在地下不擡了。

既到了這步田地，是已不能再下葬了；所以兄弟二人就暫且用些柴草土塊，修築一間茅廬，將棺材掩遮起來，免得被風雨侵蝕壞了。爲哥哥的，並又在棺材旁邊，建下一所房舍，留下僕役守候着，免得棺材被兄弟偷去；爲兄弟的，也是照樣的作法。不料想爲哥哥的看見兄弟蓋屋，自己又加蓋了一所，多打發人在旁邊看守；他兄弟看見哥哥這樣的野心，所以也就依樣修築。這樣的修來修去，不到三年的工夫，竟是房舍接連成一個小村子。

以後過了幾年，弟兄兩個相繼的死去了，祇撇下兩個寡婦頂門過日子；幸虧他妯娌兩個，能以通曉大義，因此互相商酌，不再如同他弟兄兩個那樣的水火，所以一齊坐着車子，到曠野去察看察看，說是已經擇定的兩段風水地，均是不能有益子孫的，非重新另擇不可。於是拏出錢來，另聘請一些地理先生，另為他們看看風水；每逢擇定一塊風水地，就吩咐先畫出圖來，以便判斷好歹。這些看陰陽宅的先生們，個個都抖擻精神，竭力的察看繪圖；一天的工夫能找出好幾段地來，誰知都是不中他妯娌倆的心意。一直過了十幾天，方纔有一處是中意的；大寡婦看見圖，歡歡喜喜的給二寡婦看；二寡婦說：『啊呀！眞是好風水，起碼要先發一個武孝廉！』（按現今職銜說，孝廉為碩士 M.A. 那麼武孝廉可稱為武碩士了，一笑。）於是妯娌倆隨吩咐將暴露曠野多年的父親遺體，安葬在新擇定的風水地。湊巧過了三年，宋君楚的大孫子，果然中了一個武舉。

蒲留仙記載的這段事蹟，敢說是十之八九用的是游戲之筆，也是淋漓盡致的形容看風水的虛妄，迷信風水的可憐；不然為甚麼精於風水的，反倒趕不上一個深處閨中的女子呢？可見這叚事，不過是『姑妄言之』了。既然這樣，人又爲甚麼反倒迷信的這樣深呢？無非是吃了自私儌倖的壞心眼就是了。

（七）管輅　當三國的時候，出了一個術士，名稱管輅。按歷代的附會不實在的說法，這個人是甚懂天機的。此處要特別提一提，請讀小說的人，均不要爲那些不正當的著作小說的外派士子所瞞過；因爲他們若是祇寫實事，人就不喜歡看他們的書；若是他們將一些神奇的事，用演義的筆法，渲染的格外驚人，那麼就要大受社會歡迎的。這正見出我國上上下下人的心理，是一味的好奇的了。好奇也就是取巧，也就是非分的希望，也就是自私。

那一般作稗官小說的人，因爲要迎合人的心理，所以造作出種種不足爲訓的話；即如論到管輅，罷說是有一次管輅從毌邱儉的墳墓經過；（按毌邱儉曾作過魏國的高官）看了他的墳墓，是凶多吉少，因此就替他的後人，擔起憂來；隨即倚在墳的樹榦上，歌悲傷的曲子。有人問他說：『你是爲甚麼這樣的悲傷呢？』回答說：『墳上的林木雖然茂，時間的長久不可靠；碑上的誄詞雖然美，無人看守必衰微；元武大半將頭藏，蒼龍無足實可傷；白虎將尸銜，朱雀齊悲賊；凶氣往外射，滅族不可免；屈指向後算，不過有二年！』以後毌邱儉的後人，果然遭了滅族的大禍。

這一段事說的未免太也離奇不經；試想當時既然盛行風水之說，則毌邱儉既爲高官，焉有不講求風水之理；一定是要埋在一塊牛眠的吉地了。怎麼後來反倒弄的滅族，直待管輅纔替他說破了呢？若是要說出此事的眞情，必是管輅看出毌邱儉的子孫存着甚麼大逆不道的心，要觸犯了當時魏國的法律，因此纔藉著祖墳警告他；若果他們能遵重法律，安分守己，又焉能遭受滅族的禍患呢？所以滅族不滅族，不在乎祖墳的地位，乃在乎子孫的行動。或有人說：『子孫所以生了大逆的壞心，也是由於祖墳的作用。』此種說法簡直更是不值一哂了；因爲禍福無門，惟人自召；人的犯罪作惡，全在乎一己的行爲，凡能明白事理，守分安命的，必不能遭受意外的大禍；不過後人故意的煊染，所以纔說是管輅眞有此種看風水的本領就是了。

（八）羊祜　在晉朝的時候，還有一個羊祜，當時吳國還未曾被晉所滅，羊祜的職任是把守晉吳的交界。他一味的善買吳人的心，凡交界上起了甚麼交涉，總是要將體面送給吳國的百姓，所以吳國的人沒有不稱道羊祜的道德的。有一次他將一付成藥送給吳國把守邊界的官陸抗；伺候的人說：『萬不可服！恐怕藥中已經下了毒！』但是陸抗甚是信服羊祜的，所以回答說：『豈有鴆人的羊叔子呢？』（羊祜號叔子）因此揭開原封，如數服下。

從這一段事看來，羊祜實在是一個有道德的長者，並沒有作帝王的野心；可惜當時有人要陷害他，說是：『他的祖墳上有帝王氣，若是鑿斷那假帝王氣，羊家一定是要絕後』。羊祜一聽有這樣的說法，知道一定是寃家造的謠言，不然就要受滅族之禍；因爲這個風聲一旦傳開，當時的皇帝豈能輕輕的放過，一定是先要動手滅他的族了。所以羊祜也不問這個說法的是非，只求免當時皇帝的猜疑，因此趕快自動的將墳墓四圍的地勢，一概都掘斷了，這纔免了一場滅族的大禍。其實羊祜本是個明達事理的人，這種虛謬的說法，又焉能瞞過他呢？不過他是要泯滅當時皇帝的忌刻，所以也隨乎流俗的掘斷祖墳就是了。然而最可怕的，就是一般江湖的術士；當專制的時代，無論是誰都不敢輕易得罪他們因爲作官的得罪他他就要說你的祖墳有帝王氣，以致叫當時皇帝滅你的門；平常百姓若是得罪他，他就要說是你的祖墳埋的不在地方，最好是再遷一遷方好；這樣你隨即要直接的化費必需的金錢，耽誤寶貴的光陰，以致弄的家敗人亡。豈不知那作弄是非的術士，還在暗地裏竊笑你哩！

羊祜的時運，這還不算終了；那位術士對於他還要施行第二步的伎倆。所以後來又對羊祜說：『你將祖墳掘斷以後，還能出一個折臂的三公。』可巧羊祜後來從馬上跌下，果然將臂折斷，後來死了，哲宗帝贈給他一個太尉（就如現在的陸軍總長）的官銜；到底也沒有後人。
後來所記的這一段，乃是附會的餘波，墮馬不墮馬，折臂不折臂，不是術士所能預先曉得的，只在乎個人的遭遇就是了。

看風水的別名，又叫甚麼『風鑑』。凡提到某人會看風水，就說他是精於風鑑。無非都是惑世欺人的伎倆，以便隨其私心算完了。今關一段關於風鑑的邪說如左：

（九）尤時亨　說是宋朝的時候，在浙江有一個人名叫尤袞，他的父親名叫時亨，結交了一個福建省的和尙。這個和尙是最精於風鑑的，在一座吳塘山上找到了一塊風水地，因此對他的朋友時亨說：『你死了以後，千萬要葬在某地，一定要發福三百年的。』後來時亨去世，他兒子尤袞果然照着和尙的話行了。並且在墳墓旁邊蓋下了一所房子，住在裏面；有一天夜間，月明如晝，忽然看見附近的湖中，出現了紅燈萬盞，又有恫嚇的聲音，能震動天地。尤袞以爲這一定是甚麼神靈下界，自己觸犯了神靈的惱怒了，於是悄悄的隱藏在一棵松樹底下。隨又聽聞空中有聲音說：『這座埋葬墳墓的地方，能以發福三百年，現在埋藏的人，有甚麼德行，可以當着這塊地呢？吩咐他速速的遷去！』尤袞聽了這幾句如雷灌耳的話，誠的魂不附體；可幸隨跟着有聲音回答說：

『現在埋在此處的本是叫尤時亨他是累世積德的；而且他兒子尤袞又是個純孝的人！』又聽見起初發言的說：『既然是積德的，又是純孝的，那麼你們務必好好的保護着他。』剛剛說完萬盞紅燈一齊都熄滅了；尤袞這纔放了心。

以上這段事，當作寓言和故事聽，未嘗是不可的；但若當作實事看，以爲是眞有這麼一塊事，那就未免是過於拘泥，太也如同膠泥人實心肝眼了。因爲人所以造作這件故事，無非是要勉勵人在道德上用工夫；尤時亨能有道德，他的兒子自然要受好的家庭教育，也能成爲一個純孝的人。所以推究起來，發福並不是因爲葬的地方好，乃是因爲一輩一輩的能講求道德，能孝敬父母。至於紅燈萬盞，空中說話，或者乃是尤袞住在墳墓旁的時候，所作的一個夢；罷不就一定是後來好事者爲之也。

(十)邱延翰　在唐書上記載了一段怪異的事，更是叫人難信，更是最容易淆亂人心。書上說，是有直隸聞喜縣的一個人，名叫邱延翰，年少的時候，去遊歷泰山，在一座石頭屋中，遇見了一位號稱甚麼太乙眞人的，給他一部地理書，那部書的名是海角經。邱某將書帶回家中，挨次誦讀，於是盡都將書中的理論，了然於心了。他既然覺着心中有點把握，所以就出而問世；有一次替同鄉的人看風水。不料竟是感召了天上的星，連天上的星也改變了常度。當時唐朝有管着天變的官，叫甚麼太史，也就察出來了，遂趕緊奏告皇帝說：『河間開喜縣有天子氣出現，不可不急加裁制的。』朝廷得知此事，以為這還了得，天無二日，民無二王，若是眞有天子氣發現，我焉能得以安居龍位呢？於是火速的下了一道諭旨到開喜縣，將山岡鑿斷，並且還要將邱延翰細加訪察。

邱延翰曉得自己是闖下了塌天大禍，所以就改名換姓的逃遁了。以後又過了幾年，開喜縣並未曾出甚麼作亂造反的事，所以朝廷又下詔免予通緝，大赦其罪；並且還宣召他入朝、要聽聽這陰陽的說法，到底是怎麼樣；又賜給他一個亞夫的官銜。邱延翰無意中博得了一個官銜，還勞得天子宣召，眞算是夢想不到的飛來福；於是將他的海角經，重新用金玉裝訂起來，盛在一座玉石匣中，外面題著幾個金字，就是：『八字天機祕書』。一步一個頭的捧著奉獻了皇帝，因此後來遂遍行到天下。

在這段故事中，所最奇怪的，就是那位太乙眞人，他連個眞姓名都沒有；這部海角經也不知是他甚麼時候著成的，為甚麼獨獨的住在一個石頭屋裏。天天也不知是吃些甚麼東西，難道他眞能如同蚯蚓，上食高壤，下飲黃泉麼？或是如同鷓鴣，能飲露喝風麼？眞也奇怪得很。再說明明看了一段風水地，又還能感召星變，眞是奇之又奇。旣感召星變，太史又能察看出來，預先的將山岡截斷；旣能截斷邱延翰的風水，使他不能成爲天子，又爲甚麽不能預先破壞了朱溫的篡位之罪呢？爲甚麽唐朝三百年的社稷，竟亡於朱溫之手呢？可知國家的興衰，個人的命運，全在乎得道不得道，不在乎得風水不得風水了。

（十一）智興　在唐書上還記載一段不正經的事，就是有一個名叫智興的，當貧窮的時候，曾在徐州（今江蘇銅山）看守城門。城門旁邊住著一個老道士，智興每天早晨打掃城門口的時候，必定連道士的門口一齊都打掃打掃。後來智興的母親死了，道士遂對他說：『我甚會看風水，你跟我來罷！』智興跟著道士走到一個地方，道士將他的竹杖插在地上說：『若將你的母親葬在此地，可以出兩雙子方伯』。智興聽了，趕快的雙膝跪下，連連的磕頭不止。等了幾天再到那地方去看看，不料道士所插的竹杖，竟是發芽長葉了。智興遂將母親安葬在那裏，後來果然登了方伯的官位。

這一段事，原是道士造作出來哄騙世人，甘心爲他們一流的人物服務的。給他掃門，遂將能出方伯的風水地指示智興，不給他掃門，自然他是不肯的了。這種惡道士，眞是算不得有道德之士。況且所指出的地，也不管地的主人是能護他不讓，竟是硬直的葬在那裏，世界上那有此等的事？竹杖生芽，更不合乎科學的理，只可付之一笑罷了。

社會上因爲迷信風水，幾乎各個人家遭著父母之喪，總是要請一個風水先生看看風水的；所以書上記載的也多半是論到看風水的好處，少有論到看風水的壞處；這樣看來，就不該再因爲祖墳不好，連累子孫了。可是在一冊名稱合璧的書上，記著說：『在福建浙江交界的地方，有一個人名叫黃撥沙，他是善會相地的人，若是將某處的平地或是山陵畫出圖來給他一看，他就能看出某處是吉利，某處是凶殺；來因此人纔稱呼他是撥沙』。

（十二）黃撥沙　浙江婺源縣有一家，瞿瞿的左眼上必定要生甚麼毛病；那家聽說黃撥沙甚有本事，所以就去請教請教。黃撥沙審視了一回，說道：『因爲你們祖墳裏有一條樹根傷害了死人的左眼，所以你們家中瞿瞿纔生眼病；若是發開墳墓，去了樹根，便可痊愈的。』那家聽了，果然照著黃撥沙所說的行了，以後遂永不再生眼病。

這一段事，意思是叫人留心保護父母的遺體，不爲他物所損傷，並不是眞有這麼一段事；明眼人自然能會晤出他的用意來，並用不著再詳爲批解。

以上這些事，都是提到看風水的好處，都是最不足爲憑的；凡信服的，也不過是些巧於造作，自私自利，徼倖取利，希冀非分的人。至於那些明事達理的聖人賢者，卻是絕對的不贊同的。雖然是習俗所尙，賢者不免，然而當時的聖賢的確是能免掉習俗所尙的，不去同流合汚；可惜他們對於此等傷風敗俗的妄誕舉動，未曾用積極的手段加以抵制，所以這纔使風水橫流，怒號，沉淪了無數的人類，吹翻了無數的室家，大好的世界，化日的天下，竟變成了苦海；可惜！可惜！

伍　邪書

世界上最能迷惑人的，莫過於邪書；推究邪書所以得成，乃是先由於謠言，邪說，淫詞；然後寫在紙上，遂成了淆惑聽聞的邪書。當五帝三代的時候，對於謠言，就充分的加以取締。當戰國的時候，大賢如孟子，也曾作過闢邪說放淫詞的偉大事業。至於秦始皇的焚書，可惜他不分好壞，竟將好書都付之一炬，祇留下些星相卜筮的書；推究他所以如此辦理，原是用的愚民的政策，以爲這些無知的黔首，只可以打在卜筮的糊塗地獄，令他們萬世不得跳出火坑。這就好比洋商反以爲中國人既好吃害人的鴉片嗎啡，所以就儘量的十噸（二千四百斤爲一噸）百噸強迫著往我國運來了一般。

歷代以來，也是有許多人造作出不少的邪書來哄騙人，即如祇就風水說罷，則有地理大全，地理說略，堪輿一覽，風水學等等專門的風水書。這些邪書尚是近今所出版的；其餘在秦朝的時候，則有一位隱君子作了一本青囊經；漢朝的三傑之一張子房，則曾著有赤霆經；元朝的太師劉秉忠，則著有平沙玉尺經；道號雲外老人的傅旭，則著有金斗訣算法。這些書籍十之八九已經絕版，已不能再爲社會上的祟鬼；可是現在尚有一本名稱快覽的書，按年出版，你說他是邪書罷，他還載著一些有切實用的專件，即如郵電寄費表啊，火車輪船時間價目表啊，尺牘啊，簡易法政啊等等；你說他是破除迷信的書罷，他還載著些某天當建築，某天當出行，以及某天當喜喪等等的迷信事。喜新的可看，好舊的也可看；騎在牆頭上兩面都討好，眞是伶俐的辦法。聽說這一冊書每年總有幾萬的銷路，實在是最能宣傳迷信的。

此外更有關於迷信的書，即如錦囊經，則爲晉朝郭璞所著，後又經蔡西山訂正，又經吳草廬刪正；所以直到如今風水家仍是動不動要說錦囊經是最有價值的。秦朝時有一個號稱青烏子的，則著有青烏經。這本經上說的未免過於虛誕，即如有一段說：「若是有山在遠處看著好像是不圓的月形，或是如同覆翻的舟船；設若將祖先葬在這樣的山上，則子孫必定能富貴。」又說：「

若是有山望之如同鷄窩子形的，設若將父母葬在那裏，是必要得滅門的大禍。』（其實秦時有滅門的刑律，所以青烏子纔說是滅門，不是由於暴君的專制，乃是由於葬的墳墓不好，這是他明明的拍無道秦的馬屁，直到民國成立之後，人類均爲平等，爲甚麼還去貪信邪說呢？）又說甚麼：『山峯形似爲乘接連而成的，若是埋在那裏，就可得一個二千石的大官。』因此一般貪求俸祿的糊塗蟲，竟有整年的埋頭在山澗中，去尋找好的風水；的盲人騎瞎馬，夜半臨深池，還有不粉身碎骨的麽？

論到其他關於殯葬的書，當宋朝的時候，有一種官銜叫作甚麽『國師』。曾有一個身爲國師的張子微，著過一本玉髓眞經，是專門論風水的。還有當後五代的末季，宋朝初興的時候，有一個著名的道士叫陳摶；的按俗傳這位道士修煉的工夫是極深的，說他睡了一覺能有幾個月的時間；因此當時以及後世的人，都稱他是成了甚麽神仙。其實按照文明世界的說法，一天二十四小時，至多可睡八小時，其餘的十六小時，則分爲工作消遣的時間；若是有道之士，那有整天家臥在床上去睡覺呢？況且按生理學說：並沒有一睡幾個月的道理。再進一步說：即便能一睡幾個月，這也不算是能於世道人道有甚麽補益。即如宋朝的江湖大盜宋江，雖然能吃屎，其實此種下流的本事，還有甚麼可誇示於人的麼？當年陳摶作一個著名的道士，竟拏着一睡幾個月炫弄世人，到底與宋江有甚麼兩樣呢？可是他曾著一本風水書稱為甚麼金鎖秘訣，却是誑騙的社會不在少處，說來眞是可痛心的。

所最令人大惑不解的，就是在各種風水書上，總是找不出何處提到能出一個帝王；他們只說是能封侯，能拜相，能位極人臣，能有三十年的太平宰相，能得二千石，能滅門，能……；他們總是不敢說能出一個混世的朝廷。為甚麼呢？因為他們若是說出來，當時的皇帝要取他們的首級，後世的朝廷要鞭戮他們的屍首，還要滅他們的門，焚他們的書；所以他只可說：儘管你是得了甚麼好的山川的風水，也不過是封侯拜相就是了。皇帝聽了他們的口吻，看了他們的書籍，知道原是愚民的，卽便眞有本領的人出世，也是不敢奪我的位的；所以這纔任憑他們胡謅瞎說，也任憑他們刊發書籍。這就是歷代三千年來風水學所以得猖獗的原因；稍有理想的人，當可以打破這個悶葫蘆了。

陸　帝王迷信

（一）晉明帝　不但是平民有迷信風水的事，卽便那些作帝王的，也是怕人奪取了他的帝位，因此也去迷信風水，眞是人生如夢，雖然帝王也逃不出迷信的圈套，實在是可恥的事。即如晉朝的明帝，聽說他的百姓郭璞作了一本錦囊經，是甚能炫人聽聞的；有一次他聽說郭璞又爲某甲看風水，因此就改了服裝，另打扮成一個平民，暗地裏去對某甲說：「你葬的那塊地，是正在龍角上，（按我國古傳山的形勢起伏不平，正如龍的蜿蜒一般；所以都迷信山裏都是藏着龍，而且龍又是帝王獨享的徽號。）按着法律是要滅族的。」某甲却回答說：「郭璞曾說：我是葬在龍耳上，不到三年是必能令天子來存問的。」不用說這段事情，是飄渺無憑，不足爲訓；最可笑的是既爲帝王不去講求福國利民的大道，反倒對於這種迷信的事加以注意；這就見出這種帝王絕不是愛民的仁君了。

（二）唐明皇　不但那晉明帝是迷信風水，就是唐明皇也是如此。考唐朝本是定都洛陽，當時唐明皇曾到五陵山朝拜，他看着金粟山岡有鳳凰翅子及盤龍的形勢（現在龍鳳均不可考）所以他遂觸動了羨慕的心，立對跟隨的侍臣說：「等着我千秋以後，要緊的葬在金粟山岡上。」後來到底是不是把唐明皇葬在該處，不得而知；只是他作皇帝的時候，不去好好的治理百姓，一味的寵幸楊貴妃，弄的東西奔走，不得安居，馬尾坡前兵士反叛，貴妃賜死；身爲天子竟不能護庇一個渾家，卽便埋在鳳凰翅子上盤龍上，到底還有甚麼體面呢？

(三)明永樂　唐明皇固然是迷信太深，不足訓世的了。可是五百年前的明朝永樂皇帝，也還脫不掉此種習氣。當他攻破南京，定都北京的第七年，曾有一個精於風水的人士名叫廖均卿，禮部尚書遂遣派他到直隸昌平縣去察看羣山的風水；於是廖均卿遂來託着聖旨王命妝模作樣的去了。以後不知是用怎麼個看法，遂假說有一座黃土山是最爲吉祥，所以奏告了永樂帝；永樂聽得這個消息，喜的手舞足蹈，當天降下聖旨，預備鑾駕前去觀察。祇因這黃土山的名稱不甚中聽，所以卽刻封爲天壽山。後來遂成了永樂帝的陵寢，並特授廖均卿以寶官。

從此看來，雖然尊爲皇帝，也是逃不出迷信的牢籠，竟是以堂堂一國之君，去聽一個癡說瞎道的術士，眞是令人不解。所可疑的，定都北京，偏偏就在隔着北京不遠的昌平縣，有甚麼吉地；設若廖均卿拏出惡作劇的口吻，說是瑞士國的山最吉利，或說是中印交界的希瑪拉山最能發祥，其他諸山祇算是土推石殼，冥然不動的死物就是了；那麼永樂將作何等的感想呢？迷信誤人眞是不淺啊！

柒　明達的古人

今將古來能識大體的人物，對於看風水的論調略紀一二則如下：

(一)司馬光　當宋朝的時候，有一位宰相，是司馬光，他的官聲是最能令人稱道的，他也曾作過資治通鑑，除了孔子所作的春秋外，當時要數着他這部通鑑為傑作了。他對於古今的興亡，最能說出真實的病根。他對於古今的人物評論的也是最有準度。所以直到如今，每一提司馬光三個字，凡是讀書的學子，稍懂古今歷史的，就要格外的露出一種佩服的態度。推究他所以能令人拜服，無非是因為他出言合度，落筆準確，或是加以褒獎，或是加以貶斥，均能大公無私就是了。

司馬先生的贈號是溫公，所以人又稱他是司馬溫公，他看出當時的社會，是中了風水的毒，就打算拯濟社會的沉溺；所以他曾作過一篇葬論，其中有一段說：『古的時候，無論是對於謀求吉利，或是尋找住宅，或是建築房舍，以及殯葬等事，都是人先加以詳細的籌畫，然後再去問問蓍龜。(迷信蓍龜之事，另詳在本全書卷二)。殯葬並沒有一定的時候，也並沒有一定的地點』。這是叫人先盡人事，然後再去質證蓍龜，至於要問甚麼是蓍龜呢？乃是上古不開化的時候，人若有甚麼疑惑不決的事情，就要用火燃一燃，一種叫作蓍草的，或是灼一灼龜殼；若是所得的現象，有甚麼與吉凶相合的地方，則信他是能主吉主凶，於是也就規定某事當辦或是不當辦了。此種迷信的舉動，幾千年來早已不成問題，可是還有一些無識階級的人，偏要去與草虫謀大事，豈不是愚不可及麽？或有人說：『爲甚麽那個大明白人司馬溫公還贊成蓍龜的辦法呢？』回答說：『不是司馬溫公信仰蓍龜，乃是他好歹的可以慰當時社會的人心罷了；就好像白水本不能充飢，設若有某人十天的工夫水米不打牙，一旦給他一杯冷水，比較的還强如沒有啊；其實水又何能救某人的飢餓呢？司馬溫公是明白人，他所以也說質之蓍龜，然而他原是先說先謀人事，這就見出他是不佩服蓍龜的辦法了。』

在葬論上又說：『我當諫官，曾求告皇帝，察禁天下所有論葬的書。』從這一句話，更就知道當時宋朝的人士，是不能再迷信風水的；所造作的風水書籍，也必是汗牛充棟；司馬光目睹這種情形，覺得看不下去，這纔奏告皇帝，加以取締，更見出他個人對於風水的事，是立在反對的地位了。

(二)程明道　至於論到宋朝的大儒程明道先生，對於風水的事，更是說得透澈，令人心懷清朗，他曾說：『關於殯葬的事，所說的佳城吉地，那都是無關緊要，不足憑信，最要緊的，是有五種患難，却是爲人子的不可不留意的：(一)須使後來不在安葬的地方建築城郭。(二)後來也不成爲道路。(三)後來也不成爲溝池。(四)不變成耕種的田地。(五)不爲有勢力的人家所奪。這五樣若是能以保全，可以算爲孝子慈孫了。』

請看這位程老夫子，說的是何等的痛快！他的名字原是名顥，號是明道，他對於安葬所說的這五樣，眞不愧明道二字了。

(三)趙興　在後漢的時候，也有一個能打破迷信的人，是姓趙名興，他每逢到某城作官，就必要重修官舍；常有人對他說：『某處某處是動不得的！如此的裝修是觸犯太歲，違逆妖禁，以後必有災禍的！家人必要生病，子孫也必要不昌盛的！』但是趙興聽了這些話，不但不聽，反倒故意的去觸犯妖禁。從此他的家裏，不但沒有災禍，反倒越發興旺起來。眞算是能破除迷信的健將！

(四)呂才　古年還有一個姓呂名才的英雄，他也是對於風水極端的驅逐。卽如在他所著的敍葬篇上有話說：『近代以來，不料起了些看陰陽看風水論葬法的邪說，逼的人士不敢輕動，手足也必須多有些忌諱；一般邪流的人物，又故意推風逐浪，弄出些妖妄的事，使社會不得安甯；眞是令人疾首痛心的事啊！』又說：『春秋上記著丁巳的那一天，是安葬魯定公的日子，因爲天忽然下雨，所以又改到又一天，可見古年間並不顧忌於日子的好歹啊！』

呂先生能如此的主持正論想必當時的風水邪說所受的打擊也是不在少處古時的聖賢能如此的爲社會服務正見得他的一腔熱血比較的並不冷於後世的人士啊。

（五）項喬　還有一位項喬先生也是最明事達理的他曾作過一篇風水辨，其中有一句短峭的話說：『上天之命反制於一坏之土，是有地理而無天理也』！揣想他的語氣，原是對於風水所酝下的針砭，也是他所受風水的悶氣太深所以纔發出這種憤極嫉甚的氣話。試想天地之大，人不過祇能佔居七尺之穴；不啻是太倉的一粟，海邊的一砂，又焉能關於出一個帝王宰相總統總理總長督軍呢？說到這裏，一般被風水迷住的爲甚麼還不作速反省呢？

捌　風水原爲勸忠孝

（一）李龍圖　古人能如此的攻擊風水，滿足以破後世的迷信；然而還有一種的傳說，原是拏著風水地爲餌來勉勵人去力行善事；意思就是凡要得一塊好風水地的，必定先付出代價。代價是甚麼呢？就是道德忠孝等事。即如在一種名稱筆談的書上記著說：『唐朝時有一位李龍圖，他作官的時候待百姓是最酷虐的；另有一個姓楊的，不知怎麼得了一塊好風水地，說是能出好幾輩子的宰相；楊某打算將這塊風水地，送給李龍圖，不料夢見兩個神禁止他，這纔沒曾實行。』

這一段事的用意，完全是勉勵作官的當愛百姓；凡不愛百姓的，雖然看得風水地，神靈也是不許的。其實按照現在的說法，愛百姓是官僚的本分，並沒有甚麼功德；所以這段事祇可當作寓言看，不可認作眞事實。

（二）孫鍾　筆談上又記著說：『吳國的孫鍾，是個大孝的人，他父親死的早，祇對於他母親多盡孝道。年幼的時候，本是種瓜爲業，後來有三個神仙指示他一段好的風水地，於是後來作了吳國四輩子的皇帝。』其實這段事情，原是從純孝說起，三個神仙指示葬地，原是騙人的話，即便後來子孫們如同孫權孫皓等，能作幾年的皇帝，然而孫堅孫策都得不著好死，孫皓又作了亡國之君，靑蓋而入洛陽，這又是爲的風水不好麼？

從古人所記載的看來，原是有三種說法：一種是說人最信風水，要從中取巧，自私的心太大；一種是要藉著風水的謬說，來勸化世人爲善；一種是絕對的對風水宣戰。這三種說法，可以概括古人信風水談風水批風水的一切了。可是無論如何，風水學在社會上還是牢牢的根深蒂固，一時還不容易拔得出來；即便那些號稱文明的人物，他們希冀非分的心，也是如同海浪不時的向海岸衝激；所以非再用疾聲大呼的工夫，是不能喚醒他們的迷夢的。

玖　各等葬法

再者論到看風水的事，在世界上除了我國以外，並未曾聽見在五洲的各國，有這種迷信的。現在世界交通便利，大有萬里同風的氣像，若是有一種邪惡的風俗，獨獨行在某國，正見出他的不開化來。外人呼我國爲半開化國，固不是全由於迷信風水，但是因迷信風水的緣故，却能發生許多不開化的事實。所以我國若是要求著能在世界上佔一席開化地位，坐一把文明椅子，也許起碼就得先打破迷信風水的事。

世界各國，雖然各有他的特別風尙，是他國所不能干預的，也是與別國無干的；但是此種心理，在百年以前各自爲政閉關自守的時代，尙能以說得下去；現在是萬國若比鄰，無論是那一國，若是有甚麼不合世界潮流的風俗和舉動，就必要惹得全世界人的嗤笑，還是一定而不可疑的。我國若不脫除風水的拘管轄制，就不用想著和文明國的人分庭抗禮。

（一）露葬　再考安葬的方法，各國原是不同；我國古時，肾有不葬其親的，不過是將屍首丟在郊野之中，就算完了。這種葬法，本是野蠻的辦法，然而直到如今，在亞非利加洲海洋洲以及靠近赤道的印度諸國，也還是這樣的葬法。這種葬法，按專門的名詞說，是叫露葬。並且還迷信若是空中的飛鳥不立刻將屍首吃盡，則必定以爲死者不是好人因爲越吃的快越能見出那人是最好的。不但在野蠻的人中是如此，卽便在我國中，又何嘗是比較的爲强呢？因爲在北幾省附近城市的地方，常見有些棺材露天的放著，此處一堆，那裏數個，是羅棋布，好像是要特別點綴城市的風景。還有些棺材是已經朽壞，裏面的枯骨橫七豎八的半露地上。此種惡現像，每一看來，令人心驚魄動。這種葬法，比較的豈能强如露葬呢？若是在江南的地方，則不但城市的地方是如此，卽便土廣人稀的鄉間，也是如此的。只知講究風水，不知講求衞生，這是我國上下的通病。

這還不算太壞，至於再論到我國處置小孩子的葬法，那就比較更劣於黑種的野人了，因爲黑人的露葬法，尙且搭上一座木架，將屍首擱起來，任憑飛鳥啄食；至於我國小孩子的葬法，有的是裝在蒲包之中，扔在郊外荒地之上，任憑狗狠吞噬；若是等個三五天狗不去吃，則說這個孩子罪孽太重，因爲連狗也是不屑吃的。以上這些露葬的方法，又從何處再講風水呢？所以風水原是術士虛僞造作出來，藉以迷惑一般自私自利的人，並沒有可信的價值。

按我國的風俗，是太也自由；卽如人民可以隨便在街上大小便；房舍也可以隨便加以裝修，施以彩色；墳墓也可以隨便的開掘。因此有些西國人，一來到我國，就驚奇說：『中國人眞是自由到了極點，並不是我們外國人所可夢想得到的』按外國的風俗，不許在馬路上大小便各家所粉飾的牆壁都有一定的制度；那一行生意就有那一行法定的顏色；墳墓有公共的處所，凡人死了多舉行公葬。不像我國豪勢的墳墓，能佔據地面十方里或是五方里；貧寒的人家則以城角牆隅爲墳墓，更有的扔在荒野無人照管；至於平常人家則又按照己意自由的在自己的南北田中，看下一處風水地，隨便加以掩埋。所以無論走到那裏，土孤堆總是要漫山遍野的，惹的外國人說是中國人太也自由。這也見出我國所有的事情，是雜亂無章，並沒有一定的準則；想必也是國家所以紊亂的一個大原因。

(二)公葬　現在若欲養成國民的公心，第一須先舉行公葬；每一都會，或是每一市鎮，每一村莊，均當劃定公地一方，作爲當地居民安葬之所；編列號碼，規定價格；於是富有的貧寒的，均可按其家道的厚薄，購定壙穴。這樣就可以免了迷信風水的事，不致因爭風水起了官司，也不能因爭風水兄弟分爭。況且貧富葬在一地，更是打破階級制度的一種良策；將來社會之中，同心同德，共圖進行，國家還有不臻臻日上的麼？

此種公葬的制度，在各大都會中，已經實行的不少；即如在上海一埠，基督教的各公會中，均已先後舉辦；雖然是附近上海的信徒，一旦亡故，也不願再運回故鄉，情願安葬公墳之中。

當滿清末年洪秀全起兵廣西，後來佔據長江一帶，聲勢是非常浩大；不幸當時有英將戈登的，竟助滿清軍隊。此後戈登又到埃及平亂，遂為亂軍所殺，隨即葬在埃及，並不曾為他擇甚麼風水。明朝的時候，有義大利的天主教徒利瑪竇湯若望等，傳教我國，因為他們最精新學識，所以大得當時人君的信用，派充管理欽天監的事務；他們去世以後，也是就地葬在北京，直到如今還是有跡可尋。這兩位學者，誰又曾為他們看過風水來呢？

還有一個美國軍官名叫華爾的，他是為戰洪楊軍死於江蘇的松江縣，也是就地埋葬的。民國十年，有美國宣教師班德生駐在松江，因為墳墓傾圯模糊難辨，所以發起重加修築。到落成時，有駐留上海的美國兵艦的提督及領事，率領水軍一隊，赴松江贊禮。這都是西人辦理喪事簡捷了當處。

另有一個在滿清同治年間，到山東宣教的美國人狄考文博士，他原是開我國新學的門路的。五十年前他就說是中國非停科舉開學校是不可的。他自己一面編譯教科書，一面開辦學校。（即今濟南的齊魯大學）到光緒中年袁世凱主張廢科舉辦學校，特聘狄博士當主任，他因為有正事在身，所以未就。可是我國一旦開辦多數學校，從那裏得有教科書呢？那就全用着狄博士的著作了。

到滿淸宣統初年的時候，他就安然逝世，享壽六十有八歲。一生所積蓄的總有十萬八萬，但是他情願埋葬在烟台教會公共墳園，將錢財均捐給教會開辦學校。此種無私大公的精神，就是美國興旺的元素。我國設欲步美國的後塵，那麼第一就當先效法美國人的公共精神。

他如德國的文學家花之安博士，則埋葬在青島；駐滬英國總領事法磊斯爵士，於民國十一年三月二十一日逝世，並未曾運柩回國，還是就地安葬在上海西國公共墳山；這都是極可則效的模範行動。

(三)停葬 還有非教會的辦法，則各設有某某省或某某縣同鄉會，或是會館，或是公所；遇有去世的，先將靈柩停放其中，得有機緣，再行運回故里。此種辦法，並不是重看遺體，還是重看風水，希望非分的心理；因爲一時覓不着風水地，也祇好等候三五年再行辦理運回原籍的風水地。可是按外人的眼光看，此種辦法是最不經濟的，費時失事，消耗有用的錢，均全屬不合生計的舉動，所以外國人的風俗，無論是走到那裏，死在那裏，隨就葬在那裏；並不是因爲他無力歸葬，也不是因爲輕看遺體，對於死者過於薄情，實乃是重看人生的緣故。

(四)運柩 聽說有一個外國人，有一次他在我國某地看見一個運靈柩的事，說是從三千里外運來的，到目的地還有一千二百里；水陸舟船已經行了兩月有餘，非再用三個禮拜的工夫，是不能運到家的。某西人聽了這段實事，竟是疾首蹙頞的說：『中國人爲一塊臭骨頭，竟如此的枉費，眞如發癡一般！』某西人的看法，與我華人不同；一來我國人依戀故土，以身死異域爲最不幸的事，所以無論如何，總是遺囑埋在老家門的以旁；二來我國歷代以孝親相規箴，對於父母的遺骸，不肯輕易拋棄，雖然破產，也總要保全父母遺體。世代變遷，降到今日，恐怕非改弦更張是不能苟存的了。

從上看來，我國不開通的人，是吃了迷信風水的虧；我國開通的人，則受了重看遺骸的累；這兩樣那是應當極爲擺脫的。迷信風水的，自然是萬萬的多；重看遺骸的，又何嘗是千千的少。即如民國以來的偉大人物如蔡松坡，亡於日本，日本國人因爲要報酬他再造民國推倒洪憲的功勳，所以特派我國唯一的巡洋艦海圻，駛往日本，迎歸靈櫬，並照料運回湖南原籍；至於風水，卻是未曾看的。爲這一段事，也曾遭過外國人的評論，說是堂堂一個中華民國，竟以國防的利器去做那死人的事情，眞可說是無益消耗小事大做了。此外則有前美國留學生監督黃佐庭，前參議院議員湯化龍，均以在美國遭遇暗殺，靈柩運回本國。若是外國人遇見此等事件發生，雖然是百萬之富，他必不能再去討這種麻煩了。

（五）火葬　按照世界的情形，地土是有限的，人類的生聚是一年多過一年的；現在統計共有十五六萬萬之多，較比前幾世紀，能增多數倍。以有限的地土，勢不能供無限的人塚；所以近來有提倡火葬的舉動。我國第一流人物伍廷芳博士，本是名聞世界的；當他於民國十一年夏季在廣州逝世以先，特囑舉行火葬。他的哲嗣梯雲先生，爲要完成親父的志願，纔實行的。這樣的舉動，並不是特爲競奇立異，爲驚世駭俗，無非是按照世界的潮流，也許是不久就要統通如此的。伍博士是個明白人，絕不能遺下甚麼亂命；梯雲先生又是個通達之士，何嘗能與世抵觸呢？所以『火葬伍廷芳』的確是開我國殯葬禮的新紀元！較比那爲大出喪枉費三十萬元的盛宣懷，豈不是高尙萬倍麼？

第二個舉行火葬的是倪菊裳，他是上海浦東人，在浦東辦過學校，在上海教育界上是甚知名的。家中雖然不甚富有，總稱得起一個中等人家。民國十一年秋七月，因病逝世，年紀還不到四十歲。他也是遺囑家人務必爲他舉行火葬。可是在上海除了日本居留民外，從來沒有火葬的；而且除了日本居留民所自備的爐灶外，也並沒有第二座爐灶；因此就不得不商借日本人的爐灶了。在死過去的第三天下午五點鐘，家人朋友將靈柩運到上海橫濱路八字橋日本人的火葬處，將柩移入爐內，屆時燃火，於是原質屬地的仍歸於地，屬天的又仍歸於天了。

日本歷代以來，是舉行火葬的；當滿清乾隆年間，我國有一位文學家名稱袁簡齋的，他在文學界上曾執過一時的牛耳；當時的學子，也尊之如泰山北斗；直到如今，他所著作的書籍，仍是爲一般人所愛讀。他的隨園全集，時價約值二十元；其中有幾句說：『世固有火化其父母之體以爲孝者，亦有殘廢其子女之足以爲慈者；……』第一句就是指着日本的火葬風俗說的，第二句則是指着我國纏足的風俗。他對於這兩種辦法，均流露不滿的語氣。以後華洋交通，此種火葬的風俗，遂流進入我國了。

拾　結論

從基督敎傳入我國以來，即以破除迷信爲首務；破除風水也是任務的一件，因此招來不少的讒謗話。說是凡歸依基督敎的，也就是賣祖宗的。其實基督敎何嘗賣過祖宗；基督敎不過是不信風水，不拏着祖宗的遺體當奇貨就是了。每一個基督徒若是遭着父母之喪，還是要如情如理的收殮，還是要如情如理的安葬；墳墓不妨特要堅固，花草不妨特求暢茂，而且又按時結合起來共同舉行謁墓禮，追求先人的遺型，鼓舞子孫的式效；雖然不能稱爲三年無改，總能配得起盡了愼終追遠的道了。比較那只靠風水，只知燒香焚紙，只顧供養祭品者，豈非又高尚又率眞麽？

或有人說：『基督教固然是在父母身上執定了中庸之道，然而火化父母的遺體，豈不是太也薄情麽？』回答說：『火葬本是關乎風俗，與基督教原是絲毫沒有干連；基督教祇在我國提倡最適中的禮節，並未曾替火葬作說客。試看民國十一年夏秋之間，在廣州與上海前後所舉行的兩椿火葬的事，豈不是都爲非基督教徒麽？非基督教徒能有如此的舉動，基督教對之並不加甚麽論斷，祇認爲是一種自由的舉動。因爲一來伍博士是研究身魂素有經驗，他早已看破身軀是歸地，魂靈必歸天；他不願拏着遺骸連累子孫，所以這纔傳下遺囑，實行火葬。至於論到倪菊裳先生，也是有同樣的遺囑。兩家的後人，這纔謹遵遺囑，完成先人的最後志願。』

就我國現情看來，舉行火葬未免遭一部分人的誹議，認爲是驚世駭俗的舉動；其實特達之士，既然首先實行，以爲國民倡，則將來之不脛而走，沛然從風，那就不用疑惑了。因爲非如此是不能拔除盤踞牢固的自私自利的心。按我國的習慣，不但生時要霸佔地土財物，連死了以後還是捨不掉此種惡恨恨的私心。上古的時候，就用活人殉葬；中古的時候，就强圈民田數方里或數十方里，以為墳陵寢地，又將金玉珠寶儘量的埋在墳中，預備死後玩弄。此種蹧蹋無厭的舉動，實在是掘墳，破棺，戮屍，揚灰，也是不能蔽其罪的。降及今世，此風仍是巍然獨存，更加上大出喪動不動就要枉費數萬數十萬；是可忍也，孰不可忍也！

基督教認定人為上帝所造，凡人都是上帝的兒女；人是暫時的，上帝是永存的；人在世上不過是作一次客，等到衰老以後，軀殼歸地；靈魂仍必與上帝相偕。所以不迷信風水以求子孫發跡；也不注重大出喪，以炫耀世人。他是認上帝為萬有的，世界都是屬上帝的，人不可據為己有；雖然有時財物在手，仍多供諸世人；所以他所存的是一片澄清的不自私自利的心，世人奈何妄加猜疑呢？

破除迷信全書

卷二 卜筮

壹 卜筮的由來

常說道：『天下的事理無窮，一人的知識有限。』可是人的知識雖然有限，却是偏要曉得天下的事理。然而天下的事理，的確是最難曉得的，所以人還總要找一條捷徑偏方；甚麽是捷徑偏方呢？就是卜筮了。

按平常的習慣，每逢人遇見了甚麽不能解決的事，就必定跑到知心的好友家中，去和他商議商議；請他替自己打一個鋪，以便自己心地不是如同落在雲霧之中，辨不出東西南北來。可是此等能打鋪的朋友，未必人人是有的；即或有這樣的朋友，有時對於他所打的鋪，也未必十分滿足自己的心意；於是在這進又不可，退又不能的當兒，還是要去找捷徑偏方，因此又用著卜筮了。

俗語有話說：『衆人是聖人。』這是表明若有甚麽可疑的事，無法定奪怎樣去辦；最好是問問衆人的意見。若是衆人都說往東；那麼不管是該往東不該往東，也總當往東的。若是衆人都說往西；那麼即使往西是錯的，也就不必再反對了。爲甚麼呢？因爲衆人是聖人；衆人雖然都錯了，也不算要緊。可是如果找不到衆人來共同會商，又當如何是好呢？到了這種無可奈何之地，還是去卜筮卜筮罷！

世界上無論是聰明容智的聖人，剛愎自用的小人，膺受天寵的帝王，芸芸衆衆的平民，都有出於無計奈何的時候；既然不知如何辦方好，所以這纔要去問問神。然而世人以爲神是視之而弗見，聽之而弗聞，體物而不可遺的；雖然說舉頭三尺有神靈，然而既聽不見，又看不見，又如何能指示人當走的道路呢？這等問神的說法，不足以滿足世人的慾望；再加上上古的時候，是與草虫最切近的，所以這纔找出一種蓍草，一種甲龜，好歹的解解積悶。這種有勝於無聊以慰情的辦法，想來是最可憐的。

卜筮的事，本是由來最早；雖然綱鑑上記著伏羲是造卜筮的，然而推究原委，必不是由於伏義，只可說到伏羲的時候，將結繩記事的舊法，改進爲文字記事，所以遂記著是伏羲所造的卜筮。其實遠在結繩記事以前的時代，雖然不是用蓍龜卜筮，却總有另一個決疑的方法。再往前說：自有生民以來，卽有決疑的方法，因爲人當未造文字未知結繩之先，已經是有了疑惑的非常時也；必隨卽有了決疑的方法。所以推究到原委，此種疑惑的心理，乃是在原人時代已經是深入人心，直到今日文明的時候，愈演愈大，決疑的方法也愈出愈奇，因此越發令人無所適從了。

貳　卜筮的種類

按決疑的方法，不是一樣，名稱也是不同；卽如說卜筮，也可說卜卦，也可說占卦，爻卦；派別也不是一種，有的是用蓍草，有的是用大龜。到漢朝時候，有一個名京房的，則因爲蓍草大龜，不能隨手可得，所以爲求簡便起見，遂改用通行的錢幣。這一改不要緊，却將卜筮的黑幕都揭破了。因爲從此可以見出人所以要卜筮，並不是信卜筮能眞眞鑿鑿的指明來蹤去跡，原來是一種寒夜客來茶當酒的勉强舉動。若不然，蓍龜既爲開我天演黃胄的伏羲所欽定，總規是一妥百當千眞萬實的了；何物京房竟敢起來革伏羲卜筮之命呢？况且既以蓍龜不便，爲甚麼不改用一種芝草一種大龜呢？爲甚麼要改用人人腰袋中所缺不了的錢幣呢？卜筮家能這樣的因陋就簡，不去講究實際，只圖一伸手的方便；敢說他是自己揭破自己的醜了。

再說到那用錢幣占卜的，煊染的是不能再爲神奇，卽如耳目記上說：「王庭湊曾召五明道士卜卦；道士擲下了三枚錢幣，不料都能跳舞。』可惜此種神奇的銅錢，今已不復存在世間，若果存在，恐怕有人將用金鎊去兌換他的哩！再說偏偏道士手中有此種寶物，俗民竟不得享此種幸福；怎麼古年間偏生些神奇的道士，降及今世竟祇有些下流的道士，連一個好道士沒有呢？豈是出來日頭以後，所有魑魅魍魎都潛踪了麼？或是因為世界文明，所有黑暗時代的動作，都不敢出頭露面呢？

古時文學家袁天罡，曾有兩句詩，形容卜卦的神奇說：『一枝鐵筆分休咎，三個金錢定吉凶。』他這是特特信仰卜卦是最神靈，休咎吉凶都可以分辨出來；直到如今，不但一般操卜筮業的下流人物，都以他這兩句詩為口訣；連那些稍識之無的愚民，也能以脫口而出，文字感人，真是不淺。

還有一個簡便的法子，就是求籤，俗語說：『求籤問卜。』原是一樣的作怪。這種決疑的法子，多是決於廟中的老和尚，或是老道士；大半每一廟中的塑像前，或是雕像前，總是要擺著一張笨重的供桌，供品一年擺設個一二回，可是桌上的籤筒，却是一年到頭擺設的。一個竹筒中，至少也盛着一二百根籤，籤上寫的話，無論那一行也有；所以三百六十行的人，無論是那一行的人，一旦遊逛到廟裏，均可化上幾十文錢，求一根籤來，替他決斷決斷心懷中的事體。求籤的法子，可以用手抽，也可以用兩手持定籤筒，左右上下的搖動，直到有籤從筒中落地，那就是決疑的神籤了。在那不曾習慣的人，一定是一次不能成功，因爲他搖的時候，使不上勁去，所以籤子有時十根八根要落在地上；這樣就無法定去就了。這樣的人多半是請老和尙老道士代搖。推究廟中所以設此種籤子，雖是爲求愚人的便利，其實最大的目的，還是要討求香火錢；在求籤的人，以爲化上二三十文，好歹的破破心腦中的積悶，豈非至爲便利的事！

不用說此種舉動是毫無意識，在稍受教育的人，早已就看爲是旁門左道，不去問聞的了。可是還有比較最下的，則是老鼠抽籤啊！求籤的人，因爲自己心中懷懼抽的不必然是靈，因此有的廟中專門蓄養下幾只小老鼠，平時訓練他抽籤，那麼等到有俗人來求的時候，便將小老鼠請出來，實行人的工作了。不但廟中有如此作弄的，即便那些江湖獵食的遊民，專門以此事爲正業的，也還不在少數。此外更有以雀鳥抽籤的，均是窮極無聊的伎倆，沒有可談的價值。

試思人爲萬物之靈，爲甚麼反倒去借重最不通人性的下等禽獸呢？這是因爲人的心理，多半以爲禽獸能洞曉天地的定理，風雨的變遷，時運的順遂，年成的豐歉；人雖然是比較的會說話，其實在一切天然的理上，則比禽獸卻當退避三舍。這就是人所以拜物的原因，也是人類的自賤處，說來是又可羞又可惱又可恨的！

若是論到抽籤的眞正功用，並不在和尙道士江湖客手裏，乃是在一般不自利不自私的光明磊落的人物手裏；在某朝代有一位冢宰，是忠心體國，絕不植黨營私的。每逢出了甚麼缺，央求補缺的人是紛至沓來，迎接不暇。托人說項的，央人關說的，均是大有其人。某冢宰爲破除情面起見，這纔創了一個抽籤的辦法，是在筒中置上若干籤，祇有一根籤是寫上某缺，凡抽著的就讓他去補缺。這種辦法，雖可說至爲公允，毫無私心，但是還恐怕抽著的人，未必能稱某缺的職啊！然而從某朝起，直到滿淸，凡授人實官，多是取決於抽籤，可算是最合人的心理了；這纔算是抽籤的正當用途哩！

民國以來，發行的內國公債，不下三萬萬元；有的是長期，有的是短期。論到還本的時期，有的是半年一還，有的是一年一還。設若不採公允的方法，到底是當先還誰的呢？所以也就採用抽籤的方法，凡中籤的方可還本；實行以來，國人並沒曾發出不滿足的批評，可見這又是抽籤的實用處了。除了這些實用處外，你若是要藉著求籤，問問你還能活多少年；或是能不能生疾長病；或是往南到南京是順利呢？還是往北到北京纔順利呢？或是出遠門到外洋能發財呢？還是遯在家裏方能不遇意外呢？父母的壽限是長是短呢？子女的命運是順是逆呢？上年的生意不好，今年可改行麼？等等的事；敢說你不但得不到切實的答復，卽使連虛假的答復也是得不到的，所得的不過完全是些糊糊塗塗就是了。

再說到占卦所用的器物，本不一律；蓍草，大龜，錢幣，竹籤，固然是通常所用的，但在方術記上，則說是古有十二棋卜，那位將天書交給漢朝留侯張良的黃石公，曾用十二棋占卜；行軍的時候，每有占卜，萬回沒有一回不靈。以上這些話自然是謬的太玄，然而未嘗不可見出棋是古時占卜的一種用具。還有用瓦卜的，是取過一頁瓦來，將他打破了，那麼看他分拆的璺理，定奪是吉是凶；這又可笑的很！按南部新書上的記載，說是古時長安壽安縣有一座黑石山神祠，是甚靈驗的。祠前有兩頁瓦，凡路過的都要拾起瓦來投拋一下，若是仰著就算是吉兆，覆著就算是凶兆；這樣說來，人竟不如瓦了。更有稱爲雞卜的，乃是漢武帝命令越地的巫人所行的。柳宗元集上則說：柳州峒氓的地方，用雞骨頭可以占卜年的豐歉。古來廣東人迷信最重，所用卜筮的器具物品也最多；卽如番禺雜記上，載著廣東人每事必要占卜，有的用雞卜，有的用牛卜，還有稱爲鼠卜，米卜，響卜，鳥卜，田螺卜，牛蹄卜，灼骨卜的。古卜的流雜，可說是無奇不有，從那裏能得着心目中所希望的事情呢？無非皆受了迷信的束縛逃不出迷信的勢力圈，終日呻吟於迷信之下就是了。這種捉迷藏的游戲，三千年來，還沒曾揭破好一個悶人的啞謎啊！

叁　讀古人書

著者是最崇拜古人的，每逢讀古人書的時候，雖然不能必須盥手薰沐，然而對於古人存心的忠厚，用意的周道，措詞的委婉，下筆的利犀，及其一種俯順與情委曲求全處，未嘗不捧卷三嘆，又何敢輕加雌黃呢？況且讀書翻案，是最討人厭惡的；然則稍知自愛的，就不當自討沒趣了。可是處在二十世紀，稍微留心世界大勢的人，知道非重新更張，是不能圖存的，因此他就不肯去強口奪正，護短論長，他是要抉出我國衰弱的眞病根，不但是如同庸醫只知換湯，還能以如同醫國的能手，將藥來完全更換；豈非堪稱救急之舉麼？

說到這裏，著者敢下一句切己的話；就是：一部廿四史，是以迷信為主腦，而迷信的脊骨，則為卜筮。即如史記上大書特書的：『龜千歲乃遊於蓮葉之上，蓍百莖共一根。』又說：『伏羲始以龜卜，以蓍而筮。』在鑑史上開宗明義的如此記載，遂使歷代盡不得擺脫，所以翻開史鑑一看，關於卜筮迷信的多，關於民生國計的少；這就不能不爲我國痛哭流淚！

鑑史上又載著伏羲始畫八卦，按八卦的圖像爲橫畫連接而成的；他的歌訣，則爲乾三連，坤六斷，兌上缺，巽下短，震仰盂，艮覆碗，離中虛，坎中滿。所以這八卦所代表的字，則爲乾坎震艮巽離坤兌。到了周朝，經過一位聖人周公旦的演義，遂變成了三百八十四爻。（詳不可考）周公本是制禮的，在一部周禮上，也多載著些爻卦的事。但是周禮雖在十三經以內，卻已爲人所不誦讀；另外還有一部易經，也是周公所著的，直到滿清停止科舉以後，學子總不忝爲課本。其中所論的也多半是爻卦的事，可見是滿佔人心的勢力的。及到停科舉興學校，廢經書重實學以後，這纔沒有人再去問聞。可是爻卦的書，雖然失掉了價值，然而爻卦的事，卻是深種在人心，是不可不動手抄獲其支蔓的。

（一）卜筮的官僚　在三代以上，國家設有高級的官銜，叫作甚麼太卜，是專管卜筮的事。這種官銜，如同太醫專管皇帝的病一般。周禮上說：『太卜掌管三兆的法，每逢遇見疑難，無法解決的問題，則用火灼龜，看看所顯的兆象，是如同玉石呢？還是如同瓦式呢？還是如同田野間所裂的璺呢？』這就是所說的三樣兆頭。試思上古的時候，竟能專在龜身上設下一級高官，不能說古人是蒙昧無知，祇可說今人仍是堅不定主意罷了。

周禮上又說：『筮人掌管三易九筮』。按三易爲連山，歸藏，周易，所以我國從前兒童七八歲時進書房所讀的訓蒙三字經上有幾句說：『有連山，有歸藏，有周易，三易詳』。此種荒渺難懂的易理，竟是令小孩子誦讀，無怪乎我國從前的教育，盡是如同鸚鵡學話，能說不能講了。至於論到九筮，則有筮更，筮咸，筮式等名目；凡遇國家的大事，筮了以後，再去占卜。

至於論到蓍龜所顯的兆頭，按易經上說：『蓍能出五十策，龜則能出七十二策』。按莊子上所說的，則爲無論鑽龜的何處，均不外乎七十二策；若是刳其腸則必死了。不論是能出五十策或是七十二策，其實並用不著這一些策，只求有一個好的策就滿彀用的了；策雖多，只恐怕都是些糊塗策罷！

(二)作惡的不遵卜筮　古人雖以卜筮爲作事的南鍼，其實若是不合他的意思，恐怕他是撕斷蓍草，砸破龜殼的了。即如左傳上記載，當列國的時候，有晉國的獻公，願以驪姬爲夫人，先占卜占卜，沒得有吉兆，又筮了筮，則得有吉兆；占卜的人說：『筮雖然吉，却是短的；占卜的不吉，却是長的；那麼還是不如從長，不納驪姬爲夫人好』。但是獻公爲驪姬所迷，一心要立他爲夫人，所以就不聽占卜官的話，到底立驪姬爲夫人了。按理說：獻公不該如此做，可惜人慾勝過了天理，不管吉不吉，遂順從私慾起來了。這是表明凡人當爲善的時候，若是得不到吉兆，那麼這段善事一定是置在背後；若是當爲惡事的時候，雖然得的不是吉兆，但是一心要做，也就不去聽卜筮的話了。獻公就是如此，後來他納了驪姬，殺了太子申生，弄的家庭間不得安甯，豈不是皆由於他的私心自用麼？於卜筮有甚麼牽連呢？

(三)**明達的不信卜筮**　上古的時候，雖然凡事必卜筮而後行，然而也有些明達的人，能看破此中的啞謎，不專是靠著卜筮。可是處在世人皆濁的時代，且能以不與人同流合汚，實在是少見的。即如列國時有楚國將與鄖國宣戰，可是滿朝文武到底不能實行決斷，是不是該宣戰，或是一經宣戰，能不能操必勝之策；因此處在不定舵的時光，又要取決於大龜了。幸虧有一個明通事理的官，名叫鬭廉的，一步走進來，看見衆官正在那裏占卜，他隨即毅然的將龜摔在一旁，慷慨的對衆官說：『占卜原是求著解決疑惑，現今這件宣戰的事，並用不著疑惑，何必再占卜呢！況且不幸得著不吉的兆頭，難道還能中止麼？』衆官聽了，也就無理可言，遂齊贊成某官的話，實行與鄖國宣起戰來，果然得了大勝。

從此看來，古卜原是如同一張老虎皮，乃是胆怯愚呆人所佩披的；凡是有胆有識的人，蓍草雖然長的長，龜殼雖然生的大，他也是不肯低首下心去請教的。所以世人設若要作一個出色的人才，那就要在胆識上加以實地的練習，不必再投到卜筮的門下。

當戰國的時代，楚國有一位大賢，是叫屈原。論到這位賢者，無論是忠君愛國，比較的都强如別的官僚，可惜所事奉的是一位昏君，所以不見信用，因此他就作了一篇歸去來辭，表明他的心跡。屈原既然被放，滿指望再有盡忠報國的機會，可惜等了三年，楚君仍然是不肯悔悟，因此他的心就耐不得了，就心煩意亂起來了，也不知如何辦是好，竟至無所適從，落落如喪家之狗了。當著此等境遇，從前雖然極能畫策籌議，可是也不中用了。於是他隨去見管著古卜的高官鄭詹尹說：『我有所疑惑的事，請先生賜教賜教。』詹尹遂拾起鞭策拂擦龜說：『你將如何的賜教呢？』

後來到底是賜的甚麼教，甚不容易考察出來；祇是屈原所以去問鄭詹尹，並不是因爲他眞能藉著蓍龜預言兆頭，不過是無所適從，走頭無路，稍爲有所倚靠就是了。此等寬心丸，正不曾是以溺解渴，本要弄巧，其實反成了拙。說一個比方，就可表明靠卜筮不曾是摀著耳朵偷鈴鐺，全是自哄自的舉動；也正如人沉在海裏，忽然持定了一隻鐵錨，以爲是救命的活菩薩，他那曉得所以令他沉淪海底的，不是別物，就是他所抱持的鐵錨；人信卜筮，也是如此。

以卜筮爲業的，固然是多以騙錢欺人爲目的，然而也有作惡以成善的。即如高士傳上，載有一位高士姓嚴名遵字君平的，他以爲卜筮雖然是一種賤業，可是未嘗不可因之加惠於人；因爲對於素昧生平毫不相識的人，你雖然看他是不忠不孝品行邪惡，但是陡然間向該人下一番規勸，實屬唐突難辦的事；該人對於你一定是不肯降心相從的。設若設下一張卜筮的案桌，來求占卜的，既不限定是誰，那麼就可以趁機施行勸規的手段了。所以君平每逢到一座城市，就本著此種勸規主義，邪惡的則加以糾正，爲臣的勸他盡忠，爲子的勸他盡孝；一天的工夫所得的占卦錢，彀衣食用的時候，隨即將攤桌收起，放下帷簾，專門的讀有用的書籍。

這位列於高士傳中的君平先生，處在混濁的時代，能抱持此種高大的目的，不以騙人爲目的，也不以金錢爲萬能，祇是藉著下賤的事業，去規勸世人，還要閉門自修，眞可稱爲濁世的佳公子了。可是此種因惡以成善的舉動，總不是萬全的辦法；孟子說：『矢人豈不仁於函人哉？函人惟恐傷人，矢人惟恐不傷人，擇業不可不愼也！……』所以做箭的雖比做鎧甲的仁愛，然而人都要說做箭的殘忍，做鎧甲的慈祥；人擇業當擇於人有益的業，不當擇殺人的業。君平藉卜筮勸人忠孝，固是餬口的一種妙訣，然而勸忠孝未必是必須藉卜筮，餬口也不是必須藉卜筮；藉別的事勸人忠孝，爲己餬口，不是甚難辦到的事。可惜君平未曾想到，或是想到未曾實行，所以雖然名列高士傳，到底算不得眞的高士。

肆　賤看卜筮的

在上古時，是以卜筮爲高等職業，國家且特設高位，管理卜筮。到中古時，則以爲卜筮是賤業；降及今世，雖然仍有以卜筮爲職業的，然而已經算不是一種職業了。若是論在外國文明的人中，則國家對於此等爲人言吉凶的下流事業，又要加以取締，勸令改業。民國十一年冬，曾在上海有一西人爲人言休咎，騙人金錢；以後爲人告發，遂捉將官裏去，坐黑監罰金錢，該西人此後再不敢以類似卜筮的事爲職業了。但是走遍我國各城市，此等江湖家所擺設的攤桌，却是多於櫛比；任憑他們胡謅瞎說，騙人金錢；推究其所以能得如此的自由，乃是我國不但不以卜筮爲虛妄，却是爲一般愚民所信服；雖然長官紳士，也有以卜筮爲合法職業的，豈非最爲迷信麼？

古年間高明之士，多半是卑鄙卜筮，算不得是高人的事業；即如漢朝的賈誼，本是當時的文學家，現今的文學博士，也未必能比得上。他有一次從長安（當時漢朝建都長安）東市路過，天忽然下了大雨，因此隨卽奔到一座店中，不幸乃是一座卜筮店；問了問主人，原是姓司馬名季主。賈誼遂對主人說『你怎麼住的房子這樣鄙陋，操的職業這樣下賤呢？』從這兩句話看來，一來在漢朝時，就以卜筮爲窮極無聊的事；二來社會上看卜筮的人，與求卜筮的人最爲下賤。既然如此，就不當二千年來還是留存在世界上；然而直到如今，仍是不死不活的在社會中輥來輥去，眞是好大壽命啊！

有人批評我國的情況說：『好的不見進步，壞的也不見退步。』可說是最爲切中的話。爲甚麼呢？因爲孔子周流列國時所坐的車，與現在我國社會普通所用的車，並沒有甚麼分別。賈誼所批評的卜筮人，本是一個；現在此人還是活在世上，繁衍了不少的徒弟。這總算是我國所具的特性，若不重新另行改組社會，恐怕要連累國事的進步了。

再在曲禮上所記的話，也足證卜筮是靠不住的，也可推知古人雖重看卜筮，到底是懷疑卜筮。卽如曲禮上有話說：『卜筮不過三，卜筮不相襲。』意思就是說：你若是要取決於卜筮，那麼至多可用三次；因爲一次或顯吉兆，二次或顯凶兆，三次或又顯吉兆，這樣卜來卜去，到底是要用那一次所顯的兆頭呢？越卜的次數多，越顯的兆頭紊亂；這樣豈不是如同七嘴八舌弄的人心煩意亂麼?可是按常人的心理，卜一次雖得吉兆，然而却是未必深相信服，因此又要卜第二次；設若第二次又顯有凶兆，那麼心中就越顯得忐忑不安，所以又不得不卜第三次，曲禮上看出人雖然卜十次百次也是不能罷手的，所以這纔著急的教訓人說：『卜筮不過三。』其實最簡捷的法子，莫妙如存著一個擲骰子的心理，抓起來朝著盆中一擲，就算拉倒，又何必再三捨不得去亂擲呢?可是擲骰原有一定的點數，尚能以有個輸贏來回，至於草虫一類的東西從那裏求其靈驗的兆頭呢?況且再去倚靠老鼠抽籤，銅錢搖卦，眞是一盤不如一盤了。

曲禮上又說：『卜筮不相襲。』這是說卜的是吉，就是吉；筮的是凶，就是凶；卜與筮都有獨立的權利，卜不能干預筮的事，筮也不能干預卜的事；兩下裏是分門過日子，誰也不管誰的。設若果眞是這樣，就越發使人難以從違了；比方某機關用著兩個參謀官，他們兩個若是不能開誠布公的互相商酌，這一個說是，那一個偏要說非，那麼豈不是要停止事業的進行了麼?推想曲禮所以這樣的說，恐怕是因爲古人卜的不吉，就要筮；筮的是凶，又要卜；反過去卜，覆過又筮，三番二次不肯能休，所以這纔下一句斷語，說是：『卜筮不相襲。』原是替人解紛的舉動，並不是要人眞去卜筮。

況且書經上又有話說：『三人占則從二人之言。』這是明明指示人凡事當取決於多數，不是敎訓人必須去占卜；因爲在一件事上，若是果眞要依靠卜筮，則不但三人都應當吉都是吉凶都是凶，卽便三十人也當得同一兆頭的，絕不該吉凶互見的；可是連蓍龜錢幣竹籤，各各都有各各的意見，甚至連龜自己也沒有一定的主見，這時要說吉，再過一分鐘又要說凶；此種不負責任的騎牆派，豈不是如同人腰裏藏著個轉葫蘆，隨地亂輥麼？因此書經爲指導人解除占卜的迷信，這纔說：『三人占則從二人之言。』意思就是占卜不占卜，還不關緊要，最緊要的乃是三人商議，可從二人的意思。可是這三人必須知識均等，方能於事有益，不然若是叫兩個低等知識的人物，去辯詰事業；本是愚人對愚人，又焉能勉強聰明達理的人去服從他們的拙見呢？所以不可將三人占則從二人的話，看得太也拘泥；凡事無論是三人或是三十人，總當以是非爲主腦，那纔是正當辦法。

至於論到歷代占卜的事，不但記載稗官小說上的是連篇不斷，卽便號稱經傳鑑史上也是累牘不絕；不但無識階級的黔首，是迷信太深，卽便號稱先師先覺的知識分子，也是與占卜相依爲命。這可以見出我國自古以來，上上下下，無非是都犯了一樣的罪，就是胸無主張，去迷信愚人的占卜。所以一切稗官下流惑世的邪書，俱得與正當的經史有同一的發行權；若是處在外國，則對於此等炫世的邪書早就加以嚴厲的取締了。前年提到當民國十一年冬，有一位寓在上海的西人，也設法爲人預先告訴休咎，藉以騙人金錢，但是工部局立即將該西人制止；然則設若他再印刷惑人的邪書，豈不更要大遭地方官的拘禁麼？可惜我國人民過於自由，只用是不反對幾個官僚，那怕你聳著迷魂湯儘量的往人嘴裏灌，地方官也是不去問聞的；此等情勢到底是何等黑暗！

伍　聖賢也要卜筮

論到古時的大聖大賢，他們也是要占卜的；今只提出一二件，也可以概括其餘的平民了。在論衡上記著一段占卜的事，說是當列國時，魯國（今山東）去伐越國（今浙江），先用蓍草筮一筮，得的兆頭是『鼎折足』。孔聖人的徒弟大賢人子貢，遂就著所得的兆頭又重加一番的占卜，竟是得了一個凶兆，說是行軍須用足，今既折了足，又焉能行軍呢？誰知道孔聖人對於占卜的解釋，則絕對的相反，說是越人是居在水上的，在水上住是多半用船行，並用不著足，所以該是吉。因此一位聖人，一位賢人，一位老師，一位徒弟，只有二人所解的兆頭，就截然不同了。那麼三人占則從二人之言，這次是二人占又將如何是從呢？還是從聖人不從賢人，從先生不從學生罷！後來魯國伐越，果然得了勝仗。

其實魯國已決定了伐越，必是越有可伐的機會，並不是因為占卜得有吉兆纔去伐的；不然為甚麼先要伐越而後再去卜筮呢？為甚麼不先卜筮而後再定要去伐呢？可見是雖得不著吉兆，也是止不住出師的了。至於孔子所以與子貢的看法不同，一個看是吉，一個說是凶；還不如不說占卜，只說見識的高低，倘還直截了當，不容易使人迷茫。因為孔子的識見高看定了是越有可乘的機會，舉兵去伐，可以大獲全勝，所以他說是吉。至於論到子貢呢？雖然他在商業上能億則屢中，可是論到國家大事，恐怕總得讓老夫子高居第一位，所以他就說是凶，沒曾說中了得勝的事。這些說勝說敗，說吉說凶的事，全在乎實力的充足不充足，並不在乎占卜的吉凶。

孔子本是知命的聖人，在當時雖不若現今的尊崇，然而到底堪稱最為名流的人物，可是還免不了卜筮的範圍；這必是因為社會所尚，賢者不免，所以他也就隨之去卜筮了。以上這段事，是記載論衡上，或者不足為憑，再將記載家語上的話引來，就更見出他是免不了習俗所尚的迷信了；說是『孔子嘗自已用蓍草占了一卦，得的是『賁』。（凶兆）因此愀然改了顏色。他的弟子子張看出這個情形來，就要爲老夫子寬解寬解，所以說：『賁是吉卦，怎麼夫子露著驚懼呢？』孔子說：『你原來不曉得，山下有火，賁非正色啊！』這一段卦的究竟，家語上未曾說明，只是師弟二人，如此的反覆辯解，一個說吉，一個說凶，還算講道理麼？

在一本衝波傳上，記著一段孔子占卜的事，說是孔子有一次差遣子貢出外辦一件緊要的公事，久而不見返回，因此吩咐門人說：『你們占卜占卜，賜（子貢名）是幾時回來。』門人們聽了老師的命令，所以趕快的去占卜，得了一個『鼎卦』，都說道：『鼎是沒有足的，一定是還不回來。』不料那個不幸短命死的大賢顏回，竟是在旁邊掩著口笑道：『你們都猜差了，沒有足必是船哪！子貢一定是快回來了。』果然子貢就來了。，

眞也奇怪！孔子不自己占卜，偏吩咐門人占卜；門人占卜了，看法又不同，獨獨被顏回猜著了。從前晉伐越，占卜得『鼎』，孔子說是越人乘舟，然則此次又得鼎，似乎晉人也該乘舟，越人乘舟既敗，子貢乘舟，就該不來；怎麼衆門人都說不來，獨獨顏子掩口而笑，說是要來呢！這些事雖不載在經傳上，似乎不足盡信，然而或者必是當時流行的一種風尙。試一閉著眼細加猜想，當時的學校，必是以卜筮爲一種專門學問，還陳列著許多的蓍草大龜，當作實驗的儀器；孔子還吩咐門人

實行試驗，有時且親自下手。可惜此種課本，久已不存，難道是被秦始皇所焚燬麽？其實不然，因爲秦始皇所焚的，乃盡是些詩書百家語，所特別留存的，乃是卜筮的書。這樣就不該失了傳，或是到如今還當奉爲課本，令兒童習學；爲甚麽現在都成了下流人的餬口符呢？難道列國的時候也曾以卜筮爲下流麽？說來不覺好笑。

聖人所做的事，都是合於眞道，後世的人不該妄加評論；若是評論聖人，那眞要算是名教中的罪人了。凡讀聖人書的，誰能當起這個非聖的罪名呢？可是這些事情都是後人繫著聖人的旗號，以惑世迷人，自神其說，以售其奸，也是免不了的；所以這纔在歷代以來，本著聖人的遺行，發生種種卜卦的謬說。聖人有知，必要亟亟喝止的。今略舉幾段，藉以表示歷代對於卜筮所附會的話；也可以見出卜筮在古時的勢力，不下於鴉片嗎啡在今日的勢力；古人所受卜筮的壓制束縛，也不次於今人所受鴉片嗎啡的壓制束縛。

陸　卜筮的種種謬說

(一)**齊文襄占雨**　列國的時候，齊國的文襄公，到東山遊玩，山上忽然起了雲彩，恐怕是要下雨，因此使人卜筮到底能下雨不能。卜筮的時候，遇見的是『剝卦』，有一個稱爲明白卜筮的李與業說：『艮爲山，山出雲，所以該當有雨。』但是又有一位卜筮家是叫吳遵世，則說：『坤爲地地能制水，所以不該有雨。』果然不多一會，烏雲盡散，陽光四射了。

這兩個卜筮家都是文襄所用的軍師，一個說有雨，一個說沒雨；恐怕再有第三個，還要說：『下大了不能小，下小了不能大哩。』世界上又何需乎此等明白的人！

（二）杜生占逃奴　唐書上記載當時有一位杜生，是甚會占卦的；有某甲家中所養的奴隸逃走了，隨請杜生占卦。杜生占卜了一回，對某甲說：『你可順著大道向北尋找，若是遇見一位官差，你就向他借貸馬鞭；他若是不肯，你就對他說明情由，一定可尋獲的。』某甲果然去了，也果然碰見一位官差，費了許多唇舌，方纔將馬鞭借到手裏。官差又說：『馬不加鞭不肯走，那麼暫且折一段路旁叢生的柳條罷！』不料去折的時候，竟發見奴隸藏在叢柳的底下。其實話雖然說的這樣好聽，試想那有如此湊巧的呢？想必是好事者爲之也。

（三）淳于智占錢窖　在合璧上記著一段更離奇的事，說是有一個叫鮑瑗的，家中素來是貧窮，對於卜筮也是絕然不信。幸虧有一位卜筮家，名叫淳于智，替他占了一卦；說是君家中安置的宅子不合法度，這纔弄的清貧如洗；你快到市上去，若是遇見有人持著一條荊棘馬鞭子，要緊的將他買了來，懸在你房子東邊的大桑樹上；三年之後，就必要大發財的。』鮑瑗爲窮所累，正要尋個發財的捷徑，也不管淳于智的話是胡扯或是亂拉，隨即照著行了。以後果然在掘井的時候，忽然開出錢數十萬，銅三千斤。

按古時當變亂的時代，人多半是將財寶窖在地裏，免得爲盜賊所搶奪。至於埋藏的地點，却是沒有第二人知曉，所以荒亂已平，若是本人不爲亂兵所殺，自然可以重新發現；可是變亂之世，性命難保，而且播遷無定，所以往往自己不得享受，只有留給不知姓名的人了。歷代以來，此種窖藏的金銀在各地方已經發現的很多；最明顯的就是當明末李自成攻破北京以後，搜括的金銀財寶，不知有幾千萬；及到吳三桂帶兵攻來，因此都帶著往西方逃走了。誰知道吳三桂追的火急，所以走到山西的時候，再也沒法逃走，於是一羣流寇，遂前後的都將財寶埋在山西。後來山西的農民，耕田的時候，不幸的都掘出來了；他們既得了這大宗的現款，所以就在各省重要的都會設下了不少的票號，（如同銀行）執金融界的牛耳者前後凡三百年，直至清末方纔倒閉的倒閉，收歇的收歇了。這樣看來，還關乎甚麼卜筮呢？鮑瑗的事也不過事同一律，與淳于智又有甚麼貫連呢？

(四)隗炤占窖金　在晉朝也有一件類似的事，有一個名隗炤的，長於占卦；臨死的時候對妻子說：『後來無論怎麼窮，萬不可變賣住宅；等五年後有一位姓龔的必要來，我現在寫下一塊竹版，到時候你就交給他，因為他欠咱許多錢，見了版必定要還的。』後來果然是如此的，龔姓看了看版，說道：『隗君原來曉得我是卜筮家，所以纔寫下隱語；他是因為時當亂世，財寶無主，因此窖藏起來，等候太平世界啊。現在你可以在你牆東一丈遠的地上，往下掘九尺，就必有一隻青甕，其中盛著五百金。』隗炤的妻子聽了，果然得到了五百金。其實隗炤既能如此的知道未來的事，又為甚麼不能在亂世的時候，有法處置呢？無非都是術士煊染的神奇，以售其奸就是了。

(五)管輅占逃妻　在三國的魏志上，記載一段卜筮的事，說是洛陽有一個人的妻子逃走了，因此就請素所知名的管輅占卜。管輅吩咐他明天到東陽門口等候著，必有一位挑著猪的人走進來，隨即沒頭沒腦的與他混鬪；等到猪逃去了，就與他一同追趕。那人照著管輅的話去行，果然猪跑到鄰近的人家，將牆衝倒，從裏邊將妻子尋獲。

既然有這麼一回的記載，不能說後世的迷信完全是受了他的傳染，可是一提起管輅來，一般迷信卜筮的人，總是要露出崇拜的態度；然而稍有知識的人，則決不能去問卜。現今人烟稠密，交通便利，拐騙走失的事，幾乎天天在報紙上懸賞尋找；有的是由偵探尋獲，絕未聽見是由卜筮家尋獲。這樣看來現在的偵探暗察，或者較古時的管輅還高明百倍罷！況且這段猪銜倒牆的故事，並不近乎情理，自然也未可信服了。

（六）淳于智占塌屋　晉書上又載說：有一位譙郡（今安徽亳縣）人名夏侯藻的，他母親長病，就打算去問問卜筮家淳于智。忽然來了一個狐狸當著門嗁哭；夏侯藻越發不知如何是好，遂趕快的跑到淳于智家中，也顧不得母親的病了，只管說：『狐狸嗁哭，到底是爲的甚麼？』淳于智思想了一回，對他說：『你快回去，在狐狸哭的地點，也要學著哭，令家中人驚怪，必定都出來看；你非把人都哭出來，你不要住嘴的。』夏侯藻聽了，遂趕緊的回到家中，學狐狸哭；家中的人都以爲他是忽然改常，所以驚的都出來看他，連臥病的母親也被人扶持著出來了。誰知一剎那間，所住的房舍五間，譁啦一聲全塌倒了。

說也奇怪：狐狸敢跑到人的門前，還能放聲大哭，難道這就是古人與木石居與鹿豕遊的本色麼？況且房子若是蓋的堅固牢靠，按時修理，又焉有無故倒塌的理呢？至於夏侯藻母親的病，却不知是到底如何。

(七)郭璞占雷電　再按本全書卷一集風水篇上所提到的郭璞，在晉書上提到他所著的青囊經，原是一位精於卜筮的郭公教授他的；一共有九卷，因此他不但精於風水，還能精於卜筮。可惜他有一個不長進的門人名叫趙戴，將書偷去，後來爲火燒燬。那麼這部青囊經既然爲火所焚，自然不能再傳留後世；可是爲甚麼後世的人反倒說是蒐得了青囊經的眞傳呢？豈非假托欺世的伎倆麼？

據說晉朝的丞相（如今的國務總理）王導，在閒暇的時候，請郭璞試作一卦，所得的兆頭是甚凶惡，所以對王導說：『公是要遭遇阨運的。』王導問道：『還可以消除否？』回答說：『公可坐軍往西行，遇見一棵柏樹，就把他截下一段，長短要如公的身量相等，然後放在公所常睡覺的床上，這樣就可以消除了。』王導都照話行了，後來有一天雷霆陡作，竟將柏木震的粉碎。

眞也奇怪，設若王導不去問卜，難道一定是要被雷打死了；郭璞既有如此神算，爲甚麼不預先去對王導說明白呢？爲甚麼必須等著他來問卜纔警告呢？或者是郭璞特爲作的籠子罷！

這段事與聊齋誌異上所記的問卜事，有相似處；今特記如左，以明左道惑人的可怕。

(八)買卜爲一癡　說是有某甲去問卜，卜人虛假的占了一卦，露出驚懼的顏色，對某甲說：

「閣下不得了！將有殺身之禍！」又躊躇了一回說道：「設若君能贈我若干銀兩，那麼就可以消除的。」幸虧某甲心地明白，以為既是死臨頭上，必是命該如此，卜人又焉能消除呢？因此不肯將錢拏出，徉徜的走了。到了夜間，某甲因為聽了卜人的話，弄的心頭作惡，無意睏睡，祇得孤燈獨坐；時到三更，不料連三接四的來了些妖怪，（試想）要取他的性命，可幸都被某甲戰敗了。某甲這纔會悟過來，原是卜人暗地打發來的，所以第二天就親自去找到卜人那裏，卜人還露出懼怕躲避的狀態。後來某甲用狗血（世俗迷信狗血能破邪）洒在那裏，卜人這纔不得逃遁，於是告到官府，方將卜人處決了。以後還附著幾句批語，說是：「賈卜原是一癡，况且卜人又要殺人以神其說呢？可不懼麼？」

可惜祇批評賈卜為一癡，不批評卜人並沒有指揮妖怪的能力；且不批評這段事情原是著聊齋的蒲留仙先生的游戲筆墨，因此世俗就越發信服卜人真具有役使人鬼的能力了。

（九）占出四位宰相　在一本名稱蒙求的書上，此書乃是宋朝出版的；其中有一段提到宋朝有四位宰相，就是張士遜，寇準，張齊賢，王隨。當四人還未登宰相位的時候，有一天張士遜與寇準一同到卜肆中去遊逛；按古時各城中都有卜人的特別區域，就好像現在新開的商埠，都要為公娼特留一段區域似的。張寇二君，走到一個卜者的面前，要求占卜。卜人占了一卦說道：『您兩先生都是宰相啊！』隨後二人走出卜肆，正撞見張齊賢與王隨二君，因此四人又一齊返到卜人的面前，問問前程。『卜人大驚道：這還了得！不料一天之間遇見四位宰相！』所以就彼此大笑而散。後來四人果然都登了宰相之位。

其實世界上的事，那有這樣湊巧的；卜者祇能大言哄人，那有如此的先見。從來說：『有錢難買早知道。』不知他四人是化了多少錢纔買的，巴不得世間的人都能不化這種冤錢就好了；可惜凡化的沒有一個不是冤的哩！況且凡占卜的，儘高也不過是能作宰相；從來卜筮家未曾給人占卜得一個帝王，這就見出是不敢到龍頭上的了，豈非又是假設的麽？

（十）郭璞占病　晉書上又提到有一位名殷祐的，某天得了疾病。他的朋友某甲爲用蓍草筮了筮，說是七月三十日有一隻鵪鴿（即八哥）來落在客廳前，若能把他捉住，就必能好病。屆時果然如此。又記著郗邵有一次長病，郭璞爲他占了一卦，說是『你若願好病，非將一隻雄雞盛在籠中，懸在東屋檐底下，過九天以後，必有一隻雌雞來和他交合；交合以後一齊飛去，這樣不但病可痊，而且還得大吉利。』這種玄空的說法，也敢記在書上，眞有出版的自由權了！因爲人生病竟與不同類的飛鳥相牽連，眞是奇上加奇。況且又未曾用飛來鳥的羽毛煎湯熬藥，或是用飛來鳥的四肢百體五臟六腑配合藥劑，只用飛來一次，就能好病；此種靈鳥爲甚麼不籠畜在博物院中，當作珍禽呢？再加上雄雄雌雌，能以自由來去，不誤時刻，更是說得嘴響！可惜是一對野鷄，假如爲上等雀鳥，豈不比百靈鳥還高貴麼？一笑！

（十一）垣下生占及第　在續定命錄上，記著太原有一位王陟，他在貞元初年間，到京應進士考。當時有一位號稱長於卜筮的叫作垣下生，王陟請他占了一卦，只見他大驚失色，好久未說上話來；後來氣頹志喪的對王陟說：『據此卦上，閣下必待廿三年後方能及第；因爲該年的狀元，須等兩年方能降生，閣下必須等候廿三年和他一年及第啊！』王陟聽了這樣長久的年數，心中不覺吃了一驚；可是最奇的過了廿三年果然及了第。當他請謁主考官時，得知列狀頭的乃是姓韋名瓘。王陟忽然想起垣下生的話，因此問韋瓘說：『請問貴甲子幾何？』答道：『十九歲。』王陟反問說：『閣下是不是隱瞞了二年呢？』遂將垣下生所記的給衆人看，衆人都各各大驚，狀頭也說了實話。

這一段占卜的事，竟能預先曉得廿三年以後的事，不能不算是卓絕的高見。況且又能占得廿三年以後的狀頭，必須再待二年方能降生，又是想入非非。垣下生可算是眞有本領的，若是各保險公司聘請他當經理，豈非連一個出險的也不能有麼？怎麼現在保險公司，都不敢預定所保的人三五年以內的吉凶禍福呢？哈哈！垣下生眞是有神機妙算。可惜這一段記載，祇有王陟直接的得了廿三年的先知道，但是後世的人，竟爲邪說所迷，也要化若干錢，請下流的江湖客算算流年日月；他們遂趁著機會，大言不慚的說是三年後要發福，五年後要轉運，今年不得旅行，過年又不可買田蓋屋；這總將人的手足心思，加上了無形的鎖鏈，動也不能動了。邪說害人，竟有如此的厲害哪！

（十二）**錢智微占買橋**　酉陽雜俎記載當著唐明皇時，有一位名錢智微的，曾到洛陽。當時洛陽有一座天津橋，錢某遂寫了一張廣告，貼在天津橋的柱子上。寫的是：『賣卜一卦，要帛十疋。』過了一天，就有一個貴公子走來，拿出十疋綢子，要求卜卦。錢某遂替他占了一卦，說道：『我卜卦能占一羅子的吉凶，先生何必故意的相戲呢？』貴公子說：『不是相戲，乃眞是要卜卦的，難道你的手段不高麼？』錢某回答說：『不是手段不高，祇因所卜的卦不甚合乎實情，所以猜想先生不是誠心實意求卜的；今將兆頭用韻語說出來，先生當曉然了。『兩頭點土，中心虛懸；人足踏跋，不肯下錢。』這是因爲貴公子心中假托是要買天津橋來求占卜，不料果然被錢某占卜出來了。占卜果能如此的猜透人心中所懷的意見自然是算爲神靈無比了。可惜書本上祇記著錢某這一次的命中，難道他一輩子爲他人所占卜的都不靈驗麽？不然爲甚麽都不記載呢？這就見出述這一次的記載，也不足爲信的了。

（十三）管輅占失火　一提到占卜的事是虛假的，則一般迷信占卜的人物，就必要將三國時的管輅抬出來嚇人。即如在異苑上也載著一段管輅靈驗的卜卦說：『管輅有一個遠鄰居家中是常常失火，後來沒法過日子，遂去請管輅占卜，到底是火從何來。管輅果然占了一卦，對鄰居道：『你明天到南田裏若遇見一位戴角巾的先生，坐著黑牛所拉的破車，要緊強迫他宿在家中，火就不至再失了。』那人果然第二天走到南田，遇見的正合管輅的話，於是迫著他到家中住宿；但那位先生執意的不肯，後來實在辭不掉，只得勉強著跟著到他家中。到了晚上，某先生突然起了疑心，以爲這位素不謀面的朋友，怎麽這樣的好客呢？連我這個素昧生平的人也要請到家中好好的招待，其中必有個原因，或者是要圖財害命罷！想到這裏，因此就不敢安睡，並且還拿出快刀，執在手中，預備打殺。到了半夜，朦朧中看見有一物手中執着火把，朝著柴薪上面吹，差不多就要將柴薪引著那位先生看得氣忿，邁步上前，對準那物猛然砍了幾刀，仔細一看方知乃是一隻死狐狸；從此那一人家再也沒有火患了。』

讀者試合煞書本，思想思想，這豈不是如同癡人說夢麼？那有狐狸能吹火的理呢？怎麼狐狸偏偏獨愛到這一家吹火呢？這位戴角巾的先生，怎麼又這樣好說話叫他去就去呢？爲甚麼必須這位角巾先生方能將狐狸砍死呢？管輅爲甚麼不叫那家的人直接的留心防備呢？這段事是記在異苑上，眞是奇異得很。

（十四）許曼占前程　後漢書上說是隴西太守馮緄，有一次開啟印綬的箱篋時，忽然有兩條紅色蛇跑出來，一條往南跑，一條往北跑。馮太守不知是主的甚麼兆頭，因此令許曼筮一筮；說是三年以後，當爲邊將，甚有官聲；五年之後，則爲大將軍，向南征伐。果然都應驗了。

太守本是地方的長官，總該有眞知灼見，方能爲國除害，爲民興利；今竟因爲兩條長蟲，就請人卜筮吉凶，可見他是心無主見，一味不實事求是了。況且印綬匣中跑出長蟲，正見他平素日是疎於防範，連第二生命的印綬也是亂七八躁的放置了。至於竟有兩條紅蛇，一齊跑出，且能分南北的跑，這又是那能有的事呢？

（十五）敬仲占娶妻　現在社會上爲定奪婚姻的終身大事，也是要預先占卜的。推求社會上所以直到文明的時代仍脫不掉迷信的束縛，無非也是受了古人的傳染。在左傳上記著有一位名懿氏的，將要娶妻，遂去請當時號稱爲卜筮家的敬仲先占一卦，敬仲照著他的話占了一回，說道：『眞是吉兆！因爲是鳳凰于飛，和鳴鏘鏘。這樣夫妻二人方能結成良好家庭，一生沒有反目的時候；不然一定要整日吵鬧的了。』至於懿氏後來到底是家庭如何，則不得而知，祇知古人娶妻，要先占卜就是了。

況且左傳上又有話說：『古人買妾不知其性則卜之。』按情理說，同姓不爲婚；然而當買妾時，則被賣人的眞名實姓，多半不容易曉得，因爲他們都是用假名假姓的；這樣妾是不可不買，同姓的嫌疑又不可不避，於是遂逼到占卜一途了。其實占卜原是不靈的，今竟去用占卜，也算是假托神靈的默許，以放縱情慾就是了。如果能以解放婦女，則必不以婦女爲貨物而從事買賣；如果能以尊重人道，則又必廢棄買妾的陋俗而實行一夫一妻的制度。

按占卜的原因，原是自己拿不定主意，特爲去問問神靈，看看到底可辦不可辦；其實若果爲正當的神靈，豈有也贊成人作壞事的麼？若是某甲爲買妾得了吉兆，豈不是神靈促成他的放縱肉慾麼？這還算是甚麼神靈呢？說到這裏，無怪乎我國社會上作賊做強盜的，也先要掏出幾文去占卜的了。咄咄怪事！神靈有知，又焉能不加以懲罰呢！

柒　假托占卜舉大事

（一）明太祖　大凡古來所有舉大事的，無不是利用占卜以神其事；即如明太祖朱洪武能，綱鑑上記著當元末羣盜四起的時候，他也爲飢寒所迫，不樂意久遯在皇覺寺裏當和尚了。可是心旌搖搖，拿不定舵，於是先設下幾個意思，就到偶像座下占卜占卜。心中先設的是：『留在寺中。』不料占卜以後，得了不吉的兆頭。心中又設下的是：『雲遊四方。』誰知得的又是凶兆。他既然連得了兩個凶兆，心中就發起疑惑來說道：『留既不吉，走又是凶，難道是要我當兵麼？』及至占卜了一回，果然得的是大吉。於是脫下了和尚的大氅，留起頭髮來，一直的投到郭子興的軍營中，當起兵來了。

推想當時他到偶像前占卜，又有誰看見來呢？鑑史上所以如此記載，不過是要表明明太祖所以起兵，原是由於神靈的指導，他人既未曾得有指導，自然就不該爲人王帝主了。況且鑑史編成，遠在明朝定鼎以後，若不是朱洪武自已傳出來，誰還敢給他胡製出來呢？此種舉動，全是利用神靈，去制服人心。朱洪武自從被他父母捨到皇覺寺以後，屢次的因爲缺糧，逼著遨遊各省，與現在的遊方僧所遭社會的白眼，比較的並不爲少。他已經在各地破廟中，習見了人當亂世，是心無主見，非到廟中弄點香火緣，心中是不能得著平安的；那一種倚重神靈的熱切，正不管如饑兒望奶。他也習知除了神靈以外，是不能制服人心，在亂世更是如此，所以他後來當兵起兵領兵，全是用的這條錦囊妙計。

考明太祖投到郭子興麾下的時候，不過是一個平常目兵；後來因爲累次立功，這纔漸漸陞高。郭子興因爲他生的像貌能以壓衆，所以留爲親兵，並將養女馬氏配與他爲妻室，總算是至親了；所以後來漸漸的凌駕郭子興，大有喧賓奪主之勢。郭子興有兩個兒子，心中甚是不平；有一次時當晚上，特爲設下計謀，請他與會；他也屢次看出其中的暗潮。這一次以爲必有甚麼陰謀，因此在路上的時候，就假妝著特爲改了常度，仰首朝天，口中喃喃的不知念的是甚麼呪，並且妝出眞模樣來，對郭公子說：『現在有神靈預先警告我，說是你們要設計害我；我本是忠於長上，而且配爲至親，你們又爲何心存不良呢？』於是郭公子遂不敢加害了，並以爲他是眞得了神靈的呵護。綜計明太祖累次出戰，無不如此假顯神奇，因此敵人聽見就望風而逃，兵卒也都仗著神靈的力，勇往直前，這纔成了有明一代的人王帝主；其實推究原委，又何嘗是占卜的呢？

神靈既然是可以假借，那麼若是將上帝的眞靈，實行的表彰於人前，使得人人能與上帝接近，豈非更是打破個人獨享的權利麼？基督教的主旨，是以上帝爲人人的上帝，凡眞心依靠他的，上帝都能呵護。無論是帝王，是總統，是將軍，是平民，凡願意離開罪惡歸向上帝的，都可以一例蒙悅納；因爲上帝並不是帝王總統等的專利品啊！這是明明要提高國人的地位，在宗教可以公開，世人又何必再去自討下賤，以爲不能與上帝相管接呢？

（二）唐太宗　古時帝王，也有看得事情已有十分把握，用不著占卜的；即如唐太宗李世民，當他將要殺他哥哥建成兄弟元吉的時候，雖然已經是刀出鞘弓上弦，然而還覺得不知是當下手不當下手，所以就要先和那登瀛洲的十八學士們商議商議；不料他們爲功名起見，沒有不贊成的。最後唐太宗還要取決於占卜，因此吩咐人取過大龜來；誰知正在占卜的時候，有他的一位秘書官名張公謹的，從外而走進來，大胆的將龜投在地上說：『占卜原是要決斷疑惑的事，這件事情並不是疑惑的事，又何必占卜呢？設若占卜得不到吉兆，難道還能止住不做麼？』唐太宗這纔定了主意，要實行殺哥哥弟弟了。

從這段事看來，古人當辦大事的時候，雖然要取決於占卜，可是有時還恐怕大龜不順從他的壞主義，竟將大龜摔掉了；所以並不是事情可疑要占卜，乃是愚人要占卜；因爲聰明人心中沒有可疑的事，惟獨愚人則無事不疑，所以處處要去占卜；可以人而不如龜乎？

(三)李自成　此處不妨再提到前人無論是做強盜做流寇，也要仗著占卜行事。當明末流寇李自成連破數城以後，一般附會他的人都說是他當繼明朝而爲天子。他有一位謀主是叫牛金星，恐怕空言不足以懾服人心，因此特特物色了一位號稱擅長河洛數的名喚宋得彩。按宋某長的不像人樣，身量還沒有三尺；他竟獻上圖讖說是『十八孩兒當主神器』。這句話正對了李自成的胃口，因此留他爲軍師，藉以懾服手下的士卒。後來李自成在湖北襄陽要想著蓋造宮殿，鑄造錢幣，又因爲自己沒有親生的兒子，不過祇有一個討來的孩子，叫作李雙喜，就打算立爲太子；但是占卜了一回，竟得了一個凶兆，所以又起他改名叫李洪基，以便鎮壓凶氣；其實後來都沒得著好結果。推想原因，於占卜有何涉呢？完全是吃了他父子二人好殺的虧。

(四)石敬塘　五代史上說是晉朝的高祖石敬塘，本是後唐的節度使，後來造反起兵；後唐廢帝李從珂遂發兵征討，兵勢來得甚急，石敬塘遂命馬重績續占卜吉凶，所得的兆頭爲『同人』。

』又有甚麼天火之象，乾健而離明。乾是象君德的，明是面向南坐，也就是要平治天下；同人則是人人皆同的意思，必有與我相同的。易經上說：『戰乎乾。』乾乃是指著西北說。又說：『相見乎離。』離是指著南方說。這樣看來，與我相同的必是要從北往南；乾既是屬乎西北，那麼必有兵從西北來與我相同。果然當年十月，有契丹出兵助石敬塘，立為晉皇帝。

此段史的實情，最堪痛惜；因為石敬塘本是後唐明宗的駙馬，今竟不顧親戚的情誼，強奪他岳家的天下；而且為奪天下，不惜向契丹稱臣，又情願以父禮事契丹，自己退居兒輩的地位。此種攘國媚外的舉動，醜得不堪入目。這還不算是大惡，最可恨的，就是還又將直隸的十六州割給契丹為報酬，每年又給契丹納綢緞三十萬匹的貢；另外又假托卜筮，說是按神靈的指示作的。此種有虧於心的伎倆，豈是神靈所許的麼？

(五)漢文帝　史記上則又記載當呂后崩時，宰相陳平等相與迎立代王；這代王也是皇子的一個，幸虧沒曾遭呂后的鴆殺。代王聽見宰相迎立他，不知是主吉主凶，因此也就占了一卦，得的兆頭是『大衡』。又從這大衡推想出：『大衡庚庚，余為天王，夏啓以光。』

史記上載這一段事，總見出古人是以占卜為處事的謀臣。其實代王恆（漢高祖子名恆）

及有諸大臣相與迎立，自然是天下歸心，又有甚麼猶豫不穩的地方呢？所以當時的良臣宋昌說：『呂后擅殺高祖兒孫，已失天下人心，今呂后已死，大臣共謀迎立大王，實是以慰臣民的希望，願大王不要疑惑。』代王這纔從山西大同府蔚州命駕到長安，即皇帝位。這種光明的記載，庶幾是識得大體。至於史記上所載占卜的話，不知是從甚麼地方得來，只有稗官小說不足信，難道堂堂的史記，也虛抛下一個圈套，故意的迷惑後人麼？不然為甚麼不載在綱鑑呢？

綱鑑上又記載漢高祖的皇后呂氏，鴆殺了皇子趙王如意，並屠戮別的妃嬪與皇子；最毒婦人心，於此可見一斑。後來他趁著三月的上巳節出宮去祓除不祥，不料在路上恍惚中好像遇見一隻倉狗，來嚙他的腋下；及到回得宮來，遂招人占卜吉凶，卜人說：『是趙王如意為祟！』此後他的肋條骨上就生了疾病，遭了幾回罪，遂即崩逝。

按呂后多殺骨肉，此種毒恨的辣手，就該早得惡病而死，又何必等著趙王如意來作祟呢？況且被他殺的妃嬪皇子，本是很多，怎麼別人不來作祟呢？再者死人既能作祟，後世的帝王就不該無故殺人，然而屈死的何代蔑有呢？為甚麼作祟的竟是百無一二呢？可見呂后之死，是與趙王如意無干了。然而為甚麼占卜的說是趙王如意為祟呢？這就見出占卜是假托的，不是真實的了。

捌　卜筮的流毒

曾聽吸鴉片烟的人說：鴉片是最有益的，因爲一吸上煙，就可格外有精神。打嗎啡針的人說：一打上針也可以格外能奮興。喝酒的人說：一喝上酒可以格外的壯胆。其實此種五分鐘的効力，乃是最爲害人的。現在世界上爲酒烟嗎啡三大毒所毒死的，不知是有若干萬人。無論中國外國，都要大聲疾呼著以求解決。可是卜筮所流的毒，比較的則更是惡毒。因爲人一迷信了卜筮，往小處說：就要安於頹敗，不肯奮鬬；甚至掉在火中，不肯走出；落在海裏，不肯求救；迷信爲火燒死，被水淹死，乃是他命該如此的。其實上帝是願意萬人得救，不願意一人沉淪，又豈能特爲某人定下惡命呢？人只用能順從上帝的旨意，不違反他的律法，無論是那一個，就必蒙他的憐憫，萬不能爲他所棄絕。可是凡迷信卜筮的，不啻是甘與上帝斷絕恩愛的關係，自己去尋死路；稍知自愛的，豈肯輕易如此呢。往大處說：則尤不可限量；即如明末流寇李自成，所以造反數十年，蹂躪十餘省，攻陷數百城，殺戮數千萬，所過地方，鷄犬不留，赤地千里，民無噍類；此種惡毒到底是誰流的呢？不過是卜筮流的就是了。因爲他聽見圖讖的話：『十八孩兒當主神器』。不啻是連連打了幾次嗎啡針，這纔發了狂熱，造起反來，平民遂不得聊生了。設若我國上下，能將此種嗎啡式的迷信除去，能在正經信仰上用工夫，那能不國泰民安呢？

可惜有一般人處在變亂的時代，還不深自省悟以爲百姓遭受塗炭，是天數該如此的；人民遭劫，也是天理所命定的。其實此種不求諸己只委諸天的舉動，實在是過於可憐；遭劫本是人的罪惡，於大慈愛的上帝有甚麼關係呢？上帝不要人迷信，人偏去迷信；及至因迷信遭了大劫，又說是天數是天定，眞算不配稱爲是萬物之靈了。

比方說來，假若某人有迷信，他人都不去作理會，也未嘗不可無形消滅，不至弄的大家尋死。可惜人心是好奇的，眞的以爲平淡無奇，假的則以爲起伏有趣；正的以爲司空是慣，邪的則以爲生面別開；所以每逢有某人假托著他是能占卜未來，或是說某人眞龍天子，因此一倡百和的因謠言而造反，因迷信而動蕩，這纔弄的村里爲墟，城池爲坵，殺的殺，逃的逃，連鷄犬也不得安甯了；這豈不是自作孽不可活麼？

現在社會上因迷信卜筮以致吃大虧的人，仍是上千上萬，遍地皆是；而在上海一方面，也是極形發達的。無論租界華界的馬路上，多有以古卦爲業的，還大書特書些：「包搖大會」「決疑」「求眞言前來問我，喜奉承去找他人。」「直言不諱。」「觸機。」「前程。」「決斷。」等等的字樣。按花會大約爲三十六門，這樣押上一元，可以贏得三十六元；其實人又如何能先曉得是那一門呢？於是一般窮極無聊的遊民，遂迎合人的心理，作投機的事業，說是他能包搖大會。一般迷信家，聽憑他的指導，以致輸了再押，押了再輸，連輸不已，越輸越氣；典田賣屋的，鬻妻賣子的，尋死上吊的，投江跳海的，發癡成瘋的，各式各樣的惡結果，都一齊出現了。

上海租界上工部局對於操占卜式的西人，是嚴加取締，獨獨對於我華人，反給以萬分的自由，豈非至爲不可解的制度？從此又不妨提到一段奇異的事，就是租界上萬般都算改良，獨獨對於敬拜邪神的虹廟，反倒任其存在，致爲美中的不足；如果能將此等齷齪的處所，改換過來，那纔算是眞文明哩！

有一個署名箴的，曾對於卜筮事的，作滑稽的口吻說：「或有人問說：古時決事是用龜，現在決事用議員，怎麼所得的結果議員還趕不上龜呢？有人回答說：死烏龜沒有感情，而活議員則容易受感情的衝動；死烏龜也沒有嗜慾，而活議員則或爲嗜慾將良心汩沒；有這兩樣的原因，所以得的結果活議員總不如死烏龜啊！

其實古年間決事，也不盡是靠着龜；即如洪範上說：「你若有大疑難決的事，就與自己的心商酌，再與卿士們百姓們商酌，再用龜著加以卜筮』。所以在上古時，卜筮不佔重要的地位，或祇如同現在流行的拈鬮或抽籤以決事的從違就是了。然而到春秋時，左傳上就記着：『筮短龜長不如從長』的話，就知當時是甚行龜卜的。

現在國家大事，或地方行政多取決於議員。我國已經行了十餘年，祇見議員們品格愈趨愈下，狂嫖亂賭，大吃大喝，公費雖多不能供其揮霍；正合了易經上『舍爾靈龜觀我朶頤』的話。議員既然如此不長進，後來必有主張廢議員而用龜者。

試思議員均是國家的優秀份子，難道眞果不如一個死龜麼？不過箴君特爲箴規議員自愛，不失掉議員的體統就是了。

玖　神道設教麼？

推究卜筮所以深種在人心，完全是因爲凡事不能公開的緣故。不能公開是私心的結果，我國歷代所以遭受了卜筮的塗毒，也就是由於私心的作用；所以除掉私心，實在是挽救社會的第一著。可惜此種私心自古就盤踞於人的腦海，歷代相傳，越傳越假，最後纔不可收拾。即如論到神人的關係，罷按基督教所信的，只有一位眞神，是造天地萬物的主宰，凡屬人類均是他的子民；他的化身就是耶穌基督；凡敬眞神靠耶穌的，不論你是誰，都可以一例的蒙拯救脫罪惡，他是不偏待人的。此種貼實的信仰並沒有甚麼含糊；因爲在神人中間，並沒有甚麼隔閡，並沒有甚麼因爲是小民就不能與上帝交通的弊病，完全是公開的，所以不發生甚麼假托甚麼迷信的事。

可是我國自古以來，對於敬神的事就不能公開；雖然也是敬天，到底總摸不清天是甚麼；雖然經傳上也屢屢的提到上帝，其實到底推不出上帝到底是甚麼。因此處在無計奈何，遂用『無極』二字來代替，意思就是無有盡頭；或是只用一『理』字，意思就是按理是該如此。祇因爲根本上弄不清楚，以致演出虛假的了；最顯然的，就是『神道設敎』。甚麼是神道設敎呢？乃是古時的帝王聖賢，不眞認爲是神祇，將神來利用，以威嚇平民。他這是自己居在正位，吩咐神站在旁邊，來替他治理百姓；就好像一般贓官污吏，不會用通達的大道處理民事，只用些衙役施行非刑，逼得人屈打成招，是一樣的行徑。也好像狡猾的狐狸，蒙上老虎皮來威嚇同類，是一樣的作用。此種作怪的主義，所造的冤孽，擢千萬人的髮也是數不完的，傾五大洋的水也是洗不清的。神是至尊無對的，人竟拏他爲奇貨，以便隨其私心，眞算是能作弊的了。

神道設敎的事實，歷代是不勝紀載的；今祇舉出一件，也可見出是相率而爲僞的了。

當宋眞宗時，契丹大舉入寇；忠臣寇準請帝御駕親征，遂在澶州與契丹結盟。眞宗當時爲契丹所迫，情願出銀百萬，以求罷兵。但是寇準對盟使曹利用說：『雖有聖旨，但你若許的過三十萬，我也要斬你的！』後來好歹的以銀十萬兩，絹二十萬疋講和了。這種講和的法子，是甚丟臉的；所以眞宗回來以後，就甚以爲沒有體面，不足以威服天下；再加上奸臣王欽若的慫恿，於是更要設法正正面子了。

王欽若看出帝的意思，就對帝說：『自古以來，惟獨封禪（封是加高，禪是開廣，卽如封泰山是加高泰山，禪梁父是在梁父山下特闢一地。）可以鎭服四海，誇示外國；可是必須先碰見祥瑞的事，然後纔可以舉行；然而祥瑞的事，不必然就能遇著，所以古年的帝王，有時藉著人爲的事，假說是天降的祥瑞，也未嘗不可愚弄四海。卽如伏羲時，有龍馬負圖出於河（這就是卜筮的起始）大禹時有神龜負書出於洛；其實那有此等祥瑞的事呢？不過都是人暗中假造出來，藉神道設教就算完了。試看易經上說：『河出圖，洛出書，聖人則之。』又說：『聖人以神道設敎，而天下服矣。』這就見出都不是眞的了。』

眞宗聽了王欽若的下流計策，忽然想起朝中有一位直臣是王旦，這人是不爲虛假的，設若一旦眞果弄假的時候，被他一語道破，豈不更弄的兩手捧刺蝟，無法收拾了麼？於是反問王欽若說：『這種掩耳盜鈴的事，恐怕王旦不贊同罷！』欽若又說：『臣將聖上的意旨傳說與他，想必他能見機而作，不然必是一味固執不通的了。』後來欽若趁著閒空，將這些圈套與王旦前前後後的都說了；王旦也祇有妝聾做啞的了。

嗣後眞宗尙在進退兩可之間，沒曾眞要舉行；不料有一次駕到祕閣，驟然間問在學士杜鎬說：『古時所說的河出圖洛出書，到底是甚麼事？』杜鎬已經老弱無能，不曉得帝發問的本意，因此茫然間回答說：『這不過是聖人以神道設教就是了，那裏眞有那麼一回事呢？』眞宗聽了他的話想道：『原來三皇五帝，也都是弄虛假的啊！那麼我爲甚麼不可弄呢？』但是還恐怕王旦從中作梗，所以有一天祇召王旦飲酒，眞宗極意的周旋；飲罷以後又特特賜酒一瓶，說是回去與夫人孩子一同快樂快樂。王旦謝恩以後，返回家中，做開酒瓶，方知滿都是些寶貴的珍珠；他想了一會，就會悟過皇帝的用意來，原是特爲要買他的口的；因此也就不敢再另有主張了。

眞宗將紙葫蘆糊好，就要賣他的藥了。在他即位的第五年正月，有一次和羣臣說：『朕在上年十一月某天半夜時，正要就寢，不料室中忽然光曜如同白晝；看見有一位神人，戴的是星帽子，穿的是大紅袍子，告訴朕說：『等到下一月，應當在正殿上建黃籙道場一月，必要降給你天書大中祥符三篇的。』朕當時正要恭恭敬敬的起身回答，誰知竟是倏然不見了。朕即在十二月初一日於朝元殿中齋戒沐浴，建下道場，等候神人的祝福。正在該時，即有管理皇城的官奏告，說是有一疋黃綢子，繫在左承天門的南鴟尾上，遂差派人去察視察視。那疋綢子有兩丈長，纏著一椿東西，如同書卷似的，封緘的地方有隱隱的字跡，辨不淸是甚麽字，這就是神人所降的天書罷！』

當時滿朝文武，都側著耳朵留心聽眞宗的一片謊話。說完之後，王旦遂率領羣臣百官，爲皇帝祝賀蒙了神人的天書。眞宗於是親自走到承天門，打發兩個小內侍升到門樓上將書取下。王旦將天書捧在手中，跪著進上眞宗，眞宗也連拜了幾拜，方纔將書收下，親自放在輦中，左右護衛著引到道場中，將書交給陳堯叟，吩咐他敞開看看，到底是書上說的些甚麽話。既到敞開之後，方知乃是三幅黃字文詞，如同洪範與道德經上的話。按洪範乃是大禹時有神龜出自河中，背有數目，從一到九，禹因之作成洪範九疇，也就是治天下的大法，共有九類。至於道德經，則是周康王時，有函谷關的官尹喜，有一次看見有紫氣從東方而來，他就知道是有神人過關，果然有老子來，遂請他著書；老子於是著成一部道德經，送給尹喜。無論是洪範，或是道德經，都是神道設教的伎倆。

這一次眞宗也弄出欺人愚己的政策，造作出天書來，當時吩咐陳堯叟宣讀；先說眞宗能以至孝至道繼續大統，後言應當淸靜儉約，末了又提到眞宗的帝位是能以最爲長久的。讀完了以後，遂將書盛在金匱中，羣臣們都一齊祝賀；眞宗又趁機大開慶祝天書的筵席；並將得天書的事，宣告天地宗廟社稷；又特特的大赦天下；又將年號咸平改爲景德，以新耳目。

讀者試思：好好的一個宋朝天子，一朝文武百官，竟是不關心整理國家的大事，專門去用虛假的衣鉢眞傳，來欺己欺人又欺天；豈非昏君奸臣通同作弊麼？所以當時的國勢，名號雖然存在，其實是國魂已經遺失，不到數傳，就爲蒙古所滅；這都是因爲他不講求實際，祗知道虛假的原因。

眞宗弄假，是得了河出圖洛出書的衣鉢眞傳；而河出圖洛出書，又是歷代卜筮的鼻祖；直到現在的二十世紀，仍然是以五千年的壺中爲乾坤；這樣又如何能與歐美文明國並駕齊驅呢？再進一步說：天書未嘗不可得，第一是當認定天是甚麼？第二是當知天書開是公的，是人人都能得到的，天不能偏待大禹，也不偏待眞宗，凡屬人類，都是上帝的兒女，都可以承受天書；這是基督教所特別注重的大道。我國設欲圖强，非將神道設教的故智揭開不可；知道神不是帝王的專利品，乃是人人所當尊奉的一位造天地萬物的大主宰；神的意旨是要人人脫離罪惡，彼此相愛；神也曾因爲愛世人，甚至將獨生子耶穌基督賜給世人，叫凡信他的，不至滅亡，必得永生。

拾　結論

從上看來，人當知識未開之時，所整日碌碌的，不外以下數端：

(一)對於未來的事，千方百計的要求個早知道。

(二)明明是人爲萬物之靈，偏要降尊紆貴的去崇拜草虫；足見人是尋求眞的神靈如飢如渴，只因摸不著眞神的門牆，所以只得因陋就簡的去敬拜眞神所造的萬物；這種情况，是最爲可憫，亦最爲可憐。

(三)人既對於神不甚明瞭，有等狡黠的人，遂以神靈爲奇貨，作投機的事業；最顯然的就是神道設教，僞造天書，以及卜筮一類的事。

(四)對於敬神的事，本當公開，可惜被一般投機的人，暗中窩祕操縱，以致弄的人羣如墮五里霧中，辨不出東西南北，瞎碰瞎撞，喪身破家，比比皆是。

(五)有產無產，有錢無錢，等等的階級，固爲人羣的大不幸；然而最不幸的，則爲有神無神的階級；因爲神不是少數人的專利品，凡屬人類俱屬神的子民，俱能以直接的與神交通，並用不著一般操下流卜筮事業的越俎代謀。

至於神所要人作的事，也不外乎以下數則：

(一)袪除私己心。因爲人所以利用卜筮，信仰卜筮，均是吃了私心的虧；專求一己一家得好處，不問他人他家是如何；此種心理，最爲神所痛惡。

(二)求著有用於世。因爲神造天地萬物，不是求自己的利益，乃是全爲萬物所設置的；人爲萬物之靈，神自然不叫人有所欠缺，也是不叫人有所私圖；神所要求於人的，乃是專爲謀求世界的進步，同類的利益。

(三)人在蒙昧無知的時候，不領會神的意旨，未免時常觸犯天條，因此招徠不少的痛苦；可是神不忍滅絕世人，所以曾分靈降世，甘心犧牲，救贖世人；世人果能體會天心，遵循神旨，敢保世界必愈演而愈進，痛苦必愈減而愈少，地國變成天國，並非不能辦到之事。

(四)直到現在，各國各地，仍有許多旁門左道，滋蔓生長，世人仍脫不掉他的糾纏，這是崇拜上帝的人所朝夕念念不置的；盼望基督大道大放光明，一變黑暗而爲文明，庶幾可成就神的意旨。

基督教本著神的旨意，到處的竭力宣傳：

(一)要使人明曉他所以生在世上到底是爲的甚麽？

(二)要使人曉得神所向人要求的是甚麽？

(三)除了上帝以外，世人均屬平等。

(四)世人可以直接與上帝接洽。

(五)看見了基督就是看見了上帝；因爲基督的作爲，就是上帝的作爲；世人皆當以基督的犧牲精神爲準則。

(六)惟獨尊奉基督方能脫離邪教的迷惑。

(七)基督滿有救人救國的能力，祇要人能信仰他，就可以大顯功効的。

(八)基督教是公開的，並沒有神道設教的心理雜乎其中。

(九)上帝是慈祥的，並不輕看小子裏的一個。

破除迷信全書

卷三 看相

壹 引言

俗語說：『能生窮命莫生窮相。』意思是說命窮或可瞞過人，亦可哄過己，非到大財到手忽然飛去之時，見不出是窮命來。至於窮相呢，却是時時頂在臉上，誰看了誰刺眼，卽在自身也是覺著不像人樣，沒臉走到人的跟前；所以無論是說起話來，辦起事來，先存著一個不如人的膽怯心，於是先就氣軟了三分。在那辦事的人也先存著一個輕看的態度，雖然按理是當如此辦如彼辦，然而却偏要施行些小不方便，所以明明當成的事，也就無法再成了；因此遂演成這『能生窮命莫生窮相』的現成語句。

可是還有兩句相對的成語，則又不重看相貌；卽如：『人不可相貌，海水不可斗量。』意思是說人的知識，怪覺，奸詐，邪惡，溫良，儉讓，並不與相貌有關；因爲相貌是天生的，是難以因習學而變遷的。至於人心中所蘊蓄的，雖然也是因秉賦而不同，但是也多因習慣而變化；所以有的是弱如處女，而堅如鋼鐵，有的則長九尺四寸，只能食粟。一個氣貌不揚的人，一旦建了甚麼大功大業發了甚麼大富大貴，必要說：『看某人那一副面孔，實在不該如此如彼。』這就是懊悔他以貌取人的表示。所以按前兩句說，是重相貌；按後兩句說，是不重相貌。無論如何，均是最平常最普通的話語，並不與看相的迷信有最大的關係。

社會上對於所輕看的人物，又有兩句最流行的話，就是：『貌不驚人，言不壓衆。』這兩句所代表的心理，是凡屬有作爲的人，一來得有天生的一副驚人的相貌，二來還得有天生的一口壓衆的言語；不然既沒的出奇的相貌，又沒有壓衆的言語，又焉有表率人羣的本領呢？只可與普通人一例看待便了。

此種崇拜相貌的心理，也就是迷信胎裏帶的福的心理，均不足以訓世；因爲事在人爲，雖然最醜陋的人，若能得有機會，刻苦進修，一旦本領學在身上，也可以大有作爲，並不能因爲相貌不如人，就不得有用於世。雖然相貌驚人，言語壓衆，若是不務正業，也不能富貴利達。所以最重要的，是人生世上，當學一個立身處世的本領，那纔可以身重當時，名垂後世；不然祇在相貌上講求斜路捷徑，那總是要身敗名裂的。

貳　非相

古今來迷信看相的，固然是不可勝數；然而雞羣中也未嘗沒有仙鶴，魚隊中也常能有眞龍，所以那些看破相面的人，總算是庸中佼佼的人物，他們的一言也是重於九鼎；今略述於左：

荀子非相篇上有話說：『相形不如論心，論心不如擇術；形相不能勝心，心也不能勝術；術若是術能正當，心也必定隨之正當；所以雖然生得形相醜惡，如果心術純正，仍然不害爲君子啊。反過來說，如果長得相貌好看，然而心術若是惡劣，仍然免不了爲個小人；况且君子以爲是吉的，小人則又以爲是凶；所以長得或長或短，或大或小，或俊或醜，並無關於人事的吉凶；最要緊的，乃是居心要正當，作事要合法，那纔是趨吉避凶的善法哩。』

荀子是諸子中的一位，能在混濁的世界中，發出此等醒世的論調，無論當時後世，必都受他的提撕警覺，爲益眞是不在少的。

孔叢子書上也記著說：『唐堯身長十尺，眼眉上有八樣色彩，固然能成爲聖人；但是虞舜身子只長八尺有尋，臉上嘴巴子上也無有鬍鬚，然而也能以成爲聖人；再論到大禹商湯文王武王周公這些人們，因為用心過度，勞形過分，所以折斷脊的，近視眼的，傴僂脊骨的，蹣跛脛骨的，種種怪狀，盡情畢露，然而到底不失為聖為賢；可見人的處世，是在乎有德，並不在乎相貌的醜惡啊。』

最古的孔叢子，能如此的批評相術，舉出堯舜禹湯諸聖賢作見證，實足以破一般看相者的迷信。其主要之目的，則在注重道德，否則雖生得驚人的相貌，也不足以稱為是聖賢，最要者還是以道德為高尚。

荀子非相篇上又有話說：『若論相貌關乎富貴名利，則號稱聖人的仲尼的形狀，就不該不方正；周朝的宰相周公的狀貌，就不該如同折斷的牆蒿；皋陶的面孔就不該如同被削的西瓜；閎夭也不該臉上現出些粗糙的皮膚；被舉於魚鹽之中的傅說，更不該像個砍斷的魚翅子；其餘如同放商朝昏君太甲於桐的伊尹，他的面貌實不當如同一個麋鹿；至於治水的大禹走起來跳跳踏踏；放夏桀於南巢的成湯又是歪歪扭扭；均不是些世俗所說的福相，然而為甚麼反倒有的是太上則立德，其次則立功，其次又立言呢？可見人的富貴利達，絕不是與相貌的俊美醜惡有連帶的關係了。』

這一席話，說的真是痛快淋漓；而且他調查的也不能再為詳細，連古聖先賢的走法，也都活畫出來了，直可說是發前人所未發。我們祇知仲尼的頭頂，如同一個芋頭，四圍高來中間低；獨獨荀子又說他不方正，那就更是顯然的了。至於其餘諸位的相貌如何，若不是荀子，我們連聽說還不曾哩。

劉克莊本是古時的一位詩家，在文壇上是甚擅盛名的；他曾贈給一個姓馬的相士一首詩說：『嫗貌何妨至輔臣，猴形亦有上麒麟；伏波眉目空如畫，不是雲臺劍佩人。』細味詩中的語氣，對於相面的事，是大加嘲笑。可見貌如女子的也能以升到輔臣的高位，猴形的也能有麒麟的作為，再如漢朝的伏波將軍馬援，並不帶著威武的相貌，乃是眉目如同畫的美麗。這樣說來，以貌取人，不但在事實上不當，若更假託著相貌去說吉論凶，發福生貴，那更是騙人的話了。

在析舉疑相論上有幾句話，最能道破相面的黑幕；即如：『宰相的相貌，是貴乎清明；將軍的相貌，貴乎雄傑。』這幾句話，可以代表出相貌所關乎人事的到底是甚麼。因為為武人的，就不該文弱如處女，應有糾糾武勇的相貌；這樣領兵臨陣，都可以發生大的威力。為宰相的，最怕昏庸帶出愚憨的樣子，最好是能有清明的氣概，這樣對於用人處事，可以不發生意外困難；不然偶一不慣，則誤國殃民者必多。從此說來，宰相雖不是由相貌得的，然而却當有清明的相貌；將軍雖不是因相貌成的，然而却當有雄傑的相貌；這不過是祇就外表上說，究其實還當有充分的實力，因爲宰相將軍，均不是靠胎裏帶的相貌所成就的。

叁　謬傳

有些姍會看相的說法，則多半是說得有根有梢，有頭有緒，叫人聽了也是以信以爲眞，以爲人生在世，所以能富貴能利達，所以時運不齊，命途多舛，多半是胎裏帶的，或是天生成的，以致弄的人無意進取，甘於退縮，實是爲害不淺。這些說法，都是發源於數千年前，且都是由經傳鑑史所傳下來的，所以就越發的能以惑人。從此可以推知我國自古以來的心理，對於看相是不能再爲迷信的；無論是大人物如帝王如聖賢，或是小人物如平民如走卒，也都存一個看相的心理。更可推知無論是世界的何區域，大凡其區域中有一種迷信，就必連帶着第二種迷信，以後第三第四以至無窮的迷信，無不連帶發生。我國古來既是迷信風水，迷信卜筮，自然的在看相上也要迷信了。時到現今文明的世界，是以眞本領爲前提，並不去論生的骨頭是高是低，是凸是凹，是粗是細，是長是短；也不去論長的形貌是俊是醜，是黑是白，是紅是黃；只用你能眞出上氣力，或是從事一樣學術，或是習練某種工藝，均可以名重當時，功垂後世；因爲處在二十世紀，凡事是公開的，一洗往古祕密的弊病。

（一）劉邦　史記上記著：『滅秦朝的漢劉邦生的是高鼻子，臉上的狀貌如同龍似的，鬚髯也是很長的，左右腿上還有七十二個黑點』。若說這種像貌，便可以開漢朝四百年的天下，未免說的太也玄了。別的先不必談，祇就高鼻子說罷，世人本是分爲五大族；我蒙古利亞族，自然是鼻子不高；至於那些察喀西亞族，那一個不是頂著一個鷹嘴鼻子呢？豈是在外國的鷹嘴鼻子，祇算平民，我漢族生了一個鷹嘴鼻子，便是不能再高貴麼？至於面貌有龍的形像，這又是不可詳攷的事；長鬍子在我國就已不算希奇，若在拏到外國去，不曾如同遼東猪，祇可在家裏誇美白色，若是到了外國，恐怕是無猪不白的；因爲外國人的鬍髮，自小就長的勇壯，若不隨時剃割，恐怕不到三十歲就要垂諸腹下了。左腿上有七十二個黑點，按生理學講，身上長烏痣，乃是血脈衝動的結果；有的烏痣多，有的烏痣少，有的則連一個也沒有；還有顏色較烏痣爲淺的，則尤容易發生，此種生理上的作用，又有甚麼關乎前途的發展呢？

在史記上又有一段記載說：『有一位姓呂的，記不清是甚麼名字，他看見劉邦生的一表相貌，就大爲驚奇說：『我相人是甚多的，並沒見過如同劉邦的；但願劉君自愛努力前程。我有一個女兒情願嫁於他以供鋪床疊被掃天刮地的事。』姓呂的既然這樣有眼力，史記上就不該忘記了他的名字；因爲大凡一個很會看相的人，一定是知名社會的；況且又是堂堂的一位皇丈，豈有遺掉姓名的理？即使當劉邦爲泗上亭長，職位是甚卑賤，然而一旦訂下了這段姻親，在別人或者祇知他姓呂，不知他是叫呂甚麼；豈有爲門壻的劉邦也不知他岳丈的名字麼？所以這段事情，其中有甚可疑；即或劉邦一時記不清楚，呂后也總該曉得親生父母的名字，爲甚麼開創成帝業，著成漢史，還將父親的名字忘記的呢？劉邦與呂后既然均不知其先人的名字，難道是半路相遇的一樁親事麼？不是正式的婚姻麼？再讀史記，藉知漢高祖還有一個兒子就是漢惠帝，說是這個兒子，是劉邦當卑微的時候，與外婦所私生的；這就見出漢高祖當卑微時，就不止祇有一個正式婦人，另外的姘婦，還有不少。至於惠帝的外祖，是姓甚麼，名甚麼，那就更難以稽攷了。從此可以推知，呂公這一段相劉邦的話，祇算是後人所私添的，並算不得是眞有這麼一回事；如此就更見出看相原是最虛假的了。

（二）李世民　唐書上記載：「開創唐朝的天策上將李世民，當他生下四歲的時候，有一位看相的人，讚美他說：臉上帶著龍鳳的顏色，並有靑天白日的表樣，後來必能濟世安民的。』按一般以看相爲餬口的，他們口中所吐的言語，完全是胡謅八扯，當時李世民纔四歲，相者焉能曉得他將來是如何呢？推想唐書上記載這一段，必是在李世民作過天子以後，事隔數十年，一個平平無奇的相者，所說的幾句話，誰還能記著當話聽呢？這就見出作唐書的人，爲的是要故意的假托相者的話，說是李世民所以能登天子之位，原是四歲時就看定的，別人就萬不可再生奪位的邪心了。况且當他四歲時，他的父親李淵，原是充任隋朝的弘化留守，威權不能再高；一個官宦子弟，自然是更惹人眼，所以那位有趣的相者，不知不覺的也就發出奉承的言談，說是他生的如同龍鳳天日，後來必要濟世安民的。

(三)叔魚　國語上記載：『有一位名叫叔魚的，生的時候他母親拾起來一看，隨說道：『眼如同虎；嘴如同猪；肩膀如同天上飛的鷂鷹，往上是尖竦的；肚腹如同耕牛，肋條是往外張的；這樣的相貌，後來必定因爲貪贓而死。』

叔魚後來是如何死的，不得而知；祇是剛剛生下的一個小孩子，爲母親的應當在襁抱上注意，不使受熱受寒，這纔算是慈母的責任，又那有工夫再去看看是像牛賽馬似猪如鷹呢？從此可以推知，如果叔魚後來不得其死，必是死於他母親的養不教，並不在他胎裏帶的皮相不好。他母親必是一個撇家庭於背後，棄兒女於不顧，專門好吃懶做的外派婦人；因為養了孩子，不去教養，專門委諸於生的相貌，一旦兒子長大遭過惡境，他還不覺得是自己的失了教養，反倒一味的瞎說是他命該如此；這樣的婦人豈是也配得起母親的稱呼麼？叔魚不幸，有了這一個母親，一輩子都要倒運的了。

（四）商臣　左傳上說：『楚子以商臣為太子；令尹子上說：商臣生了一對蜂子眼，說起話來聲音如同豺狼一般，實在是一個殘忍的人，萬不可立他為太子。』

真也奇怪，楚子好好的生了一位兒子，等到長的成人，滿心滿意的就要立為太子，繼續他的君位，不料被一位令尹官名子上的平白地裏說了一些壞氣的話。試想一位楚國的世子，又如何能以長一對蜂子眼呢？即便長的眼睛如同蜂子，明明是一個人，又焉能有豺狼的聲音呢？想必子上與商臣有仇罷，恐怕商臣一旦得勢，或者要報仇的，因此預先的說些謗讟的讒言，使他不得立為太子。楚子如果是明白人，豈肯讓子上這樣的任口胡說麼？

（五）越椒　左傳上又記著：『楚子良生了一個兒子，起他起名叫越椒，有一位官名字是叫子文，就請快把越椒殺死，並且又說出該殺的理由，說是這個孩子的形狀，是如同熊虎一般，聲音也是如同豺狼一樣，現在若不趕快殺掉，後來長得大了，則必要胡作非爲，一定要將他本家的族滅了的；如其家中受他的連累，倒不如先下毒手除了這個禍根。』試思生子是一大喜，豈有兒子剛剛墮地，便即殺却之理，稍有人心的，不但不肯下這番毒手，而且也是不肯輕易設下此種的計謀，發出此種的毒口。喪盡天良的子文，祇要求著得楚子良的信用，便不避嫌疑的要把楚君的兒子殺却；在子文必定是以爲他是不能再忠於楚子良的，他是爲楚子良的一族打算，並不管這個小孩子的如何了。其實此種奸險的賊臣，居心是過於不近人情；楚子良如果不曾墮在他的奸惡圈套中，自然是該立時將他的舌頭割掉，免得他再如嗡嗡的青蠅信口亂吠。

(六)武則天　在唐朝有一位名叫袁天綱的，據說他是最擅長看相；所以在武后傳上記載一段虛假的事說：『袁天綱有一次會見武則天的母親，對他說：你這位婦人，是最有福相，你必要生一個貴子的。當時武后尚在襁褓中，他母親聽了袁天綱的奉承話，喜的笑顏逐開，隨即抱着武后假托着對天綱說：這就是我所生的兒子啊，請先生看看是不是主貴呢？天綱遂吩咐叫孩子走了幾步，又細細的將他的眼睛看了一回，隨即露出驚怪的態度說道：哎呀！這却是不得了！你看他走起來如同龍行，再看他的脖頸又是像鳳凰一般；果然是男子，就必要爲天子的。』

這段事是記在武后傳上，讀者當能想到必是假托的了，因爲武后當權勢大盛時，方纔爲他作傳，其中一切的記載，必是多迎奉武后的意旨；不然一個孩子走了幾步怎能說他是如同龍呢？這段話必是武后自己假造出來，將意思授與作傳紀的人，表明他是天生的一位天子。所可惜的，他並不是男子，所以要爲天子也不能然；然而他竟能改唐朝爲周朝，殺戮不少的皇子皇孫，將姓武的人大加位置，居於要津，弄的唐朝幾乎滅亡；此等毒夫人，豈是天子的度量麼？即使他長的脖子長，走起來珊珊可取，儘多也不過是一位美人的舉動罷了，又那能稱得起天子的行動呢？可是他滿具著一種取媚的態度，所以先蠱惑了唐太宗，再迷住了唐高宗，因此漸漸的干預朝政，終究大權攬在手裏，爲所欲爲；憑情說來，只算是唐朝的一位毒婦人，又何必假托袁天綱的話來故意炫耀呢？

（七）趙匡胤　取天下於寡婦孤兒之手的趙匡胤，本是最能盡友愛兄弟的天倫的；他既然開創了宋朝的基業，他的母親叮囑他說：『國家所以能得不亡，乃是須有一位年長的君王；設若周朝郭威的子孫，不是幼年登位，你焉能奪取他的江山呢？所以你死後，務必將帝位傳於你兄弟光義，這樣可以不至爲他人所攘奪了。』匡胤聽了母親的這段話，倒也有理，所以就打算將位傳於兄弟，不傳於兒子；其實按著相傳的習俗，並沒有如此作的。當時趙匡胤是甚喜愛他兄弟光義，有一次他看見兄弟走來，步伐整齊，因此大加讚美說：『走起來如同龍，挪起步來如同虎，後來必定爲一個太平天子啊！』

趙匡胤對於兄弟的誇獎話，固然是滿心實意的，誰知他兄弟却就不客氣了；因爲原來議決的是匡胤將位傳給他兄弟光義，光義再傳給兄弟光美，後來匡胤的兒子德昭再繼續光美的位，然而光義竟把光美德昭都逼死了，直接的將帝位傳給親生的兒子；於是趙匡胤的天下，一變而爲趙光義的了。趙匡胤祇知友愛兄弟，誰知他兄弟却倒殺害他哥哥的兒孫呢？可惜匡胤祇看見他兄弟的步法，未曾想到他兄弟的恨心，豈非失於外表麼？

（八）王莽　漢書上提到王莽的一段事，也甚有趣，今特記於左：

按王莽本是篡漢朝帝位的這個人，最會沽名釣譽，也是漢朝的至戚；不料想稍微得有權勢，就將漢朝的國號，改爲新。算計他前後篡了十四年的位，終究爲劉秀所滅，屍首也被人民零碎分吃了。他既然得了這種的惡結果，因此後人也就附會着說，是與他的相貌有關；即如漢書上說：『

王莽的口是侈大的；頸項是歪扭的，眼珠是凸露的；說起話來聲音又大又嘶長，簡直是不像人聲；而且看人物的時候，又用斜眼，或是暗地窺探。』這樣形容王莽的醜惡，可算是窮形盡相。當時有人問道伺候王莽的人說：『王莽到底是甚麼樣的相貌？』回答說：『長着一對鴟鴞眼，張着兩片老虎唇，發出的聲音則像是狗吠狼嗥。』

這幾句話，可以說是寫盡了王莽的醜態。按理說來，王莽的眞像，必不如此醜陋，不過因爲他大逆不道，橫遭殺身之禍，這總在他過世之後，特爲醜詆他的相貌就是了。至於他所以遭着殺身之禍，原是由於大逆不道，並不在乎生的醜惡；世人果能在修養心靈上用工夫，那就强如修飾相貌了。

（九）班超　後漢時有一位名聞四夷的班超，是最能拓土開疆的；漢朝的疆域，所以能那樣的廣袤，完全是他一人之力。後漢書上記着：『當他年幼的時候，家中甚爲貧窮，因爲糊口起見，所以僱起公家寫字。這種寫字的生活，是甚爲勞苦的，而且還得不到優等的工錢，所以他幹着是不甚熱心。久而久之，不得已跑到一位號稱會看相的人跟前，問道他到底有沒有發達的骨頭？那位看相的，果然妝模作樣的看了一回，然後說道：你在家中不過祇能擔起一個布衣，或是諸生，或是然酒的職分；可是若能出門，則必能封侯於萬里之外。班超聽了這一段話心中游移不定遂問道：你說這些話還有所本麼？相者回答說：我看你的脖頸上邊長的如同燕子一般，你的頭顱則如同老虎；燕子是能飛的，虎是吃肉的，所以你當飛而吃肉，你乃是長着一副萬里侯的像貌啊！』班超後來果然封為定遠侯。

從這一段記載，似乎可見出看相的真有卓見；其實班超所以能立功萬里，並不在他是燕頷虎頭。在漢書上又記着：『當他為人寫字時，以為沒有進身之機，所以心中常是鬱鬱不樂，因此發奮圖強，將筆投下說道：男兒當立功萬里，豈能效俗子為人傭工耶！』從此可見班超所以能封為定遠侯，原是發軔於雄心的一震，並不在於是虎頭不是虎頭，也不在於是蛇尾不是蛇尾。從來說：『將相本無種，男兒當自強。』班超就是得了這兩句話的能力。不但班超能如此，當時的將相，果能皆具有此種雄心，豈能獨讓班超專美麼？

（十）韓信　韓信本是漢高祖的一位功臣，也是漢朝三傑中的一位。當秦末羣雄並起的時候，最佔勢力的為楚項羽漢劉邦與韓信，按大勢說，隱隱有鼎足而三之勢。韓信平定齊國、（今山東）隨有一位名稱蒯徹的，傘出相者的口吻遊說他說：『在下的曾受過相者的指導，最洞曉其中的奧竅；今相大王的面孔，不過是祇能封侯，而且還是危險萬分；再相大王的背後，則有貴爲天子的可能。現在若能背了劉邦，在齊國作起皇帝來，那眞是不能再合時了！』

蒯徹這一段話，本是就大勢利害立論；爲韓信打算的不能再爲周到。韓信果能採用，則必不能無故受了夷三族的殘禍。他或者不在齊國作皇帝，果能一心服從劉邦，求一個明哲保身之道，如同張良似的，也未嘗不可得以善終。可惜他一不從蒯徹的話，二不學張良之計，以至身遭殘死，連父族母族妻族也都勦滅的一乾二淨，這豈又是關乎相貌的話麼？

（十二）周亞夫　在漢朝時，還有一位老婦人名叫許負，漢書上說：『他是最會看相的。漢朝有一位宰相名叫周勃，號稱周亞夫，當他爲河內守的時候，許負爲他相面說：君再等三年，必要得侯爵；再等八年必爲將相；再等九年必要餓死。周亞夫聽了這些話，笑著說：豈有爲將相而再餓死的呢？許負指著亞夫的口說：請看你的口，有些豎紋入在口中，這就是餓死的相啊。後來亞夫果然被餓而死的。』

亞夫即使餓死，許負又焉能相出他三年八年九年以後的事呢？豈是口邊還帶着一豎子的記號麼？再說天下各國，每逢遇着荒年，被餓而死的是不可勝數，豈是也與嘴上的紋理有關麼？而且還有人因爲勢所迫或是爲物所阻雖有千倉萬箱也是不得享用也有因餓而死的難道也與嘴紋有關麼?

(十二)魏王豹　在淵確類書上,又有關於許負的一段記載說:『許負有一次到魏國,對魏王豹說:王不算爲甚貴,甚貴的是在後宮。豹遂將後宮的妻子薄氏喚出來,命許負相一相。許負說:這眞是一位天子的妻啊!豹聽了這話,以爲自已合當作天子,於是舉兵反起來了。可惜反了不多日期,就被齊王韓信擒敗了。豹敗被擒,妻子薄氏也被擒來,獻給漢高祖劉邦,他二人遂生了漢文帝。』

從這段事看來,薄氏果然作了天子的妻子,未嘗不算是許負大有眼力。然而其中大有可疑之點,就是許負爲甚麼在未看見薄氏時,就說是貴在後宮呢?按相面的俗理,必定先看見面,纔能相出貴賤來;豈有面未見而加相的麼?魏王豹只請許負爲自已相面,並未請他爲妻子相面;不料許負開口便說:『王不算甚貴甚貴的是在後宮。』他既然未見過後宮的人物,又焉能得知後宮中有甚麼貴的人物呢?魏王豹受了他的鼓勵,竟至作起反來,終至身敗名裂,妻子爲擄;奸人慫慂,實甚可怕!

（十三）蔡澤　在戰國時有一位遊說之士名叫蔡澤，是作過秦朝的相國。他有一次請一位名叫唐舉的爲他看相；唐舉反覆詳細相了一回，忽然開口大笑道：『先生爲甚麼生得這樣的大鼻子；肩膀又聳個熊膀子又顯得窮蹙的顏色；兩膝並是拘攣的。我聽說凡聖人是不中看的，難道先生倘是此等的人麼？』蔡澤聽了這話，知道唐舉是故意的與他做戲，因此說：『富貴乃是我固有的，我所不知的乃是壽命的長短啊！』唐舉又說：『論到先生的壽命，從今再活四十三年就足了。』蔡澤走了以後，對趕車的說：『我懷著黃金的印，懸著紫色的綬，在人主面前行揖讓的禮，吃的是肥肉，騎的是良馬，再享四十三年的富貴，也就滿可以的了！』

這一段事，是記在史記上，說的未免過於突兀，從來看相的沒有如同唐舉這樣當面搶白人的，即使蔡澤長的難看，也不該當面的直說；幸虧他最後又弩出奉承的口吻，說是『聖人不相』這纔挽回過蔡澤的怒氣，以爲他是特爲要作戲的。後來又相出他的壽數，說是再活四十三年；又是奇中之奇，即在文明之世，豈有能曉得再活四十三年的呢？至於蔡澤只知要享四十三年的富貴，絕不想到身居高位，當爲國爲民興利除害，豈非下流人的思想麼？

（十四）英布　漢朝時的英布，也是劉邦的一位功臣，受封爲九江王。當他年少時，有一位看相的對他說：『你必在受刑而後被封爲王。』後來英布果然犯了當臉上刺字的刑罰，他就想起看相人的話來，所以歡歡喜喜的道：『這一次我可有盼望了。』

其實論到英布的結果是最爲悽慘的。當漢劉邦登帝位以後，天下承平，所最怕的就是一般的功臣，所以無故夷了韓信的三族；又將彭越殺了，將屍首製成肉漿，分給羣臣飲喝；英布也是功臣之一，不曉得早晨晚上，就要毀其元首，所以心下常是不得安寧。後來被劉邦逼得無法，只得舉兵造反，終究是被劉邦勦滅了。相者既然能相出他當被刑封王，爲甚麼還相不出封王被勦呢？這就見出看相不是叫人得萬全的，迷信看相也是招禍的幌子。

（十五）衞青　漢朝時還有一位大將軍名叫衞青，當他年少時，爲陽平侯家的奴隸，整日的以牧羊爲生活。不幸有一個囚犯，有一次撞見他，對他說：『你是一位貴人啊！一定能到封侯的地位！』衞青聽見不覺笑道：『當人家的奴隸，祇求能不受拳打脚踢，鞭抽棍敲，就心滿意足，焉能再盼望作官封侯呢？』可是後來因爲戰功，受封爲長平侯。

事也奇怪，囚犯撞見牧羊奴，忽然談到作官封侯，眞是小人能說大話了。雖然載在漢書上，也是不能信以爲眞的，因爲囚犯爲甚麼不自己相相而呢？豈是命該作監麼？

(十六)翟方進　翟方進是漢朝的丞相，封爲高陵侯。當他作小官時，請一位汝南人名叫蔡父的爲他相面，蔡父遂支吾著說：『君有封侯的骨頭，但是必定因著經術方能得以上進。』以後方進因病回家，又至京師受經學的教育，果然因對策爲皇帝所器重。

這一段是因爲翟方進長了一身封侯的骨頭，所以總從小官的地位，一躍而爲丞相。然而若是果眞關乎骨頭，就不必再去研究經學；既然因爲研究經學有得，爲皇帝所器重，就無須乎骨頭。豈有腹中空空而爲丞相的麽？亦豈有滿腹經綸不得大用的麽？骨頭不骨頭，最好是不去管他。

(十七)陶侃　異苑上記載：晉朝有一位陶侃，他的左手上有一條豎紋，直通到中指的上橫節。有一位名叫師圭的相者，對他說『君左手中的豎紋，若能通到指頭頂上，則必要登高位的。』陶侃迷信了他的話，果然用針將中指的橫節挑開，使豎紋通到指尖。當時流了不少的血，挨了不少的痛。陶侃將血彈到牆壁上，不料竟成了一個『公』字，後來果然登了三公的位。

其實在正史上，祇提到陶侃是最勤謹的，他曾說：『大禹是聖人，尙且惜寸陰，我們不是聖人，自然就該惜分陰了。』當作官的時候，爲練習勤勞起見，竟是在不明天時，將甕罐搬出晚上再搬進；此種不習於安逸的舉動，自然是上進的要訣，又何關乎手上的紋理呢？異苑不是正書，自然不足迷信；所以陶侃能以位至三公，要當求之於正史的記載，方能見得妥當。

（十八）竇軌　唐書上說：『有一位竇軌，本是爲益州（今四川）行臺的僕射。當時的相者袁天綱替他相面說：『我看了你良久，見出你是長了一對紅眼睛，有紅脈直貫到瞳人裏面；你說起話來是浮躁的，面上也顯出紅的顏色。像這樣的一副相貌，若是爲將領兵，一定是嗜好殺人，請你現在深深記下我的話罷。』以後竇軌果然多行殺戮事，爲當時皇帝曉得了，所以降下諭旨召竇軌入朝，要反坐其罪。不料袁天綱又對他說：『請你不要害怕，我看你臉上右邊的轉角上，是甚光澤的，所以你不久必要再回來的。』後來果然重爲益州都督。』

袁天綱作祟實亦不在少處；書上記載他是常常相人，也是常常靈驗，難道都是眞的麼？推究說來，必是他用過見微知著的工夫，觀察力是甚強的，所以遇見像是紅眼睛的竇軌，就說他是樂於殺人。其實古今來樂於殺人的，何嘗萬千，並未曾聽說他們的眼睛是紅的；只聽說凡人當圖謀反常事的時候，必要改變常度，因此眼也要發紅的；這不過是一時的感觸，並非常是眼紅的。即使竇軌有此種恨毒性情，何嘗是與眼睛有關呢？至於因殺坐罪，重新得赦，又說是關乎臉上光澤，那未免是過於說得有光而了。世間豈有帶著成敗得失的面孔的人呢？不過完全是由於個人的作爲就是了，又何關乎面貌的醜惡呢？袁天綱或者是善於料事，所以能看出事之究竟；此種工夫完全是由於自己練習，凡人多可以達到這個程度，並不祇限於袁天綱啊。

（十九）歐陽修　仇池筆記上載有歐陽修一段事蹟，是頗爲離奇的。說是：『當歐陽修年幼時，有一位和尚給他相面說：你的耳朵比臉還白，這樣就必要名滿天下。你的嘴唇是不能牙齒相貼合的，這樣就比無緣無故的受譏謗。』論起歐陽修的確是名滿天下，然而不是由於耳朵生的白，乃是由於他的文章與氣節生得高。此種人物本是國家之寶，可惜逢著昏昧的帝王，不知愛惜，所以任令他不得展其作爲，反倒將他貶到滁州（今安徽滁縣），這是他遭逢的不偶，難道與唇齒有甚麼牽連呢？

（二十一）王敬則　史記上又載著：『有一位名王敬則的，他母親是以爲巫爲生，常對人說：我兒生時的胞衣是紫色的，長大以後一定能以得將軍的地位。當時的人聽了，都嘲笑說：一個下流女巫的兒子，那有甚麼將軍的兒子呢？誰知長大的時候，兩脅下的奶子，往下垂有數寸長，後來果然因爲軍功，封爲潯陽郡公，加都督銜。』

從來說：『將相本無種，男兒當自強。』兒子發跡不發跡，原不限定是甚麼人家，祇用是能發自强，便可以出人頭地。王敬則必是一個最能自强的人，所以身雖寒微，至終能以建立軍功；凡屬男兒，豈不都當如此麼？至於胎衣的紫不紫，奶子的長不長，請快不必去論他罷。

（二十一）勾踐　范蠡本是越王勾踐的功臣，當勾踐滅吳以後，就想著再滅功臣，所以范蠡對同事的大夫鍾說：『我王勾踐嘴長的如同烏鴉，脖頸又不能再長，像這樣相貌，是可與共患難，不可與共安樂的。』其實范蠡是個明哲的人，善於保守自己的身子，當勾踐滅吳之後，眞用不著范蠡大夫鍾一般的謀臣了。這就好像打獵的人，狡兔死了遂烹走狗，那麼敵國已滅，謀臣又焉有生存的理呢？范蠡明白這樣的關頭，甚願意大夫鍾與他同逃性命，這纔假托勾踐的相貌，說是不可與共安樂。若果長頸長嘴的人，不可以共安樂，然則古今來的帝王可以共安樂的曾有幾人呢？即如得天下最爲正當的漢劉邦，豈不是俎醢過功臣麼？明太祖豈不也是殺盡所有的功臣，並且還夷了他們的三族麼？這些不可共安樂，慣好殺功臣的昏君，難道都是生得一樣的相貌麼？那眞是不敢贊同此說的。所以處在專制君權無限的時代，爲臣的命運是握在皇帝的手中，一不如意，便即不保首領，眞是暗無天日的尤者啊！

（二十二）桑維翰　五代史上記載：『有一位有志的人士，是叫桑維翰，他雖然磨穿鐵硯也是改不了讀書上達的志向；每逢開考的時候，他必要報名到場。主考的官因爲屢次看見他的名字，覺得是非常討厭，所以將桑字當作喪字看。既然如此，自然是沒有取中的盼望了；可幸桑維翰雄心不已，這一次落第，下一次還要報到，於是攷了不知多少次，至終到底取中了。

論他生的一副相貌，說起來眞是醜陋不堪的；身子是粗短的，面孔是甚長的；他自己也是覺得生得奇怪，然而是從胎裏帶的，並無改頭換面的老手，可以替他修補修補。有一次他臨鏡照了一照，不覺希奇道：『別人的七尺之身，不如我的一尺之面啊！』因此就越發觸起他的雄心來，希望能到宰輔的高位。

一個形貌古怪的人，按俗人眼光看來，本是沒有大富大貴的盼望，然而他能刻苦進行，百折不回，這纔得登高位；可見全不與相貌有關的了，世人爲何必專在相貌上取巧呢？

(二十三)岑文本　唐書上又載：『袁天綱曾見岑文本說道：此人是濃眉過目，文名又是振於海內，頭上的骨頭也是昂昂然有生氣；所可惜的是沒有甚大成就，而且還要有促壽數的。』

當時岑文本已是在文學界上佔有地位，所以袁天綱纔說這樣取巧的話。至於壽數如何，是關乎體育的工夫；想必岑文本不講衞生，專門一味的研究文學，以致有傷體格，隨被袁天綱看出來了，所以總爲他瞎說了幾句看相的話。凡歷代看相的，均可看作袁天綱一流的人物。

(二十四)陳去非　合璧上記載『有一位洛陽人名叫陳去非，長得一副相貌是非常軒豁的，說他的眼則如同流水的河一般，是甚能流動的；論他的口則又如同海一般，是滔滔不窮的；耳朵又是大而聳峙的。可巧有一位相面的人到他跟前來對他說：你眞是一位貴人。後來果然登了參政的高位』。

其實陳去非若是不遇見這位相面的，難道就不能作參政麽？再者按相者的口吻，作參政是全在乎相貌，似乎只仗著相貌就可以作參政，並不必再去問他的本領如何，世界焉有此等以貌取人的例子呢？陳去非作參政完全是由於眞本領，至於相貌如何，則只用有口有鼻有耳有眼，不痴不聾不瘋不癲，那就滿相個人樣了。

(二十五)管輅　三國時有一位以卜筮惑人的管輅，在本全書卷二卜筮篇上，已經批過他好多。按他不但是以卜筮爲業，還是又能看相的。魏志上記載：『他曾自己看相說：咳！可惜上天祇給我才學的名聲，不給我高年的壽數，恐怕我在四十七八歲就要死去的，並看不見閨女出嫁，兒子娶妻了。他兄弟是叫管辰，聽見哥哥在那裏長吁短嘆的說此淒涼話，忍不住的問道：哥哥本是素來甚爲明達的，怎麽忽然又說些悲憫的話呢？難道你又想出了甚麽洩漏天機的事情麽？管輅嗚嗚咽咽的答道：兄弟有所不知，你看爲哥哥的額上是無有生骨的；眼中是沒有守神的；再看鼻子罷，又是缺少鼻梁柱；論到脚呢，是浮輕的，並沒有天根。兄弟啊！我脫下衣裳請你再細細看看我的脊梁，豈不是沒有三甲（未詳）麽？請你再到前面看看我的肚腹，何嘗是有三壬（未詳）呢？末了他又拍著胸膛說：兄弟啊！這都是短命的兆頭，你以爲我是信口胡吹麽？』

不料一位名聞古今的卜筮家，竟是對於自己父母的遺體，說起瘋話來，眞算是褻瀆到了極處！試思爲人子的，不知講求顯父母的事，竟是怨恨他父母生的他沒有鼻梁柱，以及瞪著死羊眼，等等的事，這還算是一位正人君子麽？凡正人君子，居官則爲國興利，爲民除害；爲農則勤勞稼穡，衣食有著；推而爲士爲工爲商，俱能有裨當時，功垂後世，這方配得起男兒的稱呼；像管輅這樣是專以邪說欺世惑人，豈非遊民中的狡黠的麽？又何高士的足稱呢？

（二十六）李太后　曾記得晉書上有一段怪誕不經的記載，說來是最堪發噱的；說是：『晉朝簡文帝時，宮中嬪妃雖多，可惜都沒曾生過兒子；簡文帝遂召進一位很會相面的來，請他遍相宮人，是那個能以生一位太子呢？當時有一位姓李的宮人，祇在宮中擔任服役的工作，並配不上妃嬪的地位。相面的指著他說：『此人當生貴子，可惜後來必要遭過老虎的厄運！』簡文帝聽了，遂幸了他幾回，果然生了一個太子，就是後來的孝武帝。李宮人後來被立爲皇后，到他爲太后的時候，很想到相面人的話是甚爲靈驗的，所以常常罣念著遭受老虎厄運的話，就打算消除虎厄的法子；可是生平並未曾一次看見過虎，因此吩咐下良工，將老虎的形狀畫出來，懸在牆壁之上，不住的用手亂擊；誰知有一次失手，誤擊在牆壁上，顛了手膀子，痛的難過，越痛越腫，後來竟至因此喪了命。』

這一段事，說的未嘗不嘮噪；可是後宮中的宮女妃嬪，既然甚多，獨獨一個侍女李氏被看上了眼，並且還說是他能生貴子；這還不算奇，最奇的是能相出他是該死於虎口；後來竟因擊紙虎失手而死，那有此等湊巧的事呢？竊想李氏既由宮女升到太后的尊位，必是幽閒貞靜，配稱爲一國之母；豈有此等高尚的女子，而不顧利害的去用力以擊紙虎的呢？況且身爲太后，年歲已高，平生既未曾看見虎，又何能再去與紙老虎作對呢？附會的話，不足盡信。

(二十七)李嶠　定命錄上也記載一段格外怪誕的事，說是：『李嶠的兄弟三人，都是在三十歲死的，他母親就甚以爲奇怪；遂去問道袁天綱說：請問我這個名嶠的兒子怎麼樣呢？袁天綱故意的答道：神氣却是清秀，可惜壽限是不能長久的。他母親聽了，心中憂傷的了不得，以爲恐怕連一個兒子的命也沒有了；於是再請袁天綱細心看看。袁說：天時已經不早，我們今天不妨先睡覺罷！他們都說：可以；因此就連榻睡起來了。天綱先睡了；李嶠無論怎麼就是睡不著，直到五更方纔睡著的。此時天綱已經睡了一大覺，又醒過來，他聽了聽李嶠連一聲氣息也沒有，再用手摸一摸他的鼻孔，也覺不出喘氣來，心中不覺嚇了一跳；可是也未曾聲張。後來又停了一大會子，重新再細細的察看，方纔察出李嶠是用耳朵孔喘氣。當時他就甚爲詫異，好歹的等到明天，爬起來欵賀他母親說：你這個兒子是用耳朵孔喘氣，這是如同龜息一般，不但能得高壽，而且還是要大貴的哩！』

說來眞也奇怪！李嶠竟能用耳朵孔喘氣，眞是反乎天地間的當理了。現時不少的考古家與生理學家，均未曾聽說有用耳朵眼代替口鼻的，李嶠又焉能如此呢？袁天綱說這話，是見他是欺世惑人的了。可是當時的人都稱他是風鑑家，他還著作了一部書，名叫九天元女六壬課，當宋元時的術士，多半依靠這一部書惑世，直到如今還列在我國的四庫全書中，可見我國自古以來是迷信最深的了。

(二十八)甘卓•• 晉朝時有一個名叫甘卓的，被封爲歷陽侯。另有一個長於相面的私自說：『甘卓爲人頭是高昂的，看起人來向上望，按相面的術語說：這就叫作盼刀；而且眼中的赤脈，是從外往裏；這是必要被兵所殺的相。』後來果爲王敦所殺。

按聖賢所常說的是誠於中者必形於外，凡高視闊步的，也必是存心高傲；這樣就必要多得罪下仇人，且必多受長上的忌刻；甘卓就是此類的人。凡能居心謙卑的，必定善保其身，不致受殺身之禍；這都是涉世的要道，並不關乎甚麼相術。

(二十九)鄧颺何晏•• 當三國時，魏國有曹爽掌權；他有幾個最心腹的人，一個是鄧颺，一個是何晏。凡軍機要政，就必與二人祕密會商。但是曹爽是無用的人，雖有鄧何一般智謀之士共同襄助，總敵不過虎視眈眈的司馬懿。按當時的大局看來，曹爽的政權勢必爲司馬懿所奪的。誰知那位號稱甚曉術數大家的管輅，不去向曹爽耳邊作警告；反倒向鄧何二人說隱語；又私下裏說他二人的福祿是不能常保守的。不指出二人的實在失著處，祇在行動的外表上說些浮飄飄的話，這有甚麼用處呢？

即如他相鄧颺，說是：『走起步來筋不束骨，脈不制肉，這叫做鬼躁。』他又說：『何晏魂不守宅，血無華色，精爽烟浮，容若稿木，這叫做鬼幽。都不是能長保福祿的色相。』何鄧二人，以及一般輔佐曹爽的，固然皆為司馬懿所殺；其實他們所以召殺身之禍，豈是因為生的走的不好麼？按史記所載何晏生的不能再姣好，他何嘗是容若稿木血無華色呢？據理說來，管輅果真當時有這一段相面的話，必是看出當時的國勢，不久要落在司馬氏手裏，則曹爽一般的人物，都免不了要被剪除。若是管輅並未曾有此一段話，那麼一定是政權歸諸司馬氏之後，作書的人秉承意旨，故意的醜詆以前執政的人物，以洩其憤，因此遂藉著面貌行動的小節，形容他們的不得其死，原是命該如此的；因為他們原不曾作過大惡啊！作書的人用意可謂巧妙到了極處。

（三十）節度使夫人……看相的人性情多屬狡詐，無意中拋一個圈套，別人就必墮在其中，領受他的愚弄；即如雜誌上所記的一段事，就是因詐而成的。是甚麼事呢？乃是當唐朝時，江南有一位節度使，素來就聽說某甲是最會相面的，因此有一天他特將某甲召到衙門以內，又命他的妻子雜在一羣婢女中，打扮得與婢女並沒有甚麼兩樣；遂吩咐某甲將妻子辨別出來。照情說來，一回沒曾謀過面，打扮的又沒有特殊記號，誰又能有這一副眼力，從一羣女子中，將節度使的夫人挑出來呢？豈不是逼著啞吧說話麼？可是某甲若是說不能，又恐怕當眾丟醜；待要說能，未免是公鷄生蛋，太也說不下去。當著這個十目所視的當兒，的確是生死的關頭不可以輕易錯過的。於是他眉頭一皺，計上心來，張口說道：「夫人頭上是有黃氣向上冒的。」一羣婢女自然是曉得誰是主婦的，一聽見這個話便即一齊朝著節度使夫人頭上看；某甲的計策既然得售，於是指著衆婢女所共同注視的人說：『這就是貴夫人了。』凡以相面爲業的，都可作如此觀。

(三十一)牛僧儒　牛僧儒本是唐敬宗時的一個奸臣；當他尚未發達的時候，有一個給他相面的說：『先生若遇見有青蠅替你拜賀，你必要大考及第的。』僧儒聽了這話，心下大大的疑惑，怎麽青蠅還能爲我拜賀呢？後來當他登科以後，歸回家中，忽然有青蠅好幾萬，一齊作人的行立，向他再四的鞠躬，拜賀了良久，方纔飛去。

這段事是記在青陽記上；蒼蠅能作人的樣式鞠躬行禮，而且還不祇是一個，竟有數萬之多；人即無事可做，又何必故意的造作出最劣的神話來惑亂人心呢？時到如今，知識進步，人祇知蒼蠅是傳染疾病的媒介，並不知蒼蠅還會向人三鞠躬哩。

(三十二)陳摶麻衣道人　後五代時有一位道士，姓陳名摶，賜號希夷先生，據說他的修煉工夫，是最高尚的。他是因爲處在亂世的時代，遍地荊棘，所以就隱居華山，專門的好道，不求聞達丁。人有這樣的行爲，在五代時自然算是高潔；但是若就現在說，既是個人，就當插身在社會中使人羣蒙其福利；若是抱着避世修道的主義，跑到深山中享自在的清福，那便是分別人之利的寄生蟲，不成其爲高人君子了。時代雖然不同，理論當無二致；因爲凡食粟穿衣的，就當從生利方面作起，萬不當吃著人飯，去避世修道。陳摶如此作爲，也許還有羣人的本領，固不能打在妖道一類之中啊！

當宋朝定鼎以後，宋太宗風聞他是善於料事，很會察言觀色的，所以有一次召見他，問及伐河東的事；不料陳摶並不作答。後來宋太宗仍然去伐河東，並未得有效果。此後陳摶反回華山數年，太宗又召見問他說：『現在河東的事如何呢？』答道：『現在可說是時機成熟了。』宋太宗舉兵的意見，因此決定了，果然克復了太原。當時太宗又曉得他是很會相面的；所以又打發他到南衙去相相眞宗；他就奉命而去，剛一到門，就掉頭而回。太宗問他爲甚麼不進去呢？答道：『門前的廁役都有將相的才幹，何必再進去見主人呢？』太宗聽了他說的這話，於是決定了立太子的主意。

這一段事是記在聞見錄上，雖不足遽信，然而並不盡關乎看相，强半還是從沉機立斷上立論。想陳摶久觀世變，雖然以道士而避世，其實他還是留心時事，所以能發言命中，料事如響。卽如廿一史約編上記着『他聽見趙匡胤稱了皇帝，遂嘆息說『天下從此可得安定了！』若他不是久已關心時局，又何能發出此等爽快沉痛滿心滿意的話呢？至於論到相太子一節，更是如此，並用不著進門看太子，只到門口看門役就夠了。其實連到門口看門役也用不著，只就太子平日的舉動，就可斷定是如何的。他不過要敷衍太宗的旨意，勉強一走就是了。這種觀察力原是細心人的絕技，在粗心人看來，便覺是通甚麼天機，曉甚麼妙算。陳摶是精細的人，若他當時能將葫蘆當衆揭開，豈不眞爲有裨實用的道士麼？至於說他能一睡一百天的話，最好是快改改嘴，免得糟蹋了他的清品。

湘山野錄也記載：『有一位名錢若水的，當他尙爲舉子時，特爲到華山上去請見陳摶，陳摶當對他說：請閣下明日再來，我們可彼此開一回談話會。若水辭別回家，第二天又回去，看見有一位老和尙與陳摶一同擁抱地爐，坐在那裏。那一位老和尙朝著若水看了好久，連一句話也不說；後來拏起火筷子，在地上寫了『做不得』三個字。隨又慢慢的說：這乃是一個急流勇退的人啊。若水聽了，以爲是不得要領，但也未曾再說甚麼話，隨卽要回家去。陳摶又叮囑說：待兩三日後請閣下再來一趟。若水屆時果又去拜謁拜謁；這一次陳摶方纔開口說道：當我初次看見你，見你的神氣，是甚爲清粹的；以爲你總可以學習成爲一個神仙，但恐怕看錯了，所以特爲找了一個老和尚來，托他仔細察看一番。他說閣下並未生有成仙的骨頭，祇能作一個貴公卿就是了。後來若水登科，作了樞密副使，年紀剛到四十，就致仕不幹了』。所提的那位老和尚，就是所說的麻衣道人，他是陳摶的師傅，曾著作一部相書，行世，就是現在社會間所流行的麻衣相，是最能迷惑人的。

這段事裏，最可怪的就是他說錢若水沒曾生有成神仙的骨頭，祇能作一個貴公卿。憑他的語氣，他自己必是長的骨頭好，也是以神仙自居的。直到現在，社會上還以爲陳摶也是成了神仙；若果像他師弟二人，可算是神仙，那麼神仙眞不值錢了。他還說是作一個貴公卿所用的骨頭，還不如作他師弟的生活所用的骨頭格外高貴，眞算是大言不慚，掩耳盜鈴，自哄自欺了。

人生世上所消耗的是衣食住，即使他二人能以住在山洞裏，用不著人工建造；試思他們是不穿衣麼？不吃飯麼？再問他們的衣食，豈不都是別人經過勞力而成就的麼？他們不去生利，專門的依人生活，已是下流生活；竟又大言不慚的自稱是神仙；世上又何貴乎此等專門吃別人飯的神仙呢？或有人說：他們用不著吃飯，只飲露喝風就彀了。如果眞是這樣，爲甚麼滿街上還有些道士和尚沿門托鉢呢?或者又有人說他們十天只用吃一頓飯就彀了,他們也是一覺能睏幾個月。其實此種能力不但是絕對沒有卽使能有也只算是國家的怪物,主著擾亂和平,不主著發生祥瑞;可以放在博物院中供人觀玩,不可以任憑他深居高山胡造謠言,欺世惑人。試看我國歷代因他們邪說的誘惑進入迷途的人何可限量呢?

(三十三)揣骨　看相之中,有一種是專門揣骨的;就是某人若要預知前程的如何,就脫下衣裳,請一位看相的揣摸全體的骨頭,是不是主貴主富。此種辦法,是明明顯得某人太也自賤;因爲他自己竟管不住自己的骨頭,竟任憑別人亂相揣摸,豈非見出他是輕賤一己的七尺軀麼?在劇談錄上記載:『當開成年間,有一個叫龍復本的瞎漢,是甚能揣骨的,無論是誰,只用請他將遍身骨頭揣摸一回,他就能將一生的吉凶禍福都說出來。凡作官的去問吉凶,連骨頭也不用揣,只用將手中所捧的象簡竹笏摸摸,也可以斷定是吉是凶。』眞是奇中之奇!

所最令人難信的,偏是瞎漢會摸骨;難道上帝因爲他看不見特爲叫他手上有特殊的能力麼?或有人說:一行生意養行人,天老爺餓不死沒眼的瞎漢,這原是他們的餬口政策,至於眞能摸出吉凶不能,那還要放在背後,只可不去問他;因爲問起來,恐怕幾十萬瞎漢的生計,是沒法維持的。其實此種特殊的事業，乃是我國瞎子的專利品，在他國都有瞎子的正當事業，可以靠著爲生，斷沒有如同我國專門以說瞎話謀衣食的。所以非改良瞎子的生計，是不能清除社會上的迷信。

(三十四)賈衆妙　還有一個類似袁天綱的，是宋朝的一個道士，名字是叫賈衆妙，他曾說：『曾魯公的脊骨如龍，王荊公的目睛也如龍。』並且又說：『凡人不必全像龍，只用能得像龍的一體，也就貴至不可言了。』其實龍在今世，已是無法尋覓，即在古時，也不過是理想中的一種活物；或者有的說是長蟲長的年代久了，就可以稱爲龍。那麼人若是長一身長蟲骨頭，又有甚麼可貴重的呢？豈不越發顯得令人頭疼麼？

(三十五)楊元琰　人生下來到三兩歲，就該會說話，斷不能因爲他不會講話，就說是帶著甚麼貴相。可是在唐書上記載：『有一位名楊元琰的，生下來四五歲還不能講話。當時遂有一個看相的趁著機會對他的父母說：『說話晚的，神氣必是安定，所以這個孩子必定成爲重器。』他這是從講話的早晚立論，說是講的話晚，就必成爲重器；豈不知說話的早晚，是關乎生理，成爲重器乃是關乎教養；凡教養合宜的，都可成爲重器，固不在乎講話的晚啊！若是人因爲要成重器，就專在講話上推究，不去從事眞實的教養，那麼雖爲重器也必要成爲賤器了。

（三十六）呂僧珍　還有從聲音上立論的，即如梁書上記載：『有一個叫呂僧珍的，當幼年時，跟著先生讀書，不料有一個相面的人從那裏經過，聽見呂僧珍的聲音，遂下斷語說：「這個孩子說起話來有奇異的聲音，這乃是封侯的相啊。』

呂僧珍是不是封過侯，且不必去論；只論憑著一口奇異的聲音，就能封侯，那豈不是過於輕看封侯的大事麼？封侯必要建立奇功；憑著一腔怪聲，就能建立奇功麼？無論是何人，也無論是何時，凡能功在國家的，必是先要有多年的培養，方能出而問世，絕不是憑著一副聲口可以僥倖得到的。

（三十七）王珣　元史上記載有一個道士對王珣說：『你的相貌是甚奇的，以後必要藉一匹青馬升到富貴的地位。』

這又是胡謅起來了；因為人藉著自己的奇怪相貌發富發貴，已是例外出奇的事，何況又能藉著馬呢？又必須藉著青馬一匹呢？況且當時王珣，青馬還未在手，直待數十年後王珣方纔長大成人，青馬或者也方纔出世；這樣說來，在還未出世以前，某道士就先能料到，實在是奇之不可言喻。

（三十八）傳咸　人能長於作文，乃是本乎天才，由於練習，絕不能因爲手上帶著甚麼紋理，就文章過人。但是在一本名稱羣仙雜誌的書上說：『傳咸的手掌上現有臥蛇的紋理，或隱或起，如同花草一般；因此他人都趕不上他的文章』。

這種重看手紋的人，說的未嘗不好聽；然而文章的高低，是由於學識，豈是手掌上有長蟲的形狀，便能超過常人呢？況且此種怪形像，是最惹人作嘔的；只見其短，不見其長；只有主凶，焉有主吉呢？

（三十九）錢鏐　吳越世家上記載說：『有一個術士，是很會望氣的，他有一次到了臨安，（今浙江杭縣）拜見錢鏐，對他說：你的骨頭生得是非常的，一定有王侯的福氣，請你務必要自愛啊。』他這是就著骨頭上立論，說是骨頭是主貴的；其實憑情說來，又有甚麼貴骨頭賤骨頭呢？平素常聽人說：某人長了一身賤骨頭。這是因爲他秉性不良，好事不幹，雖有可以發達的機遇，可是他竟白白的失去，因此人纔嘲他是窮骨頭。他的骨頭何嘗是窮？不過是因爲缺乏精明幹練的志氣就是了。此種毛病，皆是於出教育不良，或是環境的惡劣所致；絕不是因爲骨頭有病，纔如此的。所以術士說錢鏐的骨頭是主貴的，一面是用的奉承話，一面還是迷泥的牢籠話。老實說來，說相話的人不算奇怪，最奇怪的就是別人偏偏愛聽此等的奇怪話；人心好奇，何竟至此！

(四十)姚廣孝袁珙　明初時出了一個奇怪的和尚叫姚廣孝，改名道衍，字斯道，本是江蘇吳縣人。當明太祖時曾下詔選天下高等和尚侍奉他的皇子皇孫們，姚廣孝也是被選的一個。誰知他不去修玄求佛，反倒鬪謀造反。明太祖的第四子燕王棣所以起靖難兵，就是被姚廣孝所蠱惑的。當時他專門的說一些欺人的神話，曾有一次對燕王說：『殿下若能用臣，臣當奉白帽子與大王戴。』意思就是若能聽我的話，就必能叫你作明朝的皇帝。他這是明明誘惑爲臣的不忠；因他這一誘惑，却不知因此坑殺了幾百萬無罪無辜的好人。

推究他所以這樣的爲祟國家，也是受了相者的毒計。他有一次去遊嵩山，(在河南登封縣)有一個浙江鄞縣的相者名袁珙的爲他相面說：『大胖和尚不可測，眼是有三角，暴彰白的，形狀如同餓虎，必是嗜好殺人，將來必有大作爲的。』廣孝聽了這一段奉承的話，心中就越發要蓄意爲非；後來他並將袁珙薦與燕王，王就打發人去召他，令他合差人一齊到酒館喝酒，於是燕王也雜在兵卒中，到酒館喝酒；袁珙遂趨到燕王座前下拜說：『殿下爲甚麼這樣的不知自重！』燕王假妝不懂，口口還說：『我們都是些兵卒啊！』此後將他召到邸中，袁珙連連的叩頭說：『殿下實在是以後的太平天子啊！』因此遂演成兩句成語，就是：辨宰相於嵩山佛寺，識眞主於長安酒家。其實此種故意造出來的欺騙作爲，是最不可問問的，也是最抗不住研究的，姚廣孝既然引薦他，焉有不提到燕王的舉動爲人呢？袁珙自然能認出他來了；此種圈套，無非都是他們一般氣味相投的反叛，來惑世誘民能了。

至於要問爲甚麼燕王到底作了明朝的皇帝呢？豈不見出姚廣孝袁珙的相法是靈驗的麼？答道：『絕然不是！據實說去建文帝所以失國，一由於明太祖的心過於毒恨，連武臣的子孫親戚也勦滅的根株不留，所以一旦戰事發生，就無人可以鎭壓。二由於建文帝不肯殺叔父，所以燕王纔得以猖獗。時勢是如此，大局是如此，姚廣孝又如何能將白帽子戴在燕王的頭上呢？袁珙又何能辨帝王、於酒家呢？』

（四十二）相氣・・古時不但是相人，並且還要相氣；卽如吳越春秋記載說：『凡氣有青黃紅白黑的五色，因此也有五樣的變化，都是關乎吉凶的；伍子胥每逢與敵國交戰，就必先相氣而後迎敵。』

可是此種相法，都是關乎局勢的現象；從來說：『出門看天色，進門看眼色。』就是此種善觀氣色的至理。臨陣對敵更是貴乎先察看山川的形勢，江河的縱橫，以及敵人的布置等等；如此就可推知他是要取何等的攻勢，然後就不至窮於應付了。伍子胥本是一位良將功臣萬軍繫於一身，焉有不明白此等訣竅的呢？至於相氣不相氣，那還放在背後。

(四十二)相笏　古時官宦上朝，必要手執笏板；再上古時，從天子以至於士人，則沒有不執笏板的；這是當時流行的一種規矩，乃是必須佩帶的。此種制度也許類似現在一般人所持的手杖，本沒有甚麼格外的了不得的事。可是不料竟有以相笏為投機事業的，說是看笏的如何，就可以知吉凶是如何。卽如逸史上說：『有一個名李彥章的，擅長相笏，看見某人的笏就知道某人的休咎。他曾為一個名叫陸遵的相笏，說是就笏相來，他當生一個為評事（官名）的兒子。』

這眞是出奇的怪話！因為祇就笏說，連本人眼前的吉凶也相不出來，又怎能相出他身後的兒子呢？像此種俗傳，祇可記載不正當的逸史上罷了。

(四十三)相印　相笏之外，還有相印的說法；就是就著印的篆文字畫，可以相出吉凶來。此種迷信，當漢朝時是最為盛行，當時並有相印相笏等經，及相人廿四卷，刊行於世。後來到隋朝時，有一個名程申伯的，也假著作出一卷相印法。這些迷信曾流行了幾個世紀，迷住了不少的人類，幸虧早早都絕跡了。可是他的餘波，直到宋朝尚還存在；即如宋朝有一個寫一筆好字的米芾，就是中迷信毒的大家。他在所著的書中，尚且歷歷述說印是關乎吉凶；並將當時官職如三省，如御史臺，如宣撫使等等的印，都按篆文的字畫，推究他們的休咎。此種迷信，元明清時，即不見動靜，不用說我民國開化以來，無論是總統印，總理印，以及總長巡閱督軍等印，推而至團體的圖記，個人的戳子，都沒有工夫再去講究是休是咎是吉是凶了。

這些迷信的確來得很古，即如讀左傳就知：『周朝時有一個內史官名叔服，的甚能就著人的容貌，斷定吉凶妖祥；可見相面已是行於三代了。然而荀子也是周朝戰國時人，他則批評說：『古時並沒有相面的說法，不過是有一個姑布子卿和梁國的唐舉，假托就人的形狀氣色以斷妖祥就是了。』

肆　真相

（一）韋挺　所說的那位專以相術為業的袁天綱，他也不盡是專以大言欺人，不落實地；有時他也能發出幾句有切實用的話。即如唐書上記著：『他有一次對韋挺說君的面貌有幾分相似老虎，所以你當習學武事。』憑他這兩句話，何嘗不是十分妥切！按世界上本有許多屈才的人；

也有許多所學非所用的人也有許多迫於境遇不得發展其天才的人果能使人人都能按他性情所近的事業做去或是按他身體所切合的事業做去這樣不但其個人可以自由發展即社會間亦可大得其利。袁天綱說是韋挺有幾分似虎因此當習武事；若果韋挺能照著這話做，並能得著順利的家境，敢說他所擇的業是最適宜的了。袁天綱果能都以此等光明的言語指示人常擇的事業這纔配稱爲正人君子，不至爲邪僻小人了。後世的相者，如果也能效法袁天綱的正當話，不拏著邪說惑人那便是社會上必需的領袖。可惜他們不從正處走，只把邪路行，這纔不得列於正人之中了。

（二）東方朔　漢朝時還有一位東方朔，是極得修養的祕訣的；他的體育工夫，也是極爲完全。在漢東方朔傳上記著說：『他是高有九尺三寸；眼睛如同明珠的輝煌；牙齒又像是排列的貝殼。』

從此可以想見他的相貌是甚爲堂皇冠冕的；然而此種像貌，多是由於先天的滋潤，與後天的保養；總起來說，也就是先天後天都要講求生理，那麼完全的知識，方能寓於完全的身體。這與近世紀體育衛生的政策正相吻合，固不在於看相啊！

(三)桓溫　桓溫也是五代時的一位名將，長的姿貌是甚魁偉的。世說上記載劉惔曾論他說：『溫的鬚鬢生的如同刺蝟一般眼中所流露的光亮如同一座紫石稜；眞有孫仲謀（三國時吳國的皇帝）司馬懿（晉朝的始祖）的氣概啊！』

這樣的論法，也不是注重於看相，仍是在先天後天上著想；因爲凡得到合法的保養的，均能精神充足，體力充實，甚至眼如流星，唇若塗脂；所以最要緊的是在體育保養上用工夫，然後方能有所作爲。

(四)絜廬　有一位號絜廬的先生，曾作過一篇短峭的相論，他曾說：『我不是談相的術士，生平也沒曾讀過談相的麻衣柳莊等書，然而我入世三十年，以爲在言談舉止之間，的確能觀察出人的善惡來。即如論眼罷，凡眼睛沒有精彩的，不是爲色鬼，就是爲烟鬼賭鬼。』

這樣的相法，實有至理，因爲色財烟是消耗精神的漏巵，貪戀過度，焉有不內外俱呈乾枯的形相呢？

他又說：『目光炯炯的，必定精明幹練；說起話來目光常左右看的，必定是最有心計；眼睛昏瞶不明的，心術多不正當；兩眼灼灼如賊的，行爲多不端正。』這樣的談相，是從正當一方而說起；

正如論語上所說的：『視其所以，觀其所由，察其所安，人焉廋哉，人焉廋哉！』是一樣的機括。所以相未肯不可談，只看是從何處談起就是了。

絜廬若又談鼻相說：『凡長一個鷹嘴鼻子的，那人必是富有神經質，長於心計，多有思想；鼻子歪斜的，心術也多不正。』

話雖是這樣說，但事實卻未必是如此；況且又未肯說出其所以然，越發的叫人難明眞相。開肯推究其所以，就想到俗語所說的：『五官不正的人難惹。』意思就是凡耳目口鼻生的不正當，或是有甚麼缺陷的人，是惹不得的。至於要問爲甚麼惹不得呢？無非因爲此種人既是帶著一副醜惡有面孔，那麼他生的既不如人，所以他心中先帶著三分怨氣，找不到發洩的機會，一旦有人與他辦起交涉來，他總要趁著這個機會，沒頭沒腦無義無情的儘量的發洩一番。這樣的舉動，是最爲令人難堪的，因此人不是罵他心術不正，就是嘲他專爲巳甚。絜廬說鼻子歪斜的多心術不正，想必就是因此說起的。其餘如同瞎子，聾子，啞吧，獨子，瘋子，等等的人，都是最容易埋怨人，最容易見人的，怪人也最容易得罪他；推究所以，無非都是因爲心中先抱著三分不快，且先有一種被人輕看慢待的成見，於是見火就著起來了。此種談相的話，都是就實地上說起，豈能如同那專門在俊面孔醜面孔，好背頭壞背頭上立論麽？

至於論到言語相，絜廬的相法則有如下的幾句短見：『（一）說話少的，計謀都是存在心裏。（二）說話多的，必是犯了誇大不誠實的病。（三）說起話來吞吞吐吐好似不能言者，則必是假君子。（四）善會說諂媚話的，也必善會說讒謗話。』

這一段話也純是從實際上說起，不是有意欺人的。因爲一來凡不出語的人，所有計策自是都存在心中；俗語說：『咬人的狗不露齒。』就是指著此等人說的。二來說話多了，那能句句都實；雖不是有心弄假，可是最容易偏於弄假；况且俗語說：『說多了不給話作主。』也是指著此等人說的。三來世界上原有許多僞君子，言之似忠信，行之似廉潔，不會看眞相的人，最容易被他們瞞過的。四來『說是非的就是是非人。』那更是不容辯的了。

論到衣冠相，則又有一段三樣的話：

（一）凡睡衣華美的，必是淫邪的人。

（二）凡衣冠不正的，他的個性也必不正。

（三）凡好裝飾的，也必是虛榮奢侈的。

這些話都有實在的見地，不是甚麼欺人的微言廋詞，所以最能有補於人的涉身處世；凡被看相迷住的人，一轉身間就可回到此等平坦的康衢，離開滅亡的危途了。

（五）嵐光：有一個號嵐光的先生，他標出一個『新相人術』的題目，說道：『相士迷惑的法術，是通達人所不屑說的。人的好歹可就著言談舉動看出來，至於要談禍福吉凶這些事，那就未免是太迂闊了。某三十年來交的朋友甚多，有的受他的害，有的得他的益，後來平心想想，未嘗不可預知防範。青年人初出茅廬，與人交，看不出人的好歹，必要濫交惡友，受無底的禍患。今特將新相人的法子列左：

（一）要知某人的好壞，可看他所交的朋友；這就是物以類聚的至理。

（二）人的目光是善惡的分析鏡，也就是孟子所說的『胸中正則眸子瞭焉；胸中不正則眸子眊焉』的道理。

（三）嫖賭遊蕩的地方，是人心的剖驗所，不用想著在此等地點結交益友。

（四）無論男女，多好修飾的，也必是多有惡德的。

（五）多說拍馬話；或是吞吞吐吐，似乎不會說；還有說起話來目光常要左右看的；皆不是正流的人。

（六）在酒後可以見出眞面目。

（七）醉酒還能不失禮節的，心機多不可測。

（八）輕浮多言的人，所言必多荒唐。

（九）待兄弟如寇讎，看妻子如路人的；心良已經泯滅，斷不可與他爲友。

（十）文章書畫就是人個性的寫眞。

伍　結論

世人都是上帝所造，相貌不同是由於天氣地勢而來，絕不關於禍福妖祥。即如現世分爲五大種：白種原居於歐洲，今又移於美洲。黃種則居於亞洲。紅種的原有地爲美洲，今漸爲白種所侵佔。棧種則居於海洋洲。黑種就是非洲的土人。推究其原始，均從一脈相傳；迨後愈傳愈遠，支派亦越分越多，一種之中又各分若干族；復隨所居的地域區爲此等人彼等人；按形貌說來，更就等類不齊了。

這一段歷史來的甚屬久遠，所以人的狀貌不同，也是長久歷史上所演成的一種事實。這種天演的變化，原是上帝大鴻鈞中的萬分之一；世界上有此種變化，正見出上帝的巍巍蕩蕩不可測度。俊美的白種是多能與上帝的定例相契合，醜惡的黑種是多與上帝的定例相背叛。無論是何種人，凡能順著上帝的旨意行的就必發達而多有文化；否則除了退化以外，是沒有第二條路走。我國比較的雖強如紅櫻黑諸種，然而在進化上則遠遜於白種；大原因就是不能脫去迷信追求實際。其實上帝原是一視同仁，並不偏待人的；代表上帝的基督曾說：『上帝叫日頭照好人，也照歹人；降雨給善人，也給不善的人。』若是要問誰是好人善人呢？就是得了太陽的光照能返光的為好人，得了雨露的滋潤能乘時的為善人。誰是歹人惡人呢？就是虛度光陰不知利用雨露的為歹人惡人。我國所得的太陽光照雨露滋潤本來甚為深厚，試看不是佔有亞洲最好的一大部份麼？不是處在溫帶麼？地段不是比世界他處都膏腴肥美麼？江河不是比他國又長又深又極便於行船麼？山陵不是比他洲又高峻又華麗麼？礦產不是格外的豐富麼？然而為甚麼反倒國勢日蹙，人民不得安居樂業呢？無非是因為不明上帝的原旨，只在迷信上用功就是了。基督教傳於我國，就是要打破人的迷信，使人認識上帝。我國人果能憬然覺悟，幡然悔悟，認識上帝歸依基督；則人心可以挽回，社會可以改良，國家也可以轉弱為強了。謂予不信，請嘗試之。

青年友是什麼？

是一種**最有興味**的月刊

是**專為中國青年人豫備**的月刊

是教會中惟一的**宗教教育**月刊

是一種**灌輸各國文化**的月刊

是一種**很新很合時勢要求**的月刊

本月刊自一千九百廿四年二月即第四卷第二期起**大大的刷新了**。兩位主任一是**羅運炎**哲學博士，一是**謝頌羔**文學碩士。

所以「青年友」是青年人實在少不得的月刊

總發行所　上海吳淞路十號青年報社

分發行所　上海崑山花園五號主日學合會

定報價目表

地點	全年十冊	滬購十份以上合寄一處	零售每冊
國內及日本	六角	每份四角五分	七分
其他各國	九角	每份七角五分	一角
一律大洋			郵費在內

破除迷信全書

卷四　垂象

壹　引言

本篇命名垂象，是要專破我國自古以來關於迷信日月星辰及風雨雷電等事。詳察我國迷信天變的事，多偏重於爲帝王的一方面；每逢天變，帝王就得敬天之威，不敢爲所欲爲。所以表面看來，迷信垂象未嘗不是作惡以成善的偏方；然而據實說去，總不如揭開垂象的眞面目，使爲帝王爲臣宰爲平民的，都能得以往實跡上追求，那就於國於民兩得其利了。

古人迷信『天垂象以示人』，藉以改變惡行的，固然不少；可是假托著天所垂的象以實行其惡的，更是不少。不敢作惡，說是天不叫作；敢作惡，也說是天叫作；甚或明明是作惡，反倒假托著說是天以爲善；所以從迷信垂象上所生的擾亂殺害弒君賊民等等惡事，是筆難盡述的。

天地的變化，本有一定的至理，乃是爲基督教所尊奉的上帝所創造所規定的。況且我們所居的地球，不過是上帝規畫中的一個小星，僅算是上帝大規畫的一粟；人活的時間有限，知識也有限，並不能用有限的時間藉有限的知識，去都將上帝的規畫推測出來。有時天象改變，不過是上帝大規畫中必有的一件動作，或是偶然的一種行動；完全是關乎全局，絕不是爲某帝王某平民而發；且是關乎全局的禍福，不是關乎一人的吉凶。敬天象未嘗不是好事，最好的是再進一步去敬眞神，並認識上帝的眞象。基督教的宣傳就是根據於認識神愛敬神。上帝的唯一化身就是耶穌基督；信基督照著基督的榜樣去行，就算完全了人的本分；天象不天象，那不過是小節就是了。

天象本是有一定的規程，藉著此種規程，可以窺見上帝的作爲；但是必須先從考驗入手，然後纔能求出一種程序來。所以自古以來，中國外國多半設有專局專員，以測驗天象；但是在我國則多偏重於求福免禍，趨吉避凶，在外國則多注重於研究學識。所以一是失於渺茫虛浮，一是得於實際眞情，這就是中外進化退化的關鍵；國人能在此焦點著想，國事庶有挽回的地步了。回想自中西交通的來數百年間，已是革除了不少迷信天象的事；可是此種變革，明朝尙不見動靜，直待滿清時代，纔少有正式迷信天象的事；不用說推倒滿清樹立中華之後，自然更就少有迷信天象的事了。可是此種迷信由來已久，雖不見諸皇皇的命令，然而潛伏於社會間的，還是暗中霸佔了人類的信仰，阻碍了文化的進步，說來是極爲可寒心的。

貳 實用

我國前有的欽天監，乃是專爲測驗天象而設的專部。就實用說：國家社會都蒙了不少的福利；即如考定歲月的長短節令的時刻，刊爲皇曆，頒布天下，四民百工，按時興作，不至紊亂。就不實用說：則又摻雜許多迷信的事；即如擇日子，出行，動土，婚喪等等，竟成了束縛人的鐵鍊。時到廿世紀，若仍奉行故事，依舊不改，智者當不作如此舉動啊！至於要推求其源頭，則不妨從五帝時開首。

當軒轅時（紀元前二六九七年）始設占天官，管著測驗星的爲鬼臾區，占驗太陽的爲羲氏和氏，又有倘儀則管理占月的事，車區則占風。此等設施，均是追求實際的用處，少摻雜禍福的幻想。因爲正當洪荒初開時，只求有裨實用，尙不暇在吉凶上留意；所以軒轅氏堪稱一位太上立德的明君。

後來此種實用的學問，則漸漸變成迷信星象的總機關。即如唐時稱爲司天臺；宋時稱爲司天監；到明朝則稱爲欽天監，執掌一切天文曆數占候推步的事；清朝也率由舊章，民國成立，則改稱爲中央觀象臺；這個名稱最爲恰當因爲從前的名稱爲欽天監，實含著迷信的意味，也做出些迷信的事情今更爲觀象臺，乃表示所有的天象，都是要加以觀察的，欽天本有別的法子，不用在天象變的時候再去欽敬。況且中央二字，又是表示此種觀象臺可以隨地設置，這不過是中央的一個就是了；比從前只有皇帝的欽天監，沒有民人的欽天監，更自不同了。

當夏朝仲康時，（紀元前二一五九年距軒轅五三八年）羲氏和氏仍充授時之官，管理測太陽曆數的事。可是因爲他只知喝酒，不職職分，以致壬戌年（紀元前二一五九年）九月初一日的日食，他未曾預先察出；於是王乃命胤侯掌六師去征伐他。

以上這兩段記載，鑑史祇記錄其事實，尚不見得天變乃關乎國家的興衰，然而從此以後，每當國與國衰，則大書特書，俱於天變有關了。所以就鑑史的記載看來，從夏朝滅亡時方纔墮在迷信的深池中，後來遂愈陷愈深，幾幾乎有滅頂的慘禍了。

叁　誤會

(一)夏桀時　夏朝所以滅亡，乃是由於夏桀的暴虐無道，不知愛民，但是鑑史上特不於此處注重，祇接連的記著：『當夏亡的一年，有兩個日頭彼此爭鬭；星也隕落的不少；東嶽泰山也崩裂了;地也大大的震動;伊水與洛水(俱在河南洛陽縣)也都枯乾了。』

憑此種語氣看來,這些天象都是夏桀所惹出來的。其實夏桀祇能去作他的惡,他又那能惹出兩個日頭來打仗呢?星的隕落,直到如今還是繼續不止,何嘗於國家的滅亡有關係呢?至於山崩地裂,亦屬常事,世界各國無地蔑有。伊洛二水的氾濫與枯竭,俱是旱澇不均所致,爲民上的苟能預先講求水利,則水旱偏災可以免除;不然一旦亡國,只知怨天,未免過於不負責任了。

(二)成湯時 夏朝爲成湯所滅,改國號爲商。鑑史又載:『當成湯登了帝位,遂有七年的大旱;於是成湯改裝一個祭品形像,到桑林中禱告求雨。以六事責備自己,說是我爲政不節儉麼?百姓曾失職麼?住的宮室太華麗麼?因爲曾聽婦人的話麼?賄賂曾公行麼?聽的讒言太多麼?還沒禱告完,大雨竟能下遍數千方里。』

這一段事不能說是不實;可是史記初次成於漢朝的司馬遷,距商湯共有一千七百餘年;所以他的記載,雖是在辛丑那一年纔禱告的,當時已經大旱了七年,試問成湯既然愛百姓,爲甚麼眼看著百姓遭了七年的大旱方纔爲他們禱告呢?況且百姓既然遭受此等的大旱,焉有不自己想法子的理?焉能等到七年再待成湯爲他們求雨的呢?再說這六樣事,並非成湯時全能做出來的，乃是秦漢時的帝王所最容易犯的毛病。所以推究這段記載，就大旱七年纔求雨說：是不近情理；就還未禱告完，隨大雨數千方里說：則未有大旱七年還不雨的；就必待成湯禱告纔下雨說：又是犯了過於尊重帝王的階級主義；再就六事說：完全是爲漢朝的帝王說法。至於成湯曾否以此六事自責，那却無法細追。

(三)周成王　商朝又爲武王所滅；到他兒子成王登位時，纔十三歲，所以由他的叔父周公攝政。當時有人說周公將要篡位，所以周公就辭職閒居，杜門謝客。不料有一年莊稼長的倒也暢茂，可惜還未收穫，天就雷霆陡作，狂風大起，禾稼盡情仆倒，大樹也連根拔起來了。成王遇見這等的天變，想到總是自己做錯了事，想來想去，就想到周公身上，於是快打發人將周公迎回朝堂。誰料想天又只下雨不打雷，並且還颳了一場頂風，因此禾稼又都爬起來了，遂得了一個大有的豐年。

周公是聖人，誰也說是不錯的。然而若說爲他一人的緣故，就弄的不下雨，只打雷打閃颳大風；又爲他一人又下雨，又颳頂風，又好年成，未免說的天太小了。成王能悔悟聽讒言的不是，急遣的再將周公迎回，眞是有過人的能幹；上帝所要的就是此等的人。他在這一件事是如此，其餘的可以類推件件是如此；自然要受上帝的祝福了。

(四)周莊王時　至於論到日食本是由於日月交會所致，本有一定的規度，也不關於吉凶。但是自古以來，鑑史上曾大書特書『日有食之』者凡三十六次，俱說是關於國運的消長，以及別的等等事故。文定胡氏也曾解釋說：『日食有常度，凡精於曆書的必能預先推出。但是爲甚麼每食必要特特記載呢？乃是要使後世有所依據；既然有常度，即無關於變異；所以必大書『日有食之』，乃是要指示人遇見變異，而有所驚懼。因爲日頭本是爲所有陽光的頭腦；即如人君爲百姓的頭腦。日既被食，正如人君被欺，凡經書有『日有食之』的記載，必是當時有爲臣子的背叛他的君父；爲妻妾的危害他的良人；或是一國的政權，爲權臣所霸持；或是有夷狄來侵犯中國；這都是陰盛陽衰的表徵。因此經書鑑史上特特的記載明白，原是要使爲人君的有所預防啊！』

胡氏的說法，只有一二分是切合事實，其餘八九分則都屬乎迷信；只因迷信佔了多數，所以祇見迷信不見事實了；這就是我國歷代的亂源。

我國自古既以日頭比帝王，所以每逢日食，就迷信是當時的帝王要遭受甚麼厄運，因此他必要先事預防，自因有此等預防，所以纔發生許多的新事件，今略記如左：

『當周莊王十年（紀元前六八七年）四月的某天夜間，竟有當見的星忽然不見，當天夜間有些星隕落，如同下雨似的。所隕的甚麼呢？就是些石頭。此事在漢成帝三年（紀元前三〇年）春天，也曾在山東東昌府（今改聊城縣）發現一次。』

此等事情本是習見的，可是自古以來就迷信是主著特別的災異。即如周莊王時的一次，說是與當時周公黑肩謀弒莊王及齊國無知弒其哥哥襄公有關。而漢成帝時的一次，則關於外戚王鳳等掌權太盛，所以天纔特立災異，以警告當時的君臣。並且三月間既隕星，又特書『四月下雪』。所以屢次的記載這些變異，都是因爲外戚王鳳王音所致的。以後王莽篡漢，就是因爲當時的人君屢次不聽上天垂象的緣故。其實這些迷信變異的事，於實事並無補益，祇可恐嚇愚人，不足危嚇狡黠的人。試看王莽何嘗因爲天災就不篡漢呢？最要緊的，還是真認識上帝，多講究基督犧牲服務的主義，爲更有益。

『當周襄王八年（紀元前六四四年）春正月間，有星隕於宋國（今河南商邱縣）的京城，還有水邊的鷁鳥五六隻，從京城的天空中往後退飛。』

鳥本是該往前飛，今因飛的太高，遇見空中的大風，吹的往後退飛，竟說這也是上天特別顯示給人的。五年以後，宋襄公在孟地被敵人所執，以及宋惠公在泓地爲敵人所敗，也都迷信是與星的隕落鷁的退飛有關。最奇怪的既然看見天的垂象，爲甚麼還不務修德政呢？

（五）周顯王時：彗星本是行星的一種，絕無關於妖祥。可是我國自古以來，就迷信彗星爲妖星；一旦出現，必要主著甚麼禍患。所以歷代以來，因彗星所生的擾亂，也是筆不勝書的。即如當周顯王八年時，（紀元前三六一年）有彗星見於西方，綱鑑特特的注明：『彗星是妖星，他的色若是蒼而不明，則主著爲王侯的必要破家，爲天子的必要受兵患的苦。色若發紅，則主著盜賊蜂起，強國肆行無忌。色若是發黃，則主著宮中的女權太盛，必要奪取后妃的權柄。色若發白，則主著有大逆的將軍，二年以內必要起兵。至於黑色，則主的是要發水患，江河必要潰決，土匪亦必蜂起。若是星尾很長大，出現的日期也久遠，那麼所有的災異也必長大久遠。若是星尾短小，出現的日期也不多，則所有的災異也必爲日甚短，爲患甚少。』

以上的迷信說法，竟記載於我國所依爲國魂的鑑史上，眞算是不得了的事。其實不是彗星爲妖異，這部鑑史眞算得是妖異；那位作鑑史的，眞也稱得起是妖異的主動人。以妖異立國，焉有不處處受妖異的轄制呢？

(六)周赧王時　到周赧王（紀元前三〇五年距周顯王六三年）十年十二年時，俱有彗星出現，鑑史又發明說：『全部鑑史祇記有彗星出現十六次，今竟接連著記載二次，都是在周赧王年間，可見周朝要到赧王滅亡了。』

當時人心既迷信彗星，所以每逢彗星出現，爲君的惶惶不安，爲臣的則蠢蠢欲動，爲諸侯的更要躍躍欲試。所以當赧王時，彗星連出了二次，竟被無道秦將周朝滅亡了。當時秦國必要以彗星爲口實，說是周朝滅亡，不該他事，乃是上天所命定的。試思祇就迷信彗星一端，也就不知給奸臣賊子鋪好了多少作奸犯科的路。迷信害人眞是不淺！

(七)漢惠帝時　當漢惠帝七年，（紀元前一八七年）正月初一日日食，到當年五月時又有日食，這一回則是全食。於是鑑史又加解釋說：『當漢高祖時，天下承平，惠帝既繼續高祖而爲皇帝，當有祥瑞，爲甚麽反倒屢次有災異呢？即如惠帝二年，某處井中出來了兩條龍，又有地震；夏天則大旱不雨。三年則河南宜陽縣下了些血雨。五年冬天的時候，竟是打雷，桃樹開李樹花，棗子還結實；這都是災異的兆頭。第七年則正月初一日的元旦有日食，統計鑑史上記著正月初一有日食的不過二十八次，竟有二十餘次都主著災異。這一年竟於五月又有日食，可見是主著大凶。

日頭本是人君的表徵；日頭被食就是人君要被侵蝕的兆頭。』鑑史上所以特特的這樣記載；就是表明上天所示的警告。說是呂后不久就要侵奪惠帝的皇位。

按天文家所推測出來的日食，是每年必有二次的，不過有的地方不能看見就是了。當漢朝時，疆域本是很廣袤，所見的日食必定次數很多，可是多不載在鑑史上。鑑史所要載的，乃是當人君被侵奪時的日食，所以上下三千年間日食當不祇在正月初一日食二十八次；推究鑑史上祇載二十八次的緣故，則均是當著帝位搖動的時代，作鑑史的還特特的加上許多迷信的解說。這樣不但不能止住奸臣的邪心，而且更是啓發奸臣邪心的鑰匙；豈不極當破除麽？

（八）漢文帝時　當漢文帝八年時，（紀元前一二一年距漢惠帝七三年）有長星出東方，所以鑑史又煊染說：『當時漢文帝甚稱得起一國之君，所有國家大政，也是甚爲修明；這樣長星就不該出來；然而他爲甚麽還要出來呢？想必應在吳楚七國的變亂！』

當時迷信星象，一遇長星出現，不反的也要謀反；這一次長星又出現，朝廷因爲迷信，所以怕臣下造反，臣下因爲迷信，遂要迎合長星而造反。因此漢朝所封的七國，如吳王，膠東王，膠西王，菑川王，濟南王，楚王，趙王，雖然都是漢高祖子孫，其實看見彗星，也都止不住的要造反了。這就是迷信星象的效果。

到漢景帝（漢文帝太子）三年時，七國果然舉兵反叛。推究原因則因爲景帝二年時，（一）因爲有彗星出現於東北；（二）因天降雹子；（三）因熒惑（說是南方火星出現，則主有悖亂殘賊疾喪饑荒刀兵等事。）逆行守北辰；（北極星）（四）因月亮錯行到北辰間；（五）因歲星（木星又名歲星）逆行到天廷中。鑑史上又特特發明說：『有這許多的星象，焉有不遍地起兵的呢？』從這一迷信，不知是屈死了幾百萬人。迷信流毒眞是可怕！

（九）漢昭帝時　漢時又迷信若有特別星象，則主國有大喪；即如當漢昭帝元平年間，（紀元前七四年）春二月時，有流星大如月，從東往西行；鑑史又特記說：『這是大災異，主著國有大喪；果然不到一月，昭帝就崩逝了。』

昭帝崩逝可說適逢流星出現，却不能說流星出現是因爲昭帝要崩逝；也不能說昭帝崩逝是由於流星出現。鑑史不求流星所以然出現，祇迷信是昭帝的催命符，那眞是大錯了。

古人迷信星象，藉著星相或是平亂或是造反；必待星象出現方總有所舉動。不料還有時因爲時局不甚妥當，竟是特意的假託說有此種星象，或是彼種星象。此等欺騙的說法，爲禍更是不淺。卽如當漢成帝時，有外戚王氏（王莽的先人）威權太盛；當時人就故意要加以裁制，所以假託著說是在黎明時有兩個月亮上下相承，出現於東方。其實並未曾有這麼一回事。在晉朝時，也說有三個日頭上下相連著往東行；還說有一天夜間忽然出來了三個月亮。這都是要故意造作出裁制奸臣的；其實奸臣得到此種說法，就越法有恃無恐，更要大胆的肆無忌憚了。

（十）漢成帝時　所最冤枉的，就是當漢成帝（紀元前三二年）時的一位叫方進的宰相。當時也有所說的熒惑（解見前）居其宿爲明堂大星。可巧有一個號稱長於觀星的賁麗，說是此回星變，是大臣撥弄出來的，漢成帝聽到這個話，遂召見方進，痛加責備，逼著尋死。方進不得已，當天就自殺了。

（十一）楚昭王時　當楚昭王時，（紀元前五〇六年）也有與上同類的事，幸虧昭王還算明白，所以未曾誤殺臣下；其事如左：

當時有雲彩如同一羣赤鳥一般，夾著日頭亂飛了有三天的工夫。太史官遂奏告王說：『這個災異想必該主著王遭不幸，然而也可以移在令尹司馬身上。』但是昭王說：『將心腹的病，移在股肱上，還有何益呢？』可見昭王不忍的加禍臣下；可惜他還不能揭破迷信，還以爲他自己是要當災的眞是白白吃虧。

（十一）王莽時　天降大霧，本是常事；可是古時若遇大霧，則亦疑爲與國家有關。即如當王莽篡漢時，（紀元後八年）綱鑑大書特書：『黃霧四塞。』並又加發明說：『霧是一種惡氣，王莽篡漢因有黃霧四塞，是上蒼將四塞不通啊！』於是不到一年，各地兵起，相與爲亂，民不聊生；王莽終爲漢家的宗室劉秀所滅；其實與霧有何相關呢？

（十二）漢光武時　也有藉日食警告爲君者；即如漢光武六年（紀元後三〇年）九月晦日有日食；又七年春三月晦日又有日食。因此有官吏上疏說：『日本是君象，月爲臣象，日食是日光爲月所掩，也就是君要爲臣所掩。其實並不是臣有意掩君，乃是因爲君的務求急促，是以臣下隨之急促，遂於無意中將君掩了。設君能主於綏進，臣也必綏綏隨行，斷然不能發生掩君之事。』

如此的就物論事，可說是善於見機而作。也許在迷信時代，非這樣的說則不能達到人君的耳朶裏；可是到在科學昌明時代，則無須乎如此的藉天象儆人了；還是就事論事，比較的倒還令人佩服。

（十四）漢桓帝時　亦有因說日食與人事有關，而慘遭殺戮的。即如漢桓帝延熹元年（紀元後一五八年）夏天五月晦日，發生日食，太史令陳授奏告日頭所以變更，罪是在大將軍梁冀身上。按當時姓梁的一共出了七個侯爵，三個皇后，六個貴人，三個大將軍，還有卿尹將校五十七個。梁冀秉政已有二十餘年，因為私怨殺的人是甚多的；內外只知有梁冀，天子不過只隨聲唱喏就是了。這一次日食發生，陳授特要裁制梁冀，所以說是罪在梁冀。其實梁冀怎肯承認這個過錯，於是私自將授下在監獄，並在監中將授弄死。桓帝聽見這個風聲，中心甚是惴惴不定，好歹捱過三個月，約會了幾個心腹宦官等，這纔將梁冀族滅了。約計因此案而死的，老的則八九十歲，少的則一二歲，一共總有幾千人；您想日食厲害不厲害呢？雖然說梁氏滅族是因為過於專橫，然而若不是陳授的一句話，恐怕還不能引起來啊！

（十五）漢靈帝時　古人有因災異發生而修德政的；其實也有雖然發生災異，仍是一味橫行的。即如當漢靈帝光和元年，（紀元後一七八年）說是有黑氣如龍，長有十餘丈，墮在溫德殿庭中；又有青虹出現於玉堂殿庭中。靈帝遂尋求消災的法子；當時有一位文學家蔡邕對靈帝說：「臣想這些災異都是亡國的怪物，上天既然屢降災異，是特為要警戒人君悔悟……。」

誰知靈帝不但不聽，而且反聽讒言，將蔡邕全家都剃去頭髮，再用鐵將頸項束縛起來，充到陝西，當夏永久不得回故鄉。您想是蔡邕說話不愼召來的罪呢？還是因爲靈帝昏暗不明呢？設若不迷信黑氣青虹的災異，豈不免了這段寃枉的罪案麽？

（十六）漢後帝時　古時人君也有因迷信災異而招禍的；即如漢後帝時，（紀元後二五四年）魏王曹髦常見有龍在井中，羣臣都以爲祥瑞可賀；但是髦說：『龍本是君的象，不是在天就是在田，今竟處在井中，何嘗是佳兆呢？』於是遂作了一首潛龍詩。不料想被權臣司馬昭曉得了，後竟被司馬昭所弒。可見迷信又有何益處呢？

（十七）晉惠帝時　當晉惠帝永康元年，（紀元後三〇〇年）又有所謂災異者出現；即如鑑史大書河南尉氏縣下血雨妖星見東方太白（即金星）晝見中台星折司空張華少子勸父遜位，以避天災張華說：『天道幽遠，不如靜以待之。』

鑑史又加發明說：『有這樣的天變，張華還要靜以待之，不知弒太后殺太子那些事，還是靜不是靜？乃不聽兒子的話避位，竟是不到一月，就有了滅族的大禍，眞是可哀痛的事！』

張華既然說：『天道幽遠，不如靜以待之。』似乎還算明白。可惜身爲大臣，當着太后太子被殺的大事，竟是無所爲計，又焉能逃出本身的禍患，可見是甚不得明哲保身的法了。

司馬懿的兒子趙王倫，既殺了張華又自稱皇帝；因此晉家的宗室，遂一齊起兵，彼此屠殺起來了。鑑史上也要趁機點綴星變的故事；說是：『閏三月初一有日食，又從正月初一直到閏三月，五星是互從天上亂過，一點常度沒有。』

這樣的記載，乃是要表明晉朝的王室互相殺伐。所以若說星變是被國亂感激的也可以，說是國亂為星變感激的也可以；兩下裏彼此感應，就越發的要亂大了。設若人不迷信星變，則雖見星變，也必不生邪心；仍要分安守己的過度；豈不比迷信更見得平安麼？

（十八）晉愍帝時　晉愍帝是司馬懿的重孫子，為漢將劉聰所殺；這本是晉朝的一大國恥。當時鑑史也點綴說：『有三日相接連往東行，天變沒有比此再大的；又不到幾年日頭又黑夜出來，有三丈多高，這都是數千年未有的大變！』

其實細細推究這些記載，乃是絕然沒有的事。最精的天文家，也不能找出三個日頭接連着東行。至於日頭黑夜高三丈，難道又退回去了麼？更是難解的事。想必作鑑史的特為要醜詆晉朝罷！

（十九）晉孝武帝　當晉孝武帝廿年，（紀元後三九二年）也有彗見出現，從須女星（說是婺女星，乃是屬於越地，此星是管着布帛裁製嫁娶等事）直到哭星。（說是此星是主着哭泣）——孝武帝看見了，心中就甚懷疑作惡，於是舉起一杯酒來，向星祝告說：『長星勸你喝一杯酒罷！從古以來那有萬歲的天子呢？』

從此看來，孝武對於星變竟舉出戲弄的口吻；他並不是不迷信彗星能作亂，他不過以爲儘他去作亂去，我作天子作殼了，無論誰來奪位，也不要緊；最要緊的還是喝一杯酒。試思此等昏君，怎能配得起爲人主的職位呢？所以不到一年，就被他的妃嬪刺殺了。

當晉穆帝時，（紀元後三四五年）有秦主生說是『太白星到井裏去，乃是因爲他乾渴了。』這也是與晉孝武帝一樣的戲弄口吻；所以仍然是放縱他的耳目口腹，因此不到四月也被殺了。

這樣說來，晉孝武與秦主生，都是因爲過夠了好日子，自己情願去找死，並不是星象叫他死的。

（二十）劉裕時　晉朝的末季，並沒有一個明君；當時就有一個領兵的元帥劉裕，想着篡位；可惜還得不到合式的機會。可巧有一年彗星又出來了，直出到八十多天方纔滅沒。劉裕得到這個機會，遂下了篡位的決心。所以觀察鑑史的記載，雖然說記天變是叫人君有所驚懼，其實倒不如說是嗾使人臣作反，還恰合些；因爲人臣藉天變去造反比較的多於人君的驚懼啊。

（二十一）唐太宗　歷史上所最難爲情的，就是唐太宗李世民殺他的哥哥弟弟，也要假託是星變叫他殺的。不將殺兄弟的罪按在自己身上，竟是推倒太白星身上，眞算是伶俐到了極點。按周禮上說：『九州之地，都是按星座分劃出來；就着星座的區域，可以推知其地的妖異吉祥，所以又稱爲分野，意思就是按星的所在分劃各地』。

當李世民蓄意要殺兄弟的時候，可巧有太白星（金星）從天頂上過。於是有一個通曉星象的官叫傅弈的，祕密的奏告唐高祖李淵說：『太白星是出現在秦地，那麼秦王（當時世民封爲秦王）必有天下。』並將這一切的星狀，交給世民，於是世民遂下了決心。

如此說來，國家的殺伐擾亂，全是一般迷信星變的人所虛造的。他們還說太白星是上公大將軍的象，從東出來也當從東沒下去，從西出來就當從西沒下去，設若是從天頂上過，那就主着是臣下要起兵的。世民遇見了這種景象，不啻是服了一付奮興劑，所以毅然的動起手來了。

到李世民作皇帝二十二年時，太白星又屢次白晝出現，他心中大大不得平安，以爲不知那一個臣下是要造反的。管理星象的太史遂奏告說：『是主着出一個女皇帝。』當時民間也有一種祕密的記載，說是唐朝傳三世之後，必有一位女主武王代有天下。世民聽到這些謠言，心頭就格外的作惡。最寃枉的，就是當時有一位武衞將軍李君羨，小名是五娘，他的官爵與所封的城邑，也都帶着一個武字。所以世民就想到一定是指着李君羨了，因此削去本職，出爲華州刺史。（今陝西華縣）從來說人必先疑也而後讒入之；李世民既然疑惑李君羨，隨即有些推風逐浪的說是他要造反，世民揪住這個莫須有的話柄，立將李君羨誅殺了；試想死的屈不屈呢？

李世民殺了李君羨，還是放心不下，有一次背地裏問道太史李淳風說：『民間的謠言，是眞有的麼？』回答說：『臣仰察天象，俯察曆數，這位女武王已經在後宮中，再等三十年，就當作皇帝，並要殺盡唐家的子孫；現在已有兆頭了。』世民又說：『這樣把宮中可疑的宮女們都殺掉如何呢？』李淳風又答道：『這事關乎天命，人不能違背天命的；即便殺也殺不了那一位當作皇帝的，不過白白的屈殺好人就是了。況且再等三十年，這位女皇帝年紀已經老邁，性情或者能較慈善，不能多殺唐家的子孫。設若現在能將他除滅，上天若再生一位壯年的，一味好殺，則陛下的子孫連一個也不能賸了。』唐太宗聽了李淳風的這一席話，這纔沒曾下手屠戮宮女。

以上這段記載，算是最堂皇昭著的了。最可怪的，就是太宗既聽太史說女皇帝已在宮中，他倒不去追尋，想必只顧得貪戀女色，不顧及子孫的死淨死不淨了。推想太史所以如此述說，必是看出太宗的才人武氏從十四歲被召入宮之後，已有十二年之久；所得的寵幸冠後宮，又干預國政，已有篡位的兆頭；因此趁着太白星出現時，說些警告的話。誰知太宗祇知寵眷，不去裁制，所以太史纔順口說是不如任憑他生長爲佳。如果說是非加取締不可，恐怕還要見罪太宗哩。剛剛過了一年，太宗崩逝，太子卽位，是爲高宗；捱過了六年，竟將武氏立爲皇后；於是李氏的子孫就開首被誅戮了。其實當初太宗取天下的時候，兄弟骨肉間已經是自相屠戮；這一次武則天又是如此，不啻是成了門風；爲甚麼將罪推到太白星上呢。太白能言，定要駁嘴。

後來武則天改革了唐朝的國號爲周，僭位到十九年時，又遇見食盡的日食。鑑史又推衍着說：這是主着武氏滅亡。果然不到二年，就被張柬之等討伐了。

其實十九年間，難道不曾有日食麼？爲甚麼獨獨要記載討伐武氏的這一次呢？可見是捕風捉影着說就是了。

(二十二)**朱全忠時**　細察古時迷信星象，每更換一次朝代，就格外的有些天變；當承平時，連一次星象也是不見的。其實並不是沒有星變，乃是作歷史的特爲不錄；既到亂世時，雖然稍微有點風浪，也必要大書特書的作危語驚人。此種著作的流毒，比較的爲害並不亞於俄國的過激黨。

當唐末時，就格外寫出些天變的事，以致播弄的天下都不得安帖，也就引起朱全忠的野心，要實行勦滅唐室了。卽如在朱全忠篡位的前一年，有彗星出現，約有竟天之長。舊史上又發明說：『這是最大的災異，所以不到一年唐就亡了。再如晉朝滅亡，也是由於長星竟天，不過孛星竟天則祇主有兵禍，還不至於亡國。』這樣說來，滿清是怎麼亡的呢？長星彗星跑到何處去了呢？再者若說朱全忠滅唐改國號爲梁是由於彗星，爲甚爲李存勗滅梁改國號爲唐，又不見彗星呢？爲甚麼石敬塘滅唐改國號爲晉，亦不見彗星呢？可見這些興亡得失，全與星象無干了。只用人君能修德愛民，國無有不興者。

(二十三)趙匡胤時　取天下於寡婦孤兒之手的趙匡胤，也是假託着天變纔實行的。當時有一位號稱洞曉天文的軍校名叫苗訓，說是他看見日頭下邊還有一個日頭，兩個日頭不住的上下摩盪。他因此將此等天象指示匡胤所親近的屬吏楚昭輔說：『這眞是天命啊！』若不是他這一句瞎話，恐怕趙匡胤還不敢遽然就稱皇帝；只因有他這一句話，所以匡胤就要取天下而代之了。推想這一句話，說的不能再深刻；而且偏偏將天象指示給匡胥所親信的人看，說甚麽攝摯天下乃是天叫他做的；眞算是巧於粉飾的了。

（二十四）王安石　古人有的是藉天象儆戒人不許妄爲，亦有是藉天象而引起妄爲。可是遇着那剛愎自用的，則不顧天如何變，他還要貫澈他的主張。即如宋朝的王安石，就是此等的人。當他率爾更張國家法度時，因之生出許多擾亂，所以招來不少的誹議。也有人藉着日食彗星地震，山崩，水旱風霧等等的災象警告他。但他說：『天變不足畏人言不足恤。』所以仍是一味的實行變法。此等氣節，未嘗不可稱爲改革大家，然而天變雖然不足畏，却是能夠研究的。當時王安石果能將畏天變改爲研究天變，豈不是富國利民的事業麽？可惜他計不出此，竟拏出無神派的手段，實行的任意造作，這纔惹的天下囂然，四海沸騰。所以說別人作亂是過於迷信天變，安石變法是過於迷信自己。他們都是因爲不洞曉天變，也就是因爲認不清上帝。凡能認清上帝的，必是能洞曉天之所以變，也能作出福國利民的事。差之毫釐，謬以千里，人爲甚麽不於此點加之意呢？

（二十五）宋徽宗時　還有該當日食而日影見不出虧食，因此以爲是可賀的。即如當宋徽宗崇甯五年，（紀元後一一〇七年）三月七月有日食；但是日影未見虧損，（日月相切）所以羣臣們都上朝慶賀。爲甚麼要慶賀呢？因爲從來就迷信日是君的象，日既該食不食，乃是表示君該遭難，却不遭難，所以要特爲人君慶賀的。這樣說來，宋徽宗爲甚麼還爲金人所擄，歿於塞北沙漠之中呢？

（二十六）忽必烈時。到元朝時，此種迷信星象之事，多不出國家的長官管理，多半是些和尚道士以及無業的術士們從側面虛作蠱惑的話。即如元世祖忽必烈殺宋少保信國公文天祥罷，（紀元後一二八二年）乃是因爲有一個福建的和尚，說是『有土星侵犯了帝座，國家一定要有大變』。忽必烈剛剛正式作了三年皇帝，當時宋朝的舊臣，羣都懷着反側，更以文天祥最不肯降服，所以纔藉故把他殺掉，覺着是除了禍根；因此文天祥可說是死於和尚的口裏。

（二十七）元順帝時。鑑史上接連着記些災異，當以元末時最多。即如那位被明太祖所滅的元順帝妥懽鐵木耳罷，即位的第二年，就連記：

汴梁（今河南開封縣）下血雨。

彰德（今河南安陽縣）天雨毛。民間也起了一種謠言說：『天雨綫，民起怨；中原地，事必變』。

又有某地發水，某地遭旱，某地瘟疫大作等等。

京師屢次地震。

鷄鳴山也崩裂了。

太白屢次白天出來，從天頂上經過。

溫州（今浙江永嘉縣）地震，海潮大作。

棗陽（今湖北）童子方一歲，暴長四尺多高。

有兩個日頭相摩盪。

彰德的李子如同黃瓜；並有一種童謠說：「李生黃瓜，民皆無家。」

有龍在樂清江彼此爭鬬。

元大都有大霧，前後共十五天，從早到午辨不出人物來。

山東有赤氣約有千里長。

絳州（今山西新絳縣）夜間有天鼓響，傍明天又響，就如同空中有戰爭似的。

日頭旁邊有一個月亮，還有一個星。

既有以上這些災異，鑑史上都說是元朝的催命符；當時朱洪武張士誠陳友諒及一般羣凶小醜們，都藉口是起兵的瘡興劑，這纔鬧的天下混亂了二三十年。試想迷信毒不毒呢？

（二十八）天理教　凡迷信星象的，沒有不假託天命造反的；就大處說，是覬國篡位；就小處說，則惑人作亂；正與俗語所說『勝者王侯敗者賊』相符合。即如滿清嘉慶十八年（紀元後一八一三年），有河南的李文成，與山東的林清，都是假託善會觀察天象替人決斷吉凶；一個傳十，十個傳百，信從的人無法數算。林清並能與清宮的內監相通，遣派黨人到宮禁以內，約會山東河南的黨徒，一同起事；後來都被剿滅了。這豈不是迷信星象所流的毒麼？

以上迷信事端，引不勝引，今祇略略援引幾段，已經佔的篇幅不少；况且又是載在鑑史，就越發的迷住了人的靈魂。若再將那些載在鑑史以外的，以及未載在書本上的，都寫出來，恐怕所暴露的迷信，真能使人聽見咋舌了。所以非從根本上解決，那是沒有盼望的。

肆　星命

（一）李虛中　術數家按着人的生時年月，推算人的一生命運，或是能登高位，或是一生多遭坎坷；或是要發福生財，或是要受窮挨餓；凡此等的事，都叫作星命學。其實此等事，是從唐朝的李虛中纔造作的。察李虛中曾在元和年間（紀元後八〇六年）當作殿中侍御史的官職，他著的命書三卷，題的是鬼谷子（鬼谷子的事蹟另詳）著的，李虛中注的。其實鬼谷子本是一位縱橫家，專以合縱連橫的政策游說當時的君臣，就好像現在盛倡同盟協約一般。佩六國相印的蘇秦，與憑三寸不爛之舌的張儀，就是得了鬼谷的衣鉢，並未聽說他是能知祿命。一般術數家竟要假託他的招牌來欺世惑人，眞是可恥又可笑。再論到李虛中，他所主張的算命法子，是只用攏統的年月，並不用早晚的時刻，所以好似與他所著的命書，不是出於一手。書上所說的官職，也都是宋朝的，唐時並未曾設置；所以那命書三卷，乃是宋朝時有些好事的，假託著鬼谷子李虛中二人的名字，所私自造作出來欺人惑世的。這就見出連那號為星命家鼻祖的李虛中，也是毫無價值的了。可惜當時還有一位闢佛教的大賢人韓退之，竟也迷信李虛中的星命書。當李死時，韓也曾為他作過甚麼墓誌，極口稱道他是對於五行書是最有閱歷的。在一部名稱文海披沙的書上也記着說：『李虛中能按人生的年月日所直的天干（甲乙丙丁戊己庚辛壬癸）地支（子丑寅卯辰巳午未申酉戌亥）推算人的禍福生死，百不失一；並不用再論所生的時刻是如何。到宋朝時，並將生的時刻與生的年月參合起來計算，統共叫作八字。』

（二）**星官**　論到專設占星的官，已經說到是開始於軒轅氏，後漢書上也記着說：『軒轅時有一次走到洛河邊上，忽然有一條大魚背負一種圖獻給他，從圖上得有五條要訣，於是立下占星占日占風的五等官爵叫做星官，也叫做天官，因爲都是管理天上的事。後漢時稱通達星象學的爲星工；即如後漢書上說：『命令星工等伺候妖異瑞祥的事。』到宋朝時也有星官的設置；宋史上說：『潘佑舉薦星官楊熙澄爲樞密使。』即知當宋朝時，星官是居於緊要的地位；不但占星，還能居於樞密使。（如滿清時的軍機大臣）

（三）星神　歷代以來也有將星官畫爲星神的；這更是虛擬揣測的作爲，即如圖畫見聞誌上說：『歷觀古今名士所畫的金童玉女以及神仙星官等等，其中有的是婦人的形像，容貌是端嚴的，神情是清古的。』這就可知起初是祇求在星象上謀求吉利，以後漸漸又畫出執掌吉利的星神；最後又演到塑成星神的偶像；直到現在，各地廟宇中還是不少管著風雨雷電日月星辰等等的偶像。

（四）星使　現在出使外國的大臣公使，多半稱爲星使。推究他的來歷，也是迷信星象所傳下的。當後漢時，有漢和帝派遣使者二人到四川去採問風俗，以及社會間的歌謠，藉以推知民情的向背。這種辦法，如同現在的遊歷團，或是參觀團，或是觀光團，本是最切實用的。二人到了四川，投到李郃家中。李郃當時就仰頭望天說：『二君出發時，我就曉得你們要來了。』二人問道：『如何知道的呢？』李郃手指着兩座星說：『我看這兩座星是漸漸向着四川來，我就曉得必有使者要來的。』所以後來這纔稱出使的爲星使。有一位名叫高適的也曾作詩說：『星使出詞曹。』意思是說有口才的方能當星使。

這樁事既是出在後漢，又是有名有姓，當然該確實的。其實李郃起先並未曾對第二人說，直到二位使者投到他家，他這纔虛指着兩座星說是漸漸的往四川去。但是兩個平常採風問俗的人，恐怕沒有移星之力罷！不然當民國十年時，有美國議員團約二百人到我國視察，怎麼連一個星也沒曾帶來呢？

宋朝時還有一個徐子平，是與唐朝的李虛中前後相映照的。他也是按人的生時年月日，判人的八字。據說也是非常靈驗，所以直到如今，仍是稱呼會批八字的人爲子平。他們的書，則假託着是作於戰國時的鬼谷子，或是晉朝時的郭璞。（世傳郭璞又擅長風水，見本全書卷一風水。）

史記上說：『趙同因爲會看星氣，所以大得人君的寵幸。』可見古人尚且說是星能發出氣來，甚懂星氣的人看着所發的氣，就可斷定人事的吉凶禍福，趙同就是此等的人。這又是陷於迷信的深坑了。

（五）張果　還有一本名稱星命淵源的書，凡以談金木水火土五星爲餬口生活的，都要奉此書爲祖本。書中所談的共有五種：一叫通元遺書，大要是講說如何通到玄妙及不可理想的事；二名果老問答；三曰元妙經解；四謂觀星要訣；五是觀星心傳口訣補遺。這一部書並未記載是成於何人之手，其中所有的論列，俱是依託一個名叫張果的方士的說法，再加以推衍繞成的。按張果本是唐朝時人，當時隱遯在中條山，常到山西汾州（今改汾陽）的地方遊歷。他常說些大話欺人，也說他是當唐堯丙子年（紀元前約二三五五年）纔生的；這樣推算起來，到唐朝武則天時，已有一千六百六十五歲了。唐朝的淫后武則天本不是個貞潔的女子，他聽說張果如此這般，這般如此，因此下召宣他進宮。張果聽到此種諭旨，不知要得甚麽結果，所以嚇得手足無所措置。再說當時比不得現今可以搭坐火車輪船飛艇逃到外國，或是租界能以保守首領，張果上天無路，入地無門，不得已竟假妝死了。以後武后果眞死去，到開元年間（距武后死時八年）玄宗皇帝竟把他迎到京師，（今河南洛陽縣即兩湖巡閱使吳子玉將軍駐軍地）住了不多幾天，就又回到中條山。他還自己起了一個道號，叫作甚麽通玄先生，卻不知他到底能通甚麽玄。世界之大無奇不有，偏偏就有此種妖異的方士，眞是點綴中條山不少。

此種惑人的書不但唐代就有，卽使當最近的滿清時，也是未曾脫掉此種迷信的。當康熙五十二年時，特特降下勅旨令大學士李光地等編撰一部名叫星歷考原的書。書共六卷，他所依據的藍本乃是曹振圭的歷事考原，再重行釐定所有關於陰陽避忌的事。這也是最近迷信的專門書。

(六)張得象　在歸田錄上也有話說：『張得象曾說人生貴賤莫不有命；人生時的年月日時，及受胎的時辰苟有三樣能與好命相合，那麼不是爲宰相也當爲樞密副使。當時有張方平與宋子京退朝以後，召了一個術士給他二人算算命，能不能到宰輔的祿位。算了以後，惟獨有叫梁適，和呂公弼的命能有三處相合，以後梁適果然爲宰相，呂公弼果爲樞密使。』

這一段事，說得更是離奇，不但要按人的生時年月推算，還要按人受胎的年月日時推算，比骨頭還算進一層，竟是算到了精虫，眞算是算到老家了，那有如此精細的呢？

(七)醉醒子　通考上記載：『又有一個號醉醒子的是命家，他也有一冊祿命書，是一位號海上客給他的。他還自己著作有氣象篇六神篇等書，能闡天道，能推人命。』幸虧此等邪書早已不傳了。

通考上還記有：『稱星經三卷，是用日月金木水火土五星及十一曜，推演十二宮數，藉以算計人的富貴壽夭休咎等事。不知此書是從何處而來；有人說是天竺國的梵學。』可見這是自己讀的書，還不知他的出處。

（八）吳萊　古時有一位名吳萊的，也是最迷信星命學；在他自己所著的吳萊集中有幾句說：『按十一星與天干地支的配合，就能看出他的或生或尅，或是興旺，或是衰敗，或是衝突，或是相合，以及刑害虛實吉凶等。至於甚麼是十一星呢？則以日月及金木水火土為七政，此外則更有四星，卽如紫氣為木星所餘賸的，月孛為水星所餘賸的，還有火星餘賸的羅睺，土星所餘的計都；這都是關乎星命的。』這些話眞是痴人說夢，令人難聽。

（九）王處納　湖山野錄上記著說：『有一個名王處納的，甚通星歷的學術。另有一個和尚，名叫贊甯，當時為史館的編修，年紀已有八十四歲。處納推算和尚的命甚是孤薄，而且也沒有大富大貴處，有一次他對和尚說：『師傅生的時候正得著天貴臨門，想必有烈士王侯們來到罷！』贊甯閉目答道：『不錯不錯，曾記得母親常說：我生時方臥在草上，卽有錢文穆與王元瓘二位貴官到舍下避雨，他們原是要到臨安，（今浙江杭縣）不幸正走到舍旁，大雨忽至，所以纔暫住了一回。』

這段事情，是說和尚生時有貴官臨門，那麼一來能充史館編修，二來還能活到八十多歲，可算是富貴壽考的了。其實編修不過是平常的官，八十四歲也是常有的歲數，難道他們下生時都曾有貴官臨門來麼？可見當一個編修，活到八十多歲，並不能感動天貴啊！

（十）絡繹賦　古時星命家所以能得蔓延，是仗著美麗的文字爲他們宣傳。即如在絡繹賦上有幾句說『參造化之元機，測五行之妙理，判人命之得失，決一世之榮枯。』其實上帝造化的元機，未嘗不可參，也未嘗不能參，然而若用鬼蜮的手段，偏僻方法，却是參不得的。五行的妙理，也未嘗不可測，必須用正大光明的手續推測，那纔能得其實用。若是祇以判決得失榮枯爲目的，不但是手續不合，而且目的也完全錯了；無怪乎只獲得惑世欺人的結果啊！

（十一）戲話　古人也有以生時年月相戲謔的。即如東軒筆錄上載著說：『唐朝時有一位宰相是裴度，還有一位郎中是庾威，他二人是同在甲辰年生的。但是裴的官大，庾的位卑，裴嘗戲謔庾說：郎中可說是個雌甲辰。另有程文惠與龐穎公同生於戊子年。後來程已登高位，但是龐仍爲小官，因此程又戲龐說：君不過是個小戍子就是了。』這樣看來，生的年同，祿命未必能同，就知星命是靠不住的了。

談海上記載一段戲話，是甚可玩味的，說是：『昔有一個軍校，（官名）與趙韓王是同年同月同日同時生的；若趙韓王有一次大陞，則軍校必受一次大責罰，韓王若有小小的陞遷，則軍校也必受小小的責罰。』

事情恐怕未必這樣湊巧，可是足徵不可按生時年月推算人的富貴壽夭了。

（十二）林虎　林虎在軍界上也是鼎鼎有名的人物，民國十二年三月某日，政府特頒命令予以潮梅鎮守使兼任粵軍總指揮的榮銜。在某種筆記上，記著林虎迷信算命的一段話，恐與事實多不相符，今錄如下：『當民國元年時，林充江西陸軍師長，有某某星士先爲林夫人算命，倒甚有點靈驗，林隨也請爲他算一算，算的是癸丑年上（民國二年）必遭兵事，且必失敗，但可以因之成名。後來果然起了二次革命，在江西湖口打了幾仗，竟是將姓名傳到全國了。林因此深信星士的話，將星士所批的命紙，密藏在寶匣中，按年驗看，也有暗合的地方。民國十年，廣西將軍陸榮廷與廣東的粵軍總司令陳炯明開戰，陸曾聯電召林相助，他總是不去，因爲他那一張命紙上說，是去沒有甚麼好處。後來廣西軍敗北，因此都怨他放棄責任，並疑他私通民黨；其實不過是因為一張命紙的關係就是了』。

這段紀載見於不正式的筆記，本是不足為憑；因為那有一個堂堂武人，去聽一個江湖的算命客愚弄呢？林虎不過是長於觀察時勢，知彼知己，進退裕如，不受牽連就是了。

伍　論調

(一)陶淵明　晉朝時的陶淵明，本是一代的文學大家，他的道德文章，也是為歷代人士所景仰，在說海上記著他的幾句話說：『癡人前不當說夢；達人前不當說命；事到危亟，則不論乎陰陽；人有妄心，則為五行所惑；苟存邪心，必為邪神所制』。

推想他的用意，是說人所以迷信星命，是因為糊塗，凡通達人就必不信星命。人所以迷信陰陽，是因為閒暇無事；若果事到危亟，就顧不得這些了。再者那些被五行所惑為邪神所制的，也都是存妄想有私心的人，若果心地光明，則斷然用不著算命了。

(二)周傑　以星象占驗吉凶，當五代時也有一個高士名周傑，他也是最能惑人。即如五代史上記著說：『周傑以為拏著星象的法術去事奉人，是可恥的事；所以他就假推託著有病，不肯癡說痴道的去哄人。』這可見出古人雖然是重看星象，然而若是要專門靠著星象過活，人就必看為一個賤丈夫。周傑必是因為屢次吃過這蹴爾而與之的飯，心下很難為情，所以後來再有人去請他古驗星象，他這纔託病不去。設若當時看為人生必須的一件事，必要對於一般星士欽敬有加，周傑也必不能想到以星象為生，是可恥的事了。所以憑情推想，當五代時，此種算命批八字的生活，比較的並不勝於現在一般瞎漢啊！

(三)呂才　讀唐書即知當時有一位明公是叫呂才，他在敍祿命上引出漢武帝的故事，說是：『武帝是生於乙酉年七月七日平旦之時。這樣說來，當漢朝時已經是將年月日時都算在內，為甚麼文海披沙上反說是起於宋朝呢？可見是不足憑信的了。』

再說這位呂先生，原是一位破迷的健將；他所作的敍祿命，不是為迷信祿命，乃是為破除迷信祿命。他引出漢武帝的生時年月，原是一種的切實記載，就好像現在的人問道某人的歲數是幾何，是生於早晨，或是生於晚上，並不含蓄著甚麼迷信的意思。他不但要破除算命批八字的迷信，也曾在看風水上加以痛快的評譏。(詳見本全書卷一風水)

星命家常說的兩句話是：『地支六合主富貴，三刑六害主傷殘。』所以唐朝的名人呂才，在他所著的敍祿命上有句說：『南陽貴人未必俱當六合，長平坑卒未聞共犯三刑。』

呂先生所以發這樣牢騷的話，想必他看著當時的社會已成了星命家的手下戶，所以總這樣的極力呼籲。至於這兩句話的意思，卻甚能打破星命的命門。即如第一句『南陽貴人未必俱當六合』乃是說星命家既然主張六合主富貴，然而當漢光武中興時，他的二十八將及封公侯的，多半是南陽人，難道他們都得了六合的星命麼？第二句則說當年白起於長平坑趙降卒四十萬，難道他們都是犯了三刑麼？可見星命家的話是胡扯的了。呂先生說話眞是有趣，不愧名爲才，眞可稱爲才子了。

(四)**韓退之** 唐朝時，韓愈對於管理古星與曆書的也有話說：『星官曆翁一類的人，不能和他們較論得失。』憑他的語氣，是以爲他們所指陳的得失，甚不足憑，難以一定說是怎麼樣；待說不靈有時卻應驗，待說靈有時卻不應驗，是甚難與他們較得失的。所以據韓退之的口氣，即知他是不去考問這些渺茫的事的。

又據東坡志林『韓退之有詩說：我生之辰，月宿南斗，斗爲其角，箕張其口，牛不見服箱，斗不挹酒漿，箕獨有神靈，無時停簸揚。乃知退之以磨蝎爲身宮，僕以磨蝎爲命宮，平生多得謗譽，殆相同也。』注：生宮爲磨蝎，韓退之是唐朝一代的大儒，他對於佛教是持極端反對的態度，可是還免不掉星命迷信他也曾揄揚與他同時的星命大家李虛中，說是李最精於五行，按人的始生年月日時所値的日辰干支，推算人的壽夭貴賤，百不失一。他爲自己所作的詩，也是很信星命的，所以東坡志林上又特加小注，說是他以磨蝎爲身。其實人又焉能以磨蝎爲身呢？足見古時連大賢人也脫不出迷信的網羅的。

(五)宋濂　明朝初興時，有一個大儒是宋濂，他所著的一篇閱江樓記，特爲列在古文釋義中，以爲清代學者的課本。他也曾教授過明太祖的諸王子孫，總稱得起是一代的文人了。他曾作過一篇祿命辨，內中有幾句說：『臨孝公有祿命書，陶弘景有三命抄略，唐朝時人多習此三書，惟獨僧一行桑道茂李虛中學習的最精。虛中以後則以徐子平算是能造詣到深處。後來子平又造作出三台命書定眞論壺中篇繼善篇等書。』

據宋濂的口氣，可知他是不贊成祿命。因爲當時人多半是崇尚祿命，所以他纔去辨祿命；若他眞是迷信祿命，那就無須乎再辨了。

(六)忠彥　忠彥君標出一個醒目的題目是：『算命起課簡直是誑騙行爲。』他的論文是：

「南通有一位大名鼎鼎的算命先生，自從上海交易所紛與以後，就動了他的發財心，遂大做起投機的事業來了。隨後交易所的股票大跌特跌了三次，竟將他半生的積蓄耗蝕十之八九。咳！這不是一件奇怪的事麼？怎麽說呢？算命先生原是替別人推算命運及未來事的甚麽時可與木命相合，又甚麽最爲犯冲，八字一排，就滔滔不絕的說出來了。雖然以後不見得準，或是完全不驗，人家還可以用一時之謬忙中有錯的話的去原諒他；設若爲他自己的事，竟是推算的破了產，這還算是個甚麽大名鼎鼎的呢？從此可知一般以算命啦，起課啦爲事業的，無非都是信口亂吹，誆騙人家的錢財便了。所以我（忠彥君自稱）要奉勸世人，與其拏些血汗所得來的金錢，送給那一般走江湖的人使用，如同丟在江湖水中一樣；倒不如想個法子，將這一宗錢聚攏起來，舉辦有益於地方上的慈善事業哩！」

（七）老圃　老圃是上海申報某記者的別號。他是見聞博洽，立論高奇的；有一次他也標出一個「算命」的題目說：「在京師遇見推命的，推的多半應驗；若再論到人的性情氣色，更是毫髮不爽；我不覺要抿抿著嘴笑了。可是我總是不能信的，因爲曾有人統計全世界的人類，約每一分鐘平均當生出六十人；這樣，一個時辰是一百二十分，則當生七千二百人；難道這七千二百人一生的富貴貧賤，禍福吉凶，就能一一符合麼？

況且梁溪漫志上說：若人生的時辰沒有同的，則一個時辰祇能生一個人，一天十二個時辰，也祇能生十二個人，那麼一年三百六十天，也不過能生四千三百二十人了；就按最高的壽數七十年算罷，僅僅纔有三十萬一千人；難道天下就這麼少的人麼。以上這一般話，真可當迷信星命的當頭棒。宋朝時也有一個軍校，與趙韓王同八字，每逢韓王有一次大遷除，軍校必遭一次大責罰；有小遷轉，軍校必受小譴責。（此節已見前段）

還有一個姓鄭的，祖祖輩輩是以賣粉為業，他兒子與蔡京（宋朝的權奸後被貶死）同八字，鄭某因此說是他兒子也必要發貴的，所以就任憑兒子肆意妄為；誰知十八歲時就因騎馬掉在水裏淹死了；這也見出是命同境遇未必同來了。

再說宋朝的文彥博出將入相凡五十年；當時洛陽有一個士子，名叫張起宗，他的八字乃是與文彥博同。有一次他看見文彥博左擁右護的把街上過，心下好生羨慕，不覺長嘆了一聲：唉！怎麼我合他八字同，處境竟是天上地下的不同呢！不料從他這一口氣，竟嘆出一個瞎漢來對他說：讓我給你算算命罷！算了好久，方對他說：真也好笑！您兩個別的不同，可是過三十年後，你必要同潞國公（彥博封潞國公）在一張桌上吃九個月的飯。後來彥博以太史告歸，退居洛陽，和司馬光富弼等在某園中舉行耆英會，聽說園旁有一個小學校，遂於無意中走到那裏，方知教員乃是姓張名起宗，相見之下，甚是情投意合，問了問年紀，又是相同；此後遂天天在一塊吃飯談話。將有九月，文潞公因爲要到河陽看望兒子，隨即告別了。這樣看來，命同儘多不過吃九個月相同的飯，又焉能憑命定規人生的榮辱呢？可見星命是不足信的了。可是古來如埃及如猶太印度亞喇伯諸國，皆是迷信星命，竟與我國不約而同，實在令人難解。』

以上都是老圃的話；最後一句是因爲埃及等國與我國皆是信星命，所以說『令人難解』。其實古時埃及諸國的迷信程度，比較的並不亞於我國，怎麼祇許我國迷信呢？至於張起宗與文潞公吃了九個月相同的飯，也不知是眞是假，遂以爲是命同的作用，又說是瞎漢前三十年算出來的，那眞『令我難解』了。

陸　伎倆

我國上下，自古就被迷信所制服的，直到二十世紀民國成立，還是跳不出迷信的範圍。政府雖不須下皇皇的迷信命令，然而社會間仍然迷信太深，不易破除。有些無業遊民，專以算命騙錢爲事，政府並不加取締，所以這纔不能拔除根株。此等江湖客，並能在各報章上大登招徠的廣告，可見我國最自由的了。最奇的是還能設立奇術函授學校，在報紙大登招生的廣告；大略說：「曾國藩很會看相，所以能滅平洪秀全；吳佩孚精於易理，所以能百戰百勝；此種神術決不是江湖術術。○○○本滿清禮部行走，兼掌職欽天監，素來歡喜研究古時的奇術。民國成立，就將所有塵緣一切屏絕，專門雲遊四海。得到了異人傳授的祕方，百試百中。今本閣揭神術的大志，指點迷惑的苦心，特將七種奇術，傳諸當世。」

計開

(一)文王課。(按文王課乃是京房與管輅占卜的邪術，是用錢代蓍草。京房是漢朝頓邱人，(今河南濬縣)俗傳他是精於周易，很會看災異的事。誰知後來因爲妄說災異，死於監獄。管輅的事，可以參看本全書卷三看相。當伏羲時作有八卦，(☰乾☱兌☲離☳震☴巽☵坎☶艮☷坤)文王演爲三百六十四卦，所以稱文王課。其實這些歷史上的陳迹，早已不值得研究，稍有知識的誰還去費這番工夫呢？)

(二)相術。(見本全書卷三)

(三)算命。(與爻卦星命是一類的)

(四)風水。(見本全書卷一)

(五)圓光。(這一種是術士用鏡或白紙施上咒語，令童子觀看，就好像是能看見甚麼影像，所以叫做圓光。迷信家多用圓光占卜事情或是治病。)

(六)祝由科。(用符咒治病，稱爲祝由科，意思就是祝說病的由來。現在湖南辰谿縣人，多以祝由科治病。)

(七)符咒。(術士用紅黑書成繚繞的圖像，叫作符；說是能驅使鬼魔。咒是驅鬼治病的口訣。佛教的書籍，有的屬經，有的屬呪，所以呪是佛教中的一種文體。)

以上這七種，就是某奇術函授學校的課程，以外還連帶著靈驗奇術，與催眠術，及魔術三種。並說管保能見成功，能預知將來過去的種種事情。此種奇術，既然由異人所傳授，當然沒有第二人能以通曉，自然該成了〇〇〇的專利品了。可是學費卻是極賤，不過只要一元，就管保學成七種奇術。諸君試思，若不是騙人的伎倆，世界上那有此等便宜的奇術呢？

要知此不過祇舉其一，社會中此等事原是在坑滿坑，在谷滿谷，不可勝舉哩。國人如果打算挽救人心改良社會恐怕非從此等事入手是不可的。

柒　分辯

(一)關於日者

帝王世紀上說：『漢文帝時日中有『王』字，是文帝所感應的。』文帝恐怕沒有此種能力罷。

談藪上說：『魏文帝（曹操的兒子名丕）還未篡漢時，有一次夢見日頭墮地，跌成三份，自己拾得一份，納在懷中。』難道這就是分爲三國的兆頭麼？三國不三國管日頭甚麼事呢？

戰國策上說：『荆軻刺秦政，聶政刺韓相俠累時，都感動了上天，有白虹貫日的現象。』世上刺客本多，美國如林肯如麥荆來，我國如雍正如吳祿貞，日本如原敬如伊藤都是被刺，怎麼白虹不貫日呢？

易傳上說：『聖王在上，則日頭格外的光明，並能照出紅黃藍白黑五色來。』這種說法，雖是迷信，卻倒有益，因爲帝王不敢暴虐無道了。

崔豹古今注上說：『漢明帝爲太子時，樂人獻上歌曲四章，一爲日重光，意思是日有兩層光；

二爲月重輪，意思是月有兩層輪；三爲星重曜；四爲海重潤。」這是樂人獻媚的方法。

史記上說：「漢景帝的王夫人，是夢日入懷穆懷的娠，後來生的是武帝。」這是王夫人自己的騙害別人不得而知。

魏志上說：「程立夢見登泰山捧日，對曹操講話，曹操遂加日於立上，爲他改名爲程昱。」這是程昱特爲取媚曹操。

穀梁傳上說：「遇日食時，天子救日則設置五杆麾旗，陳列五個鼓，令五個兵士擊打；諸侯則置三麾，陳三鼓，用三兵；大夫只擊柝，凡有聲都屬陽氣，以厭陰氣。」直到如今，社會間每逢日食，還是鳴鑼擊鼓競相救護。

淮南子上說：「魯陽公與韓戰，戰到日暮還不罷休，魯陽公用戈揮日，日遂退反三舍。（一舍三十里）」魯陽公的戈恐怕沒有如許長罷。

又說：「堯時十日並出，草木都焦枯，堯命羿用箭射日，射中九個，只賸一個。」淮南子是漢淮南王劉安所著的，也是子書中的一種，他能記這些廢話，可見子書是沒有價値的。

（二十）關於星者

魏志上說：『漢桓帝時有黃星出現於楚宋交界的地方；殷馗說：以後五十年當有眞人崛起於梁沛間，無人能敵。以後過了五十年，果有曹孟德起，攻破袁紹，掃除羣雄，天下無敵。』其實這是魏志上的話自然說的曹操格外神奇若在別志上，恐怕要說曹操是萬惡的那有甚麼黃星出現呢？

左傳上說：『昔高辛氏有兩個兒子，大的叫閼伯，小的叫實沈，弟兄二人甚不相得，天天要打仗的；高辛氏遣纔將閼伯遷到商邱，主辰商星；又將實沈遷到大夏，主參虛星。』直到現在，若說參商，就是兄弟不和的意思，其實他兄弟不和，於星有何牽連呢？

後漢書上說：『嚴子陵曾與漢光武同學，及到光武滅除王莽，即皇帝位，忘不了舊同學的滋味，於是下詔請嚴子陵到宮中，還是如同同學時的一同臥起；子陵無意中將足加在光武的腹上，太史遂奏道有客星犯帝座，不可不察；光武將足加腹的事，說與他們聽，這纔釋然了。』難道足一加腹就感動了天上的星麽？天上的星本有正當的功用，恐怕他不來管你加腹的事罷！可是後漢書爲甚麼這樣的記載呢？無非是當君權時代，假托垂象表明人君是神聖不可侵犯的罷了。

三國志上說：『司馬懿與諸葛亮戰於五丈原，有一晚上，懿出帳觀察星辰，見有一座將星晦暗不明，須臾墜地，遂說：孔明死了！』古人信帝星將星，帝星不明則是失位的兆頭，將星墜地則是死亡的兆頭；客星犯帝座則是君被外侵的兆頭，究其實這些兆頭祇算是一種哄人的話罷。

（三）關於風者

左傳上說：『楚國有一次侵犯鄭國，途中遇見多雨，兵卒凍餓幾死。鄭人聽見有楚人來侵，正要預備迎敵，但是師曠說：不要緊！我先歌北風，再歌南風，見出南風是無氣力的，楚兵雖來亦不爲害。』這倒奇怪，一個瞎子竟能聽風的强弱，就知敵人的如何。

應劭風俗通上說：『風伯是叫飛廉，乃是一種神禽，身子似鹿，頭似雀，有角，皮有豹文，尾把似蛇，是能致風的。』像這樣一個怪物，還能致風麼？眞是奇外之談。

白孔六帖上說：『前蜀王衍出幸秦州，到了梓潼，有大風發屋拔木，太史說：這是貪狼風，當有敗軍殺將的。』以大風爲貪狼風名稱不爲不奇；然而却不能主着敗軍殺將。

（四）關於雲者

當秦末時，楚漢相爭，楚項羽的謀士對羽說：『沛公的志是不在小的，嘗令人望其營帳上的氣，皆爲龍虎，成五色。』（見史記）其實劉邦得天下因爲用三傑，項羽失天下因爲有一范增而不能用，並無關於頭上的氣象如何。

漢武帝時將汾陰的鼎迎到甘泉宮，有黃雲遮在宮頂之上。（見漢武內傳）恐怕黃雲未必管這些瑣小的事。

曹操用兵如神，也免不了迷信雲氣；在魏武兵書節要上有幾句說：『孫子說：雲氣不是雲，不是烟，不是塵，也不是霧；乃形似禽獸主著對方吉是本人所忌的。』雲氣在天空為風飄盪，千奇萬狀，不可形容，似禽類獸者比比皆是，恐與戰陣之事無關罷。

卿雲是大吉利的事，史記上說：『似烟非烟，似雲非雲，郁郁紛紛，蕭索輪囷，是為卿雲。』即便有此種形狀，也不是人君所感化的。

周禮保章氏上說：『以五色雲辨吉凶水旱豐年荒年；雲色青為害虫，白為喪亂，紅為兵災，黑為水災，黃為豐年。』像這樣的說法，則可以任憑雲的作弄，無須再盡人事，世間退化，就是吃了此種迷信的虧。

宋書上說：『大明八年，宜太后陵前後有五彩雲在松上如車蓋。』不用說還是宜太后一人的吉利；無關乎所說的水旱兵災了，其實與一人的吉利，也是無關的。

與範古候風氣祕訣說：『有青雲形如雉兎，臨到城上，則營軍必要敗走。』戰陣之事，在乎實力，與雲氣有甚麼相關呢？

春秋孔演圖上說：『湯將興，白雲入房；舜將興，黃雲升堂。』這樣說來，成湯興旺不是因爲夏桀無道，虞舜興旺也不是因爲能盡君道，乃是完全由於白黃二雲的作用，誰能信這些話呢？

兵書上說：『戰陣時若有雲如丹蛇隨在星後，則必有大戰，而且殺將。』兵家觀望氣色，是古時的流行病，然而近來祇求軍實如何，不管天空的雲彩了。

物類相感志是宋朝大儒蘇軾所著的，其中有幾句說：『襄陽石梁山出雲最有靈驗，居於四圍的人都等候山上的雲，以定動作；若有白雲起，一定有雨，黃雲起一定得風，黑雲起則多有病。』此段事且不必追求眞假，足見大儒如蘇東坡也是脫不出窠臼的。

曹操爲奸相，他兒子丕又篡漢，得國本是不正，天又焉能呵護呢？但是魏志上偏要十回八回的記載曹家所得上天的呵護，足見這些記載全是人虛造的了。即如有一段說：『曹丕生在譙郡（今安徽亳縣）時，有雲氣青色圓如車蓋，整日停在屋頂上，慣於望氣的說這是至貴的徵象。』魏志是曹丕命人寫的，其中的話自然不可爲信了。

東方朔別傳上說：『古時凡地方長官初到任所，若有黃雲覆蓋所乘的車，則其地必五穀大熟，靑雲則必有兵患，白雲則必有盜患，黑雲則多有水患，紅雲多火患。』這樣的迷信雲彩的色相，也難乎其爲地方官了。

（五）關於雷者

洪範上說：『雷是人君象，入能除害，出能興利。』這總是迷信帝王威權的心理。

論衡上說：『子路是感雷精而生的，所以好勇，在衞國作官，到底爲人所殺，正應了孔子所說：由也不得其死焉的話。孔子因子路死，每逢聽見打雷，就想起子路來，心中非常悱惻。』這樣說來，連孔子也信子路是感雷精而生的了；其實只有感人精而生，焉有感雷精而生的呢？

另有藉雷掩飾志氣的，即如三國志上記載劉備與曹操飲酒，忽然陰雲密布，天容掛龍。（足證掛龍的迷信，連奸雄曹操也是脫不了。）因此就龍的物甚說到當時的人物，在曹操眼中，當時的軍閥，或擁有地盤的軍人，均不堪比作龍，惟獨玄德是英雄。玄德以爲他的心思被曹操猜透，是不得了，所以不覺吃了一驚，覺將手中的筷子嚇掉了；正當那時雷霆大震，這纔遮掩著說是被雷霆嚇掉的，這纔免了曹操的忌刻。古人迷信天象，不是要愚人，就是要自愚，劉玄德則是以天象爲脫禍的工具。

(六)關於雨者

左傳上說：『衛國大旱，將要祭祀山川以求雨，先占卜一回，得不到吉兆；有一個名甯莊子的說：從前周武王誅了紂，纔有了豐年，現在邢國方無道，上天或者要使我國去討伐他罷！衛君聽從這一段話，及將出師時，遂大雨遍野。』這種藉天旱討伐無道的說法，比較的尚算好些，然而衛國不雨，何嘗是邢國所致的呢？

六韜上說：『武王尚未伐紂時，先問散宜生說：紂可伐乎？回答說：不吉，不可舉事。太公插嘴說：這不是你所知道的，還是應當去伐。及到出兵的一天，忽然大雨，水幾乎漫過車輪；太公又說：這乃是上天特爲給我們洗刷甲兵的啊！』出兵下雨；本是甚爲不妙，但是太公偏說是得了上天的護庇；其實上天又那有工夫去替兵士洗甲呢？紂之無道，合該當伐，勝敗早就定妥，却不與雨有關。

還有以爲不雨是因爲斷屈了訟事；即如東漢永初二年，（紀元後一〇八年）京師（洛陽）從三月到五月未曾落雨，鄧太后於是幸洛陽獄，將獄囚重加審理。審理已畢，未還宮就下起大雨了。

還有以爲掩埋枯骨能致雨的；即如後漢時周暢爲河南尹，夏天久旱，禱祈無靈，於是將客死洛陽的屍骨萬餘具都檢點掩埋，這纔求下雨來。審獄貴公舉行慈善本是社會間的偉舉，若要以此等事爲交換下雨的條件，却是不可的；因爲即便沒有枯骨，能按時下雨，也當審獄公平啊。

（七）關於露者

三國時曹丕得天下原不正當，但是他偏要造作出天象來誇張世人，並且令他兄弟曹植形容於筆墨，以傳後世；即如曹植魏德論上有幾句說：『元德洞幽，飛化上蒸；甘露以降，密淳冰凝；都陽弗晞，瓊爵是承；獻之帝朝，以明聖徵。』詞藻雖係富麗，却是彰明曹家的穢德。

拾遺記上說：『高辛氏時，（紀元前二四三五年）丹邱國獻瑪瑙甕，以盛甘露，到堯時（紀元前二三五七年）還存露在甕中，並不見少；到舜時，（紀元前二二五五年）露就暫減；將甕遷到衡山，（在湖南）築成寶露壇；舜南巡到衡山時，壇上生有芸氣。』這種寶露甕難道是古聖人的盛德所感的麼？其實堯舜所以稱爲聖人，並不在乎這些，乃是完全在乎治國愛民；在聖人身上說些神怪，厚誣聖人，正如畫蛇添足一般。

（八）關於雹者

左傳上說：「季武子問申豐曰雹可禦乎？對曰：聖人在上無雹，古者曰：在北陸而藏冰，冬無愆陽，夏無伏陰無災霜雹」。降雹雖與聖人無關，可是以此儆戒人勉爲聖人，倒算一付藥興劑，申豐可謂善於措詞的。

後漢書「延光二年，（紀元後一二三年）河西下雹大如斗，漢安帝問孔季彥，是爲甚麼降雹？季彥答道：這是陰氣勝過陽氣的徵象，現在貴臣擅權，皇太后黨羽太盛，陛下務要修德」。古時每有天變，就是大臣晦氣臨頭之時，落幾個雹子也要跟著遭殃，難乎其爲母爲臣了。

（九）關於霧者

伊尹卒時大霧三日不散，沃丁葬以天子之禮，祀以太牢，親臨喪三年，以報大德。伊尹相湯伐桀而有天下，湯子太甲無道，伊尹又把他放到桐宮三年，太甲悔過，復歸於亳，總算於商朝最有功勳，所以成湯的孫子沃丁這纔葬以天子之禮。若是因爲伊尹死惹的天降大霧三日，則未必敢。

漢成帝時，（紀元前三二年）政權多在外戚王氏手中，王鳳五個兄弟，如王譚王商王立王根王逢同日皆被封爲列侯，以後又出了一個王莽。當五王封侯的一天，黃霧四塞；說者以爲五王封侯，連天都感動了。其實霧自霧，侯自侯，二者並無牽連。

漢元帝竟甯元年，（紀元前三三年）也有大霧，樹木皆白；說者樹木帶孝，當有國喪；果不然元帝當年就死了。事情原有湊巧的，樹帶白霧也是常有的，却與一個皇帝的崩逝沒有關係。

（十）關於虹者

吳志說：『諸葛恪兵圍新城，時未曾攻克，及還府時有白虹繞其車。』漢書上說：『上官桀謀廢昭帝，另立燕王，當時大風，有虹下到宮中，將井水飲盡。』這兩段記載都含著凶兆的氣味，所以諸葛恪後爲孫峻所殺，上官桀也爲霍光所誅；其實多行不義必自斃，何用天去表示意見呢？

帝王世紀『少昊母名女節，見星如虹，下流華渚，夢感而生少昊。』黃帝占軍訣『攻城時若有虹從南方入城，隨虹進攻，則必勝；有虹繞城不匝，則從虹在處下手擊。』祥驗集『夫虹乃天使也，降於邪則爲災，降於正則爲祥。』詩經『蝃蝀在東，莫之敢指。』以上或是流入妄誕，或是流入忌諱，甚至連指都不敢，可謂信虹畏虹到了極處。

朱洪武本是沒曾讀書，更是不會做詩，及到登了天子位，有人說他是一帶五經通。在他勅編的皇明政要上說：『洪武初年，多私出微行，訪察時政；有一次遇見有虹出現，隨即口中歌虹霓詩說：誰把青紅線兩條，和雲和雨繫天腰。不料被一個名趙友信的聽見了，應聲接著說：玉皇昨夜鑾興出，萬里長空駕玉橋。洪武聽了，滿心大喜，第二天擢爲布政司。推究洪武所以滿心大喜，不是因爲文思來的快，詩情作的妙，乃是因爲有玉皇二字，正合著他的心思了；帝王賞罰用意正自不同。

捌　結論

敬天之怒，本是古時聖君賢相唯一的修省方法，也是古人對於上帝一種唯一的表示。即如大聖孔子『迅雷風烈必變。』宋朝的朱子特加註釋說：『敬天之怒也。』可是按丁韙良博士所著的天道溯原上說：『古人說的天，乃是蒼蒼的天，並不是宇宙的大主宰啊。』從此看來，似乎古人尚未看清天到底是甚麼，祇就所看見的天象，加以無上的欽敬罷了。他們也曾推究過天地萬物的來源，推到盡頭，祇不過稱爲『無極』。於是有無極生太極，太極生兩儀（就是天地）兩儀生四象；（太陽太陰少陽少陰，並說七爲少陽八爲少陰，令人難解。）四象生八卦的說法。其實這『無極』二字，並代表不出造天物萬物的大主宰來，這就是古人模糊之點。再說古人雖然也稱上帝，也敬上帝，却到底摸不清上帝是誰。至於再根問上帝的本性，上帝的作爲，古人更是要虛揣的。因爲他們想不到上帝就是造天地萬物的主；他們也誤會上帝是一味的赫赫厥聲，臨下有赫；更誤會上帝是帝王的專利品；也誤會上帝與人的階級差的過於懸殊。只因有許多誤會，所以纔生出迷信。豈不知上帝是最慈祥的，與人有父子的情分；不論是帝王平民，富貴貧賤；上帝是一例看待。上帝的代表就是耶穌基督；耶穌降世不是要受人的服事，乃是要服事人；這就是上帝的本性。帝王不配作上帝的代表；資本家更是不配作上帝的代表；惟獨能如基督犧牲的，嫉惡如讎的，方能作上帝的代表。上帝造天地萬物，完全是一片犧牲；因爲他不是爲自己享用，乃是爲人所享。天地間有時發生甚麼天變地變，並不是上帝的怒；所以人也不必去敬這些變故。人只用能順著上帝的本性，實行耶穌基督的利他主義，那就算是上帝的好兒女了。

破除迷信全書

卷五 成佛

壹 楔子

宗教是國家的靈魂。國家的朝代有時改換，宗教也必定隨同改換。推想朝代所以改換，乃是因爲前一朝代的政治，不足以滿後一朝代的人心；至於宗教所以改換呢？也是因前一朝代的宗教，不合後一朝代的潮流。此種遞變的道理，乃是上帝所規定的天擇定例，無論是人羣，是萬物，是事實，都逃不出這種淘汰的定例，也不能違反這種天然的潮流。

宗教也是如此，在上古時人的思想遲鈍，交通也不便利；所以每逢發生甚麼學說，甚麼主張，甚麼宗教，就能轟動了某一區域中的全體人羣。可是人羣進化，世代變易，則學說宗教亦必是要另換一種合時的，方能與時勢的潮流相符合。比如現在的總統，若再戴上堯舜的平天冠，還有不被嗤笑的麼？細心想想，平天冠既是堯舜所戴的，後人既口口稱堯舜爲聖人，爲甚麼照著聖人學反遭人的嗤笑呢？原來不是因爲平天冠不好，不過是不合時勢就是了。所以無論是誰，他若敢穿上元朝式的馬蹄袖，或是明朝式的大龍袍，在市上走一蹚，人不是罵他爲癡顚，就要嘲他爲瘋癲。爲甚麼呢？因爲他是完全違反了時勢。

再如民國成立以來，本未肯如滿淸初主中國時，下限三日留辮剃頭的毒令，乃是准各人自由剪辮的。所以不能因爲剪辮得著賞賜，也不能因爲留辮招來罪責。可是律法雖係如此，但是人的心理却大大的不如此；因爲無論是已剪辮的，或是尙帶辮的，他們的心理中，沒有不是以剪辮爲正當，以帶辮爲歪邪的。爲甚麼呢？也就是因爲帶辮是不合時勢的緣故。至於要問帶辮的爲甚麼還以帶辮爲歪邪呢？他旣然以帶辮爲歪邪，爲甚麼還不將他頭上下垂的一把亂麻用快刀斬去呢？回答說：他們是吃了自賤自輕的虧，以爲自己夠不上剪辮的程度；或是以爲這把亂蔴，正如一個瘡痂，如其硬强的揭下，還不如等著他自己掉下；這兩樣心理，可以代表多數的帶辮人。至於那仍舉著待詔肩上的旗杆來壓人的，除了康有爲與張勳以外，在全國中恐怕連第三個人也是找不出來的。爲甚麼呢？因爲他們的肩膀頭還是有知覺的，不像康張二先生的肩頭竟是被旗杆壓殭了。

以上這些實事，尚且祇能洽合於彼一時，不能洽合於此一時，然則如有某種虛僞的宗教既不能洽合於彼一時，又焉能洽合於此一時呢？在彼一時是主張虛無，不切實用；又焉能洽合於主張實施切合實用的此一時呢？切合彼一時實用的實事，既爲此一時所揹棄，則主張寂滅的宗教，又焉能不在活潑的此一時實行的寂滅呢？說到這裏就不能不想起『成佛』的道理來了。

貳　歷史上的佛敎

(一)漢明帝　按佛敎傳入我國，鑑史上記載在漢明帝八年，(紀元後六五年)說是：『明帝聽說西域有神名叫作佛，因此打發使者到天竺(印度)求其道，後來求得一些佛書及印度和尚，都一齊來我國了。書上講的專以虛無爲宗，也貴慈悲不殺；並主輪迴脫生的說法；貴乎修煉，以至成佛；好爲空闊勝大的話，以勸誘愚俗，精於此道的號稱沙門，當時圖其形像，王公貴人信從的以英王楚(漢光武的第六子漢明帝的兄弟)爲在先。』

鑑史上並批評明帝說：『明帝爲人的兒子，乃崇無父的邪敎；爲中國的主，乃尊外夷的妄人；開此邪門以爲中國千萬年無窮的大禍。咳！明帝的罪，眞可說是上通於天，而爲名敎中萬世的罪人了。』

這樣看來，佛教傳入我國是在漢明帝時；可是再讀歷代三寶記，則有漢朝的宗室劉向說：『我遍察典籍，見有佛經，則知周朝時已經有流行的釋典，可見是漢朝以前已經流傳了。』

按佛教的鼻祖釋迦牟尼本生於周靈王十五年，（紀元前五五七年）他父親是淨飯王，爲北印度某城的主，母親是摩耶剎利。他生下來十六歲就得一子，後來就棄家入山專事修煉，並四出說法，前後共有四十餘年，到八十歲死的。他自己既未成佛，又焉能叫別人成佛呢？至於要問到底怎麼纔算是佛呢？就是要撇開繁華的世界，獨獨的修煉到一個頂快樂的世界。這就是鑑史上批評他是『好爲空闊勝大的話，以勸誘愚俗。』

至於要問成佛的道理到底能辦到不能呢？回答說：試問魚離開水能不能活？樹離開土能不能生呢？佛教既以虛無寂滅斷絕塵緣爲宗旨，是明明要脫開世界；試問他既要脫離世界，他是要到一個甚麼地方呢？他既然入了世界，他焉能出了世界？世界未嘗不可出，可是只有一個法子，就是死；不然你欲求著漸漸寂滅，如同燈點完了油，就要滅，那也是不算成佛的。上帝叫人生在世界，乃是要爲世界造福，不是專爲自己成佛。上帝是叫人專爲人服務，不是叫人自謀私利。若果世人皆如佛教主張的出世，則世界不將從即日起停止進行麼？若世人都如佛教主張的出世，則世人不將從此絕種麼？這樣做下去，將變作一個何等黑暗的死世界呢！

或有人說：『佛教既是如此不近人情，那麼為甚麼還能流行數千年而不絕呢？可見他是滿具有感人的深力了。』回答道：『這並不是難解的問題，可就歷史的記載，把他推敲一下。』

佛教既以空闊勝大的話誘惑愚俗，則所懸的目標，自然是超過人間所有的富貴榮華；即使奄有四海，貴為天子，也趕不上成佛。人心本是不知足的，為平民的想著為官，為官的想著為公卿，為公卿的想著為宰相；既到了宰相的高位，已經是位極人臣，總該心滿意足的了；但是還不知足，所以就釀成篡位的罪惡；篡位之後，奄有天下，貴為天子，再沒有比天子更高貴的了；可是心下還不以為是足，最好是再升到比天子還好的一級，那就是釋迦牟尼的主張，就是成佛的道理了。

釋迦牟尼所以撇棄王位不幹，也就是要找一個比作王更好的去幹一幹。他自己蒙著頭閉著眼睛闖了四十年，到底未曾找著佛，還是如常人一樣的死了。誰知他的主張，却甚合一般人的心理，所以人也就跟著他瞎摸索起來了。在一般平民呢，本是心中要作帝王，然而帝王却是輕易作不到的，所以就一齊都奔赴成佛的路上；可惜不但未曾達到目的，反倒陷在無底的深坑。在一般帝王呢，則以為作帝王也不過如此，一來免不了一死，二來能得一個比帝王再高貴的地位，那纔能滿足心願，所以也就一齊往成佛的路上奔赴了。

其實此種空洞的目標，原不足以服人；只因除此以外，當時後世再沒有比他能投人之所好的主張，所以無論是平民是帝王，遂一齊都陷入深坑中了。

漢明帝聽說西域有神，名叫佛，所以打發人去迎到中國；其實西域印度何嘗有佛，他不過懸著一個成佛的幌子，招徠生意就是了；漢明帝可說是第一個上當的！那個佛教的鼻祖釋迦牟尼，到漢明帝時，已經死去五百年，連鼻祖未成佛，他的佛教徒又焉能成佛呢？所以只可說漢明帝是迎了幾個印度和尚，找了幾部虛無的書就是了。若論到這兩樣的用處，則當時的印度和尚比較的不如現在的印度巡捕，當時的虛無書籍，比較的過於現在的俄國過激主義。

（二）**晉孝武帝**　佛教既然掛著投人所好的幌子，所以一般作夠了天子的帝王，就打算再找一個比較更好的作一作，漢明帝就是其中的一個；可是幸虧當時的帝王，多能看出此中的啞謎，所以不信的比較的還居多數。直到晉孝武帝時，（紀元後三八一年）他就迷信起來了；他曾特特在皇宮內修築一座精緻的佛舍；可是不知當時他修築這座佛舍還是懸掛起釋迦牟尼的畫像呢？還是塑起釋氏的土像呢？也不知他還是鉦鈸木魚一齊敲起來呢？試思堯舜禹湯文武周公孔子能以立德；后稷教民稼穡，大禹能平水土，都是立功；其次如同孔子作春秋，周公作雅頌，都是立言；這都是爲人君的所當作的實事；至於晉孝武修築佛舍，這倒算是立甚麼呢？

（三）魏太武帝　佛教所講的主義，固然已屬飄渺無憑，而一般習其說的，則又不能眞正寂滅，還是要在人事上格外活動，並且又弄出些違法的事端，所以在歷朝所遇的坎坷，也是難以述說。即如當南北朝時，南朝爲君的爲宋文帝，乃是漢族，北朝爲君的則爲鮮卑族，就是魏太武帝（紀元後四四六年）他曾毅然的下詔誅戮了和尙，焚燬了佛書，仆倒了佛像。試問他爲甚麼這樣的剛正不惑呢？乃是因爲他有一次到長安的佛寺去，不料寺內的和尙竟是拏出許多酒來給隨員們喝；隨員們又看見寺中存著不少的兵器，因此就轉奏了魏主。魏主察知和尙們蓄意違反，而且大犯了清規，所以命令將闔寺的和尙，一概予以誅戮。又將寺中的財產，加以核算，不料又找出許多釀酒的器具；又在窟室中尋找出許多婦女來，這都是和尙們所藏匿的。於是下詔將境內所有的佛寺佛經佛像，一概予以焚燬。按當時魏朝以平城爲京都（今山西大同縣）奄有直隸山東山西甘肅及江蘇河南陝西的北部，奉天的西部，疆域也不算窄狹，所以在這個廣袤區域中的佛教，可算是自召的禍害。

當時的詔文略說：『從前漢朝的荒君迷信邪教，以亂天常，致使政教不行，禮義大壞；朕願除僞定眞，滅其蹤跡。著各有司，宣告各地凡有佛像佛書皆須擊破焚燬。和尚不論少長，都加以坑殺。……』惜乎他的太子素來喜好佛法，因將詔文壓下了幾天，於是和尚們得以聞風而逃，佛像佛書也收藏的不少；惟獨寺塔佛廟，却一概無存。

當時與魏朝並列的國是宋朝，奄有揚子江與廣東珠江二流域的土地；若是宋朝也能與魏朝一樣的行動，則此無父無親傷風敗俗的宗教，必不至再使我國受無窮的害了。

(四)蕭子良　古時爲帝王的，因爲佛教流毒，所以痛加誅戮。至於一般以口舌闢佛的，則並不能道破佛教的眞謬點。即如當南北朝的齊國時，齊王蕭道成有一位太子名子良，是甚好釋氏的；他嘗親爲和尚們預備茶飯。他曾召致了八個最有名的文學家，號稱他們是八友；此外還有幾位品學兼優的文士。其中有一位叫范縝的，有一次堅持著對子良說：『那有甚麼佛！』子良說：『你既不信因果，試問怎麼有富貴貧賤呢？』（其實因果的道理不是佛教所發明的）范縝又說：『人生不過是如同樹上所發的花，隨風飄散，有的是落在茵席之上，有的則墮入溷池之內；殿下就算是落在茵席上的，至於我們這些下官們，只算是墮在溷池以內的；貴賤雖差的懸殊，其實還有甚麼因果可說呢？」子良雖然平素研究的佛說不少，可是聽了范縝的一段話，竟是口服心服了。

當時范縝又著了一篇神滅論，主旨是發明人死如燈滅，論中有話說：『形是神的質，神是形的用；神與形的關係，正如利與刀的關係，並未聽說刀沒有了，利還能存的；那麼怎能形亡而神還存呢？』

其實這些說法，俱隔著眞理太遠；即如論形與神，並不知形神是從何處來，不過祇在形神關係上立論，並未論到形神的來源。論因果，祇在花之遇風上立論，並不論到花之所以生，與風之所以起。他的根本錯誤，正如佛教是犯了一樣的病，就是想不到人生的大主宰，及人生的大目的。他們不過以爲人生是祇要仗著一己的修煉，撇開世界，達到一個更快樂的境地，或是以爲渾過了一生，就算拉倒，身軀死亡而靈魂亦隨消滅。這些外派的說法，並不是基督教所主張的人生眞意義。

（五）**魏胡大后** 魏朝雖在主後四四六年勦滅了一次佛教，不料到主後五一六年，就是魏孝明帝時，他的太后胡氏，反倒又迷信起佛教來了。當時胡太后稱制，所以一應大小朝政，皆由太后處；置太后逐任意妄爲，竟在皇宮以旁，修築一座永甯宮；又在洛陽西南的伊闕山口，（當時魏建都洛陽）作一座石窟寺；均是修築的不能再華麗；又作九層的高塔，約高九十丈；這是從佛教入中國後，從來未有的巍峨建築。至於推究造塔的來源，乃是因爲和尚們每逢悟出一種甚麼法來，就必要傳播給四方的人聽；這個高塔就是傳播的利器，就好像現在的無線電桿傳達電浪一般；可惜後世祇見高塔，不見傳法，祇算是一種陳迹就是了。

胡太后不但自造寺塔，並於主後五一八年，又遣派使者到西域去求佛經，計得到了一百七十部。

（六）**晉安帝**　當晉安帝義熙元年時，（紀元後四〇五年）當時分爲十六國，其中有一個前秦國，（匈奴族）他的疆域是南到四川邛崍縣，北達沙漠，東抵淮泗二水，西極西域，統計立國不過祇有四五十年，但是國主却換了七個。後來被姚萇（胡族）所滅，改國號爲後秦，定都長安，立國祇有三十四年，共換了三個國主；其中有一個名興的，竟從西域龜茲召來一個名鳩摩羅什的，封他爲國師，事奉他如同神明一般；又叫羅什翻譯西域的經論，共計三百多卷。興與群臣及和尚們，都環坐聽講，又大修寺塔。當時一個廟裏的和尚，常有一千八百多名。上有好者，下必有甚焉著矣；所以各州縣都相率信從，當時統計十家中總有八九家是信奉佛教的。

當時儒教書籍，經秦始皇焚燬以後，後世總得不著完全的佛教書籍，既未曾遭遇焚燬，所以在當時大有凌駕儒教而上之勢。可是這些胡種匈奴種國主的舉動，甚是不能以爲定憑；試看他享國不過三五十年，每一個國主祇能在位三五年，就可知其舉動的乖謬了。

（七）梁武帝　到梁武帝蕭衍時，（紀元後五〇二年）他的疆域本在揚子江與珠江流域之間；他是定都在現在的江甯縣；（南京）他的迷信是格外超過別人。當時他在京城的東北角，修下一座同泰寺，竟是連皇帝也不愛幹了；直接的到寺中當起和尚來。他既有如此的舉動，自然無心爲國爲民，專心要自己脫去俗塵，超昇天界；所以也祇傳了四主，統共不過五十五年，就爲陳霸先所滅。

梁武帝身爲天子，理當盡天子的職分，使國家太平，人民不遭塗炭，那纔算是正當辦法。可是別的不用說，只就錢幣一項論，竟至使行鐵錢，並且以三十五文當一百；可見當時已是民窮財盡，上下擾亂到極處了。當時梁武帝並不顧及國事，一心信佛，並於同泰寺築十二層高的佛寺；當時民不聊生，有蒙古人侯景作亂，率兵圍南京時，公卿百官軍民人等，得不到柴米油鹽，甚至將中書省（即國務院）的柴木拆下燒飯，或是用鎧甲煮飯，所吃的不是從地下掘出的老鼠，就是從天上所羅捕的雀鳥；梁武帝因爲得不到可口的茶飯，竟至口稱荷荷（怨聲）而死了。可見人生在世，總須吃飯穿衣，一味求佛是最靠不住的。佛教一味的要撇開世俗，自求過活，或是要不吃烟火飯，只求如同鷦鷯飲露喝風，又焉能見諸實驗，梁武帝不是一個樣子麼？餓到極處連老鼠也得吃的，怎麼還要脫離世界呢？非到死了是不能脫離的，活一天就得盡一天的本分，那纔是基督教入世的大道。

（八）宇文覺　當主後四四六年，魏太武帝曾勒滅了一次佛教；到主後五七八年，朝代就又換了，乃是宇文覺作了天子，改國號爲周，定都長安，佔有揚子江以北的疆域。先曾制定以儒教爲先，次爲道教，再次爲佛教，以後遂察禁道佛二教經典，佛像道像，悉數予以焚燬，所有的沙門（和尚）道士亦勒令歸俗另設法謀求生計。所以胡致堂先生因此評論佛道二教說：『物壞就生蟲，木朽就生蠹，人少則禽獸繁，氣衰則陰陽亂；中國之有異端，也是一樣的理。聖主不作，所以反常悖道之說纔得肆行而不可遏。必如何而後可？則惟有隆儒術，求賢人興教化，而後人心能正，邪說自然可息了。周武（宇文覺）祇知禁佛道，而不知崇儒術，再加上他兒子又是個狂昏人，自然得不著好結果了」。

這一次是佛教第二次遭劫，道教則爲第三次。當魏太武帝時，雖然遭劫很厲害，誰知不到七年，魏孝明帝就重新又奉起佛來了。這一次不到六年也是重新又恢復原狀了。爲甚麽呢？因爲是佛道二教皆是投人之所好。

（九）楊堅　楊堅本是周靜帝的皇丈，不料他竟自立爲大丞相，僭用天子的儀仗，這還不算大惡，竟是先將他女婿周靜帝廢除，然後再加以誅戮。當時楊堅已經存心篡位，可是恐怕作惡太多，皇天不佑，因此將六年前所取締的佛道二教，准其流傳，以爲祈福的媒介物。其實此等作爲怎能不爲上帝所吐棄呢？徒然媚佛，又有甚麽用處呢？然而藉此可以略窺佛教是如何的宗教了。

（十）唐高祖　到主後六二六年，就是唐高祖武德九年，又有一次沙汰僧道的事。按唐朝開國的皇帝爲李淵，當登帝位三年時，就特爲老子李耳立廟，認老子爲祖宗，似乎就不該沙汰道教，然而總是要與佛教的和尚一同沙汰，可見當時的道士也算不是有道之士了。

論到這一次的沙汰道士，乃是受了和尚的掛誤，原意是祗爲佛教徒不法的事，遂一併連道士也掛誤了。當時的太史令傅奕上疏說：『佛在西域說的話是妖孽的，來的路是遥遠的，佛經翻成中國話，可以隨便的假托；一經削髮，便認君親爲俗人，是明明的不忠不孝；佩上一件袈裟，便可不納租稅，一味的遊手遊食。假說是啓發三途，（天途色慾人途愛慾地途貪慾）張皇六道，（天道人道魔道地獄道餓鬼道畜生道）遂使愚迷妄求功德，不怕科禁，輕犯國法。且生死壽夭由於自然，富貴貧賤功業所招，而奸僧矯詐，說都是由於佛；這是明明偷竊人主的權柄，擅奪造化的功勞。爲害國家，已經實甚。漢朝以前並沒有佛法，當時君明臣忠，所享的國祚年代亦甚久遠；從佛教傳來之後，中國遂爲鮮卑句奴胡種韃靼所侵奪，他們所享的國祚也是最爲短促。梁武帝齊子良是可資爲借鏡。今天下和尚尼姑不下數十萬，如令匹配，即成十餘萬戶；十年長養，一經教訓，可以足兵。」

傅奕的疏奏上以後，唐高祖下詔令百官共同加以討論。當時高祖也因和尚道士不守戒律，不爲國家服役，祇知遊手遊食，所以頒下詔命，著有司沙汰國內所有和尚尼姑道士女道士；其有精勤修煉的，都遷到大寺觀中，其餘一切齷穢齷齪的，都押回其鄉里。這是佛教第三次遭劫，道教遭劫則爲第四次。

（十一）唐太宗　傅奕既奏請淘汰佛道二教，所以他始終是抵制佛教；當他年八十五歲時，

（紀元後六三九年）從西域來了一個和尙，說是能立地將人呪死，又再能將人呪活。當時唐太宗親自令人試驗，果然有點靈驗（想必用的是催眠術）於是就將此事告訴傅奕。傅奕說：『這必是一種邪術，臣聽說邪不壓正，請令和尙呪臣罷。』唐太宗遂命和尙呪傅奕，誰知傅奕竟是不改常度，而和尙反倒因恐定他欺君之罪，竟是自己嚇的失了知覺，喘不上氣來了。太宗遂喝令『將屍體拖到郊外去罷！』

當時還有從印度來的婆羅門敎的和尙，說是得到了佛的一個牙骨，無論甚麼堅硬的物品，也能用佛牙擊碎。當時唐朝定都長安，所以這個風聲傳開，長安城中的居民都空巷出來觀看奇事。這次又惱著傅老先生了，遂對他兒子說：『我聽說金剛石最爲堅硬，沒有別的器物能將他擊傷，惟獨抵不住羚羊角的打擊；你快拏一隻羚羊角去打擊所說的佛牙罷。』他兒子果然應了一聲就去了；誰知那個佛牙，竟是應手而碎。四圍觀看的旣然垂頭喪氣而歸，那個和尙也就合目閉口無言了。傅老先生當卒時，儆戒子弟不可學佛書，並將魏晉以來所有駁斥佛敎的書，搜羅編輯成爲十卷，命名高識傳，行在當世，可惜後世失傳。

關於佛牙一事，在五代史上也記有一段趣事，說是：『有一個和尙，去遊歷西域，得了一隻佛牙，隨帶到中國來，獻給了唐明宗。（李存勗的養子）明宗半信半疑的不知是眞是假，所以就給大臣看。大臣中有一位姓趙名鳳的說：『按世俗的流傳說法，佛牙最爲寶貴，是不爲水火所傷的，要知他的眞假，非加以實驗不可。』因此取過一把斧子來，輕輕一斫，竟是應手而碎。

這一只佛牙，却是與唐高祖時的一只大不同了；因爲那一只是能擊碎各物的，這一只則能被各物擊碎的，豈是佛的牙有軟有硬麼？其實無論是這一只與那一只，俱不是眞牙，因爲佛教的鼻祖死時，就被他弟子阿難焚燬了，尙有甚麼佛牙呢？

從上看來，佛教在唐時，即已不守虛無的教旨，乃專以邪術惑亂社會。即便佛牙的硬度至高，這又有甚麼可眩弄的價値呢？況且又將金剛石假充佛牙，弄巧反成拙，於此可以略見佛教的作爲了。

（十二）唐代宗　古人所以崇佛，乃是要邀求冥間的福氣，以爲修造佛寺的，也算有福氣；所以在唐中宗時，（主後六八四年）無論皇帝皇后以及公主們，多半爭著修築佛廟，以求陰間的福氣。當唐代宗時，（主後七六五年）有一位勢傾朝野的宦官魚朝恩，將皇帝所賜的村莊，修成一座章敬寺，說是要給太后求冥福修築的，極其壯麗。當時有人上書說：『先太后是極有聖德，不必因為一座寺能增甚麼光輝，國家是以百姓為本，今將百姓捨到寺中，那有甚麼福可求呢？』到寺成的第二年，代宗親自到寺中收錄了和尚尼姑，共有一千多名。當年有汾陽王郭子儀入朝，魚朝恩特為要賣弄自己的功德，特爲邀他到寺遊玩；子儀曉得他是多爲不法的，也祇得曲意周旋；果然不到五月，就爲代宗縊殺了；可見媚佛不如守法啊。

（十三）唐憲宗 佛的牙齒如何，前已略略提過，至於佛的骨頭是如何呢？按實情不該稱佛牙佛骨，只可稱釋迦牟尼的牙與骨，因為原是沒有佛，又那有佛骨佛牙呢？釋氏並未成佛，不過與世人一樣死了，倘稱得起甚麼佛呢？可是當唐憲宗元和十四年時，（主後八一九年）竟有遣使迎佛骨的事。至於要推究是怎麼起的呢？是到何地將佛骨去迎呢？是迎到何地呢？乃是起初有功德使（官名）上書，說是：『陝西鳳翔府（今鳳翔縣）的法門寺塔中，有佛的一根指頭骨，相傳三十年開一次，每逢開時，就必年歲豐盛，人民安康，屈指算來，來年是當開的，請將他迎到京師。……』

其實按釋氏要覽上所記的，佛死時早被他弟子阿難焚燬了，所賸的只有一塊舍利子，（就是骨頭）如五色珠一般；從那裏還有甚麼佛的指骨呢？即便賸下了一塊指骨，也該藏在一處好的地方，又焉能存在偏僻如鳳翔的地方呢？再說相傳三十年一開的話，更是不足憑信，想唐朝開國到憲宗，已有二百年，若果從前有此靈驗的事，豈不要筆之史冊，永世不忘麼？又何必等著功德使上書纔想到呢？況且歷察前代的歷史，並沒有法門寺藏佛指骨的事；至於三十年一開就有豐年的事，更是絕對的沒有記載，可見全是風傳的謠言就是了。

（十四）韓愈　所可惜的，唐憲宗一聽了功德使的話，便信以爲眞，立刻遣使到鳳翔法門寺去將佛指骨迎到京師；但不知所迎的到底是件甚麼器物？當時只算是掩著耳朶偷鈴鐺自哄自便了。迎到京師以後，留在皇宮中三天，後來又從這一寺送到那一寺，挨著個寺中遍歷了一次。所有王公士民們，也都瞻仰迎拜，隨地捨施，朝野上下，有如瘋狂一般。誰知正在衆人熱火中燒之時，竟觸犯了當時的刑部侍郎姓韓名愈字退之的，他看見衆人如醉如癡的情狀，心中大不耐煩；遂小心翼翼的上了一封表章，略說：

『佛不過是夷狄的一種法術就是了。追溯我國從黃帝到禹湯文武，都是享有壽考，百姓也都得安居樂業，沒有災禍；當時何嘗有佛來呢？不料漢明帝時始有佛教傳入，誰知竟是亂亡相繼，國祚不長！以後到南北朝的宋齊梁陳魏，事佛越發的狂熱，然而國家所傳的年代更是短促，至多不過四五十年，人君在位至多三五年，就必爲人所弑殺。惟獨梁武帝算是在位最爲長久，但是前後共有三次捨身於同泰寺爲寺中的家奴，後竟爲侯景所逼，餓死臺城。本是要事佛求福，不料反得禍，這樣看來，佛是不足信的了。佛本是夷狄的人，不知君臣的義，父子的恩，假如其身尚在，到京師來朝，會陛下能容忍著將他接待，儘多不過是在宣政殿見他一面，或是爲他開一次歡迎會，或是再賜給他一套衣服，後再送他出境，免得他惑亂百姓，這也算是盡到招待來賓的責任了。至於現在佛既死去幾千年，這塊臭骨頭還不知是眞不眞，豈該將他迎進皇宮上下崇拜麼？乞即付諸有司，投諸水火，永絕禍本，使天下再不受惑，使後世再不懷疑，佛若有靈，凡有禍患，當加諸臣身。……

……」

當時唐憲宗正在迷信佛骨熱度最高之時，既讀了韓愈的表，不啻如冷水澆背，忽然降到零度。於是老羞成怒，就要立刻將韓愈加以極刑，幸虧有裴度崔羣等爲愈寬解，這纔降等治罪，貶爲潮州（今廣東潮安縣）刺史。

按當戰國時，不過是有莊老楊墨諸學說與儒教爭衡，幸虧得有孟子出來，邪說這纔不得昌行。降及漢末，又有佛說流入，當時信從的尚不見多，於世道人心尚屬無大虧損。但是從晉朝及南北朝時，以後就大見昌熾了；無論上自帝王，下至臣庶，沒有不肯相信從的，下等的是求福免禍，上等的是趨向虛無，求達最高境界。到唐朝時，也是相沿成風，改不掉前代的崇尙。惟獨韓愈力作中流的砥柱，闢佛教爲惑衆消財的邪教。他也曾作過一篇原道，力斥佛道二教的虛妄；後世的學子，幾皆奉爲課本；民國時代且以原道爲考試留學生的試題。原道原文，計有三四千言，大意是釋老之教傷風敗俗。

（十五）唐武宗　唐時佛道二教互相爭衡，也是互爲消長，或興或衰皆是操於皇帝之手。唐憲宗既是迎佛的指頭骨，自然是崇信到了極處；然而到他皇孫武宗時，（主後八四五年）就又看不中佛教，又看中道教了。他當時特爲頒下詔命，將國中所有佛寺的和尚尼姑，一概强迫勒令還俗，不許稍懷觀望。這一次的舉動，想必是因爲那塊佛骨頭沒有甚麼靈驗，所以纔醒悟他的虛假來，這纔不許所有僧尼再求成佛了。那麼當時還有甚麼比較更好的宗教麼？那就用着道教了。這就如同成佛既然不能，還是去成仙罷；所以當時有一位名叫劉玄靜的道士，武宗特爲立他爲崇玄館的學士。可巧劉玄靜以爲道號尙淺，又到山裏去修煉去了；但不知他到山裏還帶著吃的東西沒有，眞足令人一笑。

唐武宗既又崇信道教，尊重道士，所以就聽信道士的話，說是服了金丹，就可長生不死，並且另換骨頭，能以反老還童。誰知服上金丹以後，藥性猛烈，攻的神經錯亂，喜怒不常，就覺得身上不大熨貼。但是那些道士竟說是換骨所必經的階級，不料不到二月，竟是爲金丹毒死了。

（十六）唐宣宗　武宗既不明不白的死了，他的皇叔又繼續登了帝位，是爲宣宗，（主後八四七年）想起那些有名的道士，是不能再會作孽的，所以下詔將他們都誅戮了。並又重新將佛教崇奉起來，特在京城中添造佛寺八座，再另度一些僧尼。可是二年以前，國內所有的和尚尼姑，原是都已留起頭髮，成爲平民，誰知頭髮長的還不多長，又要重新再當僧尼了，因此又把頭髮再剃去。這樣的反反覆覆，細心想來，眞是平地起風波，令人猜不透。

細察宣宗所以又崇信佛教，並不是因爲佛教有裨國家，不過一般君臣們特爲要平反武宗的政治，凡武宗所是的，偏要以爲非；武宗所非的，偏要以爲是，原是一種鬬氣的舉動，並沒有治國經邦愛民的至意存乎其間；所以登位的第一年，就下詔將所有的廟寺都復其舊觀。成佛原在乎個人的工夫如何，今竟繫於皇帝的一言，有時不得不修，有時不得而修，這種不得自由的成佛生活，也算苦到至極了。

(十七)唐懿宗　唐宣宗作了十三年的天子，也因為崇信佛教，服了方士的藥，傷損神經而死。他的太子即位，(主後八六〇年)是為懿宗，也曾安置下戒壇，度了許多僧尼；當時黃巢已於山東起兵，而且兵匪遍地，唐朝三百年的天下，遂決於此時了。

唐憲宗既然迎過佛骨，懿宗本是憲宗的皇孫，於是也遣使到法門寺去迎佛骨。當時群臣沒有不諫諍的；還有說：『憲宗也曾迎過佛骨，但是不久就晏駕……』誰知這敗家亡國的昏君，竟是執迷不悟，說甚麼『朕能生時得見佛骨，即便死了也不怨恨。』於是迎到京師，所用的儀式比郊祀天地的禮節還更壯盛，可見迷信的狂熱了。可巧不到半年，就崩逝了，享年纔三十一歲。

(十八)宋太宗　當宋太宗端拱二年，(主後九八九年)也曾開始修築開寶寺。至於所以修築的原因，則為的是要藏儲佛舍利。若是要問甚麼叫佛舍利？按釋氏要覽所注的，說是當佛教鼻祖釋迦牟尼死時，他的弟子有一個叫阿難的，將他的屍身用火焚燒，有一塊燒臏的骨頭，就如同五色的珠子一般，又光瑩，又堅固，這就是所說的舍利子。當時阿難等因此造成一座塔，將這塊燒臏的骨頭藏起來，當作欺人的惡物了。

這樣看來，按佛教所尊貴的釋氏要覽所記的，自然是說的格外好聽了。可是這塊骨頭，既然是燒賸的，可見除了這一塊外，其餘的都被阿難焚燒了，爲甚麼當唐太宗時，還有婆羅門僧齎著一個佛牙來騙人呢？爲甚麼當唐憲宗時，又有迎佛骨的謬妄舉動呢？這一次爲甚麼又築開寶寺藏佛骨呢？釋氏祇賸「一塊骨頭」，既然堅硬非常，難道又分成了若干份麼？咄咄怪事！至於說到當時的開寶寺，卻就修築的非常的華麗，統計高有三百六十尺，建築費約數十百萬，前後用八年的長久時間，方纔落成，眞算是無益的消耗了。當時有一位明白的官名田錫的上疏諫諍，疏中有句說：『衆人說是金碧熒煌，臣以爲塗膏釁血。』他這是專門爲百姓的疾苦起見，因爲所耗費的錢，都是百姓的脂膏。宋太宗閱了疏上的話，仍是不知醒悟，仍是一味的要媚佛求福，可算是執迷不悟到極處了。

（十九）宋眞宗　當主後一〇二〇年，即宋眞宗天禧三年八月，皇帝召集和尚道士，大會於大安殿，一時到會者一萬三千零九十六名，可以想像當時佛道二教是如何的興旺了。細察歷史，二教興盛多半由於皇帝的尊奉，民間這纔相率從風；至於皇帝所以崇奉，不過要求達到一個比作皇帝還高的地位，其餘則別無所望；論到國計民生等事，卻都置之腦後。當時到會的既有一萬餘名，那些不到會的比較的自然更多，所以有剛直的諫官曾加批評說：『既不能執干戈以衛社稷，徒遊手以誑民食……」

（二十）宋度宗　當時天下和尚尼姑，道士女道士，竟是如此其多，有的固然是出於自願，然而也有的出於不得已；因爲世界上原有不少的失意人，此等人士，或因爲所謀不遂，或因遭遇坎坷，所以有遽萌短見的，也有要脫離世俗的煩擾自行過活的，這一等人遂不得不竄入佛道二教了。據實說來，當和尚尼姑，原是慢性的自殺；至於那些强迫爲和尚尼姑的，則況味比較的更是苦辣。即如當主後一二七二年，宋朝有一個賣國的奸臣賈似道，有一次宋度宗到明堂去祭祀祖先，似道爲大禮使，有胡貴嬪的哥哥胡顯祖，則管理御輦等事。禮畢將回宮時，忽然大雨傾盆，檐溜如瀑，顯祖遂請度宗上輦回宮；不料賈似道以爲沒有先通知他，因此以罷政權相要脅。度宗因爲他大權在手，不敢輕易得罪他，所以不得已將顯祖斥退，並哭哭啼啼的勸令胡貴嬪出宮爲尼。賈似道這纔以爲是正過面子來，又重新掌理國政了。以後察出他是賣國的，遂抄他的家，並竄於邊荒之地；不料行到福建漳州（今龍溪縣）被監押官殺在茅廁之上。

從道一段事看來，胡貴嬪削髮爲尼，並非出於自願，也不是度宗情願令他爲尼，乃是爲怕得罪了賈似道纔這樣行的。所以爲尼爲僧，原不是一件盛事，乃是出於無計奈何纔去爲的；正如人處在上天無路入地無門之時，非當僧尼是不可的，這還有甚麼成佛的希望呢？觀察當時的佛教寺觀，恰如現在的棲流所或是遊民院。可是現在的院所，並不是令其中的男女只去吃飯睡覺，還是要爲他們立下當做的生活當習的手藝，作一個生利的不作一個分利的，但是古時則不然，所有豢養於寺觀廟宇中的男男女女，盡是白吃別人的飯白穿別人的衣，自己是毫無勤作，這纔累的國家社會越發要窮促了。

（二十一）忽必烈　當元世祖忽必烈時，他是一味的崇信佛教，對於道教則嚴加取締。即如在至元十八年，（主後一二八一年）佛道二教起了水火，彼此攻訐。忽必烈偏向佛教一方面，於是下詔令張易參校道教的書籍，張易參校了一回，奏告說：『惟獨道德經是老子所著的，其餘所有道教的書，都是後人假托造作的。』忽必烈遂下詔：『一概予以焚燬。』

忽必烈既崇信佛教，所以和尚們就大爲活動；平常他們本是以修煉成佛爲課程，不料也趁時說起國家的祥瑞凶煞來了。宋朝的信國公文天祥，也就是死在和尚的口中；因爲當時文天祥爲忽必烈所執，下在監中，勸他投降，並說：『你若投降，我必以你爲宰相。』但是天祥以孔子的成仁，孟子的取義爲主義，雖死不事胡虜。當時忽必烈爲精誠所感，並不忍的遽加誅戮，不料有一個福建的和尚竟是胡造謠言，說是：『有土星犯席座，恐怕要有甚麼變故。』再加上另外的風言風語，忽必烈這纔疑到文天祥身上，決定制其死命了。細加思索，這豈是成佛的人所應說的話麼？無非是謠言惑衆就是了。

以後忽必烈又於他登位第廿二年的某日，招集和尚四萬名，共同作資戒會。先不用說此種大會是絕無意識的狂謬舉動，只說這四萬名寄生虫的消費力，也就滿可驚人了。元朝享國甚短，雖多由於水旱飛蝗等災，其實大原因還是由於吃閒飯的和尚太多。以成佛相號召，以遊食爲歸結，這就是佛教的眞純面目。

（二十二）明永樂帝　以謠言惑衆的，不但是福建和尚是如此，即便蘇州和尚也未嘗不然。當明初時，（主後一三八〇年）蘇州出了一個和尚，原是姓姚名廣孝。年幼的時候就出家，改名道衍，喜好讀書，擅長詩文，並說遇見一位道士席應眞，教授他奇異的法術，能預先猜透人的吉凶。當時明太祖也是利用佛教，下詔選用天下的高僧，侍奉他的諸王子孫。姚廣孝也是被選用的一個，他是常常侍奉明太祖的第四個兒子燕王棣的，但不知是怎麼個事奉法，想必不是教導他成佛，不過是教導他如何造反就是了。有一次他對燕王說：『殿下若能用臣，常奉一個白帽子給你戴』(意思就是作皇帝)後來燕王篡位，就是他這一句話作的引子。

如此看來，當和尚原是以打座修禪修煉成佛爲宗旨，誰知竟去圖謀不軌，眞是失了釋迦牟尼的原意了。

(二十三)武則天　那位殺戮唐朝子孫篡奪唐朝天下的武則天，也曾削髮爲過尼姑。因爲他本是唐太宗的才人，及到太宗崩逝以後，實不用再展其才了，所以也就到廟中當了尼姑。這就見出唐朝的尼姑，原是一般無依靠婦女的變相；以此等人而去成佛，又焉能達到佛的程度呢？再說人當時對於當和尚尼姑，也是過於自由，即如武則天本是充過太宗的下陳，當了尼姑以後，有太宗的兒子高宗，到廟中降香，舊相識又撞見了，於是發生了自由的戀愛。可是當時武氏是個禿頭，不甚雅觀，所以就暗中又留起了頭髮，既到長的黑若烏雲時，高宗又召他出廟，後來竟立爲皇后，幾乎殺盡唐室的子孫；這又是求成佛的人所當作的麼？

(二十四)明太祖　手創有明一代天下的朱洪武，當和尚的歷史，更離奇有味。當時他父母雙亡，無依無靠，得不到喫飯之地，棲身之所，零丁孤苦，孑然一身，好不淒涼人也！旁皇四顧，不得已遂入皇覺寺當和尚。當時廟中和尚雖多，但是以成佛爲目的的，想必百無一二，不過盡是如同朱洪武所抱的衣食住三字就是了。當時淮河流域年歲荒歉，小民旣無隔宿糧，和尙那有儋石儲，所以朱洪武進寺以後，不到一月，存糧都吃盡了。和尙們於是將成佛的事暫且放下，三三五五的都結隊出去打食去了。朱洪武在外遊食了三年，走遍淮河流域的河南安徽及江蘇等省；有時宿在破瓦窰，有時臥在階檐下，奔走多時，不得一飽。此種生活自然是不能再苦的了，所以也顧不得成佛了。

雲遊了三年，得不到棲身的地方，不得已仍然返回皇覺寺。當時淮河流域，羣雄四起，朱洪武以爲當和尙並沒有甚麼意思，並不如當兵還好；於是脫下袈裟，投入兵營，實行的要執行殺人的事了。他登帝位以後，遂將他當過和尙的皇覺寺，改爲龍興寺；並將該寺大加修繕，寺前樹立高碑一座，自己親作碑文，大意是『那有成佛的理，不過爲報本就是了。』現在龍興寺雖已不具原形，但是該碑仍聳峙寺門以前。凡遊安徽鳳陽縣的，無不前去賞識一下。

(二十五)明建文帝　明太祖朱洪武當和尙的歷史，固然是不堪敘述；其實他的皇孫建文帝，比較的更是不堪言狀。當他卽位以後，誤聽奸臣的規畫，要將宗室漸漸削去，因此激起燕王棣的靖難兵。及燕王攻破南京，建文遂要自殺，以盡爲君之責；然而死是自死，還不如求著成佛，尙屬合算。於是翰林院編修程濟，就勸他暗地逃走。但是當時南京被燕王圍得鐵桶相似，一個堂堂天子，怎麼逃得出去呢？恰巧有一個少監說：「當高皇帝（明太祖）臨崩時，曾留下一個箱篋，囑咐非到大難時不可開拆，現在藏在奉天殿的左邊。」群臣齊聲驚怪道：「既是如此，快將箱篋取來！」不到五分鐘，果然抬來一個紅色箱篋，四圍都用鐵封固了，鎖也是用鐵灌滿的。建文帝一見這個鐵箱，不覺心中大慟，於是吩咐趕快將皇宮都點上火，並將鐵箱劈破。檢點了一回，方知裏面乃是盛的白金十錠，剃頭刀子，和尚所穿的袈裟帽子，鞋，等物，無不全備。另外還有度牒三張，一張是名應文，一張是名應能，一張是名應賢。並在箱中用紅硃寫著：「應文從鬼門出，其餘的都從水關御溝走。」

論到甚麼是度牒呢？乃是凡人若要出家當和尚尼姑，必須向地方官討一張文憑，這就叫作度牒；凡有度牒的就不用再拏甚麼租稅，及一切為國家服役的義務，這是表明與國家完全脫離關係，專要離開紅塵，求著成佛了。此種規矩，是起於唐明皇，（主後七一三年）當時每張度牒，不知取價若干；到宋神宗元豐時，（主後一〇七八年）每張度牒為價一百三十千，有時也為三百千，或一百九十千；到宋光宗時，（主後一一九〇年）則又增至八百千。這些錢都是國家的一種進款，所以當是國家很鼓勵人去當和尚尼姑道士等，以使多有收入；這也是佛道二教所以興旺的一大原因。

若是要問一張度牒，既是這樣貴，爲甚麼人反樂意去當僧尼道士呢？乃是因爲古時君權無限，拏稅無限制，使人服役又不敢不去；因爲完全是看百姓爲奴隸，生殺予奪完全操在皇帝手裏。但是一經度爲僧尼道士，却是成爲自由的身體了，所以人纔以入佛道爲享清福的捷徑。

這一次建文帝遭遇非常的變故，竟有他皇祖早爲預備妥當的度牒等物，眞算是不能再周至了。於是君臣們都急遽的相率剃去頭髮，佩上袈裟，戴上僧帽，穿上僧鞋，黑暗中從鬼門逃出，投到一座廟中，好歹的宿了一夜，天還未明，就奔往東南逃命去了；時在主後一四〇二年陰六月也。

明太祖是出身和尚，他甚懂當和尚的規矩，所以纔爲子孫預備的這樣周到。若在他人，那能想到失天下唯一逃命的法子，是當和尚呢？最奇怪的，就是當明太祖在位的時候，已經爲後世布置的面面俱到，即如誅戮功臣時，有時坐黨論死的，多至二萬多人；又將子孫封在各地爲王，似乎天下再沒有敢反叛的。可是萬一不測，有那要奪天下的，也不可束手就戮，最好還是闖一個逃命的法子，那就是剃去頭髮，佩上袈裟，當和尚便了。狡兎三窟，可以不死，朱洪武可算是想入非非的了。唉！這種苦衷，原是不可說與第二人聽，只有他一人明白，連那個少監，還不知箱中盛的甚麼東西，祇知當大難時再開罷了，時隔三十年，果然用著了。可見無論上至帝王，下至平民，俱不能保他自己的富貴壽考，是到甚麼樣的地位，最可靠的，還是基督的犧牲主義，能以為人服務，為世界造福，那纔能符合上帝的意旨。凡要自己獨享福樂，不顧他人幸福的，那就是上帝的仇敵。基督來在世界，正是要實行此等犧牲主義，基督教在世界，也是要宣傳此等犧牲主義；現在世界已被了基督教的空氣，將來必大放光明的。

統計隨建文帝出亡的共有二十二人，這一般道德出羣的和尚，至少也該成佛的；可是結果卻又不然，別人先不用說，只就建文帝說罷，在外修行了三十九年，直到明英宗正統五年，方纔押到北京，仍然歸回了本宗。可見家是出不得的，佛是成不了的，人生世上第一的本分，當如基督為人服務，作世上有用的人。

(二十六)元順帝　和尚固然是無世不作孽，要以元順帝時為最。當時有些西番僧，以房中運氣之術，誘惑順帝，號稱為演揲兒法。又有叫伽璘真的和尚，善會祕密法，順帝都跟著他們學；並且加給西番僧司徒的官銜，加給伽璘真大元國師的尊稱，並各取良家女子三四人侍奉他們，號爲供養。他們常對順帝說：『陛下尊居天子，富有四海，不過祇能保有現世就是了。人生是最短的，應當受此等大喜樂的祕密法。』因此順帝不論白黑的都學習此等祕密法，後宮的妃嬪，還以爲不足，並廣取民間女子，從事祕戲。順帝的諸弟名八郎者的，以及哈麻的妹婿禿魯帖木耳，與老的沙等十人，號爲倚納，都得帝的寵幸，在帝前互相狎褻，甚至男女赤身露體，在一塊胡混，也不以爲可羞。另稱所狎褻的宮殿爲『皆即兀該』(滿洲話)意思就是事事無礙。君臣相與宣淫，羣僧出入宮中，毫不知道禁止。

以上是元朝亡國的君所幹的。可是滿清時的君，也未嘗比較的略爲好些，卽如當滿清時，北京的雍和等宮，就是有此種祕密圖，公然的供奉皇室。而且那位亡清的西太后，宮人都稱他是老佛爺，豈這不是與佛教的道相背馳麼。因爲成佛是求著虛無，今竟以天子是成佛，這豈不是自相矛盾麼？況且此等矛盾的事，還是常見的，卽如宋朝的皇帝趙匡胤，有一次到相國寺，走到佛像前，問和尚錄贊甯說：『當拜不當拜呢？』答道：『現在的佛，不拜已往的佛。』這樣說來，既是捨不得人世的繁華，又何必擎著看輕塵俗的旗號相號召呢？難道成佛與作皇帝一樣麼？

叁　佛經的怪誕

佛教經典上所載的事，多是怪誕不經，且不與佛教的本旨相合。因爲他原是以虛無超凡爲宗旨，就不該再衒誇甚麼別的驚人奇蹟。即如說佛骨硬，貴與成佛有甚麼補益呢？正見其旣不能成佛，反倒弄些別的小技藝衒弄人前，未免越發失了佛教的體統了。佛教最有名的經是楞嚴經，其中有句說：『兜羅綿手』。意思是說兜羅樹上出綿，佛手的柔軟，也好像綿花相似。其實即便手能如同軟綿花一樣的柔軟，那豈不是沒有骨頭的人麼？這又有甚麼可取的呢？

又有句說：『世尊（佛號）從肉髻中涌出百寶光，從光中又涌出千葉寶蓮』。從這幾句看來，佛還是有肉髻的，但是歷代所繪畫塑的佛像，却未曾帶著肉髻，難道是因爲不好看竟削掉了麼？至於這塊肉髻，本是一塊贅疣，乃是由於心血不合以致淤積的死肉；凡是心淸有德的人，必不生此種肉瘤，今釋氏竟生成一塊肉瘤，可見不是氣血諧和的人。偏偏後人能爲他遮掩，還說是能生出百寶光，無乃過於荒唐了。（按楞嚴經係唐人所譯）

又有句說：『縱觀如來，（佛號）青蓮花眼』。其實長個青蓮花眼，還有甚麼可取的呢？與成佛有甚麼關係呢？今竟將兩眼長的好看，也載在經典上，豈不是越發見得佛教的卑鄙麼？

又有句說：『釋氏告訴他的弟子阿難說：你嗅嗅這一塊旃檀』。不料一時四十里內都聞見香氣。按古來佛像都是用檀香木所雕刻的，藉以表示尊貴；這一塊檀香，只用釋氏說一句話，就能香四十里，也眞算是香到極處了。此種瑣事，還記在有名的楞嚴經上，難道是能增加光榮呢？還是能滅低釋氏的價值呢？

又有令人難解的句，則更爲出奇，說是：『迦陵仙音，遍十方界。』意思是說有一種仙禽，名叫迦陵，還在卵中時所叫喚的聲音就能壓倒凡鳥；及到出卵時，所叫喚的聲音，就更能超過凡鳥了。這是以迦陵比釋氏，以凡鳥比世人；哎呀！佛教原是目空世人的，以仙鳥自居，以凡鳥居人，這種妄自尊大的爲我主義，決不是世人所當崇奉的。

傳燈錄也是佛教的最高經典，其中記著一段驚人的事，就是：『釋迦初生的時候，放出大智，光明照到十方；地下湧出金蓮花；他能自然的捧起雙足，一手指天，一手指地，周行了七步；目光向四下裏看了一回，忽然作大獅子吼說：天上天下，惟我獨尊。』從這一段記載看來，釋迦不但是眼中無人，而且還是眼中無神；因爲這『天上天下惟我獨尊』的話，好似患神經病的人的口吻，果然有心成佛的，他必是要謙以自繩，豈肯作此無神無人的話呢？

佛教好說大話，固然是一種天性，可是到了腹中空空的時候，卻是露出本色；即如最著名的金剛經上有話說：『世尊當時覺得飢餓，遂穿上衣裳，持著鉢子，到舍衛大城中討飯。』最奇怪的，一面口稱惟我獨尊，一面口稱給我飯吃；細想情味，眞不知世間還有羞恥事。而且不但釋氏自己說是『惟我獨尊』，即便事佛的，也都加給他一個『世尊』的名號，意思就是天上人間所共尊的；這與關著門作朝廷有甚麼兩樣呢？（佛經其餘的話可參觀本卷末袁枚的論調。）

肆　成佛的生涯

和尚遊食四方，寄生人間，本是最爲下賤的事。他們自己也是以爲出了這個法子，也沒有第二條路可以吃飯，所以在傳燈錄上記著說：『有一個高等和尚名叫守淸，某天另有一個平常和尚問他說：甚麼是和尚的生涯？守淸回答說：一瓶兼一鉢，到處是生涯。意思是說：有一個盛水的瓶子，盛飯的鉢子，到處就算有了生涯；不然，一經打破瓶子，失落鉢子，那就要無法過活了。此種四肢不動，慣會吃現成飯的主義，原來就是成佛的生涯啊！

傳燈錄所載的又一段，更足證明佛是如何的成法，說是：『有一個號稱大珠慧海的禪師，某天有人問道：他說要想成佛，當用何等的工夫？回答說：餓了就吃，睏了就睡。又問道：世界上一切人總是要如此的，敢問都與禪師所用的工夫相同麼？又回答說：『不同，別人是餓了不肯吃，睏了還不肯睡，還是要百樣的思索，千般的計較，這就是成佛人與凡人的不同處。』這樣看來，成佛的乃在『吃睡』二字，眞算是妙到極處。但不知他們所吃的是從海中潮來的呢？還是大風飄來的呢？他們是睡在荒野中呢？還是睡在大廈中呢？一味的不用思想計較，只知吃睡二字，這與渾渾噩噩的猪犬有甚麽分別呢？咳！原來『吃睡』是成佛的課程啊！

佛教既不能以成佛拏人；但是社會中最信的就是他能超度亡魂，所以凡迷信佛教的，每逢遇見喪事，就必請和尙念經，以及別的作怪的事，統通稱爲做佛事。凡不爲先人做佛事的，即視爲大不孝。這不過是社會中相沿成風的一種習慣，其實原沒有甚麽可取的價値。即如當五代時，有一位名人石昂，雖然處在佛教最興旺的時代，但是他禁止家人說：『不得以佛事汚吾先人。』當宋朝時，佛教也是比現在還昌盛，但是有一位名人穆修的，他母親死時，一不管和尙飯，二不爲母親做佛事，這是他最能不與世俗同流合汚的可嘉處。

伍　結論

縱覽以上的事實，可以用以下幾段，斷定佛教的到底是甚麽：

（一）虛無的。　佛教以世界爲罪惡的淵藪，人類一入其中，便被罪惡所纏繞，生出無數的憂感，所以與其入世，倒不如出世還乾淨些；因此就要與世界斷絕關係，另到一處純潔的好所在。此種理想，未嘗不算高尚，可是懸的目的太高，乃是萬難實現的事，所以結果不但不能成佛，反倒因成佛生出無數的流弊，這是最爲可憾的事。佛教既要使著自己修煉的工夫，達到一個更好的世界，他並未曾想到這個世界，是如何來的，那個最好的世界，是如何有的。只因看不中現在的世界，所以就要掉頭不顧的與他脫離關係，此種愚昧的舉動，乃是最爲可憐的。因爲人既生在這個世界，就必須與這世界連屬，正如魚既生在水中，也必與水連屬；樹木生在土中，就必與土相連屬，是一樣的理。魚若是嫌水不淨，要想著另到陸地上來；樹木若是嫌土中污穢，要想著與土脫離關係，那麼除非是死了總算是完結了這回事。人之成佛，也是如此，既生在地上，就得吃地上的飯，喘地上氣，與地上共來往。不然你若是以地上不清淨，要想著出世，或是逃到深山老嶽中隱藏起來，與世俗斷絕往來，那麼你的肚皮是要與你明白宣戰的。不管你是盤腿打坐，硬去不管肚子的事，但是你到末了，終是要降服他。所以連那佛教的鼻祖釋迦牟尼，也曾沿門托鉢，討飯果腹。古今來的大禪師，也是以一瓶兼一鉢爲成佛必須的生活。其實從古到今，何嘗有一人成過佛來？從古到今凡求成佛的，何嘗有一人不吃過烟火的食物來？所以祗求空空的成佛，要與世界斷絕來往，乃是最爲失算的事。

佛教求與世界隔絕，已屬不能辦到的事；此外所用的又一步工夫，就是要與自己隔絕，以爲是成佛的捷徑。所以楞嚴經上，以耳目舌鼻身心爲六賊；意思就是非把這六賊斬除，是不能成佛的。其實照勢說來無論是誰，若是挖掉他的心，殺戮他的身，再將他的耳目口鼻一概介其失了功用，到這步天地，難道就算是成了佛麼？此種主張，稍有知覺的，豈不是要掩耳疾走不敢聽聞麼？

此外還有一步成佛的工夫，就是不嫁不娶，凡有違犯的就是干犯了清規。其實此種制度，原是與天地間的至理相悖謬；如果要成佛，就必須遵守此種清規，設或人類皆如此，豈非不幾十年就要絕種了麼？世界豈不要停止進行了麼？這樣成佛，比較的還更劣於不成佛，大好世界又何須成佛的道理來往上抹灰呢？

在一册神僊傳上，記載一段虛無的事，是最堪發噱的，說是：『當梁武帝時，有一位達摩和尚，從印度泛海到金陵，與武帝談道。誰知話不投機，達摩遂生了氣，折下一根蘆葦，踏著渡過揚子江，走到洛陽，停住在嵩山的少林寺；一天到晚的不言不語，不吃不喝，面對著牆壁，共對了九年。他的形像也入了壁上的石中，人都附會著說：這是精誠能貫金石的緣故。』

其實此種虛無的辦法，絕不是成佛人所當有的舉動。然而從古以來，和尙藉此放賴的，不知是有多少。民國十一年在上海也出了一件和尙放刁的事，就是和尙到某人家化緣，某人不肯施捨，他就硬用斧頭，將自己的胳膊砍去，以爲控告某人的地步；後來經過許久的訟案，方纔審明和尙放刁，不與某人相干。試思此種無賴舉動，豈是成佛人當行的麼？一個可以例百，其餘的不用說也是傳受的此種衣鉢眞傳了。但是在一般佛門子弟說：這還算是成佛的一法，因爲不愛受世俗的氣，自行尋死，隔著成佛就不遠了；您想好笑不好笑呢？

(二)失意的。世界上沒有一人是甘心去成佛的，都是爲勢所逼，出於不得已，纔要去成佛。卽便那個釋迦牟尼，也不是情甘自去的，他原是名利場中第一個失意人。他所以撇棄當時的名利，並不是看輕名利，乃是因爲以當時的名利不足一顧，還不如再求更大的名利。誰知這更大的名利，一輩子也沒有求得，於是遂誤過了一生，糊糊塗塗的死了。他是完全沒看清人生的眞正意義，到底是甚麼？他也未想到是從何處來？是當幹甚麼？是到何處去？是奉了誰的使命？他不過以爲眼前的世界不足介意，還是再找一個比較更好的，那纔能稱起心願；所以他的失意，是最大的了。豈不知人生世上，原是上帝的意旨，能會悟到上帝的意旨，在世上遵照上帝的意旨爲人，就算是盡了爲人的能事，此外則不用再有所希冀，因爲都是由上帝按排，用不著人再去與上帝計較長短。釋迦牟尼不明上帝的意旨，不按人的本分作事，定要再求一條旁路，求著心滿意足；所以除了自尋苦惱外，他一輩子可說是虛度了。

歷代信佛的，無不由失意中來。即如漢明帝，梁武帝，唐代宗，唐憲宗，唐武宗，唐宣宗，宋太宗，宋眞宗，武則天，胡貴嬪，忽必烈，明太祖，明建文帝等等；無論是祇加崇信，或是親身當和尚，都不是由於天性的自然。漢明帝梁武帝等，則由於心懷不足，薄天子而不爲，要求一個比當天子還好的地位。武則天等，則因爲死了丈夫，不得不出家當尼姑。朱洪武等，則因爲窮所迫，不得不找一個喫飯之地。建文帝則因苟全性命，不得不强佩起袈裟，奔走四方。所以歷觀古來最上乘的信佛的，也不過爾爾；至於那些下流卑鄙齷齪的佛教子弟，更就無可提的價值了。

再就現在的失意人說罷，最先逃入佛教的，當推那位段合肥，報載他自從被吳佩孚戰敗之後，就隱居都門，專心研究佛學。及到張作霖又爲吳佩孚戰敗時，報載他又穿起和尚的袈裟，逃到天津，似乎是剩了建文帝的外套一般。報載他現在隱居天津，仍是繼續的進行研究佛學。老實說來，人即最無事幹，也不該在成佛的虛妄說上白費工夫。即使以研究佛學表示看輕紅塵的態度，藉以解除當時人的嘲笑；其實既是生在世界作一個人，就當爲世界作一點事；即便到了最爲失意的地步，也不該向空中去打拳。當滿淸時，端方忽地革去兩江總督的職分，似乎是最爲失意的，可是他在無事可幹的時候，尙且舉辦了幾處小學，盡心籌畫，不遺餘力；這豈不是失意人的模範麼？

民國六年，張勳擁宣統復辟，黎總統逃入日本使館，以後又隱居天津，報載他也是在佛學上大用工夫；這就可以代表一般人所以信佛的緣故了。比方說來，虎不該居山，可是爲人所逼，就不得不居山；蛇不該居洞，可是爲人所逼，也不得不居洞；人也是不該學佛，可是爲勢所迫，也是不得不學佛。居山豈是虎的性也哉？居洞豈是蛇的性也哉？學佛也豈是人的性也哉？但是山啊洞啊，還可以爲虎托足，爲蛇藏身；至於學佛呢，豈不是空空洞洞不可捉摸的癡心妄想麼？假如山不能托虎之足，洞不能藏蛇的身，虎蛇雖至爲冥頑，也必不肯將貴重的身體，謬托於山洞；誰知爲萬物之靈的人，反倒輕看己身，謬托於佛；亦可見人不學不如物的話，原是說的不算過火。孟子也有話說：『人之近於禽獸者幾希』，只就成佛一事說，人還不如禽獸哩。

(二)爲我的。 或有人說：佛是無我主義，你怎麼說爲我主義呢？況且釋迦牟尼也有話說：「

我不入地獄，誰入地獄。』可見佛教唯一的主旨，是要先人而入地獄。的其實此種空洞的話，並不足以服人，釋迦氏雖然說的好聽，可惜他未曾見諸實行。再說地獄原不是要人入，也不是要釋迦氏入，今釋迦氏見他人不入，他自己偏也要入，豈不是他甘心往死路上去麼？他這一入地獄，不會如盲人投海，還有甚麼價值呢？他若取一個正當辦法，最好是化地獄爲天堂，那麼他自己既用不著入地獄，而人羣雖然要入地獄，却也無地獄可入，這豈不是兩全其美？然而他計不出此，偏偏要瞎入地獄，還以爲是功德無量；其實此種無意識的舉動，在己既毫無利益，在人更毫無補益，又有甚麼可誇示的呢？

再推究他所以要入地獄，他並不是因爲認地獄爲苦惱而後纔入，他原是認地獄爲升天堂的必經之路。地獄人不入的並不要緊，最要緊的還是要升天堂。所以口中雖說是要入地獄，其實並未嘗眞入地獄；口中雖不說是要升天堂，然而心目中唯一的希望，就是要升天堂。直到末了，地獄既未曾入，天堂也未曾升，不過僅僅賺了一個死字。窺釋氏一生的事工，完全是要求著一己得到一個上上的境界，其餘凡關現在世界的事，並不值其一顧；這就是說的純粹的爲我主義。

凡是主張利他主義的，必不肯輕以說些好話，不肯實行的爲人服務。常看見大佛寺的門上，寫有一付對聯，足以代表佛教的眞純面目，就是：『世間好話佛說盡，天下名山僧居多。』可見佛的本領，不過是祇說好話，僧的生活，也不過是臥居名山。慣會說好話，原來不算是惡，可是遊手好閒，慣會吃別人出耕種而來的飯，那就算不得是善人了。那有一個好人祇居在名山上呢？那有一個好人不是勞心勞力的呢？凡不勞心不勞力，專以遊食爲業的，何嘗有一個是好人呢？凡肯勞力的，就不是爲我的；凡肯勞心的，也就是利他的；凡不肯勞力勞心，專以寄食爲生活的，就是純粹爲我的。凡不肯勞力勞心，而又不肯承認爲我的罪惡，那麽他非先將食管杜塞，人總是不肯稍加寬恕的。因爲上帝生人在世，原是叫人自食其力，凡不自食其力的，就是違逆了上帝的聖旨。佛是第一個不自食其力的，求著成佛的和尙，也都是寄食於人的。成佛的第一步，是當和尙；再進而爲羅漢；再進而爲菩薩；可是菩薩的唯一生活，就是：『一瓶兼一鉢。』這樣看來，世界上何必多此一羣爲我的寄生虫呢？

孟子闢楊子是爲我的，因爲他拔一毛而利天下不爲；設欲再有一人，不但不肯拔一毛而利天下，反倒因爲留其一毛而害天下，豈不比較的尤爲可惡麽？釋迦就是此等的人，因爲他的一種邪說，遂使天下後世皆蒙其害。雖然他曾說他要入地獄；其實他不但未曾入地獄，即便他眞曾入地獄，何嘗能阻止別人不入地獄？別人何嘗不因他一入地獄，連帶著也一齊陷入地獄？何況他又肆抛一個圈套陷別人於地獄，他自己反倒高踞雲端，儘自看人在地獄中掙扎，曾不一作救助，豈非惡到極處麽？俗語說：『要找恨心人，唸佛隊裏尋。』正是指著爲我說的，因爲世上多一個成佛的，就是多一個遊食的，世上惟有分人之利的，爲最惡毒。

（四）亡國的。　上帝是活的，他所造的世界也是活的，他所造的人類萬物也是活的。只因都是活的，所以要一齊遵着生活的大道往前進行。但是佛教却不然，他是看世界的進行爲賊，乃是要遏止世界的進行；既無法遏止世界的進行，他就要遏止一己的進行；他却偏偏不肯入地獄，偏偏要在世界上充一個寄生虫，作一個世界進行的絆脚石。此種可厭的怪物，無論放在何國的脚下，沒有不被他絆倒的。遠如印度，數千年來在歷史上毫無發展的氣象。近如蒙古，數千年來不時爲我國北方的大敵，可是自俺答（韃靼酋長）於明穆宗隆慶二年（主後一五七一年）迎喇嘛入蒙古後，佛教從此昌行於蒙古，而蒙古遂再永不爲我中國的害，反到爲我中國所隸屬，近且奴顏婢膝的轉向俄國。細一推究，怎麽一變其往昔剛强的本性而爲頑懦的態度呢？無非都是吃了佛教的虧，受了佛教的薰陶；於是這蒙古利亞族的名色，四百年來就永不會再稱雄於歷史之上了。

再返觀我們中國，從漢朝以後，所以疆域不往外開展，專門死守中原的一席地，大都也是中了佛教的流毒。因為凡事佛的帝王臣宰人民，就要專門在虛空上用工夫；將前進的雄心，就暗地消耗了。至於我國數千年來，好歹的還能保持原狀，乃是完全由於儒教的能力。縱覽歷史，每當佛教重於儒教的時代，則國計民生就越發不可收拾。及至該混濁的時代過去，佛教遭一回淘汰，儒教盛一回，昌明則國勢也必轉暗為明，由弱而強。從此可見佛教對於國家完全是一種消極的悲觀的思想，他不想著將國家社會變化到好處，祇不過弄的世界到最糟糕處；這就是佛教最大的缺陷。

可是我國雖然因為儒教的作用，能以維持現狀，其實這並不足以立國於大陸之上。現在的進化，是一日千里，萬國交通，若不能活潑的應付世界的動作，則必不能與列強並駕齊驅。推究列強所以能日新月異，進化不已，就是受了他們所奉的基督教的恩賜。我國苟欲圖強，則非將基督教崇高起來，是萬難達到目的地。基督教是實用的宗教，不是空談的宗教。基督教的鼻祖基督，不但是祇說了一些好話，也是實行的為正義犧牲己身。在一般為我的小人，聽到基督教中所講服務，犧牲，利他，殉，等等的主義，未嘗不如疾雷灌耳，冷水澆背；可是此種不自私的行動，正是天地間的正氣；世界的進化，完全是由平等主義產生的。基督教徒一本基督的主義，使世界越發光明，使國家越發強盛，使社會越發良善，使家庭越發清潔，使人羣越發享福；絕不要停止活動，壓住生氣；這就是基督教所敢向世界宣言的。

俗語說：『當一天和尙，撞一天鐘。』這是最爲退化的口吻，也可見出凡求成佛的和尙，儘高的工夫，也不過是撞鐘擊鼓，此外則無所事事。他們如此的動作，也是謹守釋迦氏的衣鉢眞傳，因爲釋迦氏是只說好話，和尙則只知撞鐘，均是拳向空打，不合實用；均是不肯實行的犧牲，作成爲人的事工。降及現在，更是如此，到處有遊方僧；可是他們所以遊的目的，乃是在得食，也就是純粹的爲我主義；此等主義一經行開，國也就不國了。

現在最爲時髦的和尙，所舉動的雖要切合時勢的潮流，究其實仍與進化絕少補益，不過祇在退化上積極的進行就是了。即如當民國十一年五月間，有一位上海最有名的仰西大和尙，有一次爲發起『極樂世界有限公司』事，宴請報界，爲之鼓舞進行。細察他的章程宣言，不過效摹上海的遊戲場，且以爲該游戲場爲不足，而另求一個足賞心悅目陶情怡性的極樂世界。並按照有限公司的招股辦法。至於營業項目，則設有極樂寺，還有各名山的異寶，如五台山的轉輪藏，廬山的六時蓮漏，溫州頭陀寺的念佛自敲法。此外則有金石琴棋書畫室，凌空樓閣，七寶蓮池，旁又設有天堂路，地獄門等。其餘有素菜館，專演佛教的戲園等等。試看佛子所規畫的極樂世界，全是要在最重實事的上海，轉而提倡虛妄，其爲違反潮流自不待言。這還算是佛教中最有進取精神的和尚，所事不過爾爾，至於再論到下乘的和尚，更就不值一談了。而且自經過一次會食以後，爲時已有二年，仍與二年前坐而言者相同，並未曾起而前進一步啊！

（五）死人的。　佛教所以能彀存在，完全是因爲他能爲鬼做事；所以凡迷信佛教的，每逢遇有喪事，則無不延請和尚念經，意思是專爲亡魂超度，早脫苦海，早升仙界。在平安去世的人，固然是如此辦理；在一般遭橫死的人家，更是要如此。因爲迷信若不使死鬼早得安慰，早隨心意，則必要爲生人的祟，於是一家或一村，就不得平安居住；所以非叫幾個和尚來，替他超度不可。其實和尚何嘗有此種能力，而凡人既死亡，屬地的仍然歸地，屬天的仍然歸天，也再沒有爲祟生人的能力了。但是佛教却利用此種迷信的心理，以爲他眞能如此的施行法力，使亡魂能得安慰的居所；因此做齋打醮的事，也是常常不斷的舉行，遂成了和尚們專利的生涯。

此外不但要超度眼前的死人，並且還為亡過的死人要一律舉行超度。最喧鬧的，就是盂蘭會；在這一個會，是要將所有的亡魂，加以超度。據他們說：設若不加超度，則多數無家可歸的死鬼，就必要暗地裏與生人為難；就好像窮民若不加以賑濟，就必要流而為匪；於是閭閻間就不得安居度日。盂蘭會多在陰七月十五日舉行，江南最為迷信，而以上海為最甚。每逢到七月十五日，一般游民滑頭，即行藉端斂錢，多扎些紙錁紙衣，挨門懸掛，請些和尚嘈雜念經，並舉行一次亂雜的宴會。凡不輸錢的，他們就要百般和他作難。此等頹風，雖經地方官明白取締，但是還不能根本制止。

至於要問為甚麼必須在七月十五日舉行盂蘭會呢？則因每到秋天多有瘟疫發生，他們迷信瘟疫就是死鬼所發洩的怨氣；若使他們各得其所，有衣有食，那就不能再撥散瘟疫了。其實瘟疫完全是由於不講究衛生所致，苟能在衛生上多加研究，則瘟疫可以不發生，即便發生也可以隨時制止，斷不能任意猖獗。今社會間竟迷信佛教能安撫死鬼，以求免除災異；佛教亦以能超度亡魂，居之不疑，似乎真有此種能力一般，惑世欺人，亦何可恨！

（十八）消極的。　佛教流入我國，歷代以來，有時勢甚興旺，有時轉而衰微。其實推究他所以興所以敗的原因，不過由於當代皇帝的一言一行。至於當代皇帝所以崇信，也是別有用意，並非眞能洞明其中眞僞。及到窺破假面具以後，遂又從崇信一轉而爲唾棄。在起初看成佛是爲一種魔術，及到不能成佛，遂又看爲是一種旁門左道；於是大加取締。其實此種舉動，俱是以人爲主，以佛敎爲客。然而那眞正的宗敎，未有不居於主位者；因爲眞正的宗敎，是國家的靈魂，也是人的指南鍼，他決不可居於客位。人若強把他放在客位，那麼人必要墮落跌倒，國若把他放在客位，國也是必要衰弱滅亡。歷察古今人類國家所以興敗，大原因是他能不能崇奉眞正宗敎，能不能將眞正宗敎放在主位。至於那非眞正的宗敎，就不足以和他談到這一段道理了。因爲他原是一種迷人的邪說，並不足以和他談到進化的要道。

降及今世，佛敎所主張的完全不足以服人，因爲現在是一日千里的進化，斷不容絆脚的惡物摻雜其間。凡是打算進取的，則斷無入佛門的，因爲佛門的主張，完全是要叫世界停頓。雖然也有些人是擎着佛敎的旗號，在社會上大出風頭，然而此種舉動，多半含有他種作用，或是爲他宗敎所擯斥，而故意的逃入佛敎，藉以發揮其私慾。或是因爲他宗敎有所活動，於是觸於相形見絀的心理，不得不勉強的稍微一動。或是特爲要另樹一幟，以與他宗敎抗衡。或是存一個死灰復燃的心理，要作一個佛教最後的孤忠老臣。可是無論如何，此種舉動均不足以稱為良心上當有的舉動，只算是一種被動的一步移動就是了。

佛教雖以說法為引人信從的工具，然而無論何地方，並聽不見說法的聲音。佛教雖以慈悲為懷，然而社會上的慈善機關，多不由於和尚主持。因為他們已經失了說法的能力，失了慈善的信用；社會上對於和尚同具一副卑視的心理，這就是佛教衰微的徵象。不過他的仍然存在，乃是數千年歷史上的關係，即如俗語所說的：『百足之蟲，死而不僵，以其扶之者衆。』佛教雖然已是失了真誠的能力，可是他在社會間還有相傳的迷信，足以能維持現在的生活，這就是所以不絕的原因。至於要論他的實力，却是絲毫無存，不過僅存為歷史上一種相傳的陳迹就是了。從唐朝以至明清千餘年來，國家均為佛教道教設有專司，以處理全國所有關於該二教的事務。民國雖然不至遽然廢除，可是亦不過如同一種具文就是了。從前佛教本無公會的名目，可是他見別的團體，均有集會結社的舉動，因此有的也組織公會。還有的假借佛教的名義，以組織公會，此種舉動，也是效顰的主義，骨子裏並無真純的主力。即如民國十二年二月，有上海國恩寺住持僧開生等，具呈省署，請求依法廢止佛教公會。韓國鈞省長，於二月廿五日發下批示說：『呈粘均悉，卷查佛道各教會，前經內務部通令取銷，何以尚有佛教公會名稱存在？該會創自何時？情形如何？來呈所陳各節是否屬實？候令行上海縣知事確察復奪此批。」

這樣看來佛教已不爲當局所信任，佛道各教會已經內務部通令取銷。推究所以，內務部並非要故意的與佛教爲難，不過以爲處在廿世紀進化的時代，非求一個能順迎潮流的宗教，是不可以圖存的。我國當閉關自守的時代，尚可以如同佛教專在盤腿打坐上用無謂的工夫；可是當這萬國交通的時代，非疾馳高飛，是不能圖存的，稍有知識的又焉能再去講求佛理以自速滅亡呢？想必這就是內務部通令取消佛道會的原因。至於社會上一般人的愚昧心理，雖然還捨不得與佛教割斷關係；然而除了下愚不移的，則無不作棄假歸眞的思想了。這是勢有必至，理有固然的事，並不算爲希罕，因爲世代更易，換上新中國的名字，就不得不再求一個與新中國相稱的宗教，以作他的靈魂，這就是所說的基督教了。

▲附錄　袁枚對於佛教的論調

袁枚字子才，號簡齋，浙江錢塘人。清乾隆進士，任江蘇江甯縣知縣。少年卸任，於江甯城西築隨園，著有小倉山房詩文集等書。現在市上出售的隨園全集每部爲價約二十元。論者推爲清初文學大家，他對於佛教却是最爲不取，今錄原文於左：

答項金門書

來書爲辨楞嚴經一節。見愛過深。語病太重。不得不再贅數行。以曉足下。僕嘗謂人性不同。各如其面。有嗜羊棗者。膾炙不足以動之。有嗜芰者。菖蒲葅不足以動之。甚至劉邕嗜痂。海畔之夫逐臭。雖易牙復生亦不能測其所以然。佛在中國二千餘年。闢之者迂也。尊之者過也。漢景帝曰。食肉不食馬。文未爲不知味。北齊高謙之曰。佛者九流之一家。此二言最有見解。僕生性不喜佛。不喜仙。並不喜理學。自覺窮年累月。無一日敢廢書不觀。尙且正經正史不能參究。奚暇攻乎異端。以廢精神歷歲月耶。既不暇觀。亦不暇闢。莊子所謂虛而與之委蛇是矣。年四十時。老友程綿莊勸讀楞嚴經。以爲僕聰明一讀必相水乳。不料覽卷未終。欠伸思臥。彼以爲奇者。我覺其庸。彼以爲奧者。我覺其亂。所以然者。性不相近。前生無香火因緣故也。緣之一字。亦出於佛。然僕閱歷世間。信之最深。以爲足補聖經賢傳之缺。可見僕此中空空洞洞。凡事但求一是處。並無儒釋門戶之見。足下開一亂字。大爲彼教不服。引樂府之妃呼豨。楊子之太元以證之。不知古語之不可解者。豈止妃呼豨太元而已哉。盤庚之弔由靈。國語暇豫之吾吾。巾舞歌之來吾嬰。伯牙之歐欽傷宮。樂府之收中吾羊無夷。

何何何吾吾。劉向之請雨華山賦。此皆方言古誌簡斷編殘失傳之故。無意於亂而亂者也。若佛經之侏儒咒訣。此有意於亂而亂者也。足下道以秦言讀之。都有正解。然則為僕所舉數條。足下可能以齊言發言解之。而為吾告否。至於楊子之太元。即北魏繆襲之尤射經也。索隱行怪。後世無述焉。陳知非云。子雲好奇。是以不能奇。東坡嘗言子雲以艱深文淺陋。皆定論也。再見規云。立論偶有所失。處為其徒所窺。將乘虛直搗。便無立足之地。此言誤矣。倘僕將藉佛門以立足乎。則恐為其所攻。足下處之誠是也。今僕並不藉佛門以立足。方恐被其引誘。走入邪徑。則立足之所。我行我地。何畏乎攻。倘攻之曰門外漢。我聞之欣然。再攻之曰不曉佛理之妄人。亦更欣然。何也。道不同不相為謀。笑顏淵不如公冶長能通鳥語。責子貢不如介葛盧能知牛鳴。二賢固無愧色也。且足下深贊佛經之精微。即足下即佛之徒。欲攻我即攻我矣。又何必假手他人。而為此洞疑虛喝之詞乎。鳳凰翔於千仞。而鷙鳩就處其瓦縫之難居。竊為足下不取也。札尾又云。今士大夫莫不奉佛。惟先生一人出而主持名教。力挽頹風。則僕又不以為然。僕一生任天而動。雅不喜作間架語。自立身分。其所以不喜佛老者。就拒鬱肉漏脯而不餐。遠僸侏兜離而不聽。亦不過率其耳目之常情。而並非夸審音辨味借此以鳴高。嘗謂文王望道而來之見。而孟韓兩公以道統自任。矜矜焉或闢揚墨。或闢佛老。愛河水之濁。而欲以淚清之。俱是書生習氣。與世無補。僕則不然。不佞佛亦不闢佛。不信九流亦不擯九流。何也。物之不齊。物之情也。子夏曰。雖小道必有可觀者焉。致遠恐泥。君子不爲。佛老亦小道之一端。聽其說法誘衆。其中養活多少閒民。此天地之所以爲大也。周孔復生。不易吾言。

破除迷信全書

卷六 成仙

壹 事實

成仙的說法來的甚是久遠，自有生民以來，就有此種迷想。不過當時迷信的還不算興盛，及到秦漢時，纔迷信的格外厲害了。後世道家所傳習的，也就是淵源於此種邪說。他的工夫不外乎燒金丹，成神仙，以及不吃飯，身子輕，並念呪祈禳等等。此種工夫本是想入非非，不能見諸實行的；可是歷代人士受牢籠的，卻是至為深切，尤以帝王等為最甚。想必他們已經是厭乎膏粱，薄天子而不為，思想再入甚麼更好的境界，這就是所說的成仙了。不但帝王是如此，在一般家有餘粟，箱有餘錢的小康之家，也未嘗不聽見此種方術而怦怦心動。因為人的心理是好奇，不知足又是人天性中的一主要部份；所以若果有甚麼可以驚世駭俗，滿足慾念的舉動，則無不如蠅蚋趨的相率奔赴。這也是世界之大，無奇不有，成仙也就是奇中之奇了。

（五）秦始皇妄想　成仙的說法，雖是起於周朝，然而第一個迷信的，當推秦始皇。當他往東巡遊時，有一位方士名徐市的，上書請得與童男女入山東渤海中三座神山上，求仙人不死的藥。始皇雖是英明之主，可是心中已經變壞，所以此種誘惑的話，竟至一觸即發。於是遣派徐市帶領著童男女好幾千名，一齊到渤海中的蓬萊方丈瀛州三神山上，去求不死的藥；誰知求了一回，竟是白費工夫。再說那好幾千童男女也不知都是誰家的佳子弟，竟是爲秦始皇所迫使，不得不去入海求仙，實屬萬不幸了。秦始皇既先孤人的子女，作虛妄的惡事，就當早該不得好死，又何能再得長生不死的藥而成爲神仙呢？

在徐市不過是一個妄人，早就不幹正經的事，他見秦始皇如此不長進，不去好好的治理國事，竟是一味的巡遊無度，求著長生不死；於是正好投其所好，這纔上書請率童男女到海中求仙。只因他一句話，竟至傷害了數千位青年男女，可見方士的口甚是毒害的。不知他們是怎樣的求法，只知蓬萊三島，不過是沿海的幾個土孤堆就是了。當初他們想必連島上也不敢去，僅僅在岸看遠上了一回，就算拉倒。這是當時的人，只能在陸地上施展勢力，若要提到泛海的事，那就要渾身嚇痳了。他們用一個滑稽的口吻，回報秦始皇說是：『不能到那三座神山，可是確曾望見過來。

」其實此種口氣，連小孩也哄不過，不料那英武一世的秦政，竟被死們瞞過了，眞是好笑得很！

（二）張良從赤松子遊　秦始皇是因爲不修國政，專求成仙而死的。可是漢朝尙有一位豪傑，論他的形貌，則如同婦人女子，論他的韜略，則倒能運籌帷幄之內，決勝千里之外。這個人就是世所素稱的漢朝三傑之一姓張名良的。他既佐助漢高祖滅了秦政，得了天下，封爲萬戶侯，以爲是大仇已報，不必再在甚麼人事上求進取，最好還是求一個淸淨幽閒的仙境，倒還好些。於是他就求著要少吃烟火飯，學習古時仙人赤松子的工夫，以便也成個仙人。他到長安以後，遂杜門不出，專門在導引氣體不吃飯上用工夫；可算是最有心計的人了。

張良用這段成仙的工夫，想必是出於眞情實意，但是作資治通鑑的司馬溫公，偏說他是有意詭避漢高祖的猜忌，這纔假托著是要成神仙，不去貪求眼前的富貴。其實追踪抄源的細加推敲，張良果欲詭避人君的猜忌，則儘有別的好法，或是當面與漢高祖說通，或是隱居不出，或是如蔡松坡詭避袁世凱的猜嫌，而縱情詩酒，或是如周公的恐怕流言辭職居東；這都是大臣當正大光明的行徑，劉邦是寬宏長者，臣下既要求全其身，又焉能格外的加以誅戮呢？可是張良計不出此，竟是要不吃飯而從赤松子遊，可見他是別有所好，非漢高祖所好的寶貨婦女了。世人不察，竟說張良學成仙，是爲漢高祖所逼，無乃過於罪沛公了。

至於說到這位赤松子，到底是個甚麼人，則不過祇說他是一個古時的仙人罷了。他是怎樣的仙人，實在是也無從考察。在列仙傳上也祇說是他當過神農的雨師，就是管理下雨的事；其實這又是難解，因爲當時是諸事初開，赤松子又焉能管著下雨的事呢？這也是與成仙的事一樣的飄渺難憑。

(三)漢武帝受愚　以後到了漢武帝（主前一四〇年距張良約六〇年）成仙的老說法，就越發動人聽聞。漢武帝就是最著名的一個，其餘平民中求神仙的，那就更不用說是甚多的了。當時有一個名李少君的，上書說是若能祭祀灶神，灶神一定能賜下甚麼長生不老的藥草，或是有關神靈的鬼物，以及一切祥瑞的物；因爲灶神在神農時（紀元前二七〇〇年）作過火官，死了以後，就是當今的灶神。而且祭祀灶神以後，丹砂（朱砂）可以化爲黃金，蓬萊（就是秦始皇差徐市去求仙的地方）的仙人也可以得看見。既看見仙人後，再到泰山上加封上若干石土，開闢出一段祭地，那麼可以免死了。

漢武帝聽到這段神話，正是對了胃口，於是親自將灶神來祭祀，又打發一些方士去求神仙，以便能以長生不死。可是那位說神話的李少君，住了不久就死去了；最可笑的，漢武帝還不信他是死了，還以爲他是羽化而登仙了；您說出奇不出奇呢？當時漢武帝既然這樣的迷信成仙，並且打發人到山東蓬萊去求神仙；可巧這些神仙你不求他也不出世，你若去求他偏偏要出世了。經漢武帝這一求，而燕齊（今直隸山東）諸地，不知發現了多少神仙。其實細細推求，不過是燕齊的怪誕之士，所造的謠言，以便欺哄漢武帝便了。

又如漢武帝元鼎二年，（主前一一五年）因爲成仙起見，就想不吃烟火飯。於是用香柏木築一座高臺，臺上再用銅作一座承露盤；祇就盤說也有二十丈高，七圍多粗，頂上有仙人掌，好承受空中的露水。武帝就取掌中的露水，再加上玉石的細末，共同和起來當飲料；說是這樣的作法，就可以長生不死。此外不但要築造高臺高盤，還要住的宮室要高些，因爲非這樣不能與仙界接近；所以就大興起土木來了。

試思此等虛謬的舉動，還不如和尙們尙且還知道吃飯要緊，因爲釋迦牟尼當修煉到極處，肚子裏如雷鳴，他並不去飲露喝風，他乃是要沿門托鉢求人施捨茶飯的；他決不能如漢武帝這樣的愚魯，放著山珍海錯還不肯吃。這樣說來，和尙比較的還聰明於漢武帝哩。

更可醜的漢武帝竟將自己親生的公主，許配給一位名欒大的方士，又加給他一個高貴的爵位，叫甚麼五利將軍。也是因爲欒大能說大話，偏偏捧著一個好愛聽大話的漢武帝，於是這場交易纔算成了功。起先欒大對武帝說：『臣常往來海上，遇見安期（當秦時在東海上賣藥，當時人稱爲千歲公）與羨門子高（古時仙人）一類的仙人，他們說黃金是可以成的，黃河決口也可以塞的，不死的藥也可以得的，仙人也可以招致的。可是臣的老師，並不是有求於人，乃是人有求於他。若是果要打算去招致仙人，則對於所派遣的人，一來須隆重的加以委任，二來還得令他居於戚屬的地位，三來須用客禮待他；這樣他就可以和仙人通話了。』

不料那漢武帝竟真果上了他的當，即刻拜欒大爲五利將軍；二，封他爲樂通侯；三，將衛長公主許配與他。欒大經過這一次的隆重待遇，一時貴震天下。於是山東各地方，也都捕風捉影的說是有甚麼祕方能成神仙了。

試思漢武帝既爲一代的帝王，不知講求救國救民的大計，竟是專在神仙上用工夫，豈非失了爲君的體統麼？況且既是神仙，又何必再要些官爵貴妻做甚麼呢？既是因爲有官爵纔引出許多神仙，可見神仙也是喜好人世的富貴的了，這還算是甚麼神仙呢？漢武帝挈著人間的富貴爲代價，去換神仙，誰知欒大一類的方士，竟假托著神仙，去騙他的官爵公主；欒大所得的有切於實用，而漢武則虛拋資本於東海，連眞本錢也喚不回來。畢竟還是欒大乖覺些。可是此種誆騙的法術，只可行於一時，不可行於永久，於是遂有以下的誅戮事了。

欒大既用大話騙得一個將軍，一個侯爵，一個公主，隨卽大治行李，要到東海求見他師傅安期與羨門子高一類的仙人。當時漢武帝也甚乖巧，也有點不盡信欒大的胡吹，所以特地打發人跟著同去，試試到底能不能應驗。既到泰山（在山東）並未曾見過甚麼仙人，但是欒大硬說是他曾看見過他的師傅們。此外所說的不死藥，丹砂成黃金等等舊方術，尤多不靈驗。及到回到長安，（漢朝定都長安）以後，漢武好生發怒，於是吩咐一聲，將欒大腰斬了。

知有今日，何必當初！漢武欒大俱不得算爲正人。欒大以誣罔作罪，固然罪有應得；但是漢武既妻以公主，那就是他的駙馬；既將駙馬輕輕的加以腰斬，將如何處置他的公主呢？古時婚姻不自由，任憑昏君播弄，眞是女子的一大憾事。

漢武受人一次愚弄，竟是毫不覺悟，不過祇是仗著權柄在手，能生殺人就是了。他以爲這個方士所說的不中，另一個說的或者必中；他總是想不到此種神仙的事是虛妄的，也並不想到沒有一個方士能招致神仙，人也不能成神仙。只因他心中懷著一個成仙的希望，所以總有些只圖富貴不怕殺的方士來引逗他。欒大既是遭了橫死，又出了一個齊人叫公孫卿的，又和他發生了秘密的關係。當時他對漢武說：『黃帝時取銅鑄鼎感應了天上的龍，所以龍遂垂下鬍鬚來迎接他。黃帝因此與羣臣後宮七十多人一同騎在龍身上升了天。』漢武聽了，心中喜不自勝，不知不覺的說：『咳！果眞我能像黃帝那樣，我看棄掉妻子如同脫鞋一樣的容易，並無甚麼戀戀不捨的。』

漢武既然存著此等視妻子如破鞋的心思，自然對於所疏遠的百姓，更是顧不得去問他們的疾苦了。小民不幸生於此等昏亂的時代，誰還能爲他們一謀如何生活呢？爲君的既然不愛生活，一心成仙，他那能再去管百姓的死活呢？所以在漢武一人求著成仙，直接的陷害了他自己，可是間接受阮殺的，却不知有幾千萬人！邪說誤人，一何可恨！

公孫卿因爲看出欒大所以伏誅，是因爲求不到仙人的影跡，或是求的太快，以致的無法應付，所以他就眉頭一皺，計上心來，對武帝說：『河南緱氏城上，有仙人所踏的足跡，不信就去試試看。』武帝聽到這個大喜的消息，自然是連飯也吃不下去了，所以即日命駕去看仙人跡。他還好似有點覺悟，反問公孫卿說：『卿是不是也要如同五利將軍一樣的做假？』公孫卿還持著坦然的態度答道：「並不是仙人來求皇帝，乃是皇帝來求仙人；既然是皇帝求仙人，那麼就不能隨皇帝的便，自然當隨仙人的便，必須恭恭敬敬的積月累年的等候，仙人得便方纔能來；若是持之過急，恐怕仙人要跑了。」

公孫卿可稱爲善於說辭的，若是欒大也有這樣的伎倆，又焉能博得一個腰斬的慘死呢？漢武聽了，點了點頭，心下思道：這話是的；因此不加深究，祗不過在全國各地的都會名山，建設許多高大的寺觀，等候仙人的降臨就是了。這就是我國至今各地高山都有廟宇的原因。可是因這一迷信，竟不知是勞多少民，傷多少財；迷信害人，眞是不淺！

公孫卿雖是用的緩兵之計，但是漢武帝卻是急如烈火，等不的仙人來臨，便要降尊紆貴的去找仙人。所以不到一年，就再親自到緱氏去迎仙人，又東巡到海上，發船去求蓬萊的神仙。既然得不着，所以又回到泰山，（計自長安到泰山約二千餘里，泰山到東海約千餘里。）在泰山作了一回怪。遂有方士說是蓬萊諸位的神仙，好像要出現似的。於是再從泰山，復到東海，不料又是白跑了一蹚腿。從前都是打發使者去招致仙人，這一次漢武心中以爲托人是靠不住的，倒不如親自出馬還算好些，於是就要親自泛海，去求蓬萊。幸虧有一位知趣的臣名叫東方朔，懇切的諫絕說：「要得神仙是當由於自然，不必急躁，若果由正道求，他自然要來，若是不按正道求，恐怕仙人要逃去的。臣願陛下還宮安安靜靜的等候，仙人必要自己來的。」漢武聽了，倒也有理，所以下令還宮。統計這一次，為求仙人共用五個多月，往返共走了一萬八千里，您想冤枉不冤枉呢？最佔便宜的，是公孫卿，因為他大騙了漢武，反倒一點罪過沒有。也是漢武想到，一味殺人，是得不到仙人的；所以這纔饒了公孫卿的命，不然恐怕他比欒大的罪還要大呢！

漢武帝求仙的心不死，公孫卿拐騙的心也不死。不到一年，公孫卿又向漢武胡造謠言說：「在山東東萊（今掖縣）的東萊山上，有一個仙人出現，說是願意和天子一見面。」漢武正在求見仙人火急的時候，一旦聽見仙人來見的話，自然要跳足歡迎的了。於是又從長安東奔三千餘里，到東萊拜會仙人。誰知在那裏住了好幾天，連一個仙人也沒來，於是垂頭喪氣的就要回去。可是按法天子出遊，總該有個堂皇的題目，那纔能當過人眼。這一次如果是白白的瞎走六七千里，那麼全國都要痛加譏評的。可巧正趕著久不下雨，天氣乾旱，所以漢武好歹的抓住這個乾旱的題目，到東萊城的東北方的萬里沙上，胡亂的禱了一回雨，這纔聊以解嘲的奔回長安去了。細細想來，求仙豈不是如同瘋狂一般麼？

公孫卿還以爲是沒騙上路去，又蠱惑武帝說：『仙人都是喜歡住在樓上，不喜歡住在平地，所以應該多建高樓等候仙人，仙人方肯來臨。』武帝於是下詔建設蜚廉桂觀，通天莖臺，高有一百多丈，頂上有承露盤，盤上有仙人掌，掌上擎著玉杯，承接空中的露水，以爲飲了此等露水，就可不用吃烟火飯，而可以成仙了。

當時漢武中了迷信成仙的毒，似乎不能再深，因爲屢次求仙屢次不得，就該看出他是假的來；誰知漢武竟是一味的執迷不悟，您想世界倒有此等的執迷人！他曾二次到東萊求過神仙，並未遇見一個神仙，不料在長安安居了幾年，成仙的心總是去不掉的，所以當征和四年春，又到東萊去要浮海求神仙。羣臣們都諫諍說：是不必再去罷！但是漢武總是不聽，所以又命駕去了。及到了東萊，正碰著狂風陡起，白晝晦冥，海水沸騰，嚇的漢武也不敢再要浮海了，好歹的等了十幾天，死心塌地的又回長安去了。

惟究漢武這樣三番二次到東萊，想必是因爲深居內地，得不著海景散心，或者爲的是要特爲到海邊去玩一回海景罷！可惜他祇見到一處海阪便不敢再前進了；若將他放在太平洋的洪濤巨浪上，恐怕他是再也不敢求神仙的了。

漢武自從在東萊看過海水沸騰後，再也不敢求神仙了。當時他的年紀，已到了六十九歲，求了一輩子神仙，到底也未曾求著，自已也是不能長生的。所以這纔會悟過來說：『朕作了五十年的皇帝，沒曾作過甚麼福國利民的事情，所作所爲盡是叫百姓愁苦的事。現在已經懊悔不及，從今以後，凡有甚麼傷害百姓靡費天下財產的事，一概予以剷除。那些方士及等候神仙的使者也都各歸各地罷，不必再弄巧成拙哩！天下豈是有長生不死的仙人！儘多不過是在飲食上加以節制，按時服點補藥，或者可以少得一些疾病就是了』。這是漢武從五十年中所得的經驗話，足見成仙是虛妄的；然而道教爲甚麼貴以煉丹成道爲生活呢？試看天下有多少道士，那一個不是以成仙爲目的呢？那一個不是勸人去成仙呢？其實從漢武一身，也就窺破仙的破綻了。

（四）王襃諫漢宣帝　漢武帝固然是糊塗了一輩子，到老纔醒悟，可是到漢宣帝時（武帝的兒子）就又糊塗起來了。他聽了一些方士的話，增置了不少的神祠。又聽說益州（今雲南昆明縣）有兩種神：一是名叫金馬，就是所出的金子如同馬形；一是名叫碧鷄，就是所出的碧（玉石）如同鷄形。這兩種寶貝，都可以用祭祀去招致的。宣帝聽到這種消息，遂命諫大夫王襃去求此二種神。幸虧王襃是個深通事理的，所以曾藉著他所著的一篇聖主得賢臣頌，諷諫宣帝，這纔

打消了宣帝求神仙的心理，

（五）寇謙之的圖籙眞經　從漢宣帝一直到晉末時，在這長久時代中固然有些好神仙的事，都是不甚麼顯明，所以在鑑史上也沒曾大書特書的記載。即如當漢末時，魏主睿雖然是雅好神仙，卻是未曾特別的記出來。此外所有一切好神仙的事，雖然多至不可勝數，可是祇見之於稗官野史而正經正史上則不多見。這是因爲非到轟轟烈烈勢不可遏的時候，正經正史不肯妄費筆墨去批駁的。不料到晉末時分成南北朝，北朝的國號爲魏，魏主原是何奴族名拓跋燾，他就大舉的求神仙了，而道教所以興也就是起始於該時。論到是爲甚麼興的呢？乃是因爲當時在嵩山（在河南登封縣）有一個道士名字叫寇謙之，他是常修張道陵（詳見下文）的法術。他也說曾遇見過老子，並且老子命他繼續張道陵爲天師。老子又交給他不吃飯以及輕身的法子，使他整頓道教。他又說遇見一位神人叫李譜文，乃是老子的玄孫，交給他道家的仙籍書，叫作甚麼圖籙眞經，使他輔佐北方的太平眞君。（當時魏國爲北朝）寇謙之遂將這部圖籙眞經，奉獻給魏主，但是無論在朝的在野的人，都是以爲是瞎造的。不幸有一位姓崔名浩的光祿大夫，竟是大信特信起來了。並且他還上書給魏主說：「聖王受命爲君，是必有天應的。當伏羲時有龍馬負圖出於河；大禹時又有神龜負書出於洛，那不過是祗托在野獸昆虫身上，並見不出伏羲大禹的聖德來。現在我君在位，上神既然特特的降下圖籙眞經，而且寫的手筆，又是粲然可觀，書中的奧旨又是深妙有味，豈不是比較的神人更爲接近麼？伏祈我王不要忽略了上神的靈命啊。』

魏主看了崔浩的這一篇阿諛的書疏，喜的心花俱開，於是吩咐拿著玉帛牲牢，到嵩山去祭祀，祭祀並且再將寇謙之的弟子等，迎到京中，（當時魏以今山西大同縣爲京城）舉行天師道場，以迎合那本圖籙眞經。

其實老子玄孫李譜文，又怎能成爲神人？他又怎能將圖籙眞經交給寇謙之？寇謙之又奉獻給魏主，看看寫的筆法挺秀，措辭深妙；難道上天豈是又能寫字麼？又豈是還懂的漢文麼？眞是不值一笑。所以司馬溫公也曾批評說：『老子莊子本是有輕塵俗要求寂滅，但是學老莊的，反倒要成神仙，服丹藥，求著長生不死，煉草石求著成爲金銀；這正與老子背道而馳，反口口聲聲說是學老子。老子不過是諸子中的一個，神仙也只算是一種迷人的方術，後來又添上一些符水禁咒的事，到寇謙之時，遂又熔爲一爐，越發與老莊的本旨相悖謬了。』

（十八）老子認李淵爲一家　老子本以清淨無爲爲主義，仙絕不是要迷惑後世，可是後世好人竟藉著他的旗號將人迷惑。即如葛稚川在文獻通攷上說是老子無代不出世，每一出世就必改換一次名稱。眞是捕風捉影的話。老子本是因生在李樹下遂姓李，後世有些姓李的，有時去認老子爲鼻祖。但是最奇怪的，就是有姓李的作了天子，並不去認老子爲一家，而老子反倒紆貴降尊的來認某天子爲一家。俗語說：『人敬財主，狗溺槐樹』，難道成了神仙的老子，也是犯了世人一樣的病麼？說來倒眞是醜得很。即如唐朝的開國天子本是李淵，在他未作天子的時候，老子也不去認他爲一家，及到他登了天子位，還不到五月，老子馬上就快去認他爲一家。這種附炎趨勢的行動，本是卑鄙齷齪人的本性，不料一個成神仙的老子，也露出此種醜態，這還講甚麼道德五千言呢？當時唐朝發祥太原（今山西陽曲縣）遂有一位晉州（今山西臨汾縣）人叫吉善行的，說是在一座羊角山上看見過一個白衣老者，對他說：『替我轉告唐天子說：我是老君，是他的老祖啊。』李淵聽到這個消息，想道既然老子來認一家，總不該聽他無所依托，遂下了一道詔命，就於羊角山上，建下一座老子廟。

後來有人批評說：『這不過妖人拿著老子的名義，來欺哄阿諛李淵就是了。不料李淵就信以爲眞，而且後來又有唐高宗唐明皇，繼續的從事鋪張揚厲，眞是亂宗誤祖不少。』

（七）唐太宗強迫臣下當道士　老實說來，老子的出世主義，原不是國家的盛事；凡人信仰此種主義，也不是社會上的福人。這種消極的主義，只可用之於一般虛矯的人，不可用之於專務實際的人。卽如當唐太宗時，有一位名叫蕭瑀的，雖然位居太保，但是行徑多與時人不合，並且還說當時的太傅房玄齡爲奸臣，僅僅的不曾造反。但是太宗並不聽他的話，他就以爲是甚不相得，所以奏請要出家當道士。太宗以爲他正是一個道士的材料，所以就准如所請。不料蕭瑀又懊悔了，又奏請不要當道士了。太宗以爲這個反覆無常的行動，眞是不合體統，所以就貶爲商州（今陝西商縣）刺吏。這就見出非乖僻人是不能打在道士類中的。

當唐玄宗時，（主後七一三年）也是有一位名鄭銑的將軍，和一個叫郭仙舟的縣丞，被玄宗強迫的度爲道士。當時二人因爲祕密的獻詩，詩中多說些虛無的道教學說，玄宗以爲二人既居要職，理當實事求是的盡職，今既專崇道教，不切時用，那麼就令你們二人各從所好，去當道士罷，所以竟強迫的將二人度爲道士。二人這纔有寃無處訴，懊悔也來不及了。平心試思玄宗是何等的有趣！

（八）唐明皇前後矛盾　唐玄宗（卽明皇）不但拿著成仙的說法，去奚落他的臣下，而且還更是改造以前的謬妄習俗。歷代相傳的本是有一座集仙殿，乃是專爲要聚集仙人而建的。有一次玄宗與羣臣在集仙殿中筵宴，遂說道：「成仙是憑虛的說法，是朕所不取的；惟獨賢人乃是國家的寶貝。今與卿們在此處筵宴，乃是專爲國求賢的，可以將殿名改爲集賢殿，不必再稱爲集仙殿了。」

可是玄宗雖然不贊同成仙，他却是迷信泰山神的。所以更改殿名以後，不到六月，就去封泰山。前後的儀仗扈從綿亘有數百里。當時他暗中問禮部尚書賀知章說：「怎麼前代封禪時，不將玉牒上的文字宣示於人呢？」答道：「玉牒上的文字或是爲密求神仙的，所以不願叫別人知道。」玄宗說：「朕本爲蒼生求福，可將玉牒上的文字，都宣示出來。」於是他就在山上祭祀昊天上帝，羣臣們都在山下祭祀五帝（東方蒼帝，南方赤帝，中央黃帝，西方白帝，北方黑帝。）百神，並封泰山神爲天齊王。

玄宗不求成仙，固然可佳，但是自己祭祀昊天上帝，令羣臣們祇祭祀五帝百神，難道祀神還分甚麼階級麼？況且又封泰山神爲天齊王，其實泰山何嘗有神，卽使有神，又何須人去封他。此等作爲均是壓神欺人的舉動，以爲神的地位，可以隨人君的意旨爲消長，看神爲自己夾帶中一件器物，有權介其下賤，也有權介其尊貴。當此等神，竟隨人的意思擺弄，眞是也難其爲神了。這就是我國歷代對於神的觀念，何嘗算是畏天敬神呢？

玄宗先不迷信神仙，固然可佳，但是到晚年時，就又迷信起神仙來了；您想奇怪不奇怪呢？先是有一個方士名叫張果，他自己說有成神仙的法術，並說他在唐堯時爲過侍中官。他是常在素所稱的北嶽恆山中往來。當時相州（今河南安陽縣）刺史韋濟，將張果薦到朝廷。於是玄宗親自用璽書將他迎到禁中，並賜他一個光祿大夫的爵位，號稱他是通玄先生；另外還賜給他許多好吃好用的器物。及到張果死去以後，有一些好事的，都齊聲說是他尸解了。至於要問甚麼叫作尸解呢？據迷信成仙的人說，就是脫了軀殼羽化而登仙了。在集仙錄上，也提到『死時仍如生時的形貌，就是尸解；死時脚不發靑，皮不發皺，也是尸解；死時眼睛仍如生時發光，也是尸解。有的死而再生；有的屍未收殮忽然失去；有的頭髮脫下，形體飛去，都是尸解。在白天尸解的爲上等，夜間尸解的爲下等。』說的倒也好聽，其實何嘗見過來！

玄宗聽到張果也是尸解了，於是也就迷信要成神仙了。豈不知他不過是死去罷了，又有甚麼尸解的呢？再察當武則天（卽玄宗的祖母）僭國時，聽到張果是生在唐堯的丙子年，已經活了三千多歲還沒死，所以心下也欣羨的怦怦跳動，特爲要向他討個不死的法子。誰知張果聽到則天打發使者去宣召他，竟嚇了一跳，以爲是要打破他欺人惑世的邪說，因此就詐死了。他既然騙欺過玄宗的祖母，玄宗若是慈孫，自然該治他的欺君之罪。誰知不但不治罪，反到恭恭敬敬的將他迎到家中，拜他一個官爵，又將祖母所傳的寶物賜給他。人若不是喪心病狂，斷不能如此的倒行逆施。推究所以還是成仙的心作祟就是了。祇用能成仙，國可以不要，君可以不爲，仇可以不報；利令智昏，一何可嘆！況且玄宗在位四十四年，當斥責道教時，國家非常的康泰，及到他晚年好神仙時，遂引出安祿山的造反來，唐朝因此也就愈弄愈壞，以至於滅亡；邪說害人，豈不厲麼？

老子既來認唐朝的天子爲一家，所以騙得唐高祖爲他立廟，又騙得唐高宗封他爲太上玄元皇帝。其實若果眞是淸流的神仙，他必不甘受人君的擺弄。唐玄宗時，既是專以求神仙爲事，所以有一次竟是夢見老子對他說：『我的像在京城西南百餘里。』玄宗於是打發使者到盩厔，（今陝西盩厔縣）將像找了來，迎到興慶宮。可是不知這個像是紙畫的，或是木雕的，石鑿的，以及是鐵打的，銅鑄的，銀鏤的，金刻的。也不知是掛在壁上，或是擺在案上，或是埋在地裏，或是丟在野外，只說是找了來就算完。再說這個像也不知是誰替他做的，爲甚麼流落到盩厔的地方。再說也不知當時天下是獨有這一個像呢？還是另外有別的像呢？據情說來，當時人君既大崇道教，迷信神仙，則老子的像必是在坑滿坑，在谷滿谷；老子為甚麼獨獨罣念他在京西百餘里的那一個像呢？況且既是已經成為神仙，又何必再為人替他做的像掛心呢？所以歷歷推究玄宗做夢是假的，老子托夢也是假的，連那個像，也是假的，無非大家一氣弄假惑人就是了。華陽范氏也曾批評說：『老子是為方士的傀儡，玄宗是為方士的愚虫。』眞為有識見的話。

玄宗不但是為方士所愚，連他自己也要愚自己的。即如當他寵幸安祿山時，有一次向宰臣說：『朕在宮中為壇，為百姓祈福，親自寫了一篇黃素的求福文，不料竟自飛上天去了。又聽見空中有神說：聖壽誕長。朕煉丹既成，置在壇上，到夜間要去收時，又聽見空中有話說：藥不用收，這裏有守護的。』

群臣聽到玄宗的這片謊話，本來笑的肚子難受，但是為保性命起見，也不得不叩頭稱賀。其實祈福文又焉能飛升天？玄宗既為百姓求福，為甚麼空中有聖壽無疆的話？他所煉的是甚麼藥？空中的神又那有工夫去替他守護？無非盡是一片欺人自欺的話。

（九）方士柳泌作縣知事　唐玄宗好神仙，已經鬧出不少的笑話。可是那位因諫諍佛骨貶韓愈爲潮州刺史的唐憲宗，（玄宗第四代孫）也是脫不掉他曾祖的窠臼。當時他不但迷信佛的骨頭，而且還最嗜好神仙。他曾下詔徵求天下所有的方士；隨即有那奉迎意旨的宗正卿李道古薦上一位山人柳泌，說是他能配合長生藥。柳泌遂對憲宗說：天台（今浙江天台縣）的地方有些靈草，設若能爲該地的長官，就不難就地配合長生藥了。憲宗聽到柳泌的話，於是遂命泌權知台州刺史，以便得到長生藥。當時一般諫官一齊諫諍說：『人主即便喜好方士，斷不該使他直接的爲百姓的父母官。』但是憲宗只知自己要成仙，就顧不得台州百姓的疾苦，所以就打發一個素不洞曉民事的山人去作縣官；試思台州百姓遭殃不遭殃呢？憲宗還說：『費上一州的力，爲脫道長生，你們何必愛惜一州的百姓呢？』羣臣這纔都不敢再諫諍了。

其實放出一個糊塗的官，去蹂躪台州，乃是最傷天理的事；即便能活的長，也是該促壽的，又那能再致長生呢？所以後來並沒得著好結果。

（十）金丹毒死兩皇帝。 凡嗜好神仙的，他的腦筋必是不甚清楚，必是得了一種神經病，而且再加上些道士和尙交相的蠱惑，就越發的脫不掉他們的牢籠。歷代以來，道士和尙彼此以法術誘惑世人，他兩方面爲爭寵起見，也是勢如水火；有時道士得勢，和尙遭殃；有時和尙得寵，道士被戮；說來是甚悽慘的。有唐一代因爲老子認爲一家，所以道士大半得勢；即如當唐武宗時，（憲宗的孫子）以領袖道士趙歸眞爲道門教授先生；且以道士劉玄靜爲崇玄館學士；可見道教是最爲興盛了。但是一般佛門子弟，却是如同立在刀刃上，絲毫不得活動。武宗並且下詔勒令天下佛寺僧尼，一概歸俗。這一詔不要緊，可惜幾十萬僧尼成不得佛了。那些作孽的道士，既然得勢，所以千方百計的蠱惑武宗，說是煉成了甚麼金丹，服了可以成仙的。武宗不察，果然服了，誰知從此以後，性情變了常度，喜怒不常，神經錯亂，連元旦朝會也不能舉行了。武宗也覺得是神不守舍，必是中了金丹的毒，但是道士們則說這是換骨必有的現象；誰知骨尚未換，武宗立刻就崩逝了；試思道士的金丹毒不毒呢？

武宗既爲金丹毒死，遂由其叔父主持國事，是爲宣宗。誰知他更是反覆無常，看不定是成佛好，還是成仙好。當他即位之初，就將那些領袖道士趙歸眞們，都誅戮了；這總是一種不信成仙的表示。可是剛剛誅戮道士，就去再度僧尼，還不到五個月，就又再去受道教的三洞法籙。所以一個宣宗，在半年間，忽而殺道士，忽而度僧尼，又忽而信道士；似乎他自己也不知如何是好。因此司馬溫公批評說：「宣宗因爲被長生的邪說將心迷住了，所以纔舉動失了常度」。

唐宣宗以後住了不久，就被朱全忠滅了，改國號爲梁，這就到了後五代的時候。當時天下紊亂，擁兵的各各自立爲君，正如現在的軍閥一般。試思當兵荒馬亂的時代，就該去應付戰陣的事，但是就中有一個南唐的君名昪的，他偏偏好整以暇去求著成仙。當他服了道士的丹藥後，也是被丹藥攻的神經錯亂，末了他說：『我服金石的丹藥，本要求著長生，不料反倒死的更快，眞是懊悔不及了。』

（十一）大臣被貶　及到宋眞宗，一輩子信的神仙不多，但所拜的老子卻不少，而且也得了不少的天書。他的用意，不是要求長生，乃是要藉著此等虛幻的作爲，鎭壓百姓的反側。所以雲間張時泰曾批評說：論宋眞宗得了四回天書，其實天何言哉？天既不言，又焉能連三帶四的爲眞宗寫一些書呢？這是宋朝的君臣，以天爲愚物，將天來玩戲啊！豈不是褻瀆天麼？』有一次商州（今陝西商縣）有一個叫譙文易的道士，因爲他私藏禁書，並能用法術驅使六十六甲神（未詳）所以就將他捕了來，治以重罪。當時那位專以邪說誘惑眞宗的王欽若，也因爲與譙文易往來，將官職革除了。這是眞宗專要自己得天書，不許臣下能通神，好似看神爲他的禁物；此等作爲，又焉能得天的呵護呢？

宋眞宗時還有一位參知政事（卽副宰相）的丁謂，也算不得忠良之士。因爲當時有一個女道士劉德妙常到丁謂家中遊玩；丁謂敎導他說：『你作女道士，沒有大出息，你若假托老子的名義，爲人談禍福，那就可以驚動人了。』丁謂並且替德妙作了一篇介紹文，題目是『混元皇帝』，文中多有些妖誕的話。這個事傳出以後，丁謂遂被貶了。這樣看來，宋眞宗能弄假，他的大臣也學著弄假，並且他的大臣還敎導女道士弄假，上上下下無非一片假就是了。

（十二）**林靈素得寵**　那位被金人所擄，死於五國城（今吉林依蘭縣地）的宋徽宗，更是爲神仙纏繞的不得了。當時有方士王老志王仔昔等最得他的寵幸，號王老志爲洞微先生，號王仔昔爲通妙先生。並下詔求天下所有的道敎仙經。又上玉帝（道家稱上帝爲玉帝）一個尊號，叫作甚麽『太上開天執符御歷含眞體道昊天玉皇上帝』。又下詔在天下的洞天福地，建築宮觀，塑造聖像。於是道敎就大興特興了。

當是還有一個溫州（今浙江永嘉縣）的方士林靈素，年少時曾當過和尙，因爲抗不住師傅的笞罵，所以又去當道士。很會虛作妖妄事，常往來於淮泗間。當時王老志王仔昔失了徽宗的寵幸，所以徽宗又看上了林靈素，號稱他是通眞達靈先生。當召見的時候，靈素大言不慚的道：『

天有九霄，而以神霄為最高。有一位玉清王是上帝的長子，管著南方，號為長生大帝君，那就是陛下。他的兄弟號為青華帝君，管著東方。又有仙官八百餘名，現在蔡京（徽宗所寵幸的奸臣）就是左元仙伯王黼也是文華使其他如鄭居中童貫等都各有仙名；我自己則為仙卿褚慧特為降下入世輔佐陛下。』當時有劉貴妃最得徽宗的寵幸，所以靈素又說：『劉貴妃乃是九華玉真安妃。』

靈素這些話本是不値識者一笑，不料徽宗竟被他吹住了，特為封他為通真達靈先生，又特為改溫州為應道軍，以便得靈素的歡心。當時的道士都有官俸，每一寺觀，賜給官田數百千頃。（六百畝為頃）凡設大齋時，往往耗費錢財好幾萬。田地既然多屬道士，所以百姓就多貧窮，平日既不得一飽，所以趁著寺觀中大齋時，也買一塊青布幅巾，纏在頭上，假充道士，去求一天的飽飯，而且還領襯施錢三百文這就是所說的千道會。徽宗趁机又特請靈素講道經，無論士農工商，都可入座聽講；徽宗也在旁邊特設下一架帳幄聽講。靈素踞在高座上，使人在座下再拜請問；其實並講不出道教的深奧妙理來，不過用些滑稽詼諧媟褻的話搪塞；有時講的過於媟褻，上下就大為閧笑，絲毫沒有君臣之禮，徽宗也不以為奇怪。

從上看來，徽宗可說是愚不可及的了，也可見出當宋朝時道教的盛勢了。竟是以有用的田地賜給遊閒的道士，令百姓挨餓，宋朝又焉能不爲金遼所蹂躪呢？

林靈素得了徽宗的寵幸，自然是不可一世。不料後來竟因與同班的道士王允誠彼此爭寵，竟將允誠毒殺了。這還不算惡貫滿盈，後來因爲京城（汴梁即開封縣）發水，徽宗令他施行退水的法術。靈素於是妝模作樣的到城上唸咒作法，不幸那些修築城牆的勞工看出他的破綻，正要舉起梃杖來將他打斃，靈素看看勢頭不好，以爲三十六條妙計走爲上，竟是一溜烟的逃奔了。這件事傳到徽宗耳朵裏，徽宗纔會悟過靈素的幻術原是一個紙老虎。於是罷斥了道學，放靈素歸田里，又勅地方官就地察問，又竄居楚州。（今江蘇淮安縣）不料詔命剛剛下來，靈素就死去了。這就是道士的結果。

當時道士雖然能騙得人君的寵幸，然而當道士總不是一件雅事，必是不能爲人，然後纔打入道士一類中。即如宋徽宗時，京城中有一個姓朱的酒保家的女兒，嘴上邊忽然生了六七寸長的鬍長的甚爲美觀，冷眼一看，也宛然如同男子。當時就鬨動了滿城的人士，都說是主著甚麼妖異。徽宗不得已，遂將該女子強迫的度爲女道士。這樣看來，原是反常的人，纔彀當道士的材料；也就是因爲道教所講的，都是反常的道理，所以反常的人，去從事反常的道，那就名符其實了。

（十三）張三丰作怪　明太祖朱洪武雖然先當和尚後爲天子，他是最懂當和尚的訣竅，並爲他孫子建文帝早早預備下逃命的護符，總算是能打破成佛的迷信的；然而他還脫不掉成仙的迷信。當他六十餘歲的時候，以爲年紀已老，這個最高位置，恐怕不久就要把不住了，這將如何是好呢？幸虧當時風言風語的說是有一位叫張三丰的，是個仙人，他有甚麼益壽延年，不死成仙的方藥；所以洪武特爲降下詔命，宣召張三丰入朝。也不知張三丰是有意詭避呢？還是不敢到朝堂一試呢？所以到底未曾請求出來。可是三丰還有一個徒弟是邱玄淸，洪武既求不到三丰，這纔聊以解嘲的將玄淸召到來。談論了一回成仙的道理，大合滿心所希望的，於是特特拜玄淸爲太常卿。

這樣看來，神仙僅僅堪當一個太常卿的官，那麼當天子豈不比神仙更爲尊貴麼？不料爲天子的反倒又要去成仙，眞是令人不懂！

若是要問張三丰到底是怎麼的一個仙法？據說他當洪武初年時，到武當山（在湖北均縣）修煉，無論盛暑嚴寒，只不過穿著一件補綴的褊衫，當時人都呼他爲張邋遢。若是人問他甚麼話，雖然問他萬句，他也是不答一語的。若是要與他談論經書，他就滔滔的不絕口了。有時一頓能吃好幾斗，也不覺着飽，有時幾個月粒米不打牙，也不以為餓。到隆冬時，臥在雪中，也能酣酣的作鼾聲。邱玄清原是當道士的，有一次與他邂逅相遇，遂即拜為門下的弟子。

此種人物，若果屬實，只算是一種怪物，並値不得加以研究。明太祖還特為下詔求他，可見人一為成仙所迷，就要失了體統，忘了本身，甘與邪人相來往。明太祖幸虧命高，沒曾得見張三丰，若果得見，那眞是千不幸萬不幸了。因為至少也要被金丹毒死，不然也是要甘心捨了百姓，棄了天下的。試看他七世孫世宗，（年號嘉靖）豈不是為方士陶仲文等所毒死的麼？

（十四）嘉靖帝至死不悟　當時一般方士，如陶仲文、高守中、申世文、劉文彬、陶倣、王金等，競相偽造諸品仙方，世宗服了，這纔大發燥熱，竟至崩逝。試看道士毒不毒呢！至於要問一般方士到底仗著甚麼本領，能將人君騙上路去呢？這並不是費解的事，因為不過祇投人君之所好，因勢利導就是了。常說道：物必先腐也，而後虫生之，世宗已是妄求成仙，所以一般方士不過趁机以入就是了。

按陶仲文本是湖北黃岡人，少時曾充過縣椽，喜好神仙的方術。當時有一個致一眞人名邵元節的，甚得世宗的寵幸，正碰著皇宮發生甚麼黑妖氣，邵元節沒法祛除，於是纔把陶仲文薦上了。試了一試，說是真果能除妖氣，世宗這纔大加寵異。後來世宗迷信妖氣，南巡時帶的侍衞雖然很多，然而還嫌不足，所以特命陶仲文跟隨護駕。湊巧行到衞輝（今河南汲縣）有旋風當住車駕。世宗本是迷信鬼怪的，以為這又是甚麼鬼怪為祟了；所以趕快命仲文驅怪。仲文假托著說：「這是主著失火的。」世宗說：「你可以禳一禳就必不失火了。」但是仲文偏要說：「火一定是免不了，可是敢保燒不了聖躬。」不料當天夜間行宮果然起了火，燒死許多宮衞，幸虧有人將世宗救出來了。世宗因為仲文能以預知將來，遂於行宮中立即授給仲文一個「神霄保國宣教高士」的封號。

其實宮中又有甚麼黑妖氣？不過世宗心中有鬼，自己嚇自己便了。況凡旋風又如何能當駕？即便起一陣旋風，又焉能主著失火？不過陶仲文特為放火以神其詐就是了。若不是陶仲文一黨的人放火，又焉能當天黑夜就起火呢？可惜世宗被他迷得毫不醒悟，正如撥弄呆了一般。陶仲文真是得的便宜不小。試思漢武帝被術士愚弄以後，尚能以加以誅戮，以洩怒氣；若明世宗則毫不醒悟，可算是愚不可及的。他既這樣的神經錯亂，無怪乎竟是信任嚴嵩父子，以殘害忠良了。

後來世宗因服仙丹得了病，迷信仍是不止；陶仲文也死去了。有一位忠臣海瑞也是上書諫諍；不料世宗竟將他下在獄中。直到世宗崩逝以後，這纔降下遺詔說是『朕受奸人的誑惑，以致過求長生；凡因諫諍得罪的諸臣，一概免了追究。……』其實此種詔命還是多出於顧命大臣的手，世宗還是至死不悟的。

（十五）山人　求成仙當道士原不是盛事，另有一種比較略爲下乘的求成仙者，就是自號山人一流的，因爲山人合起來也就是仙字，他自號山人，就是表示他要與世人隔絕，不屑與世人爲伍；可是還不肯甘於爲仙，僅祇是爲山人就是了。山人的心理，充其量就是仙人，不過山人比仙人具體而微罷了。按歷史察來，當明末時山人是最吃香；即如陳眉公等多以山人相標榜，自覺是超越俗人。有一個叫黃白仲的，喜好穿著長靴，坐著轎子，奔走於公卿之門。有一天轎夫索錢，正碰著他腰袋中空空如也；於是大罵轎夫說：『你天天抬我黃山人，你的兩隻肩頭也算是有福的，難道還要錢麼？』但是轎夫說：『山人乃是貴人，即便只抬山人兩隻長靴，也該得個高價，何況還抬山人的全體呢？』所以聽這位山人的口吻，就可想到仙人是無賴的了。

另有一次，山人陳眉公，奔走在王荊石家中，恰有一位官僚指著眉公問荊石說：『這是那一位？」回答說「還是陳山人。」官僚又說：「既是山人爲甚麼不到山裏去？」陳眉公聽了這當面搶白的話，覺出自己既是號稱山人，若再往勢力家奔走，豈不是自討沒趣，所以就坐不穩了。這也可以代表一般仙人的心理。

當唐文宗時，也有比較更烈的事，因爲宰相李訓等謀誅宦官，不料事洩，所以宦官等反倒大殺宰臣了。當宦官收捕王涯時，適有一位山人名盧仝的在他家裏，所以也要一齊將他逮捕。盧仝發急的說：「我乃是山人啊！」北司反駁說：「既是山人，跑到宰相家裏做甚麼呢？一定是與宰相同謀的。」盧仝這纔閉口無言；於是一同被誅戮了。這也是山人的一種結果。

另有一些熱中勢力矯爲淡泊的，也是以山人自居，要求著成仙。即如唐時，曾爲這些山人專設一種不求聞達科，按時開考。有人在路上遇見一人騎著奔馬，急如星火，因此就問道說：「有甚麼事如此其急呢？」那人馬上加鞭的說：「將去應不求聞達科啊！」其實既是不求聞達，又何必如此急急的求聞達呢？這也可以代表山人的醜像。當滿清時，也有此種醜像，即如有人借債捐得一個候補官，許久候補不上，於是攜著家小，歸隱於某山某水，還對人說是棄官高蹈；其實他若不買官，就必無官可棄，也就無須高蹈；從知高蹈（亦即山人成仙）的資格，也須付出一定的代價。

不料現在也有此種熱中勢力假托出世之徒，因爲他們一面向軍閥獻詩，一面詩中多作出世的禪語；難道這也是仙人一流者耶！嗚呼！這就露出山人的眞純面目了。

貳　謬說

人所以信成仙，也是因爲歷代有些成仙的謬說，遂以爲是必能達到目的的。今將歷代仙人的事蹟，略記於下，以供參攷。

(一)黃石公　這位仙家，就是漢朝三傑之一張良所遇見的。當他的祖國韓國被秦始皇滅的時候，他以爲是三輩子爲韓國的宰相，今不幸滅於秦政之手，這個大仇是必要報的。可是一個亡國之臣，那有甚麼好的計策呢？所以他就皺著眉頭，鬱鬱不樂。有一次遊到下邳（今江蘇邳縣）一座橋上，恰巧橋上坐著一個老頭；那個老頭看見張良來到，遂故意的將鞋丟在橋下，並對張良說：『可爲我拾上鞋來。』張良心中正在悶悶不樂，不料又碰見一位大模大樣的老者吩咐他拾鞋，心下好不生惱，幾乎要發作起來。可是又一轉念，這位老者既是如此作怪，或者尙有甚麼本領；於是勉强著走下橋，將鞋拾上來交給老者。誰知那位老者，不但不將鞋接在手中，反倒將腿一伸，說甚麼『給我穿上。』張良心中就更覺得不耐煩，滿意要摔手而去，幸虧定了定神，拿出十二分的忍耐，並且特爲的要一個人情送到底，所以竟是雙膝跪地替老人穿上了。張良雖然如此殷勤，但是老人似乎無意感謝，隨卽立起身來對張良說：『明日早晨可在此處等我。』說完就大模大樣的去了。張良雖然生性聰慧，可是到底猜不透這老者是作的甚麽怪。於是第二天早晨有意無意的再到橋邊走走。不料老者竟早已先到了，並且反臉責備說：『和長者相約，爲甚麽來的這樣晚呢！明天早晨再來罷！』說完又徉徜的去了。張良見了此種情景，心下就越發的懷疑，到底不知是誰家的這麽一個老頭。於是索性的要追究個底細，第二天未明，就到了橋邊；不到數分鐘，果見老者踉蹌的來了。老者見張良不會失約，遂歡歡喜喜的說：『孺子眞可教也！今授你天書一卷，讀了可以爲帝王的師傅；我是黃石公，十三年後見穀城山下的黃石就是我啊。』說完倏忽的就去了。後來張良果然到那裏去看看，並未會見老者，不過只見有幾塊石頭就是了。

以上是張良遇神仙的歷史；不用說盡是用的遊戲的話，實屬莫須有的。可是『張良進履』的事，書本上記的淸淸楚楚，眞眞鑿鑿，似乎沒有半點含糊。因爲在舊教育的三字經上，開首就繪著張良進履的圖，以爲養成兒童爲帝王師的初步。推究此段歷史的用意，完全是要養成兒童的忍耐心，以備擔任艱鉅的大事。張良既是大有作爲的人，遂假托他是先受了黃石公的裁制。至於要問到底有沒有黃石公這麼一個人？即便真有這麼一個人，他到底是不是神仙？那就沒有深解的價值。不過在一冊神仙傳上，記載他是照著彭祖（古時的賢人，說是他活到八百歲，想必也是神話。）的法子學，年紀雖有好幾百歲，但是面貌還是如同少年一樣。但不知他為甚麼栽制過張良以後，竟是成了穀城山下的石頭。

張良先受了黃石公的栽制教訓，讀了甚麼天書一卷，後來憑著三寸不爛之舌，幫助漢高祖滅了秦政，可說是大仇已報，志願得伸；可是後來不知為甚麼不跟著他老師黃石公學，反倒要跟著赤松子遊，這也是令人難解的事。至於再說到這位赤松子，到底是誰呢？在列仙傳上，也曾說到他是神農時管著下雨的。他所吃的乃是一種稱為水玉散的藥品。他也曾將入水不溼，入火不燒的法術，教導神農。他到崑崙山（在伊犁西藏交界處）西王母（見下文）的石頭屋裏，能隨著風雨上下的起落。神農氏最少的女兒，曾去追趕他，也與他一同成了仙。這就是張良所要跟著去遊的。可是赤松子早已去了，只有神農的少女跟著同遊；張良只算是白費了一片癡心，少吃了幾石糧食，後來也白白的死了。

其實據實說來，赤松子何嘗隨風雨成仙而去？神農的少女，也何嘗是與他成仙而去？張良如

果有意躲避誅戮，又何必假托此種虛妄不經的事蹟呢？想必眞是中了迷信的毒罷

（二）老子　按老子內傳上記載：「老子又號太上老君，姓李名耳字伯陽，一名重耳，是楚國苦縣曲仁里人。他母親看見日精下落，如同流星似的，飛到口中，因此纔懷了娠。一直懷到七十二年，在陳國渦水李樹下剖開左腋方纔下生的。當生下時，就會指著頭上的李樹說：『這就是我的姓。』又因生下來就白了頭髮，所以稱爲老子，又稱爲老聃。他的耳朵有三個洞漏，身子有一丈二尺長，牙有四十八個，頭頂上有日光，皮膚是白的，血能凝成金色，舌頭上的血脈縱橫的作成錦繡的文彩。他也領受了元君（據道教的經典說，凡成仙的男稱眞人，女稱元君，即如碧霞元君紫虛元君等）的神圖寶章變化的法子，以及還丹伏火，入水液金之術，共有七十二篇。在周朝時爲守藏史，武王時爲柱下史。他所作的度世法，有丸丹金石，治心養性，不吃飯，役使鬼神等等。」

老子內傳上說，老子有這許多的本領，倒不如孔子的一句話，說是：「老子其猶龍乎。」當時老子的確是一種清流人物，不重功名利祿，專以清淨寂滅爲主，似乎有飄然世外之意；所以孔子纔誇讚他是如同龍之飄然不爲物累一樣。其實此種寂滅主義，不着邊際，決不是孔子所主張的實際主義；雖然說得好聽，到底不能見諸實行，這就是不得列爲正道的原因。

以上既是老子的內傳，可是在文獻通攷上，則對於老子又有更奇特的說法。即如有一個葛稚川說：『老子是沒有一代不出世的，他每一回出世，也是換一回姓名。在黃帝時（紀元前二六九〇年）稱爲廣成子；在周文王時，（紀元前一一五四年）稱爲燮邑子，爲守藏史；在武王時號爲育成子，爲柱下史；康王時（紀元前一〇七八年）號爲郭叔子；漢初時號爲黃石公；漢文時號爲河上公。』

文獻通攷是最有價值的書，爲元朝馬端臨的手筆，在明朝時又有王圻續行補撰，清乾隆時，又加續撰。既然說老子無世不出，怎麼從晉朝將近二千年來竟未出過一次呢？豈非歷代有些術士假托老子的名義以惑世麼？據文獻通攷上所記，是歷代的神仙，都是老子的化身，也就是老子是衆仙所從出的。他說老子在黃帝時號爲廣成子，至於神仙傳上，也有論到廣成子的話，說是他居在峒崆山的石頭屋內。黃帝聽見有這麼一個仙人，也就親自去拜訪他，並且再拜稽首的請教說：『聽說仙人是達於至道的，敢問怎麼就可以活的長久呢？』廣成子說：『至道之精，窈窈冥冥；至道之極，昏昏默默；也不要看，也不要聽，只要神靜形就正，務必要清淨，不要去勞形，不要搖動你的精，也不要用思想去營營；這樣就可以長生。』

這樣說來，長生的法子，祇不過是滅絕思想，不動四肢，將五官六腑一概停止運動，再與世隔絕，就算是成了大功。但不知此種消極的生活法，怎能使世界得一點進化；而且不用思想，是冥頑不靈，不動四肢，是四體不勤，人到了此種境地，雖然長生，不知到底可有甚麽滋味？

摘錄神仙傳所載老子賴債的故事如左：

老子在世時，曾雇得一個名徐甲的僕人，講定每天工錢一百文。後來甲見老子將出關遊歷，所以向他要積欠的工錢，算了算共欠七百二十萬。但老子拏出無賴的聲口，無論怎麽就是不還賬。甲不得已乃找了一個代書，寫了一張呈子，投到關令，要實行的與老子打錢債官司。那位代書並不知甲已爲老子作了二百年的生活，只見有錢七百二十萬，所以就熱了眼，立時將親閨女嫁給甲。甲見閨女生的非常漂緻，因此滿心大喜，越發引起打官司的興味。關令名喜，將呈詞看了一遍，大驚道：『怎麽有這麽一筆巨款呢？』遂傳老子當堂對質。老子先對甲說：『你久就該死了！我當初雇你時，可憐你家貧無以爲生，所以給你一張太元清生符吞了，你這纔能活到今天。我本應承你到安息國時，按黃金和你算淸工錢，你竟不能忍耐等候，又跑到衙門將我控告，試問我那有對不起你的地方呢？現在沒有別話講，再將太元眞符還我罷！』於是吩咐甲張口向地，只見那張太元眞符立從腹中吐出，朱紅文字，燦然如新。再看甲時，立地委化成一堆枯骨。因尹喜這纔曉得老子原是一個神人，既能使甲死，也必能使甲生；於是尹喜連連叩頭，為甲請命，並應允代老子還這一大宗欠款。老子這纔又將太元眞符投給甲，甲腳下又現了原形，肉也從骨中生出，二百萬錢來交給甲，甲這纔去了。以上是神仙傳的話，至於後來甲又活了幾百年？曾否再向老子要餘欠的五百廿萬？老子曾否築館償債呢？那就沒法追究了。

（三）安期生　據說安期生也是一個有名的古神仙，秦始皇曾特特的去尋求過他。至於要問他到底有甚麼驚人的本領呢？據列仙傳上所說的，卻甚冠冕堂皇，說他本是琅琊（今山東諸城縣南）阜鄉人，在東海邊賣藥，當時人都稱呼他是千歲翁。秦始皇東巡時，曾親自與他談論了三天三宿，看出他是極為可佳，所以賞給他約值數千萬的金銀寶物；但他都放在阜鄉亭中，自己一點不要。他又留下一封信，一雙紅玉石鞋，報答秦始皇說：『千年以後，可到蓬萊山找我。』後來始皇果然差派徐市盧生等人入海去求他，可惜船要到蓬萊，就被風吹回，只在遠處望見就是了。始皇沒法，這纔在他的本地阜鄉，為他建立了一座亭子。

其實既能與始皇談論三天三宿，怎麼後來反倒避匿不見呢？既然是貪利求錢，為甚麼反倒不受始皇所賜的幾千萬呢?純是一片矛盾話。

到漢武帝時也是頗好神仙，所以有一個少君對他說：「臣常遊海上看見安期生在那裏吃大如瓜的棗子。」其實既是成了神仙，又何必拿着大棗子來賣弄呢?究其實來，仙人既是沒有，大如瓜的棗子也是沒有，無非都是徒托空言的。

(四)彭祖　這位仙人，就是孔子所要竊比的。現在人若要起一個好聽的名字，也必要拿着彭祖相標榜。即如滿清光緒年間尚未停科舉的時代，有一回朝考，當時西太后正在年紀高邁，尋求吉利，於是取中一個山東濰縣人叫王壽彭的爲狀元，可見是信服有這一位老彭了。但是推究彭祖的來歷，據神仙傳上說，他乃是姓錢名鏗，爲顓頊（紀元前二五一三年）的元孫。年少時，專以恬靜爲養生治身處事的法子。常吃些水精雲母粉麋角散，所以顏色常如少年。他曾說：「服藥百顆，不如獨臥。」後人將他養生的法子，集合起來，號爲彭祖經。他也曾說：「我是遺腹子，三歲就死了母親，遇見犬戎作亂，流落到西域，計百年間，喪了四十九個妻子，失了五十四個兒子。（難道連一個閨女也沒有，眞是奇怪！）遭遇憂患甚多，度過榮枯也不少。」到商朝末的時候，已有七百六十七歲。商王打算害他，於是就逃遁了。後來又過了七十多年，聽說有人在流沙國（今青海等地）看見他，已經是八百三十多歲。並且在商朝時，作過守藏史，在周朝時也作過柱下史。

以上這些話，不但見之於神仙傳，並且在朱熹所作的論語集註上，以及世本上，也略有記載的，自然該千眞萬確了。可是後人雖然要學他，可惜也是學不到的。雖然名爲彭祖，仍是與別人的死沒有二樣。況且這些事蹟，又極爲難憑，即便有聖人孔子，賢人朱熹等，爲他作過些介紹，恐怕也有些善善從長處；所以後人就不必再去竊比私淑了。

（五）西王母　按道教成仙的說法，男子成仙的居於東華，主管者爲東王公；女子成仙的居於西華，主管的爲西王母。據集仙錄上說，是西王母姓侯，或又也說是姓楊名回，又名婉妗。據西王母傳上說：『他是九靈太虛龜山金母。他居的地方是在崑崙之圃，閬風之苑，城有千里，玉樓有十二座；作的是瓊華宮光碧堂九層的元室紫翠的丹房；左邊是瑤池，右邊是翠水，山下有洪濤萬丈；非飆車羽輪是不能到的。』

這些吹牛的話，未免過於荒唐了。此外吹的聽著是更難入耳，看著是更難入眼，也不必再去提他了。至於淮南子上，則說西王母是住在流沙的邊下。在穆天子傳上，則說周穆王是好神仙，曾在瑤池之上，與西王母相會。搜神記上，說是夏朝時那位善會射箭的羿，曾向西王母求得不死的藥，不料被嫦娥偷去，奔到月亮裏去了。

按嫦娥又名姮娥，也是古時的一位仙女。既然是仙女，就該品行端正，不該鼠竊狗盜，后羿不知是怎麼討來的不死藥，他竟下手偷去了，而且又說他是奔到月亮去。現在還演嫦娥奔月的戲劇，這不但不能加增仙人的光彩，反倒給仙人抹上一臉灰，竟還算得是甚麼成仙的道理呢？

（六）衛叔卿　漢武帝本是好了一輩子神仙，也沒曾遇見一個神仙；也許是因為他肉眼不識荆山玉，見了神仙竟不肯出正理待遇神仙，因此神仙遂飄然而去了。即如神仙傳上又記著一位名衛叔卿的，他是因為吃雲母石成的仙。有一次漢武帝在殿上閒坐，忽然間有一人乘著雲車，駕著白鹿，從天而下，落在殿前。漢武細看那人，年紀不過三十餘歲，面色如同童子一般，身上穿著羽毛的衣服，戴著黃色的帽子。漢武吃了一驚，隨即問道：「來者何人？」那人答道：「我是中山的衛叔卿啊！」漢武又道：「既是中山人，那麼還是朕的臣啦！」不料那人聽了這一句話，竟是心頭大惱，再沒有第二句話，忽然反身就去了。要問他是為甚麼大惱呢？因為他聽說漢武求神仙求的火急，以為必是對於神仙大加優待，因此纔來討個頂好的待遇；不料漢武破頭一句，竟說是：「還是朕的臣啦！」因此他纔大失所望，茫茫然而歸了。

以上的話，是記在神仙傳上，在漢武本紀上，卻是沒有的。其實漢武不憚三番二次的到東海求神仙，又爲神仙蓋下了許多縣峨的寺觀；衛叔卿若眞是個正當仙人，自當諒解漢武一片求仙若渴的苦心，斷不該一言不合便即忽忽而去。哈！世界倒有此種小器的神仙！

（七）八仙小史　社會中所最迷信所最稱道的是八仙，這八個神仙總可以作成仙的總代表。至於他們的由來，尙察不出眞根實由來，俗傳的也不一致。按消確類書所記的，則有以下的說法：

呂洞賓　這位神仙的名是叫巖，字是洞賓，也號純陽子，乃是唐朝京兆人，幼年時洛攷上進士的功名。曾作過兩次縣令，因爲黃巢作亂，所以就將家搬到終南山（在陝西甘肅）隱遯起來了。說是遇見一位眞人，授給他得道的方術，以及天仙的劍等，後來再不得見他的踪跡，遂說是成仙去了，也就是俗傳的八仙之一。

張果老　又名張果，是唐時人，曾隱在恆州（山西大同縣）的中條山，唐明皇時曾召見他，當時還有葉靜能諸人，皆爲神仙，惟獨張果最年長。他自己說當唐堯時爲侍中官。葉靜能曾秘密的察出來他乃是一個白蝙蝠精。唐明皇曾授爲銀青光祿大夫，道號通玄先生。後來放歸田里，遂

即尸解了。（餘文見前）

曹國舅　這位神仙找不出他的家世來，按潛確類書上不過祇說：『他是宋朝曹彬的兒子，曹皇后的兄弟。年少時長的面貌很美，性情也甚是安恬，當時皇帝與皇后，都甚看重他。以後他要求到雲水上出家，所以皇帝賜給他金牌。到他過黃河時，船戶向他討渡資，但他手中沒錢，遂用金牌作抵。當時呂純陽看見他的容狀，遂即警告了他一回，他並繼撤棄紅塵，求著得道。』但是按宋史上卻未記著國戚中有求神仙的，且沒有學仙的，所以陔餘叢攷上說：『這必是傳聞錯了。』況且呂純陽是在唐朝，曹國舅是在宋朝，隔著數百年又焉能用話去警告他呢？自然真是傳聞錯了。

何仙姑　是零陵（今湖南零陵縣）某市人的女兒。呂洞賓送給了他一個桃，僅僅吃了一半，後來就不覺飢餓了。甚能為人預先說明吉凶的事。這就是所說的八仙之一，到老時也就尸解了。

李鐵拐　據說他的本姓名乃叫李元中，生在唐朝開元大曆間；或說是隋時人，名叫洪水，在終南山學道四十年。有一次他的陽神出舍，被虎所傷，幸附身在一個將死的瘸叫化子身上，這樣有所依托。更有的說：『鐵拐李本來長的甚是魁梧奇偉，年少時就已得道，在一處巖穴中修眞養性。有一天因爲老子在華山召集會議，他也去赴會。臨行囑咐他的徒弟說：『我將魄留在家中，若是我的魄遊行七日不回，那麼就將我的魄化去罷了。』後來徒弟因爲母親有病，沒等到七天，只等了六天就將魄化去了。到第七天李鐵拐的魂回來，已經失了魄，所以沒法依托，於是遂附在一個因餓而死的醜屍首上，那個屍首遂又活了，所以現在所說的瘸拐李，並不是他本來的面目。』還有的說：『他在市上討飯，後將鐵拐杖擲在空中，遂化成龍，他就乘著龍去了。』其實既有此等本領，又何必再討飯呢？

韓湘子　這位仙人本是名韓湘，後世多稱爲韓湘子。他本是韓愈的姪子，年少時出外學道，流落他鄉，幾乎連家也回不來了。後來流落的不堪，這纔好歹的返回家中，正碰著他叔父韓愈過生日，家中盛擺筵席。韓愈因爲他不長進，所以就大加怒責。但是他竟勸慰叔父說：『叔父不要發怒，姪請獻上一種薄技罷。』於是將土盛在盆中，頃刻之間開了一種花，並在花瓣上顯出一付對聯，就是：『雲橫秦嶺家何在，雪擁藍關馬不前。』韓愈讀了不知是指著甚麼說的，所以就把他趕出去了。後來韓愈爲諫迎佛骨事，大觸唐憲宗的惱怒，所以被謫到潮州，及行到藍關時，遇見大雪，他姪兒韓湘又來請見，韓愈這纔會悟過他起先對聯的意思。這一次見面，韓湘又作了幾句詩，叔姪倆方纔相別了。

此段愈爲離奇，一面說是成了仙，一面又說是流落的不堪，回家找飯吃，究竟不知如何說纔好。

藍采和 相傳他是唐末時人，他當時常穿著一件破舊的藍色長衫，赤著一隻脚，穿著一隻靴。夏天則在藍衫加上一些棉花，冬天則臥在雪中，喝醉時則持著三尺長的大拍板，在街上一面走，一面唱道：『踏踏歌，藍采和，世界能幾何，紅顏一春樹，流光一擲梭；古人混混去不返，今人紛紛來更多；朝騎鸞鳳到碧落，暮見桑田生白波；長景明暉在空際，金銀宮闕高嵯峨。』後來他遊到濠梁間，在酒樓上大喝特喝，趁著酩酊大醉時，忽然有雲鶴笙簫聲，他升到雲中去，將藍衫鞋子腰帶拍板等物，一概拋下，隨即冉冉而去。這倒說得好聽，乘雲鶴比乘飛艇還穩當，可惜不知眞不眞。

劉海蟾 據說他本是遼代的進士，姓劉名操，後來作了呂純陽的弟子，亦列爲八仙之一。此外又有將漢鍾離列在八仙之中，代替劉海蟾的，均無可考的價值。

以上所提的八仙，就是世俗上所常說的，但是這八仙都沒記在神仙通鑑上，這就見出不是眞的了。再說八仙的名目，從元朝纔有，八仙慶壽的劇本，到今不過六百餘年，可見以前並沒有此等八仙的名目，又焉能攙以寄遇呢？無非傳說著好聽就是了。

(八)東方朔　東方朔本是漢武帝的一位臣子。當武帝求神仙時，他也曾極力的加以諫諍，誰知在方朔外傳上還記著他原是一位神仙，試思出奇不出奇呢？按外傳上說東方朔的小名是叫曼倩，當武帝時爲大中大夫。他曾對同僚的官說：「除了大王公以外，天下沒有一個人知道我是誰。」及到他死去以後，漢武纔聽說這幾句話，因此特特召問大王公說：「你知道東方朔麼？」答道：「不知。」又問道：「那麼你能知甚麼呢？」又答道：「臣不知別的，祇略略的通曉一點星曆就是了。」武帝特用問難的口吻問道：「你既是通曉星曆，試問天上的星都在不在呢？」大王公又答道：「別的星都在，獨獨十八年間沒見歲星，幸虧現在又出現了。」武帝聽了這幾句話，就想起東方朔是作了十八年的官，因此不禁的仰天嘆惜說：「東方朔在朕旁十八年，朕還不曉得他是歲星啦！」

以上這一段記載，不知是東方朔自己而先作下的，也不知是後人胡亂給他添作的。無論怎樣，竟是以歲星來作大中大夫，而且十八年間天上竟缺了歲星，眞是奇的出奇。此種奇事，就是那位受愚的漢武所惹出來的。鋼鑑上說：『漢武時人，競言神仙。』就是指著此等事說的。

（九）陳搏　陳搏算是道士中最求實際的，他本是宋朝眞源人，（今河南鹿邑縣）字是圖南，自號扶搖子，隱居在華山，（在陝西華陰縣）據說他能一睡百餘天。當五代周世宗時，（紀元後九五四年）曾召他到過京師，詢問他關於凝汞成白銀，飛丹砂成黃金，以及服了所成的金白日能昇天的事。但後世雖說他是神仙，然而他尙能拿出良心實話來對答。他說道：『陛下既爲天子，應當以治天下爲急務，何用著此等飛升黃白的法術呢？』所以後世的人，都稱他是雖爲道士，却是不僞造虛假的。到宋太祖即位後，他也曾說：『天下自此定矣。』到宋太宗時，（紀元後九七六年）又賜給他一個雅號，叫作希夷先生。這位道士總算是一個庸中佼佼的，因爲他祇知隱居，不知甚麼成神成仙；所以比較的略爲上乘些。（餘見上文）

（十）張天師　漢朝三傑之一張良，世傳他所以要從赤松子遊，爲的是要避漢高祖的誅戮。其實他原有成仙的志願，漢高祖又焉能强迫他成仙呢？試看他的八世孫張道陵，就是專以神仙欺世的。他的後裔，並且封爲張天師，至今在江西還有他的後人；那位民國的罪人張大辮還曾認他爲一家。當道陵流居四川時，曾著符水禁呪，恐嚇鄉民，限他學道的代價，是五斗米，所以當時稱爲五斗米道，又稱道陵爲米賊。當時他的徒弟，也稱他爲天師。當漢末時，他孫子張魯，竊居漢中，（今陝西南鄭縣）。自稱天師，昔傳授他祖宗的衣鉢。愚民不容真假，歸附的不能再多，最著的就是黃巾賊張角等。後來曹操兵到漢中，張魯就投降了。

直到如今，這張天師的封號，還是在社會上甚爲打響，他的子孫也世世代代當道士。當元朝至元十三年，（紀元後一二七六年）曾命他的二十六世孫張宗演，爲輔漢天師。到明洪武元年，就將封號革去了，另起他子孫張正常題了一個很長很趣的名號，就是：『正一嗣教護國闡祖通誠崇道宏德大真人』。並賜給他二品的爵。滿清初年，也沿用明朝的制度，當朝會時，他位列於左都御史以下，侍郎以上。到乾隆年間，有一位副都御史名叫梅穀成的，看出他是如同國家的贅疣，人身的瘤疾，所以奏請革去他世襲的封爵，不叫他列在朝會的班中。朝廷遂准如所奏，祇不過仍授給他正五品的虛銜，從那時這正一真人的尊稱，就完全革除了。民國成立，尊重實事，不重虛妄，所以張天師的徽號，雖然還在江西如同將滅不滅的殘火，其實非舉動乖戾，甘與世界悖謬的，就早自爲是一種惑人的邪道了。

（十一）葛洪·　葛洪是晉朝句容人，（今江蘇句容縣）他祖父名葛玄，字孝先，據說是從左總得了一種九丹仙液經，所以後來成了仙，號爲葛仙翁。葛洪號稚川，從小博覽典籍，晉元帝時賜給他關內侯爵。當時他祖父玄將煉丹的法術傳授給一位名鄭隱的，所以他又跟着鄭隱，遂盡得其法。所著的書名抱朴子，說是神仙不是虛妄的事，人果能服氣養神，製煉丹藥，就能成仙。現在杭州西湖邊下有葛嶺，相傳就是葛洪煉丹的地方。在湖廣沼溪山穴中的石上，生有一種植物，如同小鮮木耳，色是紫綠的，可用醋拌吃。俗傳乃是大雨衝開石穴而出的，土人名爲天仙菜，但是俗名葛仙米，因爲說是葛洪隱居之糧時，曾採爲食物。葛洪既然造詣的如此高深，就當眞能成爲仙人，那纔不負他煉丹的苦處，但是他到八十歲也死去了。他既生不能成爲神仙，但是後人因要惑人迅見，竟硬說他是尸解了。說他死時，顏色如生時一樣，身體也甚柔輭，毫不發殭，將屍骨往棺中放時，衣中如同空的一般，說他是羽化成仙去了。這是明明說他生不能成仙，死纔成的仙，其實此種飄渺無憑的說法，誰又會追尋來。

葛洪也曾作過一冊神仙傳，其中敍述八十四位神仙的行迹。他這一本書，不與列仙傳相同。他也曾作過一冊抱朴子，分內篇外篇，內篇專論神仙吐納符籙尅治的法術；外篇則論時政的得失，人事的臧否。論到這一本書講的，却有至理，卽如論吐納能，乃是作深沉的呼吸，呼出濁氣，吸入清氣，說是可以長生成仙，這正與現在衛生學所講的深長呼吸是一般的作用；不過葛洪的目的是成仙，而衛生學則求得健全的身體就是了。畢竟這是葛洪被求不問所謂，而衛生家則但受其吐納的實用。

（十二）張仙　張仙本是世俗家庭間所供奉的一位男神，每逢新年就在畫像前貼上一付對聯，聯語有：「打出天狗去，保護膝下兒。」橫額上也寫有「子孫綿綿」等等的吉祥話。社會間所賣的畫像，不過三二文一張，像狀則穿著黃馬褂，綠大袍，攜持弓彈，作向空中彈天狗的姿勢。按金臺紀聞上所記，則說是當宋朝時，孟昶在四川作王，不修國政，專好打球走馬，射箭游戲，荒佚無度，後蜀倉庫有七種珠寶。以後宋太祖趙匡胤發兵征四川，孟昶上表投降，遂全家被擄到京師，（今河南開封）祇活了七天就死了。他的妻子姓費號稱花蕊夫人，擅長詩文，著有宮詞百首。孟昶被擄，遂改充趙匡胤的下陳了。匡胤有一次命他賦詩，他的詩搞來的快，有「十四萬人齊解甲，也無一個是男兒」的絕句。起初孟昶在四川本著良工爲自己畫有行樂圖，也就是現在流行的張仙圖。推究孟昶所以變成張仙的原因，乃是由於花蕊夫人無意中的一句謊話。當時他將夫君的行樂圖帶到汴京，雖然身子換了主，但仍戀戀不忘故主的愛情，所以就將行樂圖懸在床頭以上。

有一次宋太祖到他宮中看見圖像，不明白是甚麼意思，就細加追問。他不敢直說，幸虧神思來的快，滿口答道：『這是張仙神像，供奉他能以多生兒子啊。』壽的匡胤道：『卿真是個能迎合人意的伶俐女子。』誰知花蕊夫人這一句話，不但將宋太祖瞞過了，竟是以訛傳訛瞞過普天後世的人，您想出奇不出奇呢？花蕊夫人宮中的一張私畫，本是最爲可醜，不料現在社會中家家還要爲他燒香擺供，憑情說來，比認賊爲父還不如啊。此外還有別的說法，均無價值，故皆從略。

叁　食品

成仙的下等的工夫，是求著長生不死，而達到此層的工具，則惟賴於所吃的東西，所以一般仙人，多是主張不吃烟火食物，要在五穀五味六畜之外，更找能成仙的東西當食品。即如漢武內傳上，記載西王母對武帝說：『凡能得吃鳳的實，雲的子，玉的液，金的漿，麒麟的膽，鳳凰的腦的，必能比天還要長壽；雖當天地廢壞，他也是還能生存的。其次凡能得吃斑龍的黑胎，鬪風的石髓，紫山上白鳳的肺，靈邱蒼鸞的血的，他的壽數可以與天一樣的長久。凡吃開紫花的紅芝，以及五色雲的漿，太元的酪，元霜絳雪的，必能以白日升天。最下的若能吃松柏的脂膏，（即松香）山木的菌，以及茯苓菖蒲門冬等等草類的藥，就可以延年。』

西王母說的未嘗不動人聽聞，不知漢武曾吃過沒有，但他也不過如別人一樣的死了，並未見出延年來，也許是西王母特特的要奚落他罷。

真誥上也有話說：「日頭有九芒，月亮有十芒，凡服日月的光芒的，就必長壽。」太虛眞人說：「竹筍是日頭的精華，鴻脯是月胎的精華，若能常吃這兩樣，也可以長生。」

這倒容易辦到，因爲竹筍不過三五十文一斤，鴻脯也是住在江海邊的人所常吃的。然而常吃竹筍等的南人，並不見得比不吃筍的北人更爲長壽；迷信成仙的，可說是千方百計的求達所希望的了。

十洲記上，也有論到成仙是關乎食品。說是：「扶桑（日本）多有林木，葉子皆如桑樹。另有一種椹樹，兩兩同根而生，更相依倚，所以名爲扶桑。仙人採其椹食，全身都顯金光色。但是此種椹樹，非九千歲不能生一回。」

桑椹既是九千歲生一次，不知仙人能活多少年，眞是神奇之至。

羅浮闕志上，則記著「有一位名葛稚川的，他是居在羅浮，（在廣東增城）與南海太守鮑靚最爲莫逆。鮑常到羅浮，或是請葛到署中言談。當鮑來時，並不騎馬坐車，不過祗在門前見有一對燕子，乃是他穿的一雙鞋子。鮑肯遊海上，為風所阻，不得返回，所以無法得食，就食白色的石頭吃。』

凡此種種說法，俱是表示仙人能以自己設法吃飯，不須仰別人的供給，可見吃飯是第一要事；神仙不神仙，暫且不去管他，只要能不挨餓受飢就是第一步的好處，所以吃飯原是神仙們的第一生命啊！

四　結論

縱覽以上所記，則知成仙的說法，並非始於老子，在老子以前已有此等癡想。而且老子當時，也無意設立一種宗教，不過後世纔藉著他虛無清淨的學說，立成一種稱為道教的宗教。於是由清淨而變為求長生，所有類似的成仙邪說，也一併歸納於道教之中，其實何嘗是老子的初心呢？

再察歷代所有希冀成仙的帝王，强半是當著國勢盛强閒暇無事時，纔去講究成仙的事；這正合了俗諺所說的『飽暖生閒事』一句話。至於平民希冀成仙的，强半是因為遭逢不偶，於是纔生出厭世主義，一面進到深山中，表示無意人世。可是此等人士，又不甘於與世隔絕，所以纔有採藥有煉丹的舉動，成仙不死的說法，一面可以解自己的嘲，一面又可熱別人的眼，這就如同野火為燒烈了。可是到末了，丹不能燒，仙不能成；虛誤一生，大限來到，也就同歸於盡。所以國家中了此種邪毒，國事必不可為；個人中了此種惡毒，前途必甚危險。

我國處在今世，就國家說是羸弱的，就國民說是失意的。處境既是茫茫，是容易陷在佛教的虛無，道教的寂滅之中。試看近幾年來，鼓吹道教的聲浪，是有幾分的顫動；然而此種顫動，在盛世時是盛極必衰的現象，在末世時又是同歸於盡的朕兆。因為盛強是淵源於主張實際的宗教，也就是由於主張入世的宗教。至於主張出世的宗教，不但不能俾國家達到盛強，反足以俾盛強的國家流入衰弱，又能俾衰弱的國家降至滅亡，這是歷史中所習見的。我國當此衰弱之時，確乎不可再提倡出世的宗教，如佛如道，以自速滅亡。祇須提倡一種尋求實際的宗教，以維持最後的元氣。

孔子是聖之時者，也是最求實際的；他是能贊天地之化育，可以配天的。我國數千年來，也是仗著他的理論，得以繼續不絕。可是他祇能配天，天道是不可聞的。這個不可聞的天道，以前都是為佛道所主持，以致弄的國家由盛而衰，由強而弱。自從基督教傳來之後，那纔正是正式主持天道的。因為他是求實際的，入世的，順應潮流的；不是求虛無的，不是求寂滅的，不尚清淨無為的；他是要與人羣周旋的，不是要與人羣隔絕的；他是設在城市都會的，不是設在深山窮谷的；他是要改造社會爲人羣謀幸福的，不是要撇開社會爲一己謀成佛成仙的；他是要吃飯穿衣且生利的，不是要飲露喝風且分利的。所以我國不欲圖強便罷，果欲圖強，就不必再去吹佛道已死的灰；因爲此種主張虛無寂滅的宗教，根本上已經與世界悖謬，充其量則可以亡國，可以戕身。當此國氣不絕如縷之時，又何堪當此制命的打擊呢？國人速醒！國人速醒！

基督教與新中國

基督教的本色

羅運炎著

新中國的真相

民國十二年三月初版　同年十二月二版

每冊一角八分　寄費照加

上海北四川路協和書局代售

內容

破除迷信全書

卷七　妖祥

壹　引言

俗語說：『少所見者必多所怪，甚至看見駱駝，說是馬腫背。』這是極意形容人知識淺陋的可憐處。又說：『世間本無事，庸人自擾之。』也是說世間原是平和的，不料那無知的人，卻是無故驚擾。這樣說來，世界本無所說的怪事，不過因人知識有限，以致看爲是怪事；世界也並無所謂妖祥，也不過是因人蒙昧無知，以致看爲是妖祥就是了。再察世界上最信妖祥的，當以非洲的黑人，及海洋洲的棕色人爲最。若祇就我國說，則以雲南貴州的苗人猺人爲最。再就城市與鄉間比較起來，則以鄉間人爲最。再就古時與今人比較起來，則以古人爲最。再就白天與黑夜說，則以黑夜爲最。這樣看來，妖祥原是在黑影裏作怪，原是見不的光天化日的；妖祥也是祇可行在無識階級，原是不能行之於有識的人的；也是祇能在黑暗時代橫行，原是在文明時代要消踪滅跡的。所以人就不必再去迷信妖祥，只用去尋求知識，促進文明，那就是以破除妖祥的迷信了。

歷代以來，所受迷信妖祥的荼毒，是甚酷烈的；直至如今，此種勢力，還是盤居於人心之中，老是甚難剷除的。因爲無識的人，比較的佔多數；而且那些有識的人，也是免不了祖傳的習慣，所以迷信妖祥的事，還是佔據人心的一大部份。現在可就見之於歷史上的破除如下：

貳　祥瑞

(一)鳳凰。當黃帝時，在他庭前生有一種草，名爲屈軼，凡有佞人走進庭院，則能將其指出，所以又名指佞草。又有鳳凰降入阿閣。按鳳凰俗傳爲鳥中之王，說他祇棲在梧桐上，古時若得鳳凰來儀，就以爲大祥瑞的事。在說文上，稱鳳凰爲神鳥；孔子也曾說：「鳳鳥不至。」可見不是我國固有的土產。古時也稱鳳凰是產於丹穴，就知是從南方來的。爾雅上說：去中國以南，戴日（赤道）的地方爲丹穴。山海經上說：丹穴的山上多有金玉；也有一種丹水，往南流入海；其地產生一種鳥，形狀如同雞，毛翎具有五彩，名叫鳳凰。既不是產在我國，所以每逢飛來一次，就以爲是百年不遇的希罕事；因此就附會著說是主著甚麼祥瑞。即如在漢書上，記著地節二年（漢宣帝年號）有鳳凰集於魯郡。（山東曲阜縣）羣鳥都跟隨著。元康三年（亦漢宣帝年號）有五色鳥萬數，飛過鄜縣，翺翔而舞。四年又有神爵（鶴鵲類）萬數，集在長樂未央北宮等處。神爵二年（宣帝年號）有鳳凰集於京師，羣鳥跟從的有一萬多。甘露三年，（宣帝年號）鳳凰集於新蔡，羣鳥有萬數四面行列，皆向鳳凰環立。

以上記載，都是證明鳳凰是主着祥瑞，且證明鳳凰不是常見的鳥，不定幾時纔飛來一次，所以就證明不是產在我國的。再就我國所繪畫的鳳凰圖看來，是非常的有文彩，就知鳳凰的翎毛，是甚美麗可觀的。現在南洋紐幾尼亞島中，產有一種極美觀的鳥，土人名爲神鳥，西人則稱爲極樂園鳥；羽毛是甚長大而有文彩的，飛行時也必百十成羣，棲則同棲，飛亦同飛，正與我國古傳的鳳凰相同。然而神鳥不主祥瑞，爲甚麼我國獨信鳳凰爲祥瑞呢？

關於鳳凰爲瑞的事，是屢見迭出，不勝枚舉，今略記如下，以見其不足爲瑞。

按幼學記說：雄者爲鳳，雌者爲凰，雛則稱爲鸑鷟。格物總論上又說：形像似鳳，而多青色的爲鸞。瑞應圖又說：鸞是赤神之精，鳳凰之佐，五色成文，鳴中五音。可是無論爲鳳爲鸞，必有明君在位，然後出世，所以名爲瑞鳥；即使昏君在位，若要點綴太平，則必以鳳鸞飛來爲口實。世俗新年貼門對爲要形容盛世，則說鳳翥鸞翔，燕語鶯啼。由上看來，鳳與鸞可當兩種說，亦可當一種看，都是以爲是有莫大的祥瑞。漢宣帝時，因有五樣的鳳來集，所以將年號神爵改爲五鳳。是那五鳳呢？多有紅色的爲鳳。多有黃色的名鵷雛；莊子也曾說過：夫鵷雛發於南海，而飛於北海，非梧桐不止，非竹實不食，非醴泉不飲，這就見出莊子是說空話的人家。多青色的爲鸞。多紫色的叫鸑鷟；國語上說：周之興也，鸑鷟鳴於岐山；張華禽經上說：鳳之小者爲鸑鷟；唐書張薦傳記載薦的祖父張鷟，幼時夢見紫色的大鳥，五色成文，落在庭前，醒來告訴伯父；伯父說：我聽說五色成文赤鳥是鳳凰，紫色的爲鸑鷟，兒既夢見此鳥，到壯年或者要以文章爲朝廷之瑞了，遂給他起名爲張鷟。多白色的爲鵠。以五鳳爲年號還不止漢宣帝，即三國時的吳主孫亮以及隋末時竇建德都曾以五鳳爲年號，可見是甚迷信鳳凰爲瑞的。東觀漢記上說：漢光武生於濟陽宮，有鳳凰來集，所以於宮中的牆壁上，盡畫上些鳳凰。書經上說：簫韶九成，鳳凰來儀。三國時曹操的孫子明帝，鑄銅鳳凰有五丈多高，安置在殿前，以應祥瑞。現今人起名，姓王的或叫王鳳梧，姓張的或叫張鳳儀，姓李的或叫李鳳鳴，李鳳舞，李鳳崗等等，都是取的祥瑞。現在行文若要形容至爲稀少，就必用鳳毛麟角四字。據拾遺記說：周昭王（武王的重孫子）曾以青鳳毛製了兩套裘衣，（紀元前一〇五二年）後傳到周厲王時，因爲無道被流竄於彘，（紀元後八四二年）所以二裘被別人得去了；有犯死罪的，可以靑鳳毛贖罪，片毛可以抵千金，這就是鳳毛稀罕的原因。鄴中記上說：當晉朝五胡亂華時，後趙之主石勒，原是滿洲種，在當時十六國中是最强的。勒死以後，姪子石虎廢其子弘而自立，諸子中是自相殘殺；其時都城，（今直隸邢台縣）鳳陽門上有層樓安有金鳳凰兩隻，當石虎將敗時，有一頭飛下漳河中，後當天氣淸朗時還能看見；其餘一隻則以鐵釘是故未飛下。而且當時石虎所下詔書，都是寫在五色紙上，啣在鳳凰口中，再用百丈的彩繩懸於轆轤上向下迴轉，使人民皆得閱看；此種舉動盡都是小孩子氣，還有甚瑞祥可來呢？

（二）麒麟　按古傳麒麟也是最關祥瑞的，詩經上也屢屢提到，他是最爲仁慈，不踏生物。凡他出世，也是主着甚爲祥瑞，至於現在則無從覓到此種仁獸。當周敬王三十九年時，（紀元前四八一年）魯國（今山東）有人出外打獵，捕得一個身如麏鹿，尾如牛，頭上祇有一角的獸，乃是從來沒曾見過的。於是以爲是主着妖異，因此拋在郊外去了。這個消息傳出以後，竟是驚動了大聖人孔子，他就特爲到郊外去看看，到底是件甚麼事。看過以後，這纔用袖拭面涕泗沾襟的說：「這是一個麟啊！是怎麼來的呢！麟本是王者的瑞物，今竟流到此地，我的道也沒法再傳了！」當時孔子本是著作一部春秋，旣到獲麟以後，知道他的道是傳不開的，所以連春秋也不再著了。

這樣看來，麟是的確可靠的一件實事，却不是產生在我國，因爲連孔子還說：「是怎麼來的
呢？」據現在的博物家推測，乃是非洲所產的一種獸、名叫支拉飛。現在歐亞二洲，雖然沒有此種
野獸，但是他的得名，乃是由於亞拉伯的音，可知當時亞拉伯，亦必有此種野獸。亞拉伯既與我國同
在亞洲，則此種獸當然有時能偶然來到我國，這就是孔子當時所以獲麟的原委。至於要證明支
拉飛果然是不是麒麟，則有以下的說法：支拉飛的角，覆以肉皮，與牛角鹿角不同，而公羊傳上亦
說：『麟角戴肉，設武備而不爲害。』這就見出支拉飛就是我國古時的麒麟。而且支拉飛二字的
音，與麒麟二字的音也有點相同；其所以不盡同，必是翻譯的變轉；即如現今通稱的西比利亞，在
古時則稱爲鮮卑，今所通稱的土耳其，古時則稱爲突厥，是一樣轉變；所以就名稱的音說，也就證
明麒麟就是支拉飛了。現在的支拉飛，高有十四尺，而漢朝京房所著的易傳上，則說麒麟高有一
丈二尺；所以就高矮說，也是相類。詩經上多說麒麟的身子如麕鹿，尾把如牛，只有一角；而現在的
支拉飛則形似大鹿，尾亦像牛，雖然不是一角，其實只有兩個小角，又爲肉皮所掩，非仔細看，似乎
看不出有角，但是他的頭頂上，則皆凸起如高阜，所以人皆見其凸起的高阜，而不見其肉角，這必
是古時誤會只有一個肉角的原因。再說支拉飛頸是長的，舌是尖的，好吃高樹的葉子；養在動物

院的，則皆喂以麥豆等類的植物，並不是肉食的動物；他的性質又甚馴良；這又與我國古時所說的麒麟爲仁獸相符合。支拉飛的蹄力，是甚强的，一跳數十丈，又能如蟹的橫行，前後各一蹄同時並舉，所以輕易踏不著生物，這又與我國說麒麟不履生虫相符合。有這幾樣證驗，可見支拉飛就是古時的麒麟了。然而支拉飛並不關於祥瑞，只算是動物中的一種；爲甚麼我國還迷信麒麟一是王者之獸；二是能送子；（就是仁的意思）三是祥瑞物呢？

玆將古來關於迷信麒麟的事，略記數段如下：

春秋感精符上說：『麒麟一角，是表示海內共爲一主。』又說：『王者若不刳婦人之胎，不破鳥雀之卵，則麟出於郊。』

孫卿子上說：『古時王者好生惡殺，則麒麟遊於野。』蔡邕月令上說：『視明禮修，則麒麟見。』書中候上說：『黃帝時麒麟在他的園囿中。』抱朴子上說：『麒麟壽有千歲。』那位當東晉時爲後涼始祖的何奴稱呂光，本是建元太安以後因軍隊發到姑臧，（今甘肅武威縣）在金澤縣發見麒麟，呂光以爲是特爲自己出現的，於是改年號爲麟嘉，僭稱三河王。淮南子上說：『麒麟鬬則日月蝕。』淮南子發這樣的論調，就可推知其價值了。詩經上說：『麟之趾，振振公子，吁嗟麟兮！』

」這是歎美麟不履生虫，不踐生草，合仁懷義，聖人出，王道行，則出現的意思。稱讚小兒聰明的，也稱爲麟，唐朝詩家杜甫有句說：『並是天上麒麟兒。』漢宣帝時建有一閣名麒麟閣，將功臣霍光張安世等十一人的像畫在閣中，表示他們都成爲麒麟兒。現在世俗陰曆新年時還盛行一種麒麟送子的圖畫，家家貼在臥室的門上，以爲多子的兆頭。世俗相沿，由之而不知之者，比比皆是。

漢武帝求了一輩子神仙，被一般方士不知愚弄了多少次，到底未曾達到目的。當他到雍地（在陝西）祭祀五帝時，曾獲得只有一角的獸。有司於是奏請說：『這是上帝因爲陛下肅恭祭祀，所以特打發一角獸來報答陛下的祭祀啊；這個一角獸，就是古所稱的麒麟。』漢武得到這個說法，正與心意相合，以爲是上天特降的祥瑞，所以破天荒的起了一個元狩的年號，（年號始於漢武）藉以紀念上天的寵賜。

漢武既以一角獸爲天瑞，所以不到二年，就又從水中得了一匹神馬。是怎麼得的呢？據說沙州境內（今甘肅安西縣）有一處渥洼水，有一個名暴利長的，曾在渥洼水邊屯田，他常看見羣野馬中有一匹的行動是與他馬不同，不時的到水邊飲水，利長於是暗地窺察，以後該馬玩習久了，這纔托人將馬捕得，並且特爲要討漢武的歡心，所以詭稱是從水中出來的。漢武將馬得到手，特爲命名叫神馬，並且親作歌頌馬說：『太一貢兮天馬下，霑赤汗兮沫流赭，騁容與兮跇萬里，今安匹兮龍與友。』

其實馬非從水中出，不過特爲要愚弄漢武，所以纔說出自水中。漢武不察，還爲馬作了幾句歌，說馬是天馬，可以匹配龍，一時可奔萬里，這豈不是自欺之甚者麼？

(三)誕生　古時所有能立德立功立言的，他們的生法，並不異於常人。可是史記上，論到那位教民稼穡的后稷，則說他母親姜嫄到郊野去祭祀上帝時，看見有個巨大的足跡，既踏了足跡的拇指，於是欣欣然如有人道之感，後來隨即生了稷。唐堯本是爲五帝之一，也是一位聖人，論到他的生法，則說他母親慶都受了赤龍的感動，懷孕十四月纔生的堯。那位商朝的祖先，作爲舜司徒的契，則說他母親簡狄看見有一隻玄鳥墮下卵來，他就拾起來吃了，這纔生的契。還有那位生少昊金天氏的嫘祖，則說是感受一個如虹的大星而生的。至於顓頊高陽氏之生，則是他母親女樞感受了瑤光貫月。契的十二世孫主癸的妃扶都，則見白氣貫日而生成湯。

古人這樣的傳說，司馬遷如此的記載，似乎是千眞萬確，毫不含糊，所以惹得固靜軒氏及蘇眉山氏等，加了不少的批評，說是司馬遷故意的厚誣聖人。可惜固蘇二氏等，還未十分的將迷信，破除，因爲他們還說是聖人之生，是異乎常人；然而他們却不說出那異乎常人的憑據，所以仍免不了含着迷信瑞祥的事。若按生理來講，或是證以科學，則同是人類，並無所謂某人得着祥瑞，纔能大有作爲，某人不得祥瑞，這纔一無作爲。其實就人的先天說，俱是一樣，不關祥瑞，所最要注意的，就是後天的如何。往往一個小小平民得着後天的適當培植，就能平地一聲雷的奮發有爲。至於那些只顧先天不顧後天的，反倒碌碌一世，一點作爲沒有。所以按照現在文明的世界，司馬遷的迷信祥瑞，固然不能存在，即使那些比司馬遷高一籌的批評，也是立不住脚。

(四)蓂莢　當堯之時，說是他的階前生有一種名蓂莢的草，每月十五以前，就生一葉，十五日後，又落一葉，遇着月頭月尾，則有一葉壓而不落。因此觀看葉的生落，就可推知是初一十五來，所以叫作曆草。其實此種說法，未免也是多所誇張，因爲既有此等靈草，就必要加以護衛，萬不能任其自生自滅，所以就不當不移植到後世。可是從堯以後，就不再見他的形跡，似乎如同曇花一現，就再看不見了。這種見首不見尾的神草，又那能不使後世對於他大懷疑呢？

(五)九鼎　論到禹鑄九州之事，左丘明說是在九鼎上鑄上萬物的形像，使百姓看了，都能曉得那樣是良善，這樣是邪惡，那樣是神奇，這樣是鬼怪；於是當入川澤山林時心中先有主見，則對於那些魑魅魍魎的妖異，可以過不見，卽便過見，也能有法應付，不至自受他的侵害。這就是世傳的禹鑄九鼎以象神姦的話。其實川澤山林中，何嘗有這麼些妖怪的名目，不過人心鬼鬼祟祟，自行作弄就是了。胡五峯氏對於左丘明的解釋，大不謂然，說是九鼎上並未鑄上些萬物的形像，乃是將體國經野的大道鑄在上邊，以爲萬世的準則。但是此種批評，一來不得社會多數的贊同，二來他還未敢輕以對神姦二字下一字的解釋，他是默認了神姦以爲川澤山林中眞果有不少魑魅魍魎，這豈不是未說到九鼎的眞意義麼？

（六）**蜚廉**　漢武不但以獸以馬爲瑞祥，而且又以飛禽爲祥瑞；卽如俗傳有一種神禽，叫作甚麽蜚廉。此種神禽的身子像鹿頭像雀尾如蛇來頭有角，而且還帶着一身豹文。當武帝正熱心神仙時，所建築的寺觀是無數的，爲要妝飾寺觀的外面，於是用銅鑄成蜚廉神禽的形像，安置於寺觀之上，以便神仙神禽聲應氣求。此種習俗，眞到如今還是未改，凡各地的大小廟上，無不安上用土燒成的蜚廉，這也是漢武所留下的一種惡發明啊。（按社會習俗，富厚人家多將石雕的鵓鴿，安置在屋脊上，以爲美觀；至於蜚廉則祇許妝飾寺觀。）

（七）**醴泉**　古人不但以飛禽走獸爲祥瑞，還有以泉水花草爲祥瑞的，卽如漢光武雖是中興漢朝的明君他也脫不掉此種迷信而且當晚年時，迷信的就格外深切。他作了三十多年天子，頭三十年內並不聞京城中出現甚麼醴泉發生甚麼赤草，降下甚麼甘露；誰知當他臨崩的那一年，就格外的有些祥瑞，說是京城中，一湧出醴泉，氣味如同甜酒一般；二發生一種赤草，說是人君的德行及於草木，此種赤草纔發生；三天降甘露，嚐着也是甜甘的。其實此種巧事，不用說是沒有，卽便能有，也是天地間萬物的自然變化，並不關乎人君的德行是如何，且與祥瑞無關。人若是迷信關乎祥瑞，則有以下的一段事，可以作為當頭棒喝。

當明朝朱洪武十三年，有丞相胡維庸想着弒了洪武，自為天子。可是得不到合適的機會下手，有一天他假托着他的宅第中湧出一個醴泉，所以邀洪武前去參觀。洪武果然排着鑾駕，出西華門，要去觀看醴泉。其實何嘗有甚麼醴泉，不過要騙虎離山，實行其篡逆就是了。幸虧在道途中，有一個名雲奇的內侍，訪知原是胡維庸設的計謀，於是趕快的奏告洪武；可惜他來的氣勢太急，一時竟說不出話來，不過用手指着胡維庸的宅第。洪武方纔醒悟過來，必是有甚麼事故，於是登上城牆眺察眺察，果見維庸宅中伏有甲兵；因此醴泉也顧不得看了，立時發兵搜捕奸黨，一場大禍這纔消除了。

從上看來，社會上若沒有祥瑞的說法，則胡維庸既不能以此騙洪武，洪武也不能被騙上路弄出一場大大的誅戮。所以豈獨迷信妖異於人有害，卽便祥瑞也是於人無益的啊！

(八)銅雀　曹操雖然是不能再爲奸詐也曾爲過一世之雄，可是他還脫不掉這種迷信祥瑞的事。卽如他有一次得到一個銅雀，就以爲祥瑞的了不得，所以特建築一座高臺，並命名爲銅雀臺，以紀念此種瑞物。其實這原是個死銅雀，又那能關乎祥瑞呢？阿瞞無知，自相慶喜，卽便或眞主着祥瑞，然而臺上竟安置上所寵幸的姬妾，豈能不汚穢了銅雀麼？

(九)瑞石　不但曹操免不了迷信祥瑞，他的孫子曹叡，更是如此。有一次在張掖（今甘肅張掖縣）柳谷口的水汜濫，湧出一塊石頭，上面有文字爲『大討曹』。曹叡就以爲是最爲祥瑞，並且通告天下。當時有一個有心人名于綽的，問道一位名張臶的說：『是不是主的祥瑞？』張臶說：『神是祇知將來，不追已往的。所有兆頭，都是主着將來的興衰。現在漢朝已亡，爲魏所得，所以這塊石頭，不是主着當今的祥瑞，乃是主着將來的祥瑞；至於論到與當今有何關係，只可說是當今的變異罷了。』

據張臶的話看來，雖然也說是祥瑞，但是卻不關乎曹家的祥瑞，只算是曹家的變異。況且這

『大討曹』三字，明明是曹家要大被討罰的兆頭，不料曹叡反以爲是天降下的祥瑞，亦可算是愚到極處了。

偏是凶殘的人，偏假造祥瑞；那個不敢居於長安宮殿，强迫出居洛陽的武則天，本是最爲凶殘的，他越凶殘就越要造作祥瑞。當他蓄謀改唐爲周時，深以沒得祥瑞爲憾，隨有一個奉承意旨的武承嗣，特意使人假造出一塊瑞石，石上刻着『聖母臨人永昌帝業』八字，說是從洛水中得來的。武氏得到這塊石頭，喜的心花都開，特給石頭題了一個名，叫作甚麽『寶圖』。又特下詔要先祭拜洛水，然後再受圖；並且還特特的舉行一次郊祭，詔告天下；又命羣臣們都到明堂中去朝賀。武氏既然抓住這個洛水降祥的題目，隨即要實行的大殺唐家的宗室，篡奪唐家的天下了；試思此種舉動，可醜不可醜呢？

（十）瑞人　另有假托祥瑞以實行其篡逆者；即如當晉安帝（紀元後三九七年）時，有大將軍桓玄，想着要稱皇帝，可惜沒有祥瑞可以藉口，於是詭說臨平湖（在浙江杭縣東北）開了口，是主着天下太平；江州（今江西南昌縣）也降下甘露，這就是當受天命的兆頭，因此使羣僚們都爲他祝賀。又因爲從前各朝都有隱士爲國家的一種瑞物，凡稱皇帝的，得隱士替他說幾句好話，便算是名正言順了。桓玄也要從隱士口裏討幾句吉利，可惜當時沒有隱士，於是他就拏出錢來，僱了一個名叫皇甫希之的，使他居在山林中，號稱他是高士。桓玄於是特爲徵聘他當作着作郎，又使他故意的固辭不就，做作了好幾次，這纔正式就聘了。他兩個設下這麼一個圈套，以爲可以掩人的耳目，但是當時都嘲爲假充的隱士，所以於桓玄並加添不上甚麼瑞祥，這是桓玄弄巧反成拙了。不但如此，當桓玄將祥瑞的籠子做妥以後，隨即將帝遷到潯陽，（今江西九江）自己就在建康（今江蘇江甯縣）即皇帝位。誰知當他正登御座時，龍牀忽然塌陷了，因此他與羣下各各大驚失色，以爲在這破題兒第一遭就塌了龍牀，必是主着大凶的。幸虧有一個强口好辯的殷仲文，出來寬解說：『牀所以塌陷，必是因爲陛下的聖德深厚，連地不能載啊！』桓玄這纔轉懼爲樂，變過顏色來了。

其實這種欺天欺人並自欺的行動，於實事那有絲毫補益呢？所以不到五月，就被劉毅誅戮了。可見事之濟不濟，不在祥瑞不祥瑞，乃在得道不得道，凡不得其道的，那就無法可得好結果；矯揉造作祥瑞，又有甚麼益處呢？

（十一）瑞語：還有不是自己僞造祥瑞，祇知迷信他人僞造的祥瑞，吃虧的也不少；即如當孫皓作吳國皇帝時，有一個名刁玄的，詐稱有黃旗紫蓋見於東南，這是主着東南的君當佔有天下。（當時分蜀魏吳三國）孫皓聽了這個話，就迷信是指着他說的，於是大往北里發兵，（今江蘇江甯縣西）要與魏兵爭戰。另外還帶着太后及後宮中數千人，一齊往西出發，以爲這一次剿滅魏晉之後，可以一齊到洛陽登帝位便了。不料路上遇見大雪，兵士爲寒凍所迫，一齊鼓譟着說：『一旦遇見敵人，我們必要倒戈相向的。』孫皓聽了這話，嚇得再也不敢催兵前進，立時傳命班師而回了。所以這一次既是師出無名，又是茫茫然歸，一點結果沒有，只算出去遊逛了一回。試問他是身繫一國之重，爲甚麼這樣的以國事爲兒戲呢？就是吃了迷信祥瑞的虧。

（十二）瑞湖　孫皓這一次收兵，好歹的又挨過六年，還是不住的搜求祥瑞，於是就有那甘爲應聲虫的獻媚於孫皓說：『臨平湖從漢末時就穢塞的，按着老年人相傳的話，說是湖塞天下就必要亂的，湖開天下就必要太平的。近來該湖竟無故自開了，所以天下必是要太平的，陛下也必要張着靑蓋上洛陽去作天子了。』孫皓聽了這一席滿心滿意的話，自然喜不自勝。另外還有一個民人掘地得了一只銀尺，尺上刻着文字，遂將尺獻給了孫皓，他就以爲這是上天所特賜的寶物，因此就將年號改爲天冊。當臨平湖開時，有人又獻給孫皓一塊小石，上面刻着『皇帝』二字，他又以爲是自己命該登皇帝位，所以又將年號改爲天璽。當年八月間，有一位歷陽（今安徽和縣）的官長又上書說是歷陽山的石印封發了，世俗相傳每逢石印封發，是主着太平的。孫皓於是又改年號爲天紀。

其實這些巧於湊合的舉動，原是騙小兒的伎倆，不料一位堂堂吳國的君，也覺迷信起來了。所以有人批評當時吳國的君固然不務正道，連那滿朝的文武，連一個也沒有走正道的，因此不到四年，就被晉國的司馬炎滅了，這豈不是迷信祥瑞的結果麼？

（十三）靈芝。　我國古來就以芝草是主着祥瑞，即如當南北朝時，在北魏正始二年間，說是有芝草生於太極殿，滿朝文武就覺着是大吉利的事。幸虧有一位侍中名崔光的，特爲上表要破除衆人的迷信，表上略略的說道：『菌（芝類）本是爲氣所蒸纔發生的，當生在墟落濕穢的地方，不當生在殿堂高華的地方，今既生在太極殿中，本是反乎常道，又有甚麼可賀的呢？況且西南二方多有兵革，京城四圍又有大旱，當此民勞物悴之時，應當多方承天育民，國祚方能久遠，豈當在一棵芝草上關心呢？』

崔光能如此藉眼前的災象，警告當時的人君，使他離開迷信芝草的祥瑞，專在國政上勤謹，可稱爲知所當務的了。

芝草又名靈芝也叫紫芝，多寄生於已枯的樹木，形狀如菌蓋，之上面深黑色，有似雲彩的紋，下面爲淺黑色，有細紋，柄爲赤紫色，堅硬光滑，有青黃紅白黑紫六色的不同。關於芝的迷信，也是更僕難數，今略舉一二如左：

芝山　漢武帝到東萊（今山東掖縣）迎神仙時，曾於其地得到一本芝草，因此名該地的山爲芝山。其實神仙既未得着，所得的芝草也不過是一棵野荊棘罷了，那有甚麼芝草呢？

芝歌　漢武帝元封二年夏六月，甘泉宮內產生芝草九莖，還帶着葉子，因此作成芝房之歌，以爲郊祀天地歌詞的一種。按菌類獨生者少，叢生者多，往往數十本叢生一處，當時甘泉宮想必極爲潮濕，而有朽木。詠爲歌詞，郊祀上天，恐怕上天不去作理會哩。

（十四）瑞雪　偏是諂媚的人偏迷信祥瑞。即如武則天時有一位叫蘇味道的宰相，他常說辦事不當明白，但摸稜持其兩端就可以了；所以當時人稱他是蘇摸稜。有一年三月間下了一場大雪，這本是陰陽反常的事，但是蘇摸稜偏要以爲是祥瑞，所以他就率領着百官上朝慶賀，將這祥瑞的事歸到毒夫人武則天身上。幸虧殿中有一個正直的侍御史王求禮奏告說：三月是陽氣發動，草木向榮的時候，竟是寒雪爲災，怎能算是祥瑞呢？凡來慶賀的都是些諂佞之徒。武則天聽了，也就無聲無臭的不受賀了。當時還有人來獻三隻蹄的牛，蘇摸稜又來慶賀，守禮又說：凡物反常卽爲妖，這隻三隻蹄的牛乃是三公任用非人政敎不行的現象，又有甚麼可賀的呢？武則天聽了，不覺吃了一驚。

（十五）瑞雲• 依違祥瑞之間的。當唐文宗時，有一個直臣名杜悰。當時鎭守鳳翔，（今陝西鳳翔縣）正遇着文宗下詔沙太僧尼。可巧岐山上有五色雲出見，鄰近法門寺，俗傳該寺藏有佛的指頭骨，所以社會上都說五色雲是佛的指頭骨所降的祥瑞，也就是因爲要沙汰僧尼，所以佛特爲顯靈的。旣有這種謠言，當時有一位監軍官就要奏請朝廷收回成命；但是杜悰說：雲物變色，那有一定的呢，這不過偶然的事。後來在鳳翔又獲了一隻白兔子，監軍又以爲是祥瑞，又要奏告朝廷；但是杜悰又說：野獸還未馴良時，不可獻上朝廷，不如暫且豢養着。不料養了十來天就死了，監軍心中大大不快，以爲是失了獻瑞的良機。後來杜悰遷官，代替的是鄭注，這個人却是甚信祥瑞的，前後接連奏告，說是有紫雲出見，又獻上白雉。不料當年竟有甘露之變。（詳甘露條）

（十六）瑞物• 以後杜悰掌理度支，又有獻騶虞的，俗傳這是一種仁獸，白虎黑文，尾比身子還長，足不踐生草，祇吃自死的獸肉；凡人君賢明纔出世，當時獻者也是以文宗為聖主，百官們也都稱贊是盛世的兆頭。但是文宗却不以為然，遂向杜悰說：『鄭注一類的人，都是藉着祥瑞希冀非分，乃知瑞物並非國家之慶。卿前在鳳翔不奏白兔，眞算有先覺的。』杜悰也脫不掉迷信的口氣說：『從前伏羲因河出圖以畫八卦，大禹因洛出書以叙九疇，都是於人有益，甚足高尚的；至於這些禽獸草木的祥瑞，不論何時都能得遇見，但願陛下專以百姓富安為國慶，就滿可以的了。』

就杜悰的舉動看來，未嘗不是可人，可惜他還以河出圖洛出書是眞的，是瑞祥的，他不說禽獸草木的變換不關祥瑞，他祇說這些祥瑞太多，不勝慶賀，最好還是以百姓富安為念。他這樣的措詞，想必在當時是最切合時勢的，可是並不能通行於又一世紀了。

造反的迷信祥瑞，那位閙唐德宗於奉天（在陝西乾縣）在長安稱帝，國號大秦，後為其部下所殺的朱泚，當他為隴右節度使時，曾貢獻貓鼠同乳的事，以為這是最大的祥瑞。當時文武百官，沒有不趨朝慶賀的，惟獨有一個中書舍人名崔祐甫的不去朝賀，並說道：『物反常為妖，貓本當捕鼠，今竟同乳，足見是妖事；現在亟當戒飭不察飭邊吏，不禦寇的官吏，那纔算是正當辦法。』這話算是說得有理了。

（十七）卿雲歌　當虞舜在位十四年，有景星出，卿雲現；帝舜乃作歌說：『卿雲爛兮，糺縵縵兮，日月光華，旦復旦兮。』這是以景星卿雲爲祥瑞的開端。

（十八）瑞雨頌　按南史所記，梁大同年間。（紀元後五三五年）常驟然下雨，皇帝的殿前，往往出現雜色的寶珠，有一位名虞寄的官，於是上瑞雨頌；這也是諂媚人君的文字。

（十九）瑞石壇　據地理志上說：『唐高祖李淵在北都得獲一塊石頭，說是稱爲瑞石；石上有字說：『李氏萬吉。』李淵於是特爲築成一座高壇，將石頭恭恭敬敬的放在壇上，另外宰殺了一隻牛，虔虔誠誠的加以祭祀。』這塊石頭不知是誰刻上的字，去哄騙李淵，可惜那隻牛是倒運了。魏略上說：『梁州（今陝西南鄭縣）柳谷有石，無故自開，有文如馬牛之狀，據說是司馬氏得天下的瑞應。』其實卽使石中顯出牛馬形狀，與司馬懿家有甚麼關係呢？想必司馬氏欲篡曹家，特以石上牛馬爲藉口罷了。

柳谷之石，是司馬氏的瑞石，卻是曹家的妖石；而曹家也偏有他的瑞石，卽如拾遺記上說：『泰山下有連理文石，高十二丈，魏明帝（曹操孫子名叡）時，雨石稍微蕀近，如同雙闕；土石本是陰類，就是應魏家的土德。』

（二十）玉甕　據宋志說：『玉甕不用往裏注水，水是常滿的，但是必須人君清廉纔出現。』此種玉甕，連一回也沒出現，想必人君連一個清廉的也沒有。

（二十一）神爵　當漢宣帝十三年時，（紀元後六一年）皇帝出幸河東，在那裏祭祀后土神，忽有神雀飛來。甚麼是神雀呢？據漢書說：乃是鶡鶉的一種，又稱顯鳥，喉是黃色，頸是白色，脊梁是黑色，腹上有斑文，也是古人所說的鸞鳥。宣帝得到這一個鳥，以爲天降的瑞祥，於是將年號元康改爲神爵。其實遇見一隻沒尾把的鶡鶉，也要以爲祥瑞，眞可謂無意識的舉動。

（二十二）瑞麥　宋朝皇祐三年，（紀元後一〇五一年）有四川彭山縣上瑞麥圖，一莖有五穗者共數十本。宋仁宗以爲是眞祥瑞，一見了麥圖，不覺龍顏大喜道：『朕近來禁止四方不要獻祥瑞，可是這一次四川所獻的麥秀圖，總稱得起是眞祥瑞了。』其實植物的變化，原有不同，又何關乎宋家的天下呢？

（二十三）嘉禾　五穀長在田中，本來有其自然的變化，初不關於甚麼祥瑞；但是我國自古以來，如若遇見五穀的莖葉穗實，有甚麼異乎常度，便卽以爲是神靈特降的福祉，於是稱爲嘉禾；還有並無所謂嘉禾而私自造作嘉禾以惑人的，更是嘉而不嘉了。此等祥瑞幾於無代蔑有，今錄一二則，以見社會的迷信。周書上記載：周成王時，唐叔得到一枝嘉禾，根是長在兩塊地裏，梢是連成一塊的。既得到這枝嘉禾，因此將周公從東方召回來，周公這纔作了一篇嘉禾章。當晉朝時，也有以下的說法：說是夏朝時的嘉禾，是根莖不同而禾梢相同；商朝時則根莖相同，秀穗不同；周朝時則三枝禾梢同秀一穗。至於那些別的說法，則更是無稽之談了。民國成立，國家制定嘉禾章，頒給有勳勞於國家及有功績於學問及事業者；又頒嘉祥章予捐資興學者，章上背繪嘉禾圖樣，錢幣上亦然，俱是重農的意思，並不與祥瑞有絲毫關係。

（二十四）華蓋　華蓋就是帝王出行所張的傘，據崔豹古今註上說：『第一個作華蓋的是黃帝，黃帝因為當時他與蚩尤在涿鹿（今直隸涿鹿縣）打起仗來，常有五色雲帶着金枝玉葉，張蓋在黃帝的軍營之上，就如開的花葩一般；黃帝要迎合上天的眷顧，於是也用布帛作成傘的式樣。』及到後來，不但為君的要張華蓋，卽便小小的一個官吏也要於公出時張蓋先行。另外對於沽名釣譽的官吏，更要送給他萬民傘，但不知能不能有合於上帝的意旨啊；況且五色雲張蓋黃帝，又是臆造的呢？

（二十五）金芝　芝草本是菌屬，俗稱為木耳，又稱為窩窩傘，多生於溫暖潮濕的地方，或是朽爛的木頭上，或是陳舊的屋梁上，原無關乎甚麼祥瑞。可是自古以來，歷史上關於芝的記載，是不勝枚舉的。以為靈芝之一生，終究可以影響國運的久長；其實此種迷信是甚無謂的。即如當漢宣帝元康四年，及神爵元年，均曾下詔說是有帶有金色的芝九莖，產於涵德殿的銅池中；於是羣臣都朝賀是宣帝的德所感應的；宣帝這纔心滿意足了。這樣的粉飾太平，與宋真宗得天書並沒有甚麼兩樣，同屬欺人之舉。

（二十六）甘露　古人迷信天下太平，則降甘露。至於要問甘露是甚麼樣子呢？據瑞應圖上說：『甘露是美露凝結如脂，甘甜如糖，氣味如蜜，狀如細雪，名為膏露，又名天酒。』再問又甚麼用處呢？據莊子說：『姑射（或說山西平陽城西）之山有神人，不吃五穀，只吸風飲露。』莊子說這樣的話，他的哲學也無甚價值了。洞冥記說：『東方朔得到吉雲的甘露，獻給漢武帝，武帝徧賜羣臣，凡得嘗者，年老的變成少年顏色，有疾病的也都得痊愈。』劉向說苑上則謂：『桑君出懷中藥，扁鵲飲以上池之水，上池水就是未至地的露水。』天寶遺事說：『楊貴妃因為夜間飲酒過度，覺着肺部發熱，於是天還未明去游後花苑，吸花間露以潤肺。』這樣說來，甘露不過是現今所用的汽水，或是嗬蘭水，或是花露水而已。再問是誰迷信甘露呢？漢宣帝因為甘露降於未央宮，故改年號爲甘露;曹操的孫子曹髦,孫權的孫子孫皓,晉時十六國的前秦苻堅,五代後唐時的遼東丹培,也都曾以甘露爲年號。至於唐文宗時,則因爲迷信甘露,弄的宮中喋血;當時宦官弄權,宰相李訓就要效法袁紹於漢獻帝大誅宦官的故事,假託着宮中石榴樹上降有甘露,嘱介宦官都去開開眼界;不料到時,沒見甘露,只見刀兵無數,於是相率奔出,只戮了十幾個;但是宮中宦官也是很多,竟都反戈相向,宰相李訓等反倒被宦官們殺了。這就是史記上所說的甘露之變;凡以甘露爲年號,妝點門面,都可作如此觀。又有因甘露降而得爲官者,即如漢時百里嵩爲濟南相,郡中有甘露降,漢安帝因爲是百里嵩所致的祥瑞,所以拜爲大鴻臚。(外交總長)

統以上祥瑞看來,十之八九是假着瑞祥愚弄小民,也就是祕密宗教的起源,與神道設教的政策;原其心蹟乃是不可問聞的。他們費上心計,恐嚇愚民,總稱得起最爲乖覺;至於那些下愚不移的,則眞認禽獸木石爲一己的瑞物,至死不悟,說來倒也可惜。

(二十七)瑞蛇・

陳鼎蛇譜上說:『越裳氏國(在安南南部)有百樂蛇,每當春日融和時,則聚鳴草中,或作絲竹聲,或作金石聲,或爲鼓鑼,喇叭,簫管,琵琶,大鴉聲,所以稱爲百樂蛇。國人聽其聲,置酒相賀,說是必有豐年,稱爲瑞蛇。』古人迷信草虫,敬拜蛇虫的心理,一何可笑!豈有長虫能知豐歉的呢?

(二十八)黃河清　黃河發源於青海，攜帶沙泥而下。上流水勢湍激，過山西水勢緩慢，故泥沙沿途淤積，河道屢改，水患常作，自古以來，未曾清過一次。左傳上說:『俟河之清，人壽幾何。』可見並未清的了。但是拾遺記上偏說:『黃河千年一清，乃是聖人的大瑞。』魏李康運命論上也說:『黃河清而聖人生。』易乾鑿度上說:『天降嘉應，河水先清三日，清變爲白，白變爲赤，赤變爲玄，玄變爲黃，各三日。』當北齊時(紀元後五七二年)乃是高洋受北魏的禪而有天下，以鄴(今河南安陽縣)爲京城，奄有華北各省之地，國號本是太寧，不料夏天四月，忽有人傳說黃河內的水清了。齊主以爲是國家的大祥瑞，特遣派使者到山東去將黃河祭祀，並且改元河清。其實北齊二十八年間換了五個皇帝，隨即爲北周宇文邕所滅。這樣看來，河清那有甚麼祥瑞呢?再說雖然說是河清，其實河原來未嘗清，不過是奸人造作出來以惑世罷了。此外當漢桓帝延禧九年，(紀元後一六六年)，史記上也載着清過一次，到北齊時僅有四百零九年，這二次俱是當着國家將亡的時代，這是一不主祥瑞，二相隔祇四百年，所以千年一清的話是靠不住的。可惜現在這種迷信，還是存留於人的心坎中，即如民國十一年兩湖巡閱使吳子玉做五十壽辰時，各地官僚紛紛致祝，麗何頌詞，琳琅滿目，但是最令吳將軍叫絕的，乃是某軍官的祝文：『黃河千年一淸，泰山五嶽之首。』亦可見人心理的如何了。

叁　妖異

（一）龍涎　妖異是祥瑞的對稱，國家以無謂之事爲祥瑞，固然是失於迷信；如若再以無謂之事爲妖異，其弊害正復相等。即如史記論到褒姒與周幽王的事，就是如此。按史記上說：『當夏桀時（紀元前一八一八年）有兩條神龍，降在殿庭之中，張口大言道：『我等是褒（今陝西）地的兩個君。』夏桀以爲這總是一種妖孽，但是却不知如何下手對待，於是先占卜是殺了呢？或是除去呢？或是留住呢？可巧都沒得有吉兆。又占卜請將神龍的涎沫藏留罷，果然得了大吉。因此用些布幣將龍祭告，龍纔亡去，祇不過將龍涎收在櫝中存儲就是了。後來夏桀被成湯所滅，改國號爲商，經過了六百四十四年，又爲武王所滅，改國號爲周，又傳了三百餘年，纔是周厲王，那個盛龍涎的櫝，到底未敢開啓一次。厲王發出好奇的心，偏偏要看這將近千年的箱子中到底是盛的甚麽怪物，於是吩咐將箱子打開。不料那些龍涎竟從箱中流到殿庭的地上，厲王於是使宮女們一齊赤着身子加以呪罵，以爲這樣作弄，無論甚麽妖異也就能以袪除了。誰知那龍涎竟自變成一個大黿，蠕蠕的爬到王宮以內，可巧後宮中有一個宮女，無意中竟至腳下與黿相觸，及到十五歲時，遂懷了娠。宮女以爲無故懷孕，必是最爲不祥，於是將所生的女兒棄到郊外去了。到宣王時，（厲王子）忽然發生一種童謠，說是：『檿弧箕服，實亡周國。』意思是說『弓幹木弓與編箭囊的，其實是以使周國滅亡。』宣王聽到此種歌謠，就天天加以訪察，可巧有一天看見有夫婦二人賣這種器物，於是吩咐人捉了來，聽候誅戮。幸虧夜間湊了一個空，他夫婦又逃出來了，正遇見宮女所棄的女兒在郊野啼哭，於是他二人就把女兒拾起來，包了包奔往褒地逃命去了。這個被棄的女孩，後來長成一個出色的一品人物，就是所說的褒姒，後來褒人有犯罪的，被幽王（厲王孫）幽閉在監，於是請願將美人獻上贖罪。幽王既得褒姒以後，如獲至寶，褒姒也拿出蠱惑的手段，這纔弄的幽王失了國，所以史稱褒姒實是一個最大妖孽。』

此種神話，居然當正史讀，以爲幽王失國罪不在他的身上，乃是因爲千年前已經命定的妖異所作弄的，未免過於不負責任了。此等神話，祇可當作傳奇看，並不可信是關於國家的興衰。若是治國的不在政治上講求修明，只去談些凶妖的事，這豈不是失了人君的體統麼？自從周朝起，歷代的君臣，遇見國事不可收拾，多半委之於大數，也就是跟着周幽王學來的成套，豈不知人力可以勝天，即使真有妖異，也是邪不壓正，又焉能擾弄國家的興衰呢？無非俱是人先離開正路，以致引起妖異來侵襲便了；凡光明正大的，必不迷信妖異。

（二）龍• 至於要論到龍的來歷，我國古時就以龍為神奇之物，而凡以龍為國徽，以發祥之地為龍脈，凡真得着龍的，就可貴為天子。每逢在國事擾攘無人主持時，就說得不到真龍天子。天子的座位也稱龍墩；天子的衣服則稱龍袍；錢幣上則有龍紋；遊戲上則有龍燈；似乎是鑿鑿可據的一種神物。然而現在科學昌明時代，則此種說法，絕對的難以證實。再察此種迷信，不獨我國如此，即如古時希臘羅馬印度也無不如此，現在英文的 Dragon 就是指着一種怪物說的。推究古時是與草木同居，就必要畏怕長虫。習慣自然，所以就稱大長虫為龍，且以他為神物。在古時也有以驅龍為英雄的，即如呂覽上說：『大禹遇見黃龍，龍即縮耳掉尾而逃。』水經註上也說：「澹臺子羽鄉退皆入水斬蛟。」似乎龍又是為人所制。

俗傳龍能伸能屈，能大能小，但是說文上則說：『龍能大能小，能伸能屈的話，全是不可憑的。』左傳上則又有豢龍氏御龍氏的記載。既然能豢能御，那就不算是神物，也只算如同現今豢蛇玩蛇是一樣的事業。俗傳龍能興雲致雨，但是說文上則說龍蛟一類的東西，不能說是沒有，至於說他能興雲致雨，則不過是郢書燕說就是了。蛇之一種爲蟒，晉時的郭璞說：『蟒蛇最大。』山海經上說：『巴蛇吞象。』巴就是指着蟒說的。現在印度非洲等地，都有此種大蛇，有的長六十尺，能吃獅子；從知人心不足蛇吞象的話，並不是虛說的。古有此種碩大無朋的蛇，當然驚爲怪物，所以就稱爲神龍。

蛇本是無足的，但是就我國歷來所畫龍的圖像說，則有四足，他的形像則與鱷魚相彷彿。再按我國俗傳的人生十二肖說，印度亦有此種說法，凡子鼠丑牛寅虎卯兔等，都與我國相同。但是我國則說辰龍，而印度則說辰鱷，這就見出古時的龍就是現今的鱷。鱷的本體如同蜥蜴，在宋史程顥傳上載着：茅山（在江蘇句容縣）有池產龍，如同蜥蜴，而成五色，當時居民都恭恭敬敬的供奉，不敢怠慢，程顥曾捕過一條。現在蜥蜴中也有一種能呈五色，不過五色隨時變換，不是是於一時；程顥當時所捕的，必是此種蜥蜴，不過愚民因其五色常變，乃呼爲龍，不敢怠慢。淮南子上也說：『大禹過見有黃龍夾舟，看了看正與蝦蜓（即壁虎）相似。』從此可知龍就是大壁虎；而且龍的圖像，帶有四足，壁虎也有四足，足證龍與壁虎是一類的東西。況且再就韓愈祭鱷魚文看來，又是以鱷魚爲神物的明證。至於當周朝時，有龍涎化爲大黿，大黿又感了宮女，宮女又生了褒姒，褒姒又迷了周幽王這些事，最好是不去迷信他總是。

還有論到乘龍乘鳳的話更是不足爲信。即如神仙傳上說是簫史得了道，好愛吹簫，秦穆公因將親生的女兒弄玉嫁給他；以後弄玉乘着鳳，簫史乘着龍，都飛上天去了。易經上並有『時乘六龍以御天』，『飛龍在天，大人造也』，等類的話，則是形容帝王。

世俗迷信龍能爲禍，所以對於龍不得不掬誠膜拜，龍王廟差不多各地都有，在靠近江海之地，則求龍不發水災，在靠近山陵之地，則求龍多降雨露，所以別的廟宇中香火有時衰落，惟獨龍王廟中的香火是四時不斷。凡各地的井泉旁，必有一座小龍王廟，也是以爲泉水是龍王發來的。

關於龍的遺傳本來甚多，今略引數則，以見荒誕不足爲訓。管子上說：『龍被五色而遊，欲小則如蠶蠋，欲大則涵天地，欲上則凌雲，欲下則伏泉。』述異記上說：『漢孝和時大雨，有一青龍墮於宮中，帝命加以烹調，分賜羣臣一杯羹。』忽而敬而爲神，忽而加以烹調，龍若真爲神奇，恐怕不能如此老實罷。河圖上說：『舜以太尉（陸軍總長）受堯禪，與三公觀於河上，忽有黃龍五采負圖出置舜前。』這也難怪後人批評河出圖洛出書都是古人神道設教愚民的政策。呂覽上說：『大禹南巡，有黃龍負舟，禹說：我是受命於天，竭力以養人，何怕龍呢？』龍掉尾而去了。若是真龍恐怕未必這樣的聽說。左傳上說：『鄭國大水，有龍鬪於時門之外，國人請將龍拜祭，子產不許，說是我鬪龍不見，龍鬪我亦不見，我無求於龍，龍亦無求於我，何必去禱祝他。』子產能如此主持正論，無怪乎大得孔子的贊許。異苑上說：『晉朝的名士陶侃，有一次在澤中釣魚，無意中得到一個織布的梭，他就帶回家中，掛在壁上，不到五分鐘，忽然雷雨陡作，梭變為龍，從屋上騰躍而去。』如果如此，陶侃必為雷震死，後來就不能再為廣州刺史，運百甓習勤勞，惜分陰，以及拜征西大將軍，都督荊襄軍事了。莊子上說：『孔子見老聃回來，三天不談話，弟子們都以為怪，問是甚麼緣故。孔子說：我今次乃得見龍了。龍是合而成體，散而成章，乘一雲氣，養乎陰陽。』這是形容老子所說的道，令人不可捉摸，如同龍不可靠近一樣。古時以龍為年號者，也是為數甚夥；即如東漢時公孫述，東晉時後趙侯子光，宋時趙諗，均曾以龍興為年號。十六國後涼呂光，明時廣州賊張璉，均稱龍飛，漢宣帝以黃龍；五代時閩王延均以龍啟；魏明帝，後趙石鑒，後燕蘭汗均以青龍；唐高宗以龍朔；東晉時夏赫連勃勃則以龍昇；武則天則以神龍；梁末帝則以龍德；元末韓林兒以龍鳳；唐昭宗及唐時秦宗權則以龍紀；均是取龍的吉利。其實漢武帝以前未有年號，難道夏商周三代，都是無故而興麼？再察凡以龍字為年號的，不是享國不長，就是得國不正，可見凡外派人纔迷信龍哩。至於天子所乘的舟爲龍舟，所睡的牀爲龍牀，所坐的椅爲龍墩，所穿的衣爲龍袍，或爲龍袞，所用的旗爲龍旗，所乘的輿爲龍輿，所鑄的錢爲龍錢，所生的面貌爲龍顏，所行的步爲龍行，死爲龍馭上賓；這都是古時一般奸慝所自造之專名詞，以轄制人者。再江蘇浙江有一種風俗，均以陰曆五月二十日爲分龍日，所以當五六月間雷雨盛行時，雲彩多蜿蜒屈伸，變化無常，有形似尾墜地者，則稱爲龍掛。岳州有一種風俗，則以五月十三日爲龍生日，說是該日種竹，長的暢茂。天寶遺事上記載：『王元寶家有一把皮扇子，製作的甚是粗陋，每當伏天宴客，將扇置在座上，涼風習習而生，座客無不覺寒；唐明皇索來一看，方知是龍皮做的，所以叫龍皮扇。』這樣說來，比現在流行的電扇還有效哩。易經上說：『龍戰於野，其血玄黃。』總起來說，關於龍的迷信是不勝逃說的，現在雖取銷龍幣龍旗龍床等等稱呼，然而關於地名者則山東有龍口，河南直隸山西四川廣東東三省則均有龍門山，又或是龍門縣，龍門鎮的名目；此外又有龍泉龍首龍遊龍城龍南龍陵龍洞龍華龍場龍陽龍游龍勝龍溪龍剛龍潭龍領龍關龍灣龍州龍江等等地名，都是傳之上古；現在若要破迷，最好是將這些名稱另換一換。

(三)蛇。 古時還有以蛇爲妖的，即如秦文公時，夢見有一條黃蛇從天上下到地上，他的口是止於鄜（今陝西）的山陵間。文公以爲不祥，就問史官敦。敦回答說：『這是上帝的徵象，君務必要加以祭司。』文公於是用豬牛羊三牲去親自祭司白帝。

從來說：『畫人最難，畫鬼最易。』意思就是鬼是可隨便畫的，無論怎麼畫，也必能活像，因爲鬼原是看不見的，所以畫出來以後沒人能指責不對。文公這一次夢見黃蛇，史官敦說是上帝的徵像，未免是褻瀆上帝到了極處。因爲上帝自有他的威嚴，又焉能化身黃蛇顯現於文公夢中呢？在敦的意思，以爲不去祭司上帝，就要見怪，眞是小看上帝，以爲上帝是與人一般見識了。

（四）火牛　古時有假托怪異以破敵者：即如當周赧王時，（紀元前二八四年）燕國（今直隸）的大將樂毅，呼吸之間，攻破齊國（今山東）七十餘城，只賸了莒（今莒縣）即墨（距青島約八十里）未攻下。當時守即墨的爲田單，就要利用怪異以破燕兵。他的法子是令城中居民每逢吃飯時必須在院中擺設下祭祀祖宗的品物，並且任憑空中的飛鳥落下啄食。當時雀鳥因爲兵禍，俱是無法打食，所以就都爭着飛來啄食。城外的燕兵看見此種現象，就都起了疑心，從來說：『疑心生暗鬼。』所以燕兵就想到城中必是有甚麼神鬼相助，因此也不敢出力的攻打。田單既是擾惑了燕兵的心，還趁着這個機會，要振刷城內人的精神，於是宣言道：『當有神師下降，教導我們如何對敵，我們一定可以打敗燕兵』。湊巧有一個懂事的小卒，會悟過田單假借神力的意思，因此就忽地變了常態，口出神話，真如同是神靈降在他身上似的。田單於是將小卒奉到上位，凡事必稟命而行，城中的人都被他瞞過，這纔大起膽來了。這時燕兵既信是有神靈護擁城內，不敢攻打，而城內則真覺着是有神靈佑助，偏要反攻；田單於是搜羅一千多牛，都給他佩上紅色衣，畫上五彩的龍文，牛角上縛上短刀利刃，又將蘆葦縛在牛尾上，再灌上脂油，以便引火。樣樣備辦齊全，於是鑿開城牆，放牛出城，另有壯士五千人隨後掩殺。火牛既然出城，燕兵不知是從那裏來的神兵天將，一時手脚忙亂，爭先敗奔，七十餘城又爲齊國所得了。

推究此事的原委，燕兵就是吃了迷信妖異的虧；設若不信妖異，任憑田單如何擺弄，他亦不信，又焉能呼吸之間將七十餘城重新再失去呢？從來說：『兵不厭詐』。田單可說是得了用詐的祕訣了。

(五)邯鄲姬　又有假托妖異以實行其奸謀者，即如秦始皇的母親，就是呂不韋的那位邯鄲姬，因爲與嫪毐私通，甚恐怕一旦事覺被誅，所以就打算離開秦始皇的眼，這纔假托着宮中有妖，不便居住，於是就遷到另一地居住，在那裏連生了二子。後來果然被人告發了，於是車裂了嫪毐，並又夷了他的三族，將生的二子也撲殺了；並將太后遷到雍地。這樣看來，何嘗有妖，無非奸人造作出來以便其私圖罷了；現今如有人說是某地甚家有妖，盡可作如此觀。

（六）山鬼　秦始皇的母親假托妖異以售其奸，自然是自作孽不可活的了；然而始皇晚年，也曾自己遇見妖異。史記上說：『始皇三十六年秋天，有使者從華陰平舒道上過，不料有人持着璧，遮着路，不讓使者過去，口中說道：『明年祖龍（即始皇）死。』將璧置下，隨即倏忽不見了。使者將璧拾起，並將遇見的事，都稟告始皇；始皇默然良久說：『山鬼不過祇能知一年的事就是了。』及到明年，始皇又東巡，不料回到沙邱（直隸平鄉縣）就崩逝了。據說這就是應了山鬼所說的明年祖龍死的話。』

秦始皇雖然英武一世，卻是脫不掉迷信山鬼的事；其實山何嘗有鬼，他又何嘗能知一年的事，使者又何嘗遇見山鬼，無非俱是後人深惡秦政就是了。

（七）湘君　當始皇南巡到湖南洞庭湖時，湖中的山上有一座湘山祠，就是堯的二女舜的二妻祠。起初因為舜南巡，崩於蒼梧，（今湖南甯遠縣）二妻追之不及，竟是溺在湘水中死了。後人在那裏為他們立了一座廟，按時致祭，就是世所稱的湘君。這一次始皇又遊到那裏，不料遇見大風，竟是渡不過去，他就以爲這必是當地的神靈有意與他爲難，因此問道左右的人說：「湘君到底是個甚麼神？」左右答道：「就是堯的女兒舜的妻子啊。」始皇聽了，勃然大怒，想道死鬼焉敢故意弄風作浪，使我不得安渡，於是吩咐將山上的樹木盡給他砍伐了，表示懲戒的意思。

坐船遇見風浪，乃是習見的事，並不關乎神靈作怪，始皇虛心生暗鬼，竟朝着不言不語的湘君發洩怒氣，可算是不武之甚。況且既能加懲戒於神，則難乎其爲神了。始皇既是自以爲勝於神，爲甚麼又求着成爲下於神的仙呢？反反覆覆，可謂天奪其魄了。

（八）**斬蛇** 漢高祖劉邦，本爲秦家的泗上亭長；當始皇崩逝以後，各地皆送徒役到驪山（在今陝西西安）爲始皇營作工役，劉邦當時率領若干徒役，也要到驪山去，不料路上逃走了不少，計算到驪山時，連一個也不能勝。劉邦於是對餘下的徒役說：「你們可都逃去罷，我也要逃走了。」可巧徒役中有十餘個壯士，情願跟着劉邦一同逃去。他們商議停當，乘着夜間就開步走了。那一夜劉邦喝的醉醺醺的，從一條小路過一處窪下的水潭，不料有一條大蛇橫在小路之上，劉邦乘着酒興，拔出劍來，將蛇斬爲兩段。誰知忽然有一個老太婆，涕泗交流的哭道：「我的兒子是白帝子，今竟爲赤帝子所殺了。」於是倏忽就不見了。

一條大長虫算得是甚麼白帝子，況且再假托是出諸一個老太婆的口，難道這位老太婆是白帝的妻麼？白帝子既爲赤帝子所殺白帝又焉能甘休呢？黑帝黃帝又焉能袖手旁觀呢？那麼這不同色的五帝豈不要互相攙伐麼？所以這段神話，還是劉邦假托老太婆的口說他是赤帝子，以便壓服當時人心的迷藥。

(九)蒼犬　漢高祖崩逝之後，他的皇后呂氏鴆殺趙王如意，斷戚姬手足，多行不道之事。後來有一次是三月上巳日到外面的水邊去祓除不祥，及到返回時，路上恍恍忽忽的好似見有一物，如同蒼犬，來夾持於肘腋之間。呂氏就吃了一驚，以爲不但沒曾將不祥祓除，反倒招來妖物了。回宮以後，占卜了一回，占出是趙王如意爲祟，從此在肋條上就生了惡病，以致於死。

呂后多行不義，心緒已經錯亂，惡病惡痞，就必乘間而發。他也覺着鴆殺皇子是罪大惡極，心頭上必是作嘔的，平日居於宮中，就必疑爲不祥，既到外面祓除，就更要見神見鬼了。所以按理說來，趙王如意必不能變成蒼犬，且不能來爲祟，全是呂后自己作惡自斃就是了。

(十)頑石僵柳　古人每逢遇有不常經見的事，則必以爲是主着祥瑞，或是主着妖異；即如漢昭帝(武帝子)初立時，年纔九歲，有大將軍霍光輔政。當時相傳泰山上有一塊大石，自行起立；上林苑中也有一棵僵柳，自行起生；另有蟲子食柳葉，食成『公孫病已立……』等字。所以就有一個名眭弘的上書說是大石自立，僵柳復起，乃是表示有匹夫爲天子，所以當訪求賢人，禪以天子位，以順天命。昭帝看到這書，那能不怒，所以立刻將眭弘治成妖言惑衆的罪，隨即處決了。其實大石起立，乃是山川常有的變動；僵柳復起，也是植物常有的改換，此種動植物的現象，並不關於人事的消長。但是鑑史上偏要附會着說還有蟲食柳葉成『公孫病已立……』等字，這又是何等的虛僞呢？

（十一）霍光奪璽　當霍光輔政時，說是殿中常有妖怪出現，有一夜羣臣在殿議事，突然的自相驚擾。光因此召了管理符璽的來，向他討取符璽，要自行監管，但是那人不肯交出，光就要下手奪取，不料那人拔出劍來說道：『臣頭可斷，璽不可得。』光於是再也沒曾進行第二步的追求，並還加增那人的爵位。從該時以後，也再沒有甚麼怪出現了，其實原來起先也是沒有怪啊。

（十二）王宇灑血　妖異多半是人造作出來以嚇別人的，即如當王莽親政時，著意篡漢，殺戮異己，翦草皇族，爲所欲爲；但是他的長子王宇，却是大不贊成，按王莽素來對於祥瑞妖異是最爲迷信的，所以王宇約會許多人，打算藉着妖怪等事，加以警告，於是打發人夜間將血灑在莽的門上，說是他多行殺戮，鬼神必要降罰。不料作事不密，竟被官吏發覺了，莽因此大加震怒，除將兒子王宇誅殺外，另又掛連了數百人。就此事看來，王莽確是奸大惡極，罪不容誅；然而他兒子們僞造怪異，驚嚇老子，難道就能稱爲正人麼？一門之中，老小弄鬼，俱不是正人君子的舉動。

(十三)寄奴王者　還有自稱是勝過妖異，變爲祥瑞的，即如那位受晉朝禪位開創南北朝的宋主劉裕罷，他本是晉朝的太尉，(陸軍總長)可是包藏禍心，竟自廢了晉帝爲零陵王，並且派兵看守着。這種行徑，本是亂臣賊子的舉動，但是他偏偏造作出一段驚人的事實，來欺哄當時。說他當率兵攻伐荻新洲時，曾遇見一條大蛇，遂用箭把蛇射傷了。第二天又到荻新洲，忽然聽見有杵臼聲，仔細察看了一回，見有幾位使女在榛莽中搗藥。劉裕遂上前問道做的是甚麼事，使女們回答說：『我們的王被劉寄奴(劉裕的小名叫寄奴)射傷了，今特來搗藥醫治。』劉裕禁不住的問道：『爲甚麼不把劉寄奴殺了呢？』回答道：『寄奴是一個王啊，原是殺不得的！』劉裕這纔叱斥了他們幾句，遂即散去了。

鑑史上是這樣的記載，自然是從劉裕口中所傳出來的，不然誰人又能聽的這樣清楚呢？推想劉裕所以這樣的述說，原是一種欺人的政策，以爲他是能制服陰間的魔王，合該作一代的人王帝主，別人既然沒有此種本領，自然就不該胡思妄想了。

（十四）射妖被刺　可是到劉裕的後人子業時，卻就爲惡多端，不得其死了。當時子業荒淫無度，在他遊華林園竹林堂時，使宮人們赤體遊戲，有一個稍知羞恥的宮人，不肯脫衣，子業立時命令斬首。到了夜間，他就夢見有一個女子對面罵道：『暴虐的昏君，等不到明年麥熟，就要死去了。』子業醒來，召了一些能齋肅事神明的女巫男覡來，爲他禳除一番；一般巫覡都說竹林堂是有鬼的；子業於是撤除了侍衛的兵卒，祇留下些女巫以及綵女等，在竹林堂中射鬼。不料正在射鬼的時候，竟被一個名壽寂之的抽出刀來刺殺了。讀者試思子業是因爲暴虐無道而死的呢？還是因爲受妖異的鬼而死的呢？

（十五）臨平湖開　當南北朝時，陳霸先也付創造了有陳一代的天下，當時他是建都在建康，（今南京）及傳到他的子孫叔寶時，卻就失了原先的規模了。他是不修國政，只知一味的迷信妖異，只因爲他迷信妖異，所以妖異也就比較的格外多弄的，他心中也是格外的不舒服。妖異固然不祇是一種，今就當時素所迷信的臨平湖說罷。按俗所傳的，從漢末時，就爲物穢塞，所以天下大亂，每逢湖開，就要主着天下太平。當叔寶在位時，湖又忽然開了，似乎天下就當太平的，但是叔寶偏偏不看爲是祥瑞，卻倒看爲是妖異，心中就非常的作惡，他就想用一個人爲的方法，將此種妖異解除。所想的方法是甚麼呢？乃是將自己的身子賣到佛寺中爲奴，至於賣價是多少，那就不得而知。他這種辦法，以爲滿可將妖異鎮壓住了，從此可以垂拱而天下平了，其實所得的正是一個反面，因爲從那時以後，就有開創隋朝的楊堅，派兵攻打建康，叔寶無計可施，竟自跟從數十個宮女，一齊跳入深井中，後又被軍士用繩子引上來，這纔被楊堅擄去，獻於太廟，算是結果了他一世的事業。

從此看來，爲君的不修國政，雖然將自己賣到佛寺中，難道佛還能爲他施行甚麼法力麼？所以不但妖異不可信，卽便佛也不可佞，奈何我國現今竟出了不少佞佛的大人物呢？當然不是個好兆頭。

(十六)**鎮妖滅族** 古今來因迷信妖異而屈死的，也不在少數，卽如唐朝的劉文靜，卽是最顯著的一個。他本是唐高祖李淵的第一個功臣，又是第一個爲唐太宗李世民賞識的，材略功勳在唐初時並沒有一人能趕得上他。誰知到李淵登了天子位，竟是不大加任用，使他居在裴寂之下，所以他心中是甚抱不平的。此種境遇，在一個淡泊的人自然是安於天命，不懷觖望，可是劉文靜偏偏以為是懷才不遇。假如李淵能論功行賞，不存私心，也不至弄出賞罰不明的事來；誰知李淵又是個是非不明專於偏心的人，所以纔弄出妄殺功臣的事來。劉文靜因為心懷觖望，又抱着家中常有怪異的妖事，他的兄弟文起於是召了些女巫到家替他鎮壓鎮壓。湊巧文靜有一個失寵的妾，平日對於文靜就懷恨在心，這一次他就藉女巫鎮壓的事，誣告文靜是要謀反。他自己不便出頭，遂將此種計謀告訴了他的哥哥，他哥哥這纔奏告了李淵，所以弄得劉文靜就身首異處全家勦滅了。從來說：『最毒婦人心』，試思一個失寵的妾，竟敢為洩自己的悶氣，誣告良人謀反，這豈不是納妾的惡毒麼？況且再就事實說來，他家中那有甚麼妖，又何須召女巫到家鎮壓；劉文靜果能免除了迷信妖異，雖然遇見一個失寵的寃家，也必不至招來勦家的大禍啊；說到盡處還是吃了迷信奘妖的虧。

（十七）武則天　殘忍的多迷信妖；那一位殺戮唐家子孫，改唐家天下為周的淫后武則天是怎麼樣呢？他雖然是智珠在握，專寵後宮，然而他還是對於妖要退避三舍；試思妖的勢力，是亘等的可畏呢？其實何嘗是有妖呢？還是他自己虛心生暗鬼就是了。當時唐高宗將皇后王氏廢為庶人，立武氏為皇后，本是大不合理的反常舉動，不料羣臣百官們只為利祿，不顧氣節，不但不諫止高宗的胡爲，反倒在策立的時候共同去朝賀。當時高宗也祇知與武氏取樂，反將王皇后與蕭淑妃囚起來了。幸虧高宗還算是個不忘舊情的，所以當着閒暇無事，還走到囚所去探望探望。王皇后遂趁機哭哭涕涕的求告道：『至尊若念往昔的情腸，再能使妾等得見天日，那眞是萬幸的了！』高宗想起舊日的愛情，遂即安慰說：『可以放心，朕必有安排的！』不料這個消息傳到武氏耳中，於是醋心大發，連忙的差人將二人的手足砍掉，丟在酒甕中，並且惡恨恨的說：『介您兩個骨醉罷！』王皇后蕭淑妃遭遇這樣的慘禍，自然是有寃無處訴的，然而那恨毒的武氏還以爲是不出心頭之氣，直等他二人死了以後，又斬掉他們的首級。此種毒婦人，自然是天地不容的了，所以後來他就似乎屢次看見王皇后蕭淑妃的形影，故意的來與他作對，也故意的弄出些妖怪來驚嚇他。武氏雖然不能再乖覺，但是祇能殺生人，至於對於死鬼，却就無計可施了。三十六條妙計走爲上，他這纔不敢住在長安（唐朝定都長安）的故宮，就好像被逐出境的囚犯，奔到洛陽幽居起來了。

憑情說來，王蕭二氏，生既不能爲惡，死又何能爲祟，全是武氏作賊心虛，天良自責就是了。可見凡多行不義的，纔多遇見妖，至於行事光明的，他的心地是潔白的，他的精神是清朗的，他的步魂是穩妥的，又有甚麼可以為祟的呢？

（十八）蝗虫　蝗虫本是害虫的一種，因水旱不均而生的，為害不稼甚為殘酷，遇有發生，就該立地捕捉，但是古人往往迷信是上天特降的災害，凡捕捉的就是違逆上天，為害是越發要厲害的，所以就任其猖獗，以致弄成饑饉之年。此種災害無時無地能以免掉，皆因為迷信妖異，纔吃這樣的大虧。即如記載鑑史的，有唐玄宗開元三四年間（主後七一六年）山東蝗虫大起，民間都不敢捕，都焚香設祭，羅拜磕頭。有一位名姚崇的，偏要對於蝗虫大施捕殺，不料又有一個叫倪若水的說：『蝗虫乃是天災，當晉朝時，劉聰曾大加捕殺，誰知越捕越多，現在最好也是任其自然。』姚崇反駁說：『劉聰原是個僞主，他的德行是勝不過妖的，現在有聖主在上，妖是不能勝德的，而且古年間良好地方官，蝗虫必不入他的境界，所以還是捕殺為是。』又有一個叫盧懷愼的，則說：『殺的蝗虫太多，恐怕要傷和氣罷！』姚崇又辯駁說：『從前孫叔敖當為小孩子時，看見一條兩頭蛇，他聽說凡見兩頭蛇的必要快死，他既然已經看見，又恐怕別人再看見，所以就把蛇打死埋藏了。他回到家中，知道自己是要快死的，所以就不住的號咷大哭；他母親聽見，吃了一驚，亟亟的問他到底為的甚麼哭的這樣傷慟。他就一五一十的對母親說了，母親安慰他說：『我兒放心，你還是作了一件大有陰德的事，上天必定要報答你的，你萬不能死的！』後來果然沒死，到成人以後，還作了楚國的令尹。孫叔敖既然敢捕殺爲妖的兩頭蛇，現在我們難道不當捕殺爲害百姓的蝗虫麼？請趕緊捕殺，若是有禍，我自己甘心担當。』

試聽以上這段爲蝗虫起的爭論，是何等的無謂！捕殺只管捕殺罷了，又何必講到甚麼禍福上呢？況且又引出孫叔敖殺兩頭蛇的故事，就更見出捕蝗也是希望得福，不是專心除害的。所以他們無論是拜蝗，是捕蝗，均未脫除希冀陰福的心。

（十九）**安祿山**　作反的安祿山，幾乎傾倒唐室，他本是營州（今直隸昌黎縣）的雜胡，起初是叫阿犖山，他母親是胡種，後來另嫁給一個姓安的，（此人未知是胡種或是漢種，但據字面看，似乎是漢種，因爲漢種姓安的原是不少。）所以阿犖山也就冒稱安姓，並重新起名叫安祿山了。以後他本部落中都破散了，所以安祿山投到張守珪名下當兵，秉性狡猾，奸詐百出，善會揣測上司的意思，因此大得張守珪的信用，後來越遷越陞，就格外的有權位了。

當他爲營州都督時，有一次入朝，明皇寵待他比較的格外優厚，他因此欺騙奏告說：『上年秋天，營州地方發現了許多的害虫，當時臣焚香祝告說：臣若是操心不正，事君不忠，情願使虫來蝕臣的心；若是臣能以對付神明，那麼就請將虫驅散。不料剛剛祝告完了，立刻有一羣鳥從北方飛來，將虫吃盡了。請將這一段事實付史館通告天下。』明皇受了他這一番催眠術，竟分不出眞假來，深准了他的奏告；唐史上這纔留下了此種汚點。

第二年又派遣他去討伐契丹，他後來又奏告說：『臣討契丹，兵到北平郡，（即永平府今直隸盧龍縣）夢見先朝的舊將李靖李勣，（此二人是唐太宗的功臣，太宗曾圖其像於凌烟閣中凡圖功臣二十四人。）向臣求食，請爲他二人立廟，按時祭祀。』及到廟成以後，安祿山又奏告：『當祭奠的一天，廟梁上忽然產生靈芝。』

安祿山本是詭譎狡黠，造作虛假層出不窮，明皇所受他的愚弄，眞是不在少處；但是愛而不知其惡，因此祿山也就輕視朝廷，漸漸露出造反的形跡了。可惜昏眊的明皇還是不加防備，直至祿山兵到京師，這纔命駕幸蜀，誰知行到馬嵬坡前，（在陝西興平縣）兵士抗命，竟連寵妃楊貴妃也逼死了；試看祿山的手段辣不辣呢？推究他所以能逼得皇帝蒙塵，完全是以能降妖致瑞爲導火線。起先說他能焚香致鳥食盡害虫；隨後又說他夢見先朝名將，向他求食；末後又說祭享之日，廟梁產芝。此種詭譎的伎倆，本不值識者一笑；不料那喝了迷魂湯的唐明皇，竟都信以爲眞，特加寵幸，養成唐朝混亂之局。所以說到盡處，安祿山是造作妖祥的罪魁，唐明皇則爲迷信妖祥的罪魁；他兩個都不是光明磊落的。

（二十）陳平奇計　我國自古受北方胡人侵逼，其名稱在歷代也有變換；即如夏稱獯鬻，殷稱鬼方，周稱玁狁，又稱獫狁，秦漢爲匈奴，唐爲突厥，宋爲契丹，又稱女眞，明爲滿洲；而且胡人且創立元清二朝，統治中國，可是反倒爲中國所化，即如滿洲人入居直隸者，不但將滿洲文字全然忘記，而且連姓名也都隨從中國了，雖然如此，漢滿種族性總是不能融化。民國十一年，吳佩孚所以戰勝張作霖，原是得力於討張檄文的第一句：『國人苦胡虜久矣！』閒話少說，今再提到漢高祖爲匈奴圍在平城（今山西大同縣）七天的事能，幸虧美如冠玉人皆說他盜嫂的陳平，獻上了一條祕計，這纔突圍而出。是甚麽祕計呢？乃是將一幅美女畫，遣人暗暗的送給匈奴的閼氏，（這是滿洲話，意思就是皇后。）說是若不解圍，高祖就要將此美女送給單于，（這也是滿洲話，意思就是天子。）這樣單于就必將閼氏拋棄，只寵幸所送的美女了。閼氏聽了這一番話，不覺醋心大發，纏綿的對單于說：『漢天子是有神靈保護的，雖得了他的土地，也是難以保守的。』單于這纔放開所圍的一角，讓高祖逃出來了，這一段事，陳平是用的美人計，關氏是用的神靈計，他二人的連環計，遂救了漢高祖的一命。但是在漢書上又記着：『漢高帝卽位七年時，月暈圍參畢七重，當時不知是主的甚麼吉凶，占卜了一回，說是畢昴間天街也，街北爲胡，街南爲中國。』後來果被匈奴圍於平城。若是果然占的靈驗，漢高就不敢深入敵境，況且月暈於被圍有何關係呢？

（二十一）妖書　再論凡稱爲妖者，都是不正當的，卽如明神宗時，有所謂妖書的事件。甚麼是妖書呢？就是不具名的書，也叫飛語，也稱匿名書。凡此等事，都是妖人作的，最能淆惑聽聞。當時的妖書名爲續憂危竑議，乃是要挑播起神宗與太子的惡感，說是神宗有意廢太子，所以爲太子憂危。其實神宗並無此意，不過奸人欲播弄是非就是了。書既無名，自然得不到作者的正身，所以好歹的捉到一個素來險賊的皦光生，光生誤服，寸磔於市。後來有人疑惑是浙江人趙士禎作的，當趙生病將死時，曾自己大胆承認，他渾身的肉，都碎落如同寸磔方纔死的，人說是作妖書的報應。當時神宗若能不去理會這些匿名書，也決不至惹起甚麼擾亂，而且除了此種人爲的妖事外，也並無甚麼別的妖異；凡有妖異，俱可目爲奸人做的。

太公金匱上說：『商紂在夏天六月，到西土打獵，强迫百姓爲他追趕禽獸。或人上書諫諍說：

六月天務覆施，地務長養，而發民逐禽，是君踐一日之苗，長百日不得食；君既失道，後必無福。」紂因他敢爲妖言，所以加以誅戮。誰知立時就有暴風疾雨拔屋折木。』這樣看來，紂以善言爲妖，其實何嘗說的不對呢？

（二十二）陳勝吳廣　秦朝是亡於劉邦項羽，當劉項未起兵時，先有陳勝吳廣率屯戍的徒卒，起兵於蘄。（今安徽宿縣南）陳勝是最會利用妖怪，以畏嚇士卒，漢書上說：『他曾在綢子上用紅朱寫上「陳勝王」三字，安置在人所捕的魚腹中，隨令士卒們買來，當剖刳時，士卒看見魚腹中有「陳勝王」三字，因此無不服從陳勝的號令。又令吳廣藏在廟宇中，作狐狸叫喚，叫喚的也是「陳勝王」三字；士卒們聽見，心中無不大大恐懼。』世界所有妖異，俱可作如此觀。

（二十三）忽必烈　元史載：『元世祖忽必烈聽從師傅八思巴的話，在大明殿御座上，安置白傘一頂，再用白緞子寫上泥金梵字，說是能鎮伏邪魔，護安國剎。每年二月十五日，擎着傘蓋周遊皇城內外，叫作祓除不祥，導迎福祉。遷宮以後，仍置御榻上。忽必烈與和尚們共同作佛事。』忽必烈用傘鎮伏邪魔，又用和尚們作佛事，未免太也不理國政了。

（二十四）照妖鏡　道士葛洪所著的抱朴子上說：『道士以明鏡九寸懸於背後，老魅不敢近，若有鳥獸邪物，照之皆見其形。」常見一般遊方僧與沿街化緣的道士，脊梁上都是背着一面鏡，行人都不知他的用意，而僧道又不肯洩其祕密；誰知乃是爲驅邪而用，說來不覺令人啞然失笑。其實世間並無所謂邪魅，即使有也不能壓正；僧道果然存心光明，又何畏懼邪魅呢？難道一面鏡就能驅邪麼？葛洪是道士中的翹楚，不在正道上用工夫，專門用邪術惑人，多見其不正當了。

（葛洪事詳見本全書卷六成仙）

（二十五）人妖・　古時也有利用妖人以成事者，即如明初時有一個名周顛的，十四歲時得的癲狂病，整日家癡說癡道，有時也稍爲清醒，能借人事，所以人多測不透他的意向；因爲惟獨忽癡忽呆，忽精細的人，最是令人難測。他起先是在江西南昌討飯，以後又流落到金陵。當時明太祖已定都金陵，每逢太祖公出時，周顛必上前遮拜，開口話是『告太平。』太祖因其癡顛，置之不理，久而久之，甚覺討厭，於是吩咐人用燒酒向他嘴裏灌，原是一種開玩笑的作用；誰知灌了好久，並不見醉。隨又吩咐將他蓋在大甕底下，周圍加火，以後將甕掀去，周顛並未傷損，太祖這纔大爲希奇。論起這段事來，既然記載於史上，即當千眞萬確，其實據實說來，一個癡顛能有此等本領，說的未免過於不近情理。再說明太祖是和尚出身，自當兵至登位，慣於假藉神靈，驅使兵士；（詳見本全書卷一風水及卷二卜筮）這一次又是利用周顛以征服陳友諒了。太祖先問周顛說：這一次征陳友諒是如何呢？顛應聲說：『好！』及行到安慶（今安徽懷甯縣）船沒有風，無法進行，於是又問顛；顛又說：『只管行只管有風，無膽不行便無風。』果不然行了三十里，忽起大風，霎時間船到江西小孤山，這纔在鄱陽湖中，戰敗了陳友諒。如此說來，明太祖是以癡人爲軍師，當時軍士不服從將領的命令，却是服從癡人的話語；明太祖早已曉得此中訣竅了，所以纔利用周顛，正如田單以火牛出陣，利用小卒假傳神靈的話，是一樣的作用。

（二十六）子產　左傳上說：『鄭國的子產，出使於晉，晉侯有疾，韓宣子私自對子產說：寡君夢見黃熊入於寢，這纔有疾，敢問黃熊是甚麼厲鬼？子產說：從前堯殛鯀於羽山，鯀的神化爲黃熊，投到羽淵之中；三代時都當加以祭祀，現在晉既爲盟主，或者沒有加以祭祀罷！韓宣子聽了，遂去將鯀神加以祭祀，晉侯的疾這纔見輕了。』說的雖然好聽，然而夢見一隻黃熊，與被誅的鯀有甚麼關係呢？不料子產偏偏去提倡這些事。

（二十七）河妖　左傳上說：『楚昭王有疾，卜河爲祟，大夫請祭；王曰：江漢沮漳，楚之望也，河非所獲罪也。』這樣看來，楚昭王尚算是聰明的，但不知那個管着占卜的，怎麼能卜出病是河爲祟來。其實人有病怎能再歸罪於河呢?所以占卜的話,是有一百二十分的不可聽。

周朝穀梁赤所作的穀梁傳本是與左傳公羊傳有同等的價值,其中有一段說:『梁山(在陝西)崩,壅河(黃河)三日不通,晉君召伯尊,伯尊遇輦者問焉。輦者曰:君親素縞,帥羣臣哭之,既而祠焉,斯流矣。伯尊至,君問之,伯尊如其言。』如此說來,伯尊號稱為能消除災異的,其實還不如一個趕車的人有見識。因為他聽了輦者的法子,令君親自穿上孝服,帥羣臣到河上哭,並為河設祭,隨即照樣陳述於君前,難道這就是古時術士的伎倆麼?況且不講求治水的政策,一味的向河磕頭設祭,恐怕無情的水,不願受這番盛情罷。

漢書上說:『武帝元光年間,河決濮陽(在山東)發卒十萬救決河,起龍淵宮。』史記上說:『秦滅六國,自以為獲水德之瑞,更名河曰德水。』河圖天靈也說:『秦王政以白璧沈於河,有黑頭公從河出,謂政曰:祖龍來,天寶開,中有尺二玉牘。』以上漢武帝起龍淵宮,是吾國大王廟的濫觴;惟不知既發卒十萬治河,為甚麼又起一座龍淵宮留下迷信的蒂根呢?至於秦始皇改稱黃河為德水等,真可算是無意識的舉動。

(二十八)井妖 周朝的聖人左丘明,所作的國語上說:『季桓子穿井,獲到一個土缶,缶中有羊，不知所主何妖何祥，使人請教孔子。孔子說：木石之怪爲夔魍魎，水之怪爲龍罔象，土之怪爲墳羊。』韓詩外傳上也說：『魯哀公鑿井得羊，孔子說：臣聞水之精爲玉，土之精爲羊，是羊肝必土也。殺羊視之，果然。』據以上兩段看來，當孔子時，必是怪物甚多，木石水土皆有怪，別人都不明白，惟獨聖人孔子似乎是妖怪學專家。但是論語上說：『子不語怪力亂神。』不知爲甚麼在別的書上，偏偏提到孔子是專門語怪的；想必他們以爲這樣記載，於孔子大有光彩。其實孔子是專務實際的，他並不在旁門上爭長短，所以這些記載，雖出於左丘明，亦未見得可據。

梁武帝曾三次捨身學佛，終爲侯景所逼而死；而且學佛的程度既深，理當看破紅塵，打破魔障，誰知越學越多有顧忌。即如梁書載有一段說：『武帝的皇后郗氏，秉性是最酷妒的，既死以後，化爲龍入到後宮的井中，有時托夢給武帝，有時現形，光彩照灼；武帝身體略有不適時，龍就激水騰涌，因此於井上修築一座殿，常用衣服百味，加以祭祀。既有這些靈驗，所以武帝終身也不敢再立后了。』這就是提倡佛教的人所得的報應。

肆　結論

以上所提妖祥的話，僅就載諸歷史班班可考犖犖大者，即已不勝枚舉；若再將社會間迷信佛道二教的妖祥，一一舉出，不但過於不經，而且也枉費筆墨，所以那些妖祥，祇可置之不談；因為連載在鑑史的，已屬不成事實，其餘則更不必說了。歷觀古人迷信妖祥的事，可得左列幾條斷語：

(一)凡希冀非分癡心妄想的人，多迷信祥瑞，他以為自己是獨得天寵，其實上帝並不偏待人，人若是以己的狹隘心，推測上帝與他一樣，那就根本誤解了。

(二)越在上古越多迷信。這是因為人智未開，對於所遭遇的景景色色，諸多猜疑，有時以為妖，有時以為祥，暗中為妖祥所鼓動，作出許多惡舉動，留下許多惡陳迹，為害後世，眞是不淺。

(三)狡黠者多虛造妖祥。世界並無所謂妖祥，只因有多數人迷信妖祥，所以狡黠者流，遂趁勢製造妖祥的空氣，以實行其野心，愚民不察，盲從附和，相沿成風，傳至後世，越發不可改易。

(四)迷信妖祥是心理的作用。人的心理是活潑而不止息的，世界上所有人為的蹟像，就是心理的結晶，種種迹像，多屬不正，正見出人智有限，事理無窮；前一代的迹像，多為後一代所吐棄，足見人羣是進步的。

(五)惟多端作惡的多迷信妖祥。這是他良心上的一種發現，他想到作惡是不得了，雖然混過當時，却瞞不過將來，虛心生暗鬼，作賊心虛，就是這個緣故。往往有惡人白日見鬼，發癡作呆，也就是心虛的作用。

(六)人羣愈開化迷信愈減少。開化是指着了然上帝的意旨說；越了然上帝意旨，越明白神人間的關係；曉得上帝不是赫然可怕的暴君，乃是藹然可愛的救主；其餘甚麼小妖小鬼無非是野蠻人心坎中的排洩物。

(七)迷信妖祥的是輕看人格。他們未曾想到所奉的使命如何；上帝明明使人居於主位，不料因爲迷信妖祥，甘將主位讓予禽獸木石，自己反隨從諸活物死物亂轉，實屬大大失算的事。

(八)迷信妖祥是未認清上帝。上帝的主義是利他的，迷信妖祥是利己的，惟獨實行利他的方能得上帝的佑助；此外則不用想從斜路偏方得甚麼祥瑞，也不能用甚麼旁門左道免應受的刑罰。

總起來說：上有好者，下必有甚焉者矣；我國自古既種下了迷信妖祥的籽種，數千年來，根深蒂固，積重難返。可是時到二十世紀，萬事俱歸公開，神秘俱被打破，最平易的神人交通機關，莫過於基督教；因爲他是一味趨重實蹟，看清神人間的關係；凡欲脫妖祥的壓制者，盍興乎來。

破除迷信全書

卷八　左道

壹　引言

左道所包含者甚廣，不祇限於本卷所提及的。推廣說來本全書一至十卷，均可以說是破除左道；不過其餘九卷，均可爲左道的旁支，而本卷則爲左道的正身就是了。祇讀本卷，固可知左道的嫡派；欲要明左道的支節，非全讀一至十卷不可。本卷的要目，爲特別左道，與普通左道，以及取締左道的文告三項；據實說來，還不過僅舉左道的萬一，實不足畢左道的大觀；况且此等左道，千變萬化，隨時隨地觸處皆是，又焉能以有限的篇幅，述遍天下的洪水猛獸呢？盼望閱者舉一反三，不斤斤於本卷中求左道，即在本卷以外的小道九流，均不可目爲正經大道。「孟子說：『雖小道必有可觀者焉，致遠恐泥，是以君子不爲也。』本卷對於此種小道，倘認爲無須破除，所破除的，僅限於犖犖大端的左道，留下小道讓讀者自動的破除，爲效必尤爲宏大。再察左道來的甚爲久遠，雖係小道亦爲當時的黠者所草創，一倡百和，不問是非，不顧利害，相率盲從，相沿成風，一人作孽，萬世遭劫；涓涓之水，漸成江河；從知人心惟危，道心惟微，防微杜漸，不可不見機而作。現在人慾橫流，肆無忌憚，謬解自由，皂白不分，左道旁門，公然傳授；競奇立異，爭相標榜；馴至人心破產，國勢衰頹，皆左道爲之厲階啊。

貳、特別左道

(一)白蓮教　大凡我國的左道邪教，多半都是由於佛教道教所發生的，爲甚麼現在一般社會上的聞人，或轟烈的文武官僚，還要大揚特揚佛教的死灰呢？即如民國十二年五月八日，據說是佛教鼻祖的二千九百五十年的誕辰，竟有前大總統徐世昌孫文及黎總統等爲佛祖敬謹拈香，推爲數百年來未有的盛典。其實佛教並不是盛世的靈物，乃是末世的怪物，今人既競相推崇，即可以推知時勢的如何了。論到最爲害人的白蓮教罷，也是源淵於佛教，其餘左道就更不必說了。據說當晉朝時，有一個名慧遠的和尚，以皈依淨土爲宗，結成白蓮社，以後遂成了佛教的白蓮宗。其實他的宗旨根本就錯誤了，他要皈依淨土，試問這淨土是在何處呢？豈不是望風捕影麼？可是人心好奇，自從慧遠這一種左道傳出之後，信從的大有其人；直到元朝，就大盛特盛了，闔下了不少的妖孽事。又有直隸欒城的韓山童，創設下白蓮會，一面念佛教中的怪誕經咒，說是彌勒菩薩降生，一面再模倣道教中的符籙讖緯，以爲欺人惑衆的利器；於是私心大發，就要想著作皇帝。後來山童被誅，他兒子林兒克紹箕裘，佔據安徽的亳縣，自稱小明王，國號宋，年號龍鳳。黨羽中最著名的，要推徐壽輝劉福通李翠雄等，立了十三年，在社會上流了不少的毒，後來都誅的誅逃的逃了。

從此雖可告一段落，但是此種祕密邪教，根株總是不斷絕的；雖然不敢明目張胆的進行，却是如同惡病隨時都可觸發的。後來到明朝天啓年間，有直隸薊縣人王森，又改稱爲白蓮教，又稱爲焚香教，都是以佛教爲鼻祖。隨後王森作反被捕，死在監中，有他的同黨徐鴻儒傳授衣鉢，聲勢大張；嗣後鴻儒也以謀反被誅而死。至於要問白蓮教有何等邪術能以誘人信從呢？則可援引蒲留仙所著的聊齋志異上的一段事，雖然是游戲的話，也可以想到該教中誘人的伎倆是最爲工巧的。其說如下：

「有某甲是山西的白蓮教徒，不曉得他的眞性實名，大約就是徐鴻儒的徒弟；他也能自樹一幟，迷惑衆人，受惑的不知是有多少。有一天某甲將要往別處去，臨行時在堂前安置下一只盆，又用一盆蓋起來，囑咐徒弟們坐在盆旁守候，不要揭開看。某甲走了以後，門人甚以爲奇，因此私自將盆揭開看見盆中盛的是清水，水上漂著用草編成的小船，所有船蓬船桅船槳船梢一切零件，一概全備。他們就甚奇怪，隨用手撥動著玩弄，不料一不小心竟播翻了，於是急忙再扶起來，另重新蓋好。等了不多一會，某甲回來，責備門人私自播弄盆中的船。門人都不承認說：我們沒有播動啊。某甲說：剛纔海中翻了船，怎麽還不承認呢？又有一天晚上，某甲在堂上點起一枝大蠟燭，儆戒門徒留心看守，不得被風吹滅。某甲走後，好久不回，門人睏極，就打盹睡著了；及醒了以後，方知燭已息滅，因此趕忙再點起來，住了不多一回，某甲回來又責備說：爲甚麽將燭弄滅？門人又放賴說：我這裏好好看守，又沒打盹，何曾將燭弄滅呢？某甲又反駁說：使我行了幾十里的黑路，還要強嘴哩！門人知道師傅是神異的，心中因此大大驚怕。此後類乎此等的事，也是常常有的。

某甲有一個最寵愛的小老婆，後來與門人私通，被甲曉得了，竟假裝不知道。有一次特爲打發門人去喂猪，門人進到猪圈，立地就變爲猪，某甲於是喚到一個宰猪的，將門人變成的猪宰殺，將肉賣去，並無第二人知曉。以後門人的父親，因爲兒子久不見回，這纔到某甲處尋找；某甲竟說：好久沒曾來了。那人無法，只得回家到各處尋找，過了許久，連一點音信也沒有。後來幸虧有一個與被殺門人同學的，稍爲含含糊糊的對他說了，他於是告到地方官；官恐怕某甲施行甚麼邪術，暗地逃遁，因此不敢去捕捉，於是先奏告上官，請到兵卒千名，先將某甲的住宅團團圍住，方纔將其全家老小一概都擒住了；還恐怕他們逃跑，隨都裝在木籠以內，要解到北京去。不料行到太行山下，忽然從山中出來了一個大人，身量與樹一樣的高，口有盆大，兩眼如同飯碗，牙有一尺多長，擋住去路；押解的兵卒看見這一個怪物，也就止住不敢往前走了。某甲趁機向兵士說：這個妖怪，我的女人能以將他打退。兵士因此將他妻子從木籠中放出，拏著刀劍，要去與妖怪對敵。誰知妖怪將口一張，就把他吞下去了；衆人看見，就越發嚇慌了。某人又說：既然吞了我的女人，非用我兒子去報仇是不可的。兵士於是又放出他的兒子，不料又被妖怪吞噬了。衆人都面面相覷，不知如何是好。某甲兩眼汪汪，且哭且生氣說：這個可惡的妖怪，既然將我的妻子兒子都吞噬了，非合他見個你死我活不可。衆兵士這纔將他放出木籠，並給他一把快刀，大踏步前去殺妖怪，只見妖怪也帶著怒氣向前對敵，他兩個格鬬了若干時，就被妖怪抓入口中，將脖頸一伸，咽下肚中，從從容容的去了。』

白蓮教既有此種搭救的法子，總該不至失敗，可是官軍一到，就敗的敗亡的亡勦滅的勦滅了。可見不但是邪不壓正，卽便連這一段事，也都是蒲留仙的遊戲筆啊。況且文中無一句不是說白蓮教不幹正事，這又是左道惑人的實據了。此外關於白蓮教的記載，尤是不堪入目，祇可置之不錄。

到滿淸乾隆年間，又有河南人劉松，充作白蓮教的領袖，專以畫符唸呪治病爲事。所最可怪的，就是凡邪教都是以畫符念呪治病爲誘人入黨的初步；可見衞生是不可不講，醫學是不可不談，國民苟能在二者上滿具常識，則左道邪教就無法施其蠱惑了。隨後劉松被捕，充了甘肅軍，他的徒弟安徽人劉之協，宋之淸等，仍是在各省中煽惑愚民，傳布教義，所得的徒黨是甚衆的。於是來舉一位姓王的兒子，詭稱他是明朝的後裔，高樹扶明滅淸的旗幟，就像是淸光緒廿六年義和團所樹扶淸滅洋的旗一般。當時鬨動了湖北四川陝西等省的百姓，投入的不在少數。及到官軍到時，劉之協等早已聞風逃匿無踪，但是乾隆責成官軍窮緝，所以株連的人數是很多的，祇就湖北省說，破家亡命的也就不可勝計了。小民爲官軍所逼，走頭無路，因此荊州宜昌等地，就眞作起反來了；再加上四川失業的人紛紛響應，不數月間衆至數十萬，分道擾亂湖北陝西四川等地。渠魁中以姚之富及齊林妻王氏等最爲善戰，直到嘉慶七年纔討平了，這就是所說的川楚教匪。前後計擾亂了二十餘年，試看邪教流毒深不深呢？獨怪今人爲甚麽還大揚佛教的死灰呢？

(二)天理教　天理教又稱八卦教，八卦原起始於伏羲，是神道設教的鼻祖，這種秘密不公開的教義，是後世擾亂的元素，天理教就是其中之一。當滿清嘉慶十八年時，其教魁有河南人李文成，山東人林清，都以善察天文，預言人事，到處誘惑人心，也很得社會中的信任。林清並勾通內監，暗中打發黨徒，進到宮禁以內，並約會山東河南的教匪，同時起事。幸虧洩露的早，林清被誅，李文成亦在河南滑縣被擒。誰知教匪神通廣大，又將文成劫回，佔據道口鎮及滑縣城爲根據地，從事宣傳。以後官軍大集，文成見大勢已去，遂自焚而死，這就是邪教的結果。其實流毒於社會的，尚不祇此；即如滿清亡國的西太后，所恃爲長城的義和團，紅燈照，大刀會等，也就是邪教的餘波，事隔二十餘年，賠款尚未清訖；而滿清雖已亡國，但其宗室載漪，依然流戍新疆，民國十年載漪突然奔回北京，欲求一家團聚，但是列強不許，又強迫著解回新疆去了。迷信左道，又有何益！

義和團所鬧的孽，比較的最爲宏闊，今另記一則如左：

(三)義和團　我國所有的左道邪教，本是淵源於佛道二教，因爲二教歷來就以唸呪畫符以及種種邪術誘惑世人，所以旁門別支，相率而生。即如天理教，八卦教，無不是佛道二教的嫡派，義和團又是天理八卦二教的旁支，統是以燒香唸咒拜佛爲主要的工課，而咒文是佛經中的一種文體，以爲將咒一唸，天大的事都可解決。義和團更是以唸咒爲先；將咒一唸，似乎有神靈附身，雖赴湯蹈火亦所不惜；其實不受損傷者則未之有，所以名爲左道邪術。推究義和團的原來，起初是有河南商邱人名郜生文的，首先將八卦天理等教改換頭面，從事宣傳。當時凡從習的，都稱爲南方離宮頭殿眞人郜老爺門下。到乾隆三十六年，（紀元後一七七一年）郜生文就因犯案而死。此後百餘年間，仍是祕密進行，直到光淸廿六年（紀元後一九〇〇年）餘孽方在山東直隸河南等地，相率起事，標名義和團，傳習拳棒刀槍，所以又稱大刀會；女的則稱紅燈照，樹起扶淸滅洋的旗幟，妄說能以咒語避鎗礮彈。當時淸朝合該滅亡，當國的西太后，與諸親貴載漪載勛載瀾毓賢剛毅英年等，相率迷信義和團爲救急的義民。於是降下諭旨，特予褒獎，義和團這纔蔓延各省，焚燬教堂，殺戮教民，無惡不作。

按拳匪既係離卦教，色尙紅，所以用紅巾紅帶，女童學習的爲紅燈照，婦女則爲藍燈照，頭目稱老師，小頭目稱二師兄。咒語多是和尙所傳授的，種類甚多，即如有一種說：「日出東方一滴油。驚動弟兄天下行。弟兄驚動李君主。李君主驚動楊二朗。楊二郎驚動封炮王。封砲王驚動老君來顯靈。」唸咒時，焚香燒紙，用涼水潤身，聚無知男女幼童，向東南立；唸咒畢，童子倒地，稍停一會，忽地爬起似有神鬼附身，於是授以棍棒，向空亂舞。此等邪術，先是愚民習學，以後西太后妄加崇任，故貴官大臣子弟，竟紛紛習學，一躍而為大師兄者比比皆是。及後聯軍入京，西后出奔，大師兄作鳥獸散。迨懲辦禍首，捉拏拳匪，彼等又有消聲匿跡投入教會之中，這也是拳匪亂後教會所以發達的原因之一。其實此等趨勢，於教會毫無增益，因為彼等原無悔罪改過的誠意，不過為趨勢起見，認教會為一時逋逃藪就是了。試看二十年來，教會豈不是為這班認教會為衙門的趨勢教徒所敗壞麼？

當時山東拳匪，到處遍貼招帖，其文如下：「神助拳，義和團，只因洋人鬧中原。勸奉教，乃霸天，不敬神佛忘祖先。不下雨，地發乾，全是教堂止住天。神爺怒，仙爺煩，他們下山把道傳。非是謠，非白蓮，口頭呪語學真言。升黃表，（紙名，山東俗多燒黃表紙）焚香烟，請來各等眾神仙。神出洞，仙下山，（佛道二教的口氣）扶助人間把拳頑。兵法易，助學拳，要殺人洋不為難。挑鐵道，把線砍，（電線）旋再毀壞大輪船。大法國，心胆寒，英吉俄羅勢蕭然。一概洋人都殺盡，大清一統慶昇平。」

拳匪既無惡不作，遂招來英美德俄法日意奧比荷葡西班牙挪威瑞典諸國聯軍，於光緒廿六年六月廿一日攻破北京，西太后載漪等相率出奔。後命奕匡李鴻章與聯軍議和，共計十二條，除懲辦禍首，撤除津沽礮台，京師駐外兵外，尚有一條最爲嚴酷，即須賠償軍費四百五十兆兩，即四萬萬五千萬兩，分四十年償清；若將歷年利息一併計算，則共爲九萬萬五千二百零六萬四千零七十四兩。當時未聲明以銀兩計算，故賠償時又須將銀兩兌換金貨，每年又須津貼三百餘萬兩，就是所說的鎊虧，這樣算來，這筆賬却就子子孫孫也償不清了。最可怪的，這場大禍本是義和團所惹出的，但是到民國十二年間有名周國衡的偏說：『義和團是因爲當時各省良民受天主耶穌兩教少數教徒之壓抑，無由伸訴，乃挺而出此。』（見民國十二年六月三十日上海申報汽車增刊第八十一期）不知周君是何許人，竟是如此厚誣天主耶穌兩教教徒，想必曾爲過義和團的一份子；然而但却數典忘祖，不知義和團的出處，即如雍正五年十一月（紀元後一七二七年）曾降示禁拳匪的上諭說：『向來常有演習拳棒之人，自號教師，召誘徒衆，鼓惑愚民。此等多係游手好閒，不務本業之流，而强悍少年，從之學習，廢弛營生之道，聚居終日，尚氣角勝，以致賭博酗酒，打降之類，往往由此而起。甚且有以行教爲名，勾引盜竊，擾害地方者。若言民間學習拳棒，可以防身禦侮，不知人若謹遵國法，爲善良，尚廉恥，則盜賊之風寖息，而鬭訟之類漸消，又何須拳棒以衛身乎。若使實有膂力勇健過人。何不學習弓馬。或就武科考試。或投營伍食糧。為國家效力。以圖榮身上進。豈可私行教習誘惑小民耶。著各省督撫轉飭地方官。將棒拳一事。嚴行禁止。如有仍前自號教師及投師學習者。卽行拏究。欽此。」

雍正下這道上諭雖然別有用意，足徵庚子前二百年拳匪卽已蔓延各省。當時耶教尚未傳來，天主教則有若無，然則拳匪不是因為各省良民受天主耶穌教徒之壓抑，無由申訴，挺而出此，就甚明白了。奈何周君對於拳匪不加一字之責，而獨對天主耶穌兩教教徒橫加誣陷呢？設如有人說是孫美瑤劫車，罪在旅客而不在土匪，豈非土匪辟口乎？況且當時一般昏庸大老，謬獎拳匪，殺戮中西教徒約數千人，招來列國聯軍，事後誅禍首賠巨款，是非已有所屬，又何勞周君代拳匪鳴不平呢？（中華基督教協進會鍾可託范玉棨兩幹事也曾專函具名為周君分發論文）。

茲將懲辦禍首上諭列左，以明是非曲直。光緒廿六年十二月廿日上諭曰：「京師自五月以來。拳匪倡亂。開釁友邦。已經李鴻章與各國使臣在京議和。大綱草約。業已畫押。追思兆禍之始。實由諸王大臣昏庸無知。（將西太后輕輕放過，其實禍首實西太后也。）囂張跋扈。深信邪術。挾制朝廷。勒辦剿匪之諭。抗不遵行。反縱信拳匪妄行攻戰。以至邪焰火張。聚數萬匪徒於肘腋之下。勢不可遏。復主領鹵莽將卒。圍攻使館。竟至數月之久。釀成奇禍。社稷阽危。陵廟震驚。地方蹂躪。生民塗炭。朕與皇太后危險情形。不堪言狀。至今痛心疾首。悲憤交深。是諸王大臣等信邪縱匪。上危宗社。下禍黎元。自問當得何罪。前者兩降諭旨。尚覺法輕情重。不足蔽辜。應即分別等差。加以懲處。已革莊親王載勛。縱容拳匪。圍攻使館。擅出違約告示。又輕信匪言。枉殺多命。實屬愚暴冥頑。着使令自盡。派署左都御史葛寶華前往監視。已革端郡王載漪。倡率諸王貝勒。輕信拳匪。妄言主戰。致啓釁端。罪實難辭。降調輔國公載瀾。隨同載勛妄出違約告示。咎亦應得。着革去爵職。惟念均屬懿親。特予加恩。均著發往新疆永遠監禁。先行派員看管。已革巡撫毓賢。前在山東巡撫任內。妄信拳匪邪術。至介爲之揄揚。以致諸王大臣受其煽惑。及在山西巡撫任內。復戕害教士教民多命。（毓賢曾親手戕刃於教士教民。可見滿人恨毒。無所不至。）尤屬怙惡凶殘。罪魁禍首。前已經發遣新疆。計行抵甘肅。著傳旨即行正法。並派按察使何福堃監視行刑。前協辦大學士吏部尚書剛毅。袒庇拳匪。釀成巨禍。並曾出違約告示。本應置之重典。惟現已病故。（想必詐死）著追奪原官，即行革職。留任甘肅提督董福祥。統兵入衛。紀律不嚴。又不諳交涉。率意鹵莽。雖圍攻使館。係由該革王等指使。究難辭咎。本應重懲。姑念在甘肅素著勞績。回漢悅服。格外從寬。著即行革職。降調都察院御史英年。於載勛擅出違約告示。曾經阻止。情尚可原。惟未能力爭。究難辭咎。著加恩革職。定為監斬候罪名。革職留任刑部吏部尚書趙舒翹(陝西延安府人，光緒年間曾為安徽鳳陽府知府，嗣於媚事滿清權貴，故不數年躐登刑部尚書。)均著先在陝西省監禁。大學士徐桐，降調前四川總督李秉衡。均已殉難身故。惟貽人口實。均著革職。並將卹典撤銷。經此次降旨以後。凡我友邦。當共諒拳匪肇禍。實由禍首激迫而成。決非朝廷本意。朕懲辦禍首諸人。並無輕縱。即天下臣民。亦曉然於此案之關係重大也。欽此。』

周君於庚子賠款與中國路政之商榷論文上，雙目炯炯，只知求分賠款的餘瀝，而不知賠款乃四萬萬人所輸的償命錢，抑何謬妄如此其極也！

(四)八卦教　白蓮教本是邪教的一種，曾造作出經典畫像流通到各處，後來又巧立許多名目，祕密結社者甚多，八卦教也就是其中的一支。起初本祇傳於直隸近京的地方，後來就遍傳到山東河南山西等省。其中的一切部置，都是按著八卦分派，即如有離宮坎宮等稱呼；可見八卦原不是正經大道，原是左道所奉為的頭腦。後來又改稱為天理教，當光緒庚子年，(紀元後一九〇〇年)的義和團，也就是淵源於八卦教。這些左道，雖是一時全然絕跡，然而遇見一個特殊時機，就要忽地傳遍各地弄的雞犬不留，所以非時時防範，是不能遏其蠢動的。

（五）在理教　我國下流社會中通行一種在理教，鄉中最少，惟多通行於水陸碼頭，及繁盛的市鎮。在理的以勞工及無業遊民為最多數，原是白蓮教的支派，起於滿清初立時，他的鼻祖名楊萊如，是山東即墨縣人，楊曾中過明萬曆間進士，明亡以後，無意仕宦，隱居嶗山，從程楊旺學道，以後他就下了嶗山，常往來直隸山東各地，傳布道理，就是所說的在理教，意思是在儒釋道三教的理中。所奉的是佛教之法，所修的是道教之行；所習的是儒教之禮。教中不設像，不燒香，不吃烟，不喝酒，他事則無所不為。教中所傳授的道理，多用唸咒歌曲，且多是口傳，見於印刷者甚為寥寥。此外則多用暗號，即如蓄髮辮時代，都有法立的辮結式，其餘進門出門，見面告別，都有法定的禮節；此種暗號，非局外所能習知。教中最重的為茶壺一把，也有一定的祕密安放法。在理教多行於北方，既不是公開，所以在理的多結合起來公然行劫，為官長所勦除的不在少數。現在雖不敢明目張胆的傳布，但是仍在祕密中傳授，凡受其惑者，雖親如父母，愛如夫妻，友如兄弟，亦不得私相教授；他的邪處，就是在此，所以凡稍知利害的，就萬不能上他的當。

（六）黃天教　黃天教是黃巾賊的耳孫，當漢靈帝甲子中平元年，（紀元後一八四年）有鉅鹿（今直隸鉅鹿縣）人張角等，平時專習老子的道，以妖術傳授於人。又打發弟子等到四方傳教，轉相誑誘，十餘年間有徒衆多至數十萬。角遂分置三十六方，各置賊頭一位，大方約萬人，小方約六七千人，妄說在甲子年天下是大吉，於是在京城的寺門，及各州郡官府的門上，都用白粉寫上甲子二字。他們並勾通皇宮中的內侍，同於三月初五日起而作亂。不料事機不密，被地方官曉得了，還緝捕獲了大方的賊頭叫馬元義的，加以車裂的重刑，牽連被殺的也有數千人。張角等知事不妙，於是傳馳各方，一時俱起，頭上都戴著黃巾爲記號，所以稱爲黃巾賊。張角自稱天公將軍，他兄弟張寶則稱地公將軍，張梁稱爲人公將軍，到處焚掠，官吏逃亡，十幾天內，全國就紛亂了。後來都被劉玄德關雲長張翼德等平下了。

此等黃巾賊在各朝代都有他的餘波；最顯然的，即如滿清光緒廿六年（紀元後一九〇〇年）的義和團，與紅燈照，就是他的支流。民國以來發生一種密祕的黃天教，到處引人入教，雖未曾公然造反，勢力却是潛爲增長，後患也不可設想，地方官有時加以察禁。茲將情形列下：山東從直奉戰爭以來，從東三省來了不少的土匪，架人勒贖，雞犬不留。有的扮粧平民，以傳黃天教爲名，到處訪察各家的財產，以爲擇肥而噬的地步。若能早早入黃天教，破費若干金錢，則可免去搶劫的大禍。教中也是以燒香，唸佛，誦經，歌咒，爲唯一的主要工課，愚民因而破家蕩產者，提將官裏去的比比皆是。幸有山東軍民兩長早早出下取締的告示，這纔不得明目張胆的宣傳，不然義和團復又見於今日了。

（七）白衣會　迷信是人的特性，因爲人對於目前的處境，無論如何總是不能泰然，奸人從中鼓惑愚民最易上鉤，時當亂世，更是如此。當民國十一年九月間，江蘇省長公署，又曾發下訓令如左：

「據宿遷縣知事徐維新呈稱：竊維奸民匪類，法所不容。左道異端例懸嚴禁。宿邑界連魯皖。匪徒最易出沒，良民受害非朝伊夕。乃現經密探有種白衣會邪教，自謂習其術者，以吞符誦咒爲依據。（符咒是佛道二教的主腦）能使刀槍不近其身。（義和拳大刀會亦是如此）並有消槍會，紅纓會，女子提籃會等名稱，可以禦匪，可以自衛。一般鄉愚，以恍於匪患之故，受其鼓惑。聽其號召。從而習之者頗不乏人。訪查此種邪教，上年首先發見碭山，嗣經傳染徐睢一帶，近則蔓延較廣。宿境如皂河，白河，大同，永慶各市鄉地方，亦時有此種邪教流傳，星火不息，可以燎原。若不趕緊劃除。不惟地方受其影響。誠恐愈習愈衆。如昔年義和拳之覆轍。殷鑒不遠。茫茫後顧何堪設想。知事身任地方。職責所在。除分令警察警備保安各隊。暨各方市鄉董事團總等。切實查禁。嚴拏首要。解散脅從。一面懍切布告。嚴禁鄉民。不准再事習染。以期盡絕根株外。所有發現邪教查禁情形。理合具文呈報。仰祈省長鑒核。俯賜通令各屬。一體查禁。以免流播。而弭隱患。實爲公便等情。據此除指令並分行外。合行令仰遵照。嚴行查禁。此令。」

從以上的訓令看來，江蘇省長褚遷知事是極力的遏止左道；可是祇知遏止，而不加開導，只算盡了一半職責。試思百姓所以迷信左道，乃是由於知識不足，若不灌輸知識，則雖可以遏止一時，總不能盡絕根株，遇有時機，還免不了蠢蠢欲動，這就是我國左道邪教所以層出不窮的大原因；一波未平，一波又起，幾乎使地方官疲於奔命，無法應付。若果小民得有相當的教育，則雖有黠者勾引，亦斷不能墮其術中，甚或組成團體，從事鋤奸，以便抒緩地方官的隱憂；從此可知民不可不使知之了。

（八）哥老會　哥老會是我國祕密會黨中的一種，也稱哥弟會，因爲我國習俗，凡氣味相投的，都是以老哥老弟相稱呼，尊輩則簡直以老子自居，這就是命名哥老會哥弟會的原因。此種會社的成立，是在滿清乾隆年間，以後到同治年間，當時的湘軍經營解散，兵士們窮於衣食，無以爲家，於是相率投入此種祕密會中。會中主要的事業，就是遊謀衣食；因爲會員皆無恆產，不得不結合起來，千方百計的謀求生計，馴至無惡不作，大有關於國家社會的安甯。數十年前各地莠民紛紛與基督教爲難，弄成不少的教案，也多是哥老會中人做的。普通社會間的青紅幫，就是哥老會的化身，紅幫多以賭博盜劫爲生，青幫則多販私鹽。關於青紅二幫的歷史甚長，此處不便敘述；總而言之，無非是無業遊民的結合，所以快其魚肉良民觸犯法網的私圖而已。禁止之法，則在振興實業，開墾荒田，均可消納此種流氓而有餘，獨惜我國尚無人充作領袖，以從事此等事業。

（九）三合會　乃滿清時代的祕密會，又曰天地會，其中派別甚多，乃是在康熙十三年（紀元後一六七四年）成立的。相傳當時在河南登封縣西北少寶山北麓的少林寺被官焚殺，寺中的黨徒，因欲復仇，所以總組成三合會。乾隆年間（紀元後一七六四年）有三合會的首領林爽文作亂。該會乃奉道佛二教；到道光（紀元後一八五〇年）以後，傳布的就越發廣了。按少林寺僧多習武事，當唐太宗時也曾立下戰功，直到如今，技擊家尚有少林派。關於左道惑人的事，尚有左列一段：

後漢書上說：『張豐爲涿郡太守，平素喜好方術，有一個道士對他說：你不但能爲太守，還能為天子。於是用五彩龍袍，裹著一塊石頭，繫在張豐的肘上，並說：石中有玉璽，就是你為天子所當用的。張豐聽了這話，正合心意，因此信以為真，遂舉兵反了。既到兵敗被執，解到法場斬首時，他還是執迷不悟，對監斬官說：先不要斬，請解下肘上的石頭，因為其中存著玉璽。監斬官吩咐一聲，將石椎破，並無與他石有兩樣處，張豐這纔曉得是被道士所愚。這就是左道惑人的厲害處，世人奈何不加詳察。

（十）環球道德會　人心不古，詐術多端，又有甚麼環球道德會的名目，竟能在報紙大登神奇的通告。即如在民國十二年十月某日，報上登有通告說：『本會奉祖師諭定於夏歷九月二十三四五日恩降飛鸞。惟時刻未定，有道緣者必能相值此佈。』又有啓事說：『謹啓者。時局日非，人心愈壞，非道德不足以補救之。今有山東神童江希張，聰明天亶，救世情殷，特註儒釋道耶回五教諸書，為維持道德起見，不分門戶，不涉迷信，洵救劫慈航也。本會承江神童函托輔助，因備道德會章程數種，以便流通。近來佛教盛行，善社林立，均有道德思想，亦否極泰來之象。敬祈各界慈善大家，咸具熱忱，贊襄盛舉，或附立社會，或演說是書……』

人若糾合同志，組織促進道德，改良社會，挽救人心的等等機關，原是一大快事。此種事業，端在實力做去，不在靠諸甚麼怪誕左道。今如第一道德會的通告，開口便說『本會本祖師諭，恩降飛鸞。有道緣者。必能相値。……』一不知其祖師姓甚名誰。二不知其祖師為甚麼稱諭。三不知其祖師為甚恩降飛鸞。四不知為甚麼有道緣者方能相値。五不知所說的道緣是甚麼。這五不知叫人到那裏去追問呢？再論那第二道德會的啓事，說是：『有山東神童江希張。特註儒釋道耶回五教諸書。……』不知這位江神童，他是怎麼註釋的五教書；他註別教書的如何，暫且不論，但不知他怎能對於基督教的書，就輕下手註解呢？山東基督教徒，不下數萬，都是學而知之者，絕未曾聽說有一位生而知之者的江神童。既然未曾皈依基督，則對於基督教所下的註解，定然不能確當。想必眞是時局日非，人心愈壞了。

（十一）**世界宗教大同會**　世界宗教大同會，又稱萬國宗教統一會，或稱世界道德會。試看開口二字，不是『世界』，就是『萬國』，可見是要用大帽子蒙人了。這種秘密會，由來已久，民國四年就派人四處宣傳，可是要推民國十二年六七八月間最為嚇人。有一個四川人唐煥章，自稱奉上帝聖命，為第七教主。他又委任一個山東人江希張為先知天使。他們說上帝命他們統一六教，並有薩羅一聲，說是民國十二年七八月間，天降大災，非入他們的秘密會不能免除災禍。他們傳道所者的功夫，第一是初級，立坐凳上，一心注意天庭處，（即頭心）求幾即大搖大動；第二級，是不吃烟火食物，只吃自己的屎，吃了就遺，遺了再吃；第三級是吃自己的精血。到第三級可就煉成功了。只就四川一省說，就有一萬三千七百餘人上了大當，可是沒有一人成功。該會既明目張胆的宣傳，今將民國十二年的情形列左：

▲重慶通信（此段轉載民國十二年九月十一日上海申報）　鷗滄

▲妖氛彌漫籠罩之四川　▲宗教大同會之歷史　▲唐煥章與江希張之兩怪物

現在縱橫於四川一百四十六縣。蹂躪我四川七千萬人民者。兵而已矣。匪而已矣。維兵與匪。皆搆成全川此種混亂恐怖之現象之重要原因。川民拜兵匪之厚賜。使農輟耕於野。商歇業於市。生命戕於鋒鏑。財產燬於烽燧。老弱轉溝壑。壯而散四方者。奚啻千百萬人矣。不謂造成現在大亂之兵匪。其勢尚未稍殺。而醞釀將來大亂之妖教。凶燄又接踵而起。如所謂同善社也。悟善社也。萬國宗教統一會也。同善悟善。記者不甚諳其詳。若萬國宗教統一會。其有害於世道人心滋大。此大局之患。非僅四川之害也。昨有友人某君抵予寓。述該妖教最詳。某君亦曾受洗禮者。故能言之鑿鑿。亟撮叙以告海內。『吾蜀西處邊陬。文化未普。種種邪教。四處林立。但最妖的莫如這自稱奉上帝聖命爲第七教主的四川唐煥章。和受教主委爲先知天使的山東江希張兩大怪物。他們自己說上帝命他們統一六教。以所作霹靂一聲內。記今年七八月間。天降大刼。爲他們作聖的證據。自民國四年起。就派人各處傳教。以我曉得。山東有羅金銳。北京有鄧孝然。上海有宋萬全。南京有劉瑩澤。甚至各學校都有藉名讀書辦事。暗地傳教。如重慶依仁學校的職員何某。英年會英文學校學生鄧生。他們二人每一星期內。總要拉幾個青年學生入教。他傳教說法。動輒就是不吃飯。故能引起許多人入教。他們教內的組織。儼然若政府。函介委任。辦事條陳。無一不是官樣。成都奎星樓榮福公爲之總部。唐妖自任爲總部教主。其次教務總長爲毛澤東。參謀總長爲劉質文。祕書總長羅天文。書記總長劉貫一。宣傳總長張蜀鐸。各地分部。亦照總部組織。以上不過是略述妖教的概況。以下且說唐江兩大妖物之神史。和他們的神道神話。及其意圖造亂的野心。

（甲）四川唐煥章歷略及傳播妖術之情形。　唐煥章係夾江縣人。現年五十八歲。秀才出身。皆因讀書未通。未能顯達。並飽經世變。意造虛無主義。平空駕雲。捏造黑白。借事歛錢。搆成這空前絕後。撲滅人類。吃屎喝尿的殺人機關。唐妖於民國四年冬日內。把他這貝道種種迷人的法子想盡後。他就沿途傳教上成都。路經樂山。即遇毛澤東。現任唐教總部教務總長毛年三十八歲。樂山人。課塾爲生。弟兄二人。他見唐妖說法。就傾心拜服。自願代理猪八戒的職務。與唐妖擔負行李上成都。殊料走到青神遇匪。一搶而空。就在青神縣內乞丐求食。每天就在宋萬全舖邊歇息。唐妖就使毛澤東去拉宋萬全進教。詎毛係一新收弟子。道書都還未打開看過。沒有把宋拉進來。唐氏才親自出馬。對宋萬全說。凡事都有仙緣。你家名萬全。試問你打鍋魁。（即賣燒餅）又怎能萬全呢。我看你這萬全二字。是應在我的眞道上咧。吾道眞法。可以通天地。感鬼神。這才叫做萬全。這位姓宋的。就把鍋魁攤子收了。與他們籌衣旅費等。自己就當沙和尚。一路就上成都。那知走到省城。無法維持生活。毛澤東才跑回樂山在家裏籌了一點款子。又上成都去設法開一個茶舖。唐妖自己坐櫃。毛澤東走堂。宋萬全擔水。他們二人就算是唐妖頭班高足弟子。所以現在唐妖教徒。有毛派宋派之分。

唐道共有功夫十餘種。傳功的手續。自備貢果三盤。香燭各三支。傳功者先行叩頭。每叩九次。共二十七次。受功者亦照法叩頭。後即跪着盟誓。傳者即說。這是眞道的初步功夫。傳了你。你不辦怎樣。與別人說了怎樣。你當着上帝盟誓。誓畢。又與傳功者叩頭九次。謂之敬功。其他功夫的手續。均照此例。其功夫類別。（一）初級。這步功夫。凡是入教的。是須先就學辦的。辦功的法子。立坐凳上。一心注意各人之天庭處。卽性門。未幾大搖大動。我入道時。并未辦過這步功夫。不知究竟怎樣的。（二）二級。卽絕食。又名辟穀。這步功夫。無論男女老幼。均要一教導使。卽傳功者與學功者。每日同往指導一切。又有一保功者。負有監督學者不能半途廢棄的責任。停功須經唐氏准許。方爲有效。這步功夫一辦要經數十日。手續祕密。原唐道功夫辦法。同道之人。均不能當當道及。初辦的。要連環保人。辦法着手先喫獨一味。後必大瀉。每日盡喫糯米飯或糍粑。絕不能沾食別物。此名築基。若喫至數日。必有糞遺出。此名採藥。教導使卽將此藥作爲丸子。就叫受功者吞食。但你自己都不曉得。此名考功。考試你或吞得下去。或吞不下去。若受功者吞下去了。教導使就對受功者說。這是你的寶貝。又名仙果。直至每日均有糞遺出。多寡相等。就實行絕食。卽以每日下降之糞。作爲糧食。若在絕食期間。稍一不愼。卽有性命之慮。如吸冷風。肚腹暴痛。肚臍露出。亂喫食物。滿身腫脹。飲食不調。以我所知。如前巴縣獅子場陳仁豐補辦二級。因染冷風。上下隔斷。喫什麼。吐什麼。下便不通。因此喪命。又江北靜觀場王某之女名宗烈。亦在絕食期間。與人口角。竟心氣暴痛。滿地打滾而死。受功者反對他們家屬說。上帝愛子心切。教他們去了。若人火氣不旺。糞是稀的。以爐火熏煉乾後。亦照法吞食。這便是所謂絕食功夫。（三）三級。那是喫精辦法。（中略）至於性體之說。他們介紹那些上流人物。先就用這個手術。就是能夠看見一股白氣。浮現於自己之頭頂。這白氣他們叫做人的靈魂。辦這步功夫。需在夜裏。點香三枝。此香乃唐道總部發來。係私造的。教者先以己手。於香梢處微微沾香氣後。即以其手將受功者雙眼朦蔽。令往上觀。即現一團浮影。但無論如何總要以手先沾香氣。我想必定是催眠術的一種。此外各種功夫。因爲我不曾辦過。未能詳舉。

在省外傳教使姓名。北京方面鄧少雲（孝然）爲住京全權教使。他是奉節縣人。現年五十五歲。現住北京外城果子巷大吉羊胡同四十八號。他住在北京有一年多了。傳有教徒二千餘人。現聞又以性體手術。將汪大燮王人文一流人物拉入。他在北京傳教。除正式收入教捐外。若不夠時。他以私款墊用。又總部不夠時候。他還要接濟。他的父親鄧某。也算是一個信徒。前他信黃壇的時候。說他妲子（少雲姑母）是觀音化身。後他又拿起老兒不死。白髮蒼蒼。到下江一遊。原來這黃壇的階級制度很嚴。我聽說鄧少雲於民國六年。西上成都。初見唐氏。唐氏拒見。說他曾經刮過人民的地皮。原鄧氏卸任財政廳總務科科長。中國銀行行長陳將軍宧曾以亂拉公款罪之。鄧氏苦苦泣求唐氏。唐氏說。只有一法。買三光香一根。沐浴全身。薰後再見。後鄧氏買三支香。去銀二百元。才得見了唐氏。唐氏對他說。處世無錢。與道無緣。故孔氏說。人能弘道。鄧氏現在的意思。欲變家庭制度。爲小廟宇的儀式。他有七個兒女。除小的四人外。其餘竟都入習唐教。其長子鄧某。於妖教頗有研究。誠爲唐氏死黨。山東方面羅金銳。爲住魯全權敎使。奉節縣人。年四十歲。現住山東濟南府慶雲橋大魯賓館。他原任過重慶某職業學校的教員。在山東他有敎徒一千餘人。上海方面宋萬全。爲住中全權敎使。靑神縣人。年三十七歲。打鍋魁出身。一字不識。因前救過唐氏。故獲敎使重職。現住上海吳淞江口口里口口店。他在上海傳有敎徒八百餘人。南京方面劉楚澤。（節初）爲住甯全權敎使。內江人。年五十八歲。卸任四川財政廳廳長署巡按使。他現住南京金龍巷儀鄉寄宿社。他在南京所傳敎徒。亦有八百餘人。四川境內傳敎使姓名及其情形。本省境內各處都有。最盛的就是重慶成都。重慶傳道機關有兩處。（一）設彈子石杏花村濟園。又名森昌正。其主任爲顏某。江北人。年三十九歲。其次爲鄧某。奉節縣人。年三十五歲。前經商綢緞。因其濫吸洋烟。致號倒閉。現經唐氏委爲渝分部敎導使。有一次我向他說。你爲甚麼不做別的事呢。做這敎導使也不是長久的辦法。他對我說。我見我的四叔和劉楚澤。他們把大官擱倒不做。都與上帝效力。未必他們都想不到嗎。所以我也把塵世的事看淡了。來修後天。（二）設於重慶城羅漢寺內。其主任爲蘇某。奉節縣人。年四十五歲。任過一次縣知事。他曾介紹一日本留學生入道。現住重慶曾家巖某學校敎

員家。蘇某入道。唐氏甚爲優獎。次有吳某。巴縣人。年五十歲。卸任四川鹽運使。現任教導使。他們這
兩處共傳有教徒六千七百餘人。總機關設於成都正府街第六十七號。其主任爲羅某。簡陽縣人。今
年四十歲。他原是很誠心的基督徒。前曾任成都某基督教三育社的幹事。他在成都傳教徒有二
千四百餘人。總計四川境內唐氏共有教徒在一萬三千七百餘人左右。以上所計一切係教道中
每月報告書內所記照錄。係去年臘月的。唐氏每收一教徒。即委一職。如罰教問教。若辦過二級的。
每月還要給他點錢。錢雖不多。他有一種說法。這是先天的虛錢。後天的才算是真實。你我都是上
帝的兒子。回轉家鄉。我們親愛的天父。豈肯不給我們用嗎。唐氏對於收納教徒。特別有一種記功。
如罰教能介紹一次。再得一功者。照大功獎勵。若能紹介到二十三十。那就是上帝親生的兒子了。
因爲唐氏說過。他們這些武人政客和學生。都是亂世的人。上帝有好生之德。惟其自做自覺。所以
凡人能介紹入道。獎勵特殊。唐氏對於新收教徒。即令將彼履歷家事。直詳繕呈總部。唐氏說貧的
他可奏明上帝賞賜。富的他就要酌量派款。若是要查自己的仙根。（化身）均有一定的香帛費。
我聽到他們說。前次蘇某奉前四川總司令劉湘的命令。到墊江縣提款。那時沿途的匪很兇。他就
與唐氏去信。懇求保護。唐氏回電說。已派大批天使天軍。沿途保護送你。但須酌量納收護法費。以

備道用。

前次成都唐道總部教導使吳某趙某。傳某軍需官的婦人。辦三級。卽發現不規則的行爲。後經某軍需燭悉。控之於官。官廳以妖道亂世。嚴禁撲滅。拿案訊辦。後經唐氏請求某要人去電保出。後來唐氏給顏某的信內說。吳趙平時行事。言不履約。故上帝借張婦懲罰之。後吾見其愚直可憫。代懇上帝。故彼等於未出獄前夜晚。上帝特派天使。於獄中微微懲罰。故現唐氏教徒等。以世界宗教大同會名目與立案。欲借政府之力。扶助妖教進行。現北京鄧孝然已將此案立准。原民國七年。羅金銳主張立案。後鄧孝然又主張立案。均未蒙唐氏採納。因去年吳趙下獄。官廳判以妖教亂世。嚴禁撲滅。又鄧羅二氏。復呈函云。前若吾道正式立案。吾眞道何能汚以妖道亂世。唐氏見之。痛哭流涕。覆函云。上帝視吾如耶穌。每日除著書外。均不能沾染別事。故吾子等前呈立案主張。吾不贊許者。非爲別也。原吾道乃六千年之大道。自有上帝作主。八十年後。必要普及全國。明年(指今年)大刧現後。卽吾道正式成立之證據。今處此青黃不及之時。政府將堂堂大道。反汚以妖道亂世。實有辱上帝。吾爲世人悲。亦爲上帝痛哭流涕也。自得汝等信後。吾已沐浴代呈上帝。御覽而准。可借塵世之力。雙方進行。爾等勿疏勿怠。故現在各處教徒。對於立案一事。分頭進行。幷積極進行。借報紙爲之鼓吹。誠可慨已。

（乙）山東江希張履略及傳播妖教之情形。　江希張。前由羅金鋭介紹入道。唐氏照例。每收一弟子。必有一信直呈唐氏。江氏卽以其半儒半道，半妖半人的架子。與唐氏鬼書一篇。唐氏也不揣自命爲孔子。說江氏是顏回的化身。唐氏的啓信錄上說。吾已老邁。子可效孟軻。扶助吾道。委江氏爲先知天使。江氏自己說他佩服張橫渠。故取名叫做希張。取字叫做慕渠。見他自序江氏所以取名希張慕渠的緣故。在張橫渠的西銘上。乾吾父也，坤吾母也，民吾同胞，物吾與也的幾句話。而拜倒張氏。又醉心唐氏。爲天地立心。爲民物立命。爲往聖繼絕學。爲萬世開太平的志願。其實爲天地立心。爲民立命。是我輩青年應具的精神。爲往聖繼絕學。那就未必絕對可能。爲萬世開太平。這近乎書獃子的瞎吹。江氏又自信爲太嶽神靈所鍾。在陰陽均受過孔子委託。來包辦繼聖絕學的一樣。而他的朋友。也多是沒頭沒腦。附會瞎說。都把唐氏江氏。當作大聖再生。或妖精轉世相似。他們二人做的息戰。和江氏的大千圖說。再三堅持世界確有帝神管轄。江氏的同學周文聰。在江氏的新註禮運白話解說裏。做一篇跋。有說神童卽於是年正月初二降嶽。還有江蘇吳縣葉呂歧。也有一篇跋。說本年前九月間。五星聯珠。禮運所謂天不愛道。或謂是歟。十一月長至。譚少華又獲寶石。禮運所謂地不愛寶。或謂是歟。神童三歲能文。則禮運所謂人不愛情之言。殆在君乎。又說神童急起立。遜謝不遑。曰。禮運不愛情之言。確非指余。然君所謂天不愛道。地不愛寶。指爲五星聯珠。及寶石出土兩事。誠有不可厚非者。觀他們二人。一唱一和。一往一復。亂造謠言。擾亂社會。他們說新文化是毁世之學。蔡子民等是亂世之人。學校是妖孽機關。見唐氏陳獨秀之批評等書。江氏有五星聯珠誌瑞。和寶石出土誌瑞兩篇。附在他的新註禮運後。載着譚少華在烟台海灘邊。拾得一塊刻有人物的玉石。就說是地不愛寶。合於孔子禮運大同的鐵證了。江氏在五星聯珠誌瑞篇上說。五老降庭。素王慶交。五星現瑞。萬國大同。開首幾句。就是陰陽揮氣。江氏說五星聯珠。應於唐氏之數。又說己未秋。五星聯珠。一時碩學通儒。皆爲五洲共和萬國大同之兆。官吏相與慶於朝。商工相與歌於市。農夫相與忭於野。莫不忻忻然有喜色而相告曰。孔子對子游所發宏願。今其償乎。是唐虞一國之大同。天已垂象於前。今日萬國之大同。天又垂象於後。其爲禎祥。不卜可和。自己未年以來。有什麼禎祥降於中國。皖直戰爭。奉直戰爭。粵桂戰爭。所有各省大亂。大旱災。大水災。禎祥嗎。各機關罷工。學校不能開課。禎祥嗎。且我更不信中國商工界和農夫。都能夠相告曰。孔子和子游所發宏願。今其償乎。

江氏又說易。孔子曰。天垂象。聖人則之。乃報紙記者不察。竟有謂天象無關於人事。是爲迷信。豈聰明俊智，無不知能見聞。至聖孔子之言之可信。反不如有知其一不知其二。近來推步小儒之言之可信乎。殊不知孔子那時。科學未發明。又在君主專制時代。所說天垂象聖人則之的話。多方可以諒解。到現在既有科學利器。足以打破種種迷信邪說。而又在總統公僕的民主共和政治下。有法共守。更無須借天之威以制裁人類了。孔子並不是三頭六臂騰霧駕雲的不過同是人也。是由推步小儒出身的一個博學多能有志於世的改造家。唐江二氏有志於繼往聖的絕學。又已認識孔子所處時代和當時政治情形。見前引述。那麼理該去其糟粕。提出精華。老老實實替他把這些陰陽怪氣宣傳一下。纔對呢。現在既說了許多不實在的話。合着瞎說。恐怕孔子也要像三國志裏的諸葛亮。一變而爲妖道式三國演義的諸葛亮了。

聽說江氏近來住在山東泰安城內借廟裏。又在籌備什麼會。該會有篇特別啓事。出自江氏手筆。也附在他的新註禮運後。有說現在江神童復於民國八年中秋望日。攜所著的書息戰。親赴泰山極頂處求上帝孔子以及元君嶽帝。速行閉劫殺劫。開發生運。轉剝爲復。反否爲泰。神童欲中國各縣皆獲平安。併欲求全球萬國皆獲平安。誠可謂大言欺人了。

我想江希張假使不生在山東。或者不會迷信到至聖轉世。假使他不合東嶽大帝作伴。或者不會幹那中秋望日親赴泰山頂虔求上帝孔子。以及元君嶽帝之迷行的怪事。這似乎山東害了江希張。四川害了唐煥章。假設把唐煥章生在山東。不知他又怎樣鬧到那步田地了。現在我看他們種種的佈設。恐怕有神兵第二復現。總之唐教是妖教邪說。喫屎喝尿。暗地殺人之教。在此二十世紀中光天化日之下。絕不能容此狗黨狂爲。吾輩青年有力辟邪說之責。故能犧牲一切。探其祕密。望有職於社會者。設法撲滅。不然那就不忍言了。

唐氏若以我違叛盟誓。請求上帝誅我。我是很喜悅的。但我很願將此黑幕貢獻於社會。使以後之人。不再誤入那殺人團。這就是我的宏願了。我更替唐氏聊進一言。你總以爲大刼將臨。那時你的妖道不傳。而同歸於盡了。你的心思。經營八年。平空鬧妖。借事歛錢。希圖搗亂。你若再不收手。恐像那年萬縣的神兵。要受人間軍隊的攻擊哩。

我所以要告訴人者。我久已蓄願。要將唐道黑幕全部宣布。以告世人。到現在算把這宏願償了。可是我入迷不久。我能知道的。也不過全部黑幕中最小的一部分。還要世人多方探求。將更有駭人聽聞之事發現。假若我得罪了神。但我能從此得再入於人之世界。亦復何憾。」

以上皆某君之言。述妖教之內幕眞相。可謂旣詳且盡。某君能認眞調查。吾人不能不佩其毅力之勤。翻然悔悟。又不能不敬其改過之勇。無如全川各縣。城鎭鄉村。此種妖教普遍成立。幾於滔滔皆是。有世道人心之責者。若不思患預防。前途之禍亂何堪設想。所幸渝中警察當局。現在禁止該妖教出版物發行。以免其擾亂社會。煽惑人心。此舉誠差強人意也。

按近來外間所聞之宗教大同會傳單。初發現於北京。繼流行於各省。竟鬧得人心惶惶。徧地皆是。該教除此大刧臨頭傳單外。更有其他種種印刷物散播。如所謂霹靂一聲等。早已見之。近又有羅素學說之批評（即係唐煥章所著而鄧孝然羅金銳皆有序）唐公得道記（即江希張所述）等。宣傳各地。假託學說。依附教義。以行其惑世誣民之術。非特愚夫愚婦信之。即上流社會人。亦有入其個中而爲之供奔走者。如此蔓延日廣。難保不有人利用其勢力。爲擾亂治安之一武器。誠亦一國家之隱憂也。茲節錄唐公得道記中一段如下。以見該氏之謬妄。

（上略）上年春得川中羅金銳君來函併書籍。知於一千九百一十五年三月十七日午前十二點。上帝聖靈親授唐公大道。畀以救拔世界收錄選民之大任。張於民國四年會學著息戰論一編。蒙本會名譽會長李佳白博士賜序。鄉村劉永康善士等因付梓。並仍求李博士爲代送各道德機關。嗣蒙唐公作息戰論書後。並爲重刊行世。張受讀畢。乃悟前九歲時。息戰論自序篇末曾經聲明剝極斯復。否極斯泰。上帝無心。好生爲心。竊知必篤生一大至人。神化不測。威力俱足。而爲一切宗教。普放光明於三千大千世界也。小子竊爲天下萬世日日馨香禱祝求之矣。今者唐公發明六大宗教經典。歸於大同。三年以內。曾著猶太教舊約綱要六本。基督教新約題解四本。儒教論語微言二本。詩經本義四本。易卦實踐三本。三子大義二本。春秋微旨一本。回教依麻呢解中解一本。現正解釋回教之性理本經。九月內可以竣事。此後當繼續取釋道兩教經典。逐一發明。再須二年之久。方能完全脫稿。全書告成在三十冊以上。四十冊以下。總名曰揭開寶印。唐公又以世界戰爭。全爲爭食問題。乃特奉上帝欽旨。傳人以不食之法。初聞之下。似覺奇怪。實而行之。原係自然。併非勉強。蓋上帝造人。人之所以必需食物者。在於何點。惟上帝知之。上帝告人以如何而行。便可不食。人本上帝所告之言而行。則果然可以如摩西耶穌之禁食。而亦得生存矣。四川近得此道而行不食之法者。將達千人。又世人祇知人有肉眼。不知人尙有天眼法眼慧眼佛眼。肉眼謂之外眼。天法慧佛等眼。謂之內眼。外眼必假日光月光燈光而始能見。內眼則不假日光月光燈光而即能見。金剛經佛已早言及此。此是實境眞境。併非幻境夢境。現聞四川羅金銳君言。得唐公之傳。已有天眼法眼。實驗不虛。其慧眼佛眼。尚未修到。惟唐公獨有耳。（中略）世有欲探唐公之消息。而希冀一覩道德之實證實用者乎。請由郵寄背四川重慶彈子石杏花村濟園羅金銳鄧孝然兩君收轉可也。中華民國十年十二月山東歷城童子江希張記。通函訪道處改寄成都奎星樓榮福公轉。

據以上鷗滄通信看來，江希張與世界宗教大同會有牽連，但於當年十一月十五日江君又在上海申報啓事如左：

前以四川唐某發布天災流言一般愚民多致輟業廢食自相驚擾希張讀書京師匯文大學對於此等怪誕學說詭祕行爲向持極端反對主義何敢蟻附盲從貽害社會而且張與唐某素不相識並無任何關係奈近來報紙紛傳希張曾投彼門下或竟以該會副會長名義及受唐某先知委託職相加殊屬荒謬絕倫本擬置之不理近以各處質問函件過多難於徧復除日前已在京津滬甯濟南及各大埠各大報紙聲明外特再詳細解釋伏維公鑒

再查上海某道德會於民國十一年七月廿六日在申報上有以下的啓事：

謹啓者時局日非人心愈壞非道德不足以補救之今有山東　江希張神童聰明天賦救世情殷特註儒釋道耶回五教諸書爲維持道德起見不分門戶不涉迷信洵救劫慈航也敝會承

江神童函託輔助因備道德會章程數種以便流通近來佛教盛行善社林立均有道德思想亦否極泰來之象敬祈　各界慈善大家咸具熱忱贊襄盛舉或附立社會或演說是非群策群力即可宣揚道德而挽轉頹風倘得潛移默化人人誕登道岸個個挑出迷津則一道同風之治不難復覩於今矣敝會跂予望之

民國十一年八月廿八日，又登報開會歡迎江希張如左：

謹啓者山東　江神童希張聰明睿智救世情殷提倡道德促進大同爲世界一大哲人也此次神童由北京分會演講來甯同人等定於今日午後二時假座英租界梅白格路六百四十三號京兆里沈公館開歡迎會並請神童演講道德會之宗旨屆時　諸君子欲聆嘉言蒞斯盛會不勝盼禱之至

再據民國十二年十一月十五日，該會於中報上聲明如左：

本會以提倡道德改良社會爲宗旨並無何等詭祕行爲籌備數年以來已爲世人共知共見近有世界宗教大同會所刊發之天災流言怪異傳單絕與本會無涉業經政府將該會取締深恐各界誤會謂本會與該會有若何關係以致各分處有礙進行不得不鄭重一再聲明俾知本會與

該世界宗教大同會無絲毫關係，以維會務而昌道德

由上看來，可見左道自左道，魚目是難以混珠的了。（參看本卷末『今之左道』）

民國十二年，世界宗教大同會正在詩謠一時，適値江浙戰雲瀰漫，湊巧有靈學會發起癸亥江浙弭刼祈禱大會，於九月五日於申報登載啓事，啓中有：「癸亥六月廿七日恭奉　孚誠常勝眞君壇諭以江浙兩省人心可救，刼難堪除……因謹遵　神諭擇於夏歷七月二十六日壬午起至八月初三己丑止，假新北門內豫園萃秀點春兩堂合儒釋耶回道五教舉江浙弭刼祈禱大會，分設五壇……」九月六日，又在申報登載下文：『敬錄靈學會壇示乩訓七月廿三日在會盛德東壇奉　常勝眞君乩訓云：嗟乎天災屢警，悔禍未能，遂致昊天震怒，大刼臨頭，哀哉斯民，玉石俱焚，東方巨刼於此為甚，所傷人民正不知幾千萬億也，於此可見姦巧之不足恃，正不如忠厚之得綿長，可不慎哉！東京橫濱幾何不胥成灰燼，中邦人士聞之，亦可以知自警矣，吾之所以發起祈禱（已舉行弭刼祈禱大會）而刻不容緩，因八月十四以後本有巨刼，故旦夕頻催，使各弟子從速辦理，者今不得不爲諸子告矣　乾弟子蔣秉元法名妙志坤弟子蔣朱氏法名應悟同叩代宣』

既有以上枝節，上海耶穌教會即於九月十一日，於申報登有緊要聲明如左：

緊要聲明　上海耶穌教會不與聞靈學會合儒釋耶回道五教祈禱大會（詳說見與華通問兩教報）

上海耶穌教傳道聯會，又特致下函於中報聲明眞相：

上海耶穌教傳道聯合會來函　我耶穌教會爲國家爲各地方人民祈禱不已。引爲己責。於本年陽歷八月二十六日。在老北門外浸會堂。爲江浙兩省求平安。舉行聯合祈禱大會。越數日見報載上海靈學會籌備癸亥江浙兩省弭劫祈禱大會通告。所謂同心之言。其臭如蘭。最可惜者。該靈學會通告內有云。『恭奉孚誠常勝眞君壇諭。合儒釋耶回道五教舉行癸亥江浙弭劫祈禱大會』等語。不合我耶穌教律法。不能共事。特派代表向該靈學會查詢。爲何列入我耶教之名。據該靈學會葉會長答云。『靈學會以和合各教爲宗旨。不獨崇拜儒釋道之諸神。亦欲崇拜耶穌教之上帝。信仰自由。可毋庸先與他人接洽』等語。我上海傳道聯會同人。恐遠地同教。見該靈學會通告。難免誤會。因此不得不聲明眞相。以分涇渭而保教譽爲幸。特白。上海耶穌教傳道聯會同人謹啓。

▲江蘇松江縣（此段轉載民國十二年九月十日中報）

頃據松江人來滬者傳述。謂松地自北京世界宗教大同會之『大刼業已臨頭』傳單流入後。縣署中人首先贊成。即命號房周某於九月五日。向西門外成章印刷所刊印六聖眞道同一總會（即世界宗教大同會）萬急通告數萬張。飭人沿途分發。並張貼各處。其內容首段謂『今年八月普世界上有空前大災。世界上人類要死三分之一。衆兄弟姊妹們。千萬不要看做是一種迷信的警告。千萬要依照下面所說的方法。速速預備。或者還可以死裏逃生。不然。就沒有生理了。所有災前預備避災方法。說明於左』。其所謂災前避災方法。共列十六條。大概謂近海者宜於八月十四五日前。遷居高山。無山可居者。預備船隻。遷於船內。住高屋者。遷入矮小之屋。若無屋可遷。甯可露居曠野。畏寒者宜預備好酒。以竹筒或洋鐵筒盛之。作禦寒之用。如到渴時。萬一不能得水。可喝自己之尿。並預備花椒以解渴云云。荒誕不經。見者無不詫異。一般愚夫愚婦。一聞在上者有此怪舉。無不信爲千眞萬確。爭相轉印。印刷業因之利市三倍。於是城內外空氣大變。隨處祇聞八月半大難臨頭之聲。人心惶惶。一若大難之將至。而溫知事之兩姨太太則日念救苦救難。縣署掾屬。正在預備飯乾。致應辦之關於自治等各項要政。大都擱置。如此荒謬。以視川沙縣知事之能厲行禁逐。眞判若霄壤矣。

另一消息云。科長周冠五。在其府橋南所寓之何宅。祕設機關。勸人入會。日上并到有大師父聶良材。遍向各機關傳教。現在縣警兩署加入者頗不乏人。入教時須宣誓。如有洩漏。願頂貨天絕。以是個中人都守祕密。但外間喧傳。已大街小巷。無人不知。以是無識愚民。人心惶惶。一若大禍之將至。種種迷信之舉。亦因以日甚。八日已有公民姜世綬等電請省長委派蒞松密查究辦。九日松江市教育會職員會。亦已函請縣署查禁。不知溫知事將如何辦理也。

▲江蘇川沙（此段轉載民國十二年九月五日申報）

川沙自前月發現世界宗教大同會書籍多種。封面題爲『霹靂一聲』『世界宗教大同會宣言書』等。一般愚民趨之若鶩。其內容謂世界末日將至。陰曆八月十五日以前。全世界將有大水及狂風烈雨。五日五夜。日月無光。所有全球人數約死三分之二。該教主唐煥章受上帝眞傳。出而度世。人能尊敬奉行。或可倖免等語。故數旬來入教者已達四百餘人。並由周某陳某等醵金赴嘉興延聘所謂李師者。來以傳道。李住宿於周某宅內。其傳道法係分三級。初入教時。祇須具水果三盆。對天頂禮設誓（如謂受道後漏洩祕訣。雷殛火焚等等）然後由教師引之祕室。授以行功祕訣。其行功情形。先屈膝危坐。合掌閉目。口唸所受祕訣。謂可使全身血液運轉。身無疾病。道第一級成功。進而入第二級。則須住宿該傳道處。終日趺坐。每日祇飲淡糯米飯三盅。不准用蔬菜。茶二小盅而已。其已入第二級者。已有二十餘人。均面黃肌瘦。幾失人形。其中尤以赴嘉興延聘之陳某爲甚。陳體質魁偉。精神素旺。自入該教至第二級後。卽神態萎靡。吐瀉交作。幾瀕於危。幸由家屬强拽之出。並阻其再入。始得復原。然陳某心中仍念念不忘。見人尤稱道不置。至死不悟。可笑亦可憐矣。自此教發現。入教者雖居全部之少數。而一般人之心理。究以迷信神權者居多。故旬日間城中空氣忽而大變。人心惶惶。均如大難臨頭。寢食不安。已入教者並紛紛求教師指示免難之法。謂用黃豆芝蔴等數味。研細爲丸。大難來時可充饑免難。當由某藥店主發起配合。昨聞投資加入者非常踴躍。數日間竟醵集至二百多金。此教中人之深。亦可見一斑矣。

號下午。縣署接到北京寄來該會聲告一種。標題爲『大刼業已臨頭』『霹靂一聲之實現』『再不信就有性命之憂』『世界人類之迷夢可以醒矣』。及救苦救難之方法等。嚴知事閱後。勃然大怒。卽微服至周某宅內。飭李某卽日停止進行。一俟詳過省長再行核辦。詎李以內務部敎育部批准立案。抗不遵行。並謂貴縣是否隸屬中央。若然。已經大部許可。何得任意勒令停止。嚴知事知不可理喩。視案上有傳道錄一冊。取閱之後。知係入會題名。乃挾之而出。並謂大風大雨等情。無非你們假此惑衆。川沙境界我可保險。不致有此現象。且雖經內務部許可。未曾具報地方行政長官。不能任意傳道。言罷。步行至警局。出親筆手諭。派警勒令停辦。此一號下午四時許之實在情形也。是日縣署宴請調查捲烟稅省委劉莘等。及商會會長陸文信。葉濟川。城董陸蓮溪。警佐李久新等。席間嚴知事謂此教男女混雜。有傷風化。而入第二級者。終日餓坐。尤背人道。即囑李警佐切實調查具報。一俟省署復到。再行呈報。務必取締。以安人心。並責李警佐辦事疏忽。二號之晨。警局派巡長警察至周宅視察。詎知所謂李師者。已於晨光曦微中。專車赴滬。據聞該會中人謂李將至嘉。一面電告軍民兩長。並將提出行政訴訟。不知如何解決也。

▲江西南昌（此段轉載民國十二年九月廿日中報）

國聞通信社南昌通信云。贛垣日來。援粵名詞。已成過去。軍政各界。寂無所聞。即省議會因分贓而毆打案。省教育會因改選而訴訟案。現亦均由當事自行收兵。毫無舉動。而社會上所最鬨傳者。則爲瘟疫與邪說。查立秋以後。天氣乍寒乍熱。而正午及中夜熱度相差尤甚。或有昨日甚寒而今明日又轉熱者。居民既難維防。而疾病即因而生。此病之起。先發生於城外潮王洲某戶。有五代單傳之子年將十三四歲。先一日患病。次日即死。繼之而患者。不上兩日。已先後死去十餘人。現正盛行。惟幸未蔓延入城。各醫生亦在研究防禦醫治之法。至其病狀與歷來伏天所患。無甚大異。適於此時。省垣又紛紛設立院境。如六一眞道會，南昌道院，悟善分社，玉錫仙境等等，不下十餘所。邪說更因之羣起。民間紛傳。謂將有空前之大地震，大日蝕，大震嚮，大殞星，大海嘯，大風雪，大冰雹，大寒冷，大雷震。並謂至中秋節後即成事實。與外省所傳之大同教說。完全吻合。或即係此處各道院社代爲傳播。而張天師亦飭徒大散符咒。謂可救災。愚民無知。咸相驚以伯有。上中社會。亦大多數迷信。頓呈不安現象。現官廳正在嚴行查禁此輩煽惑之人。

▲吃糞教（轉載民國十二年九月十四日申報時評）

飯可吃而糞不可吃。雖極愚之人亦知之。而今所發現之一種邪教。乃至教人不吃飯而吃自遺之糞。且在四川一省。教徒竟達一萬三千七百餘人。可謂奇聞矣。

在創此邪教者之謬妄。固屬罪不勝誅。而信此邪教者。竟如彼其衆多。則可推想國民知識程度之低。竟有不可思議者。二十年教育之效。幾等於零。良可慨也。

大凡政治之紊亂愈甚。則人民所受之痛苦愈多。日處兵戈擾攘之中。常有求生不得求死不能之悲慘。偶聞一說。有足以避免災難者。自不期而盲從之。則彼教徒之甘受其愚。亦正大可憐憫矣。而不意此等邪教竟以世界宗教大同會名目。向北京立案獲准。此殆今日之北京。其穢濁已等於糞坑。與此不吃飯而吃糞之邪教。固有臭味相投者乎。

（十二）同善社　同善社是最近發生的一種左道，標出一個却病延年成仙入道的旗幟，到處誘人入社。別的左道或是限於一隅，或是限於一界，但是同善社却是普遍南北，無論甚麼老秀才啊，舊學子啊，議員啊，委員啊，以及樸素的農工，狡猾的遊手，愚蠢的婦女小兒，無不陷於他的彀中，將來爲患社會恐必較爲宏大。凡入社的，須先經引師（社中專名）引導向祖師拜上幾十拜，再叩幾百頭，然後長跪上香，讀一篇『三綱常講，八德永敦，欺師滅祖，五雷轟身』的誓詞，讀完以後，再去攝準空兩個紅紙團，紅紙團原是引師所搓捻的。最後要行專制式的禮節，服從命令式的訓話。（按此一條最爲恨毒凡祕密教無不以絕對服從頭腦爲拑制黨徒的要訣；凡違犯的，頭腦有權任意將其處置，這就是各城鎮碼頭常有些四肢不全的殘廢人的發源地。邪教害人，眞是不淺。）受嚴酷的訓誨以後，立時繼續行祕密的靜坐法。靜坐的樣式，是要盤膝趺坐，左足在外，右足在內，叫做陰包陽；左手握成空拳，右手大拇指插進空拳裏，其餘四指則包在拳外，叫做陽包陰，象太極圖的意義。還有一個緊要的去處，稱爲元關，當靜坐時，五官百體都要對準元關；似乎是萬國朝覲的模樣。社中對於元關的地位，更是要大祕而特祕，凡說出來的，必被五雷裂身。這種荒謬絕倫的威嚇，眞眞可笑。若要追究這元關到底是在甚麼地方呢？乃是在鼻梁以上，兩目中間的地方。凡靜坐久了，元關的竅可以開通，靈性全顯，就可以做仙道了。現在人所以不能成仙道，無非因爲元關不通，靈性昧煞，這纔弄的如此混濁。

此外的工夫，則襲取感應篇殺生救劫一類的小書，以及附會孔子佛老各書，謬加解釋，以爲用工夫的課本。另有善，一，專，精，靜，悟，恐空，等等字樣。這些工夫也沒有澈底的解法，簡直是除了煽惑人心，號召黨徒外，其餘則沒有甚麼宗旨。上海時事新報曾送給同善社一個特別的名目，稱他是雜種敎生殖器敎；這個名目倒也奇特，說到老家，他不過是利用人怕死喜壽的心理，實行的快其私圖就是了，並不能如同佛老尙配得起一個敎字，若同善的只不過是邪術惑衆而已。

據社中頭腦說：『若是靜坐久了，身體就能覺得非常愉快，有飄飄欲仙的滋味；到此時就是靈光發現的證據了。』其實此種感覺，乃是心理的作用，並非靈光的發現，因爲心靜以後，萬念俱絕，自然要如睡夢一般；而且坐的久了，下部血脈停頓，身已麻木，自然就覺到乘空淡虛的快感。這不過是失掉知覺的一種經過；只有感受百體不靈的痛楚，又那有甚麼特別的爲仙的趣味呢？

統起來看，同善社約有四端毒害：(一)違反現代公開的趨勢；(二)阻礙文化的進行；(三)造成無思想無感覺的國民；(四)騙錢；社中有談道費的名目，依層次遞加，初入社的，收費一元；(五)提倡君主專制，因爲他的誓願裏有三綱常講四字。

叁　取締文告

(一)江蘇省令：關於嚴禁左道的事，江蘇省長韓國鈞，也曾於民國十一年十一月間頒下省令，從嚴取締。今將該省令列左

「據上海縣民人陳少遊呈稱。竊察蘇滬各屬。向有女巫。(即俗稱爲看暇氣的仙人)爲人關亡(女巫男覡，召亡者之魂，附於生人，以言禍福爲關亡；其事必用符籙，如官府之用文移，故稱爲關。)看邪箓。利人愚闇。信口雌黃。鄉曲愚婦。莫不入彀。其害初僅祭鬼祀神。犧牲少數金錢。罪也不過藉端詐財。未至以生命爲兒戲也。然在前清官廳嚴禁不貸。士紳疾惡如仇。所謂女巫者匿跡鄉僻。罔敢稍露。乃自民國以來。該巫等異想天開。竟敢勾通附近廟院持寺。(即假鬼神以欺人之妖道)遇病家相延。或登門看邪者。女巫動輒以病者有冤鬼。或乃乃祖父曾有孽債云云。導令至關節相通之某院某廟某道士處求治。至則小者罰燈油數十斤。紙錠費數十元。大者道場(即請

道士開場唸經）數日夜。或數十晝夜。經懺幾萬卷。妖詭百出。擇肥而噬。中人之產每為所破。甚而為病立方賜藥。符籙驅鬼等。黑幕重重。兇逾盜賊。迨病家不能救。又推鬼神怒求治之不誠。或因另延醫生所致。中多可救之病因救治失時而死於非命。病者被間接殺害以逝。生者為破產無依。受累愚闇何辜。不死於疾病兵禍天災。而死於少數狡黠之黑幕。祇以民國法令。告訴之權。限於被害受愚者。旁觀者干涉無權。官廳耳目不及。警吏因利包庇。荼毒所至遍地皆是。其最著者。如上海縣境的虹廟。（虹廟在上海英租界大馬路中段路北。廟中非常骯髒。香火甚盛。獨怪租界百度維新。凡屬舊有汚點。一概革除。竟獨留此幾方地皮。幾間破廟。幾尊偶像。點綴市面。亦極耐尋味者也。）以及天后宮。（在上海租界蘇州河北岸。近北河南路。）城隍廟。（在上海縣城內。）寶山縣境江灣東嶽廟。（距上海十餘里。供山東泰山神。民國十三年春。舉行賽會。滬甯鐵路淞滬段一日售出赴江灣車票約八萬張。亦可見寓滬人士嗜好趕山趕會之興頭眞是不淺矣。）及張大帝廟。）開在吳淞砲台灣。寓滬人士素日多到砲台灣遊逛。逢出會日就越要去趕熱鬧。）吳縣（即蘇州）城內之朱家園。飲馬橋。嘉定縣境之南翔。崑山縣境之孔巷等各地。女巫妖道莫不勾串欺詐。警吏職責所在。任令通都大邑明目張膽。報紙時有所載。同類爭利常鬧。不予嚴禁。何以安衆。我省長情切桑梓。凡應興革。靡不力爲。用敢環請飭令所屬各廳縣。將此種毫無天良之女巫妖道。及匿居鄉僻類似者。一律示禁。以驅害馬。而重生命。實爲公便。等情。除批呈悉。查女巫邪道。煽惑愚民。本爲地方官應行查禁之事。據呈前情。候令行各屬隨時嚴禁可也。此批揭示外。合行令仰該道尹。（警察廳長縣知事）即便遵照。查明嚴禁。隨時具報。此令。」

著者按女巫妖道侈談左道，阻碍風化；捏造仙方，誤人疾病；擇肥而噬，破人家產；幾乎無地無時不有此種危害社會的舉動，豈獨限於江蘇一省是如此麼？所可惜的，就是鄉曲愚民，甘受愚弄，而不覺悟；地方官廳視爲故常，而不取締；坐使左道猖獗，聖道不彰就是了。陳少遊以非基督教徒，而能具此等破迷的勇敢，眞堪稱爲俊傑之士；我基督徒本是以宣揚聖道闢邪歸正爲職志；然而滬上基督徒何止數千，平素且以領袖自居，竟是對於破迷事業，噤若寒蟬，少有如同陳少遊君之見義勇爲，對於陳君能無愧乎？

(二)**公民呈文**　關於藉江灣東嶽廟左道惑人者，也曾惹起地方人士的反對；即如民國十一年十一月間，有上海閘北地方自治籌備會會長徐懋愈陶楨徐維綸等，也曾呈請淞滬警察廳從嚴取締，今將呈文列左，以明惑人的眞像：

「呈爲奸民惑衆斂錢。請飭警區嚴重取締。以端風化事。竊維左道惑人。例禁綦嚴。詐欺取財。尤干刑律。茲據敝會會員徐錦堂君報告。江灣東嶽廟地方有張姓兄弟數人。均以道士爲業。勾串女巫。巧立請仙名目。爲人治病。一面標榜張揚。引誘無知婦女。及鄉村愚氓。受其惑者指不勝屈。由是積貲鉅萬。生涯日盛。名播遐邇。日前有僑寓江灣附近客籍朱國治之妻。亦被該黨誘往該地祈禱治病。被伊陸續哄騙。百般恫嚇。强逼勒索。計先後詐去銀三十餘元。朱本貧者。到處借貸。誤墮其術。頓遭損失。事後追悔。痛恨無極。敝會聞知。派人詳細調察屬實。且查得閘北一帶。妖民甚多。女巫尤夥。如關亡，肚仙，護身，活菩薩之類。比比皆是。大抵慕張道士家之富。相率效尤。貽害地方莫此爲甚。爲此備文呈請鈞廳。爲改良風俗。驅除民害起見。迅賜諭飭各警區從嚴取締。以除妖妄而惠愚氓。實爲德便。謹呈淞滬警察廳長徐。閘北地方自治會會長徐懋命國楨徐維繪。」

肆・普通左道

（一）巫蠱　巫蠱是左道的一種，凡女子能於暗中婆娑蹈舞以降神者，俗稱巫婆，男子則稱爲覡；凡持左道以亂政惑人者，俗稱爲蠱。漢武帝最迷信道教，巫蠱也是道教的一派，當時他卻吃了巫蠱不少的虧，因爲連皇后皇太子皇孫子都牽連誅戮了。至於要追究此事的本末，原是漢武所惹出來的，因爲他素來就迷信求神弄鬼的事，宮中還養著些求神弄鬼的方士，所以皇后太子自然是最容易耳濡目染的，隨後就釀成誅戮的事了。起初漢武曾爲太子據特爲設下一座博望苑，使他可以自由與賓客交通，以便練達國事。用意固然是好，可惜家中素來迷信鬼怪，因此賓客中就不少挈著左道邪說蠱惑太子的。當時長安城中，（漢都長安）充滿了方士神巫惑衆變幻，無所不爲；女巫們則往來皇宮，教導宮女們度厄的法子；並埋下一些木人，加以祭祀，說是這樣作法，無論指著誰，加以呪詛，則其人非病卽死。

可巧漢武帝當六十八歲時，忽然得了疾病，心中就疑惑或者是被宮女所呪詛的。有一次他白天睡在宮中，夢見有木人好幾千，都持著杖要齊向他身上亂擊；因此忽地驚覺了，從該時以後，就覺得身體大不爽快。當時有一位奸臣江充，本與太子不甚相得，他恐怕漢武一旦晏駕，太子卽位，一定要被誅戮的。因此趁著漢武病體未痊時，就要想個殺太子的法兒，所以對漢武說：陛下的病是巫蠱作祟。不料那位昏昵的漢武，就偏信了這個話，於是命令江充治巫蠱獄，統計因此次左道被殺的，共有好幾萬人。江充又妄說宮中有蠱氣，漢武於是又命他入宮治蠱；充在皇宮掘地求蠱，說是惟在太子宮中掘出的木人爲多，還有用帛所寫的書，多是叛逆的話。於是太子及皇孫鼠后等，前後都自殺的自殺，被殺的被殺了。

（二）讖緯　古今最迷信的是讖緯；讖是指著所有將來得失的兆頭說；緯是十三經的支流，凡十三經上所未提到的旁義，就稱爲緯。即如史記序文上所引易經上失之毫釐差以千里的話，漢書蓋寬饒傳所引易經上五帝官天下三王家天下的話，都是易緯上的文字。四庫提要本是我國第一有價值的書籍，其中也有論到讖緯的話說：『儒者多稱讖緯，其實讖自讖，緯自緯，非一類也。讖者詭爲隱語，預決吉凶；史記秦本紀稱盧生奏錄圖書之語，是其始也……』據上看來，我國第一流人物，都承認讖是詭爲隱語，預決吉凶的；可是既說是詭，就未必能決吉凶。至於用讖預決吉凶的法子，也不必然盡是用隱語，另外也是畫符繪圖，就是所說的符讖圖讖。此外又有藉器物卜將來事的究竟，也稱爲讖語；即如宋朝曾布的外重孫王明清所作的揮麈餘話上載有：『張步溪中有一塊石頭，里中的人號爲團石。石上有讖語說：團石圓，出狀元，團石仰，出宰相。』其實一塊冥頑不靈的石頭，於出宰相狀元有甚麼牽連呢？於此可以見出讖緯的說法，原是迷信家的製造品。最能使社會陷於迷離惝怳之中的，要以世俗所稱的推背圖爲最。相傳唐時有李淳風與袁天綱，共爲圖讖，預言歷代變革之事，一直圖到六十多圖，李淳風還要往下圖，袁天綱用手推他的背說：不必再圖了。因此這一本圖讖，就是後世所推崇的推背圖。現在所傳的本，也不一種，其中的語調，若明若昧，閃閃灼灼，類乎暗謎語，令人難憑；這就是他惑世的伎倆處。憑實說來李袁二人，又焉能預曉六十朝代以後的變革呢？從唐朝到現在，不過經過宋元明清，即便加上後五代的梁唐晉及漢周，也不過僅有十朝代，其餘五十朝代的變革，誰又能預先說出呢？況且中華民國十二年，並不能曉得十三年到底是如何，若要說些閃閃灼灼的話，毫不負甚麼責任，又何必那本推背圖呢？無論誰都可信口胡謅的。

可是李袁二人的勢力，爲甚麼能傳及於後世呢？想必也有個特別的緣故罷。若李淳風本是岐州（今陝西鳳翔縣）人，幼時無書不讀，甚明白步天曆算；唐太宗時爲太史令，（略如後世的欽天監）所占候的吉凶，都有應驗，後被封爲昌樂縣男爵。至於那位袁天綱，也曾著作幾本九天元女六壬課等書，能彀上列於四庫存目的資格，所以後世或者不是重其推背圖，乃是重其官爵，重其當時爲迷信的皇帝所重視罷！

（三）射覆　古時還有一種左道，名爲射覆，惟獨術士能具此絕技，即如漢時東方朔，就是術士的一位；據漢書上說：『武帝嘗將蜥蜴（壁虎類）置在盂下，使術數家射覆，別的術士皆猜不中盂下是甚麼東西，惟獨東方朔卻出布封扐蓍的手段說：臣若說是龍，然而沒有角；若說是蛇，然而卻有足；跂跂脈脈，善緣壁走，如此算來，非守宮卽蜥蜴啊。武帝滿口稱道說：猜的不錯，遂賜緞十疋。另射別物，連連皆中，各得賞賜。』

魏志上也載有管輅射覆的事，卽如有新興太守諸葛原，取燕卵，蠭窠，蜘蛛，盛於器中，使管輅射覆。管輅算了一會，答道：第一物含氣須變，依乎宇堂，雄雌以形，翅翼舒張，乃是燕卵；第二物家室倒懸，門口衆多，藏精育毒，得秋乃化，乃是蠭窠；第三物觳觫長足，吐絲成羅，尋網求食，利在昏夜，此乃蜘蛛。』

明朝彭大翼所著的山堂肆考也說：『唐朝的袁客師，是袁天罡的兒子，高祖李淵曾放一鼠於奩，令衆術士射覆，術士皆說是鼠；但是客師說：固然是鼠，然而入時一鼠，出則爲四鼠。啓奩一看，果然一鼠生有三小鼠。又有人將鷄蛋二枚，令一位名葉簡的占卜；葉簡說：此物不難，一雄兼一雌，請將打破看方明混沌時。』又說：『明太宗取一物令文果射覆，文果射云：有頭有足，不石卽玉，欲要縮，不能入腹，乃壓書石龜也。』

魏志上又說：『清河令徐季龍，取十三種物，盛大奩中，使管輅射覆。管輅射云：器中藉藉十三種，先說鷄子後說蠶蛹，遂一一都射中，不過木梳射為篦子。』管輅射印囊文，是內方外圓，五色成文，含寶持信，出則有章。

南唐近事說：『鍾傳鎮江西時，有一位術士，仗着射覆之法來求見；傳用歷書包一橘子，藏在袖中，使術士射是何物。術士口占一歌說：太歲當頭立，諸神莫敢當，其中有一物，猶帶洞庭香。』

唐朝蘇鶚所着的杜陽雜編上說：『羅浮先生軒轅集擅長射覆；有一次皇帝嬪御預先取金盆覆白鵲，要找集射是何物；當時集方在寓所休息，忽然對中貴人說：皇帝安能再令老夫射覆呢？中貴人聽了，都不曉得他是指着甚麼說的，剛詫異間，皇帝差人命集速去；纔到玉階，就對皇帝說：盆下的白鵲該當放出了。皇帝於是大笑。』

從上看來，射覆原是一種不正經的術數，惟獨東方朔、管輅等最為擅長；可是二人原是以陰陽卜筮術數惑世的，所以不得謂之正道。此種邪術，到元朝時尚有道士劉秉忠、田忠良等傳習，以後則斷絕無聞。至於在各書上雖然記的神奇，却是絕未有的事。

（四）**冥器**　我國社會迷信人在陽間用甚麼，那麼死去以後到了陰間也要用甚麼；秦穆公曾以子車氏的三子殉葬，也就是此等主意。而且上古時的無道昏君，無不有此等強暴行為；曹操雖未曾令人殉葬，但他還留下遺命，叫他所幸的愛伎們，在銅雀臺上按時作樂上食，以便愉樂他的死鬼。在那些無權無位的人，既不能强人殉葬，則造作出紙人來，供其使用。孟子也曾批評說：「始作俑者，其無後乎，爲其像人而用之也。』可見當戰國時，有勢力者已有此等取悅死鬼的事。歷代以來，雖不能歷歷指陳此等作俑的興衰，數千年來却是歷歷不絕，直到現在，依然存留在社會上；從知此等風尙，是最難破除的。

推究此種風俗的由來，無非生人對於死人的一種應酬，也是生人對於死人所盡的痛愛心腸；以爲生人所用的，死人也是必要用。即如世路難行錢當馬，因此也就爲死人燒些金銀元寶；現在銀圓通行，則燒些紙銀圓；生人所貴的是樓臺殿閣，蟒袍玉帶，也就爲死人預備此等的東西。北方以騎馬乘轎爲榮耀，人死以後，就爲他扎糊同樣的冥器，南方江河最多，所以冥器也是船隻爲多。通行人力車的碼頭，則用人力車爲冥器。上海有勢力的人家，則多用汽車爲冥器；所未用者不過只有火車輪船。就歷史看來，不多幾年，或者必要用飛艇作陪送死人的上等禮物了。此種風俗的變幻，俱是世人的心理作用，追究起來，是大有可笑的價值。即如上古時，社會間是多用現金交易，所以也多用現金陪送死人；近來人羣進步，以現金不便攜帶，所以多改用紙幣，因此人就以紙帶陪送死人。當民國十一年九月二十日在上海還發生一次訟事；因爲民立印刷店主周庭奎與老錦順紙紮店主朱鳳山出售冥用的五元一張的鈔票式樣與中國銀行鈔票相同，且刊有中國銀行兌換券字樣；惟在反面的英文字上，印有英文翻出來就是『鬼用鈔票』。發售的價值現銀五角能買七十三張，可是在一般無知識的人，則不能分辨清楚，必要與中國銀行的眞鈔票一樣的行使；所以中國銀行就將周朱二人控到法庭，結果不過是將鈔票銷燬，周朱無罪。推究中國銀行所以起訴，乃是因周朱二人所印的鈔票與其行中的鈔票式樣相同，且刊有中國銀行字樣；若果周朱二人能別出心裁，另刊行一種新花樣新名稱的冥用鈔票，自然無人反對了。他所怕的，乃是陽間既不能通用，也必不能通行於陰間；中國銀行鈔票，是社會上最有信用的，難道在陰間也很吃香麼？周朱二人，眞是異想天開的。

有一位姓劉名晉蔚的，他也曾對冥器的隨俗，發表嫉忌的評論。即如評論紙屋罷。他說：『紙屋是用蘆葦與紙紮成的，是吹彈得破的；不用說是不能蔽風當雨，即便高矮寬窄，也未必巧合鬼的尺寸。若說蘆葦可當木料，紙可當磚瓦，那麼爲甚麼不買上幾十擔焚化，使鬼得以開一爿木行與磚瓦舖呢？』劉君又評論紙錁說：『紙錁是紙與錫箔造成的，那麼爲甚麼不燒些紙與錫箔，使鬼得有開辦造幣廠的原料呢?」劉君的評論雖屬滑稽，可是我國若沒有此種滑稽的迷信，又焉能惹出滑稽的批評呢?

按燒紙的風俗南方勝於北方，而且南方所燒的多爲金銀箔紙，北方祇不過燒些賤價的黃表紙就是了。紙是出在南方，俗語說：北方人不燒紙，南方人得吃屎。似乎燒紙不專爲迷信鬼神，也是維持生計的一種辦法。遍觀我國各城各鄉，烟紙店到處皆是，從知死人所消耗的紙費，並不下於生人所靡費的烟費。按我國每年烟費，祇就烟捲一項而論，已不下八千萬元，然則每年所燒的紙，就不止此數了。燒一回紙，恰如失一把火，一年三百六十五日，全國各戶人家所失的火，眞如恆河沙數了。再看所燒的金銀紙錠，有的長約二尺，寬約八寸，一串數十錠，好不令人刺眼哪!

或有人說：燒紙的迷信不過通行於無知的小民，縉紳先生們却是不屑信的。其實不然，越是縉紳勢力人家，燒的紙越是値錢，用的冥器越爲逼眞；當滿清亡國太后慈禧出殯時，冥器就愈格的輝煌，非常的衆多，奇奇怪怪，不可名狀；試思一國元首相率爲僞，國焉有不亡的呢?當滿清乾隆年間，直隸河間有一個名紀昀的，乾隆間中過進士，官至協辦大學士，總纂四庫全書，校訂整理，每卷悉作提要冠諸簡首，稱大手筆。秋坪新語記載他家中一樁燒紙的故事，最爲離奇，錄之於下，以見社會間的迷信雖最放達的大學士，也是跳不出範圍。說是『他的長子名汝佶，中過舉人，得了重病，曾死過去好幾次。有一次蘇醒，聽他說話的聲音，好像山西音，說是我來討債，現已清償，仍欠若干，可焚紙鏹，焚的數數，我必即去。家中果然焚燒了若干，隨即嚥了氣。不料正圍繞着齊哭，他又忽然迴回氣，瞪眼說道：所騎的馬後蹄是瘸的，不能行走，可另換一匹，我就不回來了。衆人聽了，面面相顧，不知所措；幸虧紀昀的第二位小姐哭哭啼啼的道：不錯啊！我記著大哥嚥氣時，所燒的馬後蹄的紙是破的，想必就是指著此事罷！於是又焚了一匹囫圇的，乃不再還氣了。……』

難道這就是燒冥器的用處麼？秋坪新語不知是何人著的，自然是多說些怪鬼話，可是未免過於唐突紀文達了。（謚文達）

（五）迎神賽會　一年之中，四民埋頭碌碌，若無一種會社，宜洩其積悶，節制其筋骨，調和其精神，則雖有衣有食，亦必索然而無味。設欲補救此種缺陷，文明諸國則多舉行運動會，大跑馬，體育會，球會，等等有益身心的舉動。但是我國則不然，動不動就要拿著所敬拜的偶像神，任意擺弄，這就是社會上通稱的迎神賽會。此種狂舉由來已久，相沿成風，已爲牢不可破的迷信，所以各地兩時是必要舉行的。若是論到上海一隅，說近數年來，却倒有破除陋俗的成蹟，情形是非常的可佳；若果內地都能倣效辦理，則我國可算是變成新天新地了。今將民國十二年四月四日，淞滬護軍使署訓令列左，以便改風問俗力謀社會改良者，有所遵循。

「頃據浦東塘橋鄉公民龔計生呈稱。竊思上海爲通商大埠。人民智識開化最早。惟我浦東民智閉塞。風氣未通。惡習最多。每逢春日。好事之徒。煽惑鄉愚。發起昇神遊行比賽。惡保劣董。暗中輔助。宰殺猪羊。豪食痛飲。茶餘酒後。浪擲金錢。勞民傷財。莫此爲甚。宜嚴禁者一也。無業遊民。藉端斂錢。匪徒流氓。乘機盜竊。不良少年。漁色有隙。奸騙拐逃。必有數起。傷風敗俗。莫此爲甚。宜嚴禁者二也。發起之初。無賴麕集。天未昏黑。結隊成羣。或強迫附和。或詐索銀錢。昇神疾馳。俗稱跑境。喧嗔之聲。通宵達旦。搗棺挖墳。屍骨橫飛。謂爲求靈。違警犯法。擾亂治安。宜嚴禁者三也。米珠薪桂。生計維艱。賽會之時。識親酬友。妄費金錢。告貸無門。終日徜徉。遨遊無厭。廢時失業。莫此爲甚。宜嚴禁者四也。時在春令。荳麥叢生。一經賽會。踐踏殆盡。破壞食糧。莫此爲甚。宜嚴禁者五也。賽會之徒。擎華蓋。執彩旗。興高彩烈。人多好勇。非爭前即攘後。一言不合。羣起猝鬭。兵器相接。兩敵必傷。暴戾之氣。莫此爲甚。宜嚴禁者六也。勞工風潮。時發時止。集黨結社。有干律禁。賽會之期。或有不規之徒。未免不軌之行。擾亂秩序。莫此爲甚。宜嚴禁者七也。我浦東人民。不爲有益。甘蹈有害。乃洋涇之社莊廟。

爛渡之吳家廳，塘橋之間心菴。黃家渡之三官堂。南碼頭之五路堂。白蓮涇之猛將軍廟。均有此舉。若不嚴行禁止。致使一般妖孽。作此無謂舉動。危害地方。……」

「上海地方，經此訓令後，迎神賽會之風，勢已大殺，未始非一種好現象。至於是中所稱神迎賽會七種流弊，內地各省雖不必盡同，却總不離大概。幸虧近來有一般頭腦清醒的人，得了新文化的鼓蕩，毅然的要起來與邪風奮鬥，實在是可尙又可嘉的。古人雖什說：『習俗所尙，賢者不免，』但是這一般受新潮鼓盪的，却真有跳出魔網的魄力了。」再讀上海非基督教徒所辦的少年宣講團，所印發的通俗傳單，就更見出我國宗教將來是必要更換一種高尙的了。傳單列左：

江南春好三月　烟景含笑迎人　所以踏青尋芳　並不干違例禁　豈知相傳到今
勝節轉成劣習　賽神進香諸事　豈能延壽益身　可憐愚夫愚婦　迷信劣性太深
菩薩泥塑木雕　一無知覺性靈　但傷金錢財物　徒耗一年生計　人能飲食坐臥
非同菩薩可比　不知反躬自省　養成國民精神　處世首重道德　如今四維何存
但靠菩薩保護　强盜亦可禮神　殺伐淫風可惡　有的借道攝引　菴廟誰說神聖
藏垢納汚可恨　年老公公婆婆　精神萎靡不振　正宜樂此餘年　偏喜奔走**戕身**

迷信兩字難除　倘有閒閣千金　滿頭珠圍翠繞　招搖名勝市廛　拆白浮滑少年
多方從中勾引　眉來又復眼去　金剛也要變心　若是盜賊見了　打劫還要殺人
賽會勞民傷財　官廳久有例禁　可恨地痞劣紳　假借菩薩欺人　結黨從中漁利
還要助長惡根　勸君及早回頭　勿再輾轉迷信　迎神不如求己　明德還須修身
倘若錢多無用　最好賑濟災鄰

讀過以上這一篇短峭的六言韻語，我就甚爲奇怪，怎麼非基督徒也竟說出這樣的話呢？原來他們是受了基督敎的薰陶，要自樹一幟，起來挽救社會的，這不能不說是我國的一大進步啊。他們閩中都是少年有爲的人，精神甚爲充足，在上海也辦有學校，築有講堂，按時分派人到隣近演講；內他各處，果皆仿照辦理，我國前途可就光明了。

迎神賽會中最可醜最可憐的，就是燒肉香。甚麼是燒肉香呢？就是遍身密刺綫針，如同鱗似的，或是用鉄針洞穿兩腮，或用針穿左膀脉門，及胳膊上，一排約用十針，下墜重約七八斤的大獅子頭，錫香爐，或是盤香，隨著城隍或別的偶像出巡。他們這樣的自找罪受，少數是因爲要還過著父母或自己有病對於偶像所許的願，但是多數是少年流氓一時逞其血氣之勇，要炫耀閭里，博一聲好漢的稱呼。所以按還願的看來，就不能不可憐他們的愚昧；獨不想想連他們所拜的神，還得用人抬，又焉能替人治病呢？況且一膚一髮，無不受之父母，豈有無故殘害己身，算是盡孝的呢？說到這裏，不妨連帶提一提捨身的事；山東泰山的絕頂上，有一處懸崖，旁邊樹立一座碑，碑上鐫着『禁止捨身』四個大字。考察碑的歷史，乃是因爲有些迷信的人，因爲父母長病，就甘心從懸崖下跳，求得一個粉身碎骨的結果，以爲這樣作爲，就可以使父母的病痊愈了。原其初心，未嘗不可取，然而却是非徒無益而有害之的舉動。此風一開，捨身的竟是一倡百和，勢不可遏，地方官這纔立下碑文，隨後就沒有捨身的了。此種愚昧的舉動，與印度人將兒女餵鱷魚是一樣的可憐；燒肉香爲禍雖是有限，直不百步耳；地方官奈何不加取締呢？

（六）**朝山禮佛**　朝山禮佛人的心理，是因爲本處沒有山，或是因爲本處的山不高也不出名，所以要到一處高而有名的山去朝拜朝拜。或是因爲本處的廟小，其中的神架不住大香火，所以要到一處大廟去敬禮大廟中的大神，這就是所說的朝山禮佛，俗呼他們爲香客。凡香客必是家資富裕，而且迷信最深的人；因爲近則數百里，遠則數千里，往返或數月或數年，若不多帶盤川，又焉能打過難關呢？今撇下小香客所朝的小山，祇略略提提大香客所朝的大山罷。按我國的名山，要以浙江的天台山，四川的峨眉山，山西的五臺山，山東的泰山為最著名。聽說山西大同府（今大同縣）有一個朝峨眉山的，在未出發以前，先許下願，出了大門，要一步一個頭，一直磕到峨眉山的佛像前。此人算是許了願能還願的，當他磕到陝西的時候，遇有一個遊歷的外國人，曉得了這段朝山的事，深深的嘆惜道：『中國人有這樣的堅忍心，若果用在正道上，恐怕我外國人就不得高枕而臥了。』所以我國若能將朝山禮佛的精神，用在研究實學上，那是不能再合式的了。以上不過只提其一，據說峨眉山的香客，是一年到頭不斷，推究他們所以下這番苦工夫，率是中了迷信的毒害，或是以為經過這一次工夫，可以延長父母的壽限，或是因為還所許的願，或是因為要積甚麼功德。其實此種朝山的刻苦生活，正不下如被擄於抱犢崮的生活啊！

論到朝泰山的，比較的也是最為勇旺；每到春日和暖的時期，來朝的就絡繹不絕，直到收麥時期，方纔漸漸稀少。香客多屬山東各縣，他省也有連袂而至的。他們不但是祇要朝山，還有特在山麓東嶽廟中演戲數日的。演劇的目的是媚神，其實他們的目的，為的是求一時的稱譽。另有的則舉辦施捨茶水的種種慈善事，以為也是大能積功德的。更有那些豪奢的，則許願於山間建立廟宇，超度下僧道，也以為是大有功德的事。凡乍遊泰山，以及各地名山的，就不能不驚怪為何自山麓至山頂沿途有些大小廟宇，是誰拏出這一筆款子來呢？推究其歷史，那些廟宇並非成於一時，乃是數千年或數百年前後歷次建成的，當地人出資所成的，祇居十之一二，其餘十之八九，則是出於遠來的香客。所以我國各地山中的廟宇，乃是我國香客的結晶，也是我國迷信的陳迹碑碣。即如朝泰山的香客，第一個顯名的，要推秦始皇，直到如今，泰山頂上還有秦始皇立的沒字碑。第二個著名的，要推漢武帝，他曾親自出馬，或打發人到泰山上朝拜。他們二人只去朝山，不是禮佛，他們的目的也就是要與上天接近，可是心目中的大希望，是要長生不死，達到神仙的境地。其餘歷代皇帝朝泰山的也是不少，都是懷著個非分的希冀，也都是徒勞而無功。至於別的朝山的，自然也是白白跑一趟腿罷了。

推測一般朝山的，正如現今的遊歷家一般；不過遊歷家所抱的目的，是開眼界，長見識，拓心胸，廣交遊，問風俗，消積悶，而非香客所抱的目的就是了。香客有時獨行，有時結隊而行，遊歷家也是如此；最近如美國遊歷團，觀光團，參觀團，考察團，來遊我國者，幾乎山陰道上，應接不暇，獨惜我國只去朝山禮佛，缺少此種豪舉。設若香客們能懷著一種遠大的目的，結隊去遊歷外國，那總不愧為神明華胄哩。

或有人說我國民窮財盡怎能與美國攜手同行呢其實不然若果我國同胞肯將香火錢用在遊歷外國上那是綽綽有餘的。那些出遠門朝名山的暫不必說，只就朝江蘇南通縣一座小小的狼山說也就是彀遊歷外國的了。據說狼山上所供奉的叫作甚麼泗州大聖；每年朝山的至少有三四萬人，山上僧寺照例收香錢每客一元，闊闊的客在寺中盤桓一回，吃一頓素餐，須多加香錢自三五元至七八元不等。不能出一元的貧窮香客，寺僧不許其上山敬香只好望山朝拜朝拜。統計這一筆朝狼山的香錢，也就不算是少了。這不過是南通一隅之地，狼山一撮之土，若就我國幅員之廣名山之多，共同算來，每年爲朝山所消耗者，尙可限量耶！

再察朝山的心理原是由來已久，因爲自古以來，就以爲凡名山大川其中就必寓有神鬼，即如堯舜時，就對於山川要致謹敬的供奉，書經上說：『柴望秩於山川，徧於羣神。』意思是說，凡那些走不到的山川，則朝著山川的方位致一番祭祀，另外還忘不了那些羣神。再論歷代相傳的山神，則爲魑魅魍魎，要按時出來迷人，這或者也是逼人朝山的原動力。無論如何處在文明世界，香客應當變爲遊客，朝山應當變爲遊山，正如瑞士國阿勒坡山的遊客一般，那纔能過得去。若仍如往古所存的心腸，則非徒無益而又害之了。

（七）吃素　據吃素的人說：吃素原是慈祥的事，也是和尚道士們所用的一步最大的功夫；因為吃素是祇限於五穀菜蔬等物，這些食物乃是植物，不知痛癢；至於吃葷，則是對於六畜等活物，妄加殘害，乃是大背天和的事。再就個人的衞生說：吃素的人，少生疾病；一切惡病腫瘤，多半生在肉食的人身上；有這兩種大理由，吃素是極合宜的了。但是雖然是這樣說，在那高等的和尚，也未必然極力主張著吃素。即如唐時有宰相李林甫問道一個最有名的大禪師名叫大慧的說：『肉可吃呢，是不可吃呢？』回答說：『吃是相公的祿，不吃是相公的福。』有人批評這樣的答案，是騎牆派，不能解決吃素的問題。其實這種無關緊要的問題，原是不用去解決，祇可聽憑各人的自由便了。某甲願意吃素，就吃素；某乙願意吃葷，那麼也就去吃葷，原是無足輕重。可是吃素的人，往往心目中還懷著些非分的希望，以為吃素是必能消災免厄，多能得菩薩的呵護；這就未免是過於迷信了。再看吃素的人，機體上多不能得充分的營養，所以體力多是不能充足。徐季龍不是我國的偉人，他的老太太是在民國九年謝世的，他為母親作的傳記中有幾句說：『先母晚年從事吃素，在生機的營養上多有缺欠，這也是壽數不能延綿的原因。』可見素是未嘗不可吃，但於身體的康強却極有防礙；況且上帝降生萬物，原是供諸人用，與其因吃素損虧己身，倒不如領受上帝的恩賜，還算好些。

在江蘇浙江二省，還有一種吃雷齋素的風俗，日期是甚短的，不過祇限定陰曆六月內的二十餘天霹靂盛行的時候；說是在該限期內吃素，可以免被雷擊，並能消除其餘的災厄。祇是他們還有一種毛病，就是當要封齋的前幾天，就要對於肉魚儘量的大嚼，似乎是要預先在肚腹中儲蓄下一月內所消耗的肉魚；一般在他們開齋後的幾天內，也有同樣的舉動，似乎要彌補幾十天的缺乏似的。情況既係如此，所以有人常為他們担憂：因為忽而大吃，忽而不吃，又忽而大吃，是最容易弄成疾病的；在報紙上也常見過警告一般吃雷齋素的話。

還有一般人，一面希望積功德，一面又捨不掉口腹之慾，所以他們就一面吃素，又一面吃葷。此等人的吃素期，多在陰曆初一十五，所以稱為吃朔望素。

調查吃素的人，是以婦女居多數；為甚麼婦女偏偏多吃素呢？(一)因為婦女最容易受迷惑；(二)因為社會的舊習慣重男輕女，家庭中的好東西，讓男子吃，婦女吃素正見出他的謙德來。就男子一方面說：也樂得一個吃素的妻室，那麼可以不分他的口味。此種風俗，與三從四德，耳環，戒指，纏足等等，同是束縛婦女的陋俗；談解放婦女者，不可不加注意。

（八）降龍伏虎　佛教道教中有所謂降龍伏虎的故事，說是唸上咒語，能令眞龍降在地上，也能使眞虎伏地不動；試看神通大不大呢？此種大口氣，說是不算吹牛，乃是眞能實現的。即如當前秦苻堅時，（紀元後三六〇年）有一個名涉的和尚，能使龍降在鉢中；後漢時有一個名趙炳的道士，也能使虎伏地不動。再說佛教中所最尊的是十八羅漢，其中有兩個是因能降龍伏虎纔得列在十八之內。直到現在，和尚道士還有拏著此種本事欺世惑人的，其實現在連龍也不見了，從那裏還再降呢？虎祇可養在博物院中，供人賞玩，何必再去伏他呢？推想佛道二教，所以拏著降龍伏虎的旗幟，來號召世人，必是古人以龍能行雨，和尚道士能降龍，自然也能降雨，雨是人生不可少的，那麼就必須先崇拜佛道二教了。再說古時老虎爲患生民，是極厲害的，人一出門，或者要爲虎所噬，因此和尚道士又想出一種騙人的技能，說是能伏虎；這樣凡迷信其道的，就必不爲虎所傷了。可是現在虎既減少，所以和尚道士也不去再以伏虎和號召了。但是現在一般時髦僧道，又要以護法和號召，試看各地不是多有些護法的和尚乘時而起麼？有心人當能察破其伎倆的。

（九）呼風喚雨　佛教當漢晉之世，所以能立住脚步，完全是由於以邪說炫惑世人，或是用佛牙，或是用佛骨，費了不少的惡心計，這纔贏得後世的信仰；根株既深，破除自難。今記晉書上的一段，以見佛教徒宣傳的伎倆，說是：「佛圖澄原是天竺國的和尚，晉時來到中華，大得晉時五胡後趙主石勒的信任，稱爲大和尚。石勒卒後，他的侄子石季龍嗣位，有一次澄與季龍同升中臺，（在今直隸順德）澄忽作色道：幽州（今直隸涿縣）當有火災。乃取酒用口向幽州噴，噴了好久，方纔笑道：幸已救下了。季龍當時半信半疑，隨卽打發人到幽州察驗；察驗幽州人說：近來曾有火起，幸虧有黑雲從西南上來，降下驟雨，這纔消滅了。』歷代佛教，俱是以能作法號召黨徒，此種邪怪的舉動，未嘗不可行之於不開化的時代，可是時到如今，這些祕術的邪術旣不得行，佛教豈不要破產麼？然而他們正要打算改變方針，以慈善事業相標榜，其實專以吸人脂膏的佛門弟子，不如快快還其本來面目，不流入遊民一途纔是。

當三國時，有一個名于吉的，是瑯琊人，（今山東諸城等地）生於三國時，常往來於東吳等地。專以燒香讀道書爲事，又制作符水以治病，並能呼風喚雨，當時大得東吳人的信服。小霸王孫策，因爲他以妖妄惑世誘民，所以將他殺了，將首級懸在市上。然而當時一般迷信他的人，還說他是尸解了。按三國演義上則說的格外奇異，因爲演義一類的書，多半假托奇異，惹人愛讀，所以形容的于吉，格外有神力，並能將孫策活活的治死，那原是不足爲憑的。

按孫策原是有個好遊獵的癖氣，常單身獨馬，到山野間驅逐野獸；所以他的仇敵，常要乘間行刺的。他從前本是殺過吳郡（今江蘇吳縣）太守許貢，有一次正在行獵時，竟被許貢的家客所射，並且連連行刺。幸虧他武藝精明，這纔未即死刀下，可是傷勢已是不輕了；後遂因此喪命，年纔廿六歲。這就是孫策死的原由，為甚麼還說是被于吉報仇治死的呢？

當孫策未遇刺客時，他的左右常為他掛心，諍諫他不可出為遊獵。即如有一位親信人虞翻，諫的大為懇切，並引出伍子胥諫諍吳王的話來警告他；可惜孫策雖然甚為首肯，却是改不了習慣的性質。若是要問伍子胥為甚麼諫諍吳王呢？所諫諍的是甚麼話呢？據說當時吳王欲實行化除階級，情願與平民一塊飲宴。可是此等舉動，是甚危險的，且有宵小生心，那就要弄出亂子來了。不但古時是如此，即如最文明的美國，前後的總統如林肯，如麥荊來，都是因不知保重，被刺殺的。當時伍子胥為要警告吳王，就引出一段不經的故事來，說起吳王聽。是甚麼故事呢？說是從前有白龍化為魚，與羣魚一同遊戲；不料被一個名豫且的漁夫，刺中了眼。白龍因此去到天帝那裏喊冤；天帝問他說：你當時是作個甚麼形像呢？白龍答道：『我下到清冷的深淵，化成魚的形體。』天帝遂說：『魚是人所當射殺的東西，這與豫且有甚麼罪呢？』這樣看來，王欲與平民飲酒作樂，臣恐或者有豫且一類的人出來，那就難辦了。吳王果然聽了子胥的諫諍，所以未曾遇見刺客。這一段事在伍子胥時就說是古時相傳的，連他也不知出現於古的何時，祇知是相傳的就是了。所以今世就更追究不出他的來歷了，只可認爲有此一種傳說就是了，眞不眞那就不必去問他。

(十)奇門遁甲　舊說某人甚憜奇門遁甲，則可入水不溺，牆壁也擋不住，行在地底如行在地上一樣；大有上天有路，入地有門之本事。細察奇門遁甲不過是道教中一種欺人的邪說，乃是拏著天干中的甲乙丙丁等字，推演事情的吉凶，他的原來，還是起於易經的八卦。當南北朝時，（紀元後四〇〇年至六〇〇年）其術最爲盛行，他們說是黃帝及九天玄女所傳下來的。按天干中本有十字，就是甲乙丙丁戊己庚辛壬癸；擁迷信此說的人，是以乙丙丁三字爲三奇，而以戊己庚辛壬癸六字爲六儀，此外所賸的甲字，則是統率三奇六儀的。三奇六儀合而爲九，再與易經上的乾鑿度太乙行九宮法相配，觀看所配的如何，就說能察出吉凶。甲字既不列九字以內，所以叫作遁甲。其實這些邪道，又如何能察出吉凶來呢？在明朝時，有名程道生的，曾著作一部遁甲演義，但是此種邪書早已不爲世人所重看了。

按道家說仙人能以隱身遁走，無論誰不能加以謀害，無論何物也不能加以障礙。遇着有危難當前，就可藉着物將形體隱藏遁去。遁法共有五種，即如金遁，木遁，水遁，火遁，土遁等等。水遁就是於水中可以遁形而去，別人即無法可以追尋。有時可以藉着火遁形而去，有時連金壁土牆木箱，也是擋不住他的。此種遁形的法力，惟獨仙家能，可惜那些望成仙的連一個也沒成，所以更說不到這遁形了。

（十一）縮地鞭　道教以煉丹成仙爲事，多有不可思議的說法；即如論到縮地鞭的事，則說東漢時有一個名費長房的本是充當市掾，跟從一個名壺公的仙人學道。以後辭學歸家，壺公送給他一根竹杖，囑咐他說：騎着這根竹杖，可以隨意到甚麼地方去。又給他一張符說：有這張符，就可以懾服地上的鬼神。長房當時要想回家，於是騎在杖上，忽然如同昏睡，一閉眼時就到了家中，將杖投在葛陂上，再一回頭，杖就變成一條青龍，後世稱爲壺公龍。宋朝的大儒蘇軾，也有詩句說『暫借壺公龍』。可見甚得後世信仰的。

自從這時以後，費長房能鞭笞百鬼，並能驅使土地神；好幾處千里之外的人，當於一天之內，都能看見他，人就疑惑他怎能於一天之間到在好幾處千里以外的地方呢？想必他有縮地的法術罷！以後他將壺公所賜的符，不知怎麼遺失了，這纔被羣鬼所殺；但不知是如何的殺法。試看這段關於費長房的事，說的玄不玄呢？至於費長房所以有這些本事，原是得之於壺公，今再將壺公的悶葫蘆揭之如左。

（十二）壺公　據宋朝張君房所撰的雲笈七籤上說：『有一個名施存的，習學大丹之道，遇見一位姓張名申的，原是為雲臺治官，張常懸一壺，大約能盛五升，進到壺中，即化為另一天地，壺中也有日頭月亮，黑夜就宿在壺中，張申自己稱為壺天，別人都稱他為壺公。

至於費長房是怎麼與張申發生了關係呢？據說當時長房作市掾，他常在樓上看見市頭上有一個老頭，懸著一個壺賣藥，到收市的時候，老頭就跳進壺中；長房甚以為奇怪，後來連官也不作了，就跟從老頭入山採藥煉丹去了。直到如今，一般江湖賣藥的，或是中西醫士們，若要開張門面，為人診病，也總要說是懸壺問世，就是從張申學習的。可是如張申費長房師弟二人的本事，恐怕連名聞世界的德國醫生，還要退避三舍哩。

（十三）走無常　世俗多迷信活人能與鬼神相通，凡遇有生死災患，不能解決的事，就請能與鬼神來往的人，到陰間去察看，或是營救，辦理此等事的人，稱為走無常。明朝時長洲（今併入江蘇吳縣）人祝允明，本是一個六指，可是天分聰穎，為文有奇氣，再加上寫一筆好字，所以當時名動海內。他曾作過一本語怪書，提到酆都（今屬四川東川道）地方，亦有走無常的；是怎樣的走法呢？乃是人走路的時候，忽然狂跳幾次，隨即仆倒在地，昏沉如死，於是別人與家人們，都環坐看守著，等到甦醒過來，問道他是去做甚麼來，他就多提到些陰間的事，這就是走無常。論到此等走無常的迷信，不但酆都地方有，就是別的地方也不少。總起來說，乃是一般道士和尚們騙錢欺人的伎倆，凡道士和尚足跡所到的地方，就免不了此種迷信的動作。至於要問為甚麼酆都地方偏多呢？據說酆都地方建有仙都觀，麻姑洞，號稱為紫府眞仙之居。另外還有森羅殿，則不知是起建於何時；一般道士，遂藉以為惑世的利器，說是森羅殿就是地獄中的酆都，也就是閻羅王所居的地方。又有一種傳說：則說前漢時的王方平，後漢時的陰長生，皆在仙都觀中得道成仙，還有陰君煉丹的爐子存在那裏。俗傳陰長生是幽冥的君主，也是執掌陰間鬼卒的；並且陽間的人，也以為酆都是鬼王所居的地方，凡走無常的，多到酆都去與鬼辦理些死生災殃的事。其實酆都本是四川的一縣，那有這些鬼的居所呢？王方平陰長生又焉能在那裏修道成仙呢？無非均是道士和尚一流的邪人，假作欺人的罷了。

(十四)鄉人儺• 當孔子時，鄉人儺朝服而立於左階；可見習俗所尚，賢者不免。秦中記『儺是作鬼神狀，二老人一爲儺公，一爲儺母。』東漢記『歲除舉行大儺，黃門子弟十歲以上十二歲以下一百二十人爲侲子，皆赤幘，皂衣，執鼓而行。』呂覽加注說：『歲除擊鼓驅疫癘鬼，爲之儺。』現在此風於城鄉間，仍屬盛行；其實鬼疫等災，豈是擊鼓所能驅除的呢？東吳還有一種風俗，除夕夜間，小兒沿街呼叫賣癡賣獃；據說：吳兒多癡獃；所以要賣給別人。范成大有詩云：『除夕更闌人不睡，厭禳鈍滯迎新歲，小兒呼叫長街走，云有癡獃召人買。二物於人誰獨無，就中吳儂仍有餘，巷南巷北賣不得，相逢大笑相揶揄。』其實養兒不去留心教養，難道這樣賣法就能伶俐了麼？還有一種風俗，就是鄉村間於除夕時，多用禿帚麻楷竹枝一類的廢物爲火把，縛在長杆梢上，照耀田間，求著穀收成，此種風俗乃是別處沒有的。

(十五)圓光• 社會上迷信一種治病占事的邪術，稱爲圓光。法是術士持定鏡子一面，或白紙一張，施上咒語，命童子用目注視，似乎隱隱約約見有甚麼形狀；按著形狀的如何，就可以占出事的究竟，或病的如何來了。此種邪術，完全使著唸咒；按唸咒爲佛教經典的一種，所以此種圓光的法子，也是從佛教分出來的。當晉朝時，有一個大佛和尚名佛圖澄的，說是他最長於圓光的邪術。據晉書上所載說『當時有劉曜攻洛陽，澄於是令一個童子齋戒了七天，又取些麻油加上臙脂，在掌中研磨後將手掌舉起，對著童子一照，燦然有光；童子大驚失色道：我看見掌中有千軍萬馬，往來奔馳，其中有一人，身量甚為長大，皮膚也極是白晳，肘上縛著些朱絲，不知是甚麼緣故。澄說：你所見的就是圍洛陽的劉曜啊。』

按此種邪術，既是出自佛教，則知佛教原不是正道；再察現今社會中凡以圓光為事業的，均不是正當的人；況且此種邪術，又毫無考核的價值，就更算不得是光明的大道了。

（十六）禁呪。　禁呪的說法，皆是起於佛教道教，意思是說自己遇見疾病災患，能運氣禁呪，使他能隨從自己的意思。那位在西湖邊下煉丹的大名鼎鼎的道士葛洪（參見卷六成仙）所著的抱朴子上說：『吳越有禁呪的法子，能以炁（同氣）禳災祛鬼，不為蛇虫虎豹所傷，刀刃箭簇不入；（晉時沒有鎗礮所以只說刀劍不入，但是清光緒二十六年（庚子年）的義和團，則說能鎗礮不入。）又能禁水使倒流；（無怪乎近世黃河淮水多有水患，想必為葛洪所禁呪的罷。）還能禁瘡使血不流；禁釘使從木中出。（倒省卻了老虎鉗）

葛洪原是一個大道士，當他在西湖邊下煉丹時，是甚能誘惑世人，後世稱其煉丹處為葛嶺，

（在岳墳迤東）猶如前清時代稱北京前門爲大清門是一樣的光彩；不料想他不講求實學，反倒一味的在旁門左道上用工夫，說是禁咒有天大的能力，豈非如同瘋話一般。

（十七）**厭勝** 唐明皇的王皇后，不得寵幸，明皇祇顧寵幸武惠妃，也常打算要把皇后廢了。王后的哥哥王守一，因爲他妹妹不得寵幸，就不能生子，所以常用些邪門爲王后求福。起先是請一個名明悟的和尙替王后祭北斗星，與南斗星；又將霹靂所震壞的木頭寫上『天地』二字，以及明皇的名字，（李隆基）佩在身上。此種舉動，原是無知識的，可是當時他們以爲一來可以鎭厭皇帝的惡行，二來也可以挽回皇帝的離心；但是在明皇看來，則是大逆不道，所以到察出之後，這纔得到廢后的把柄，並且還賜守一死。惟獨那個明悟和尙算是得到了便宜，因爲他算是頭一個造意犯，事後竟逍遙法外，豈非極爲不平之事？細察社會上因迷信而遭慘死的爲數甚夥，而和尙就是迷信的創造者，所以欲除迷信，似非先除和尙不可。

厭勝的左道也是妖異的一種，古今來帝王家中因而喪命的，不可勝數，此不過只舉其一罷了。

（十八）**招魂** 死者不可復生，原是無可奈何之事，魂豈能應招而來呢？上古之時，人死以後，多持其衣冠，升到屋上，向北面大號三聲，指望魂再重復歸回。宋朝時多用神品招魂，後世遂有已死而不得其屍者，（如落水等）則多其衣冠，招魂而葬。還有當病危時，請女巫道士和尚等術士，到家招魂者。當初楚國忠臣屈原，投於汨羅江而死，他的弟子宋玉，特爲他作一篇招魂文，爲要使他的精神歸總不散；這又是以文字招魂了。現今社會上通行的，人死以後，必於大門口插上紙旛，叫作招魂旛；說是人死後，他的魂是在空中飄揚，辨別不出原來的家庭，插上旛就可以招回家中。可是用的心固然周到，可惜再也招不回來的了。

（十九）鍾馗　世俗門上壁上，必貼一張猙獰可畏的圖像，一手持劍，一手抓按妖怪；說是貼上此種圖像，則家庭中可以不受鬼的攪擾。至於考究圖像的由來，按唐朝逸史所載，說是『唐明皇有一次發脾寒，白天夢見一個大鬼，戴著破帽，穿著藍袍，腰中繫著長帶，腳上踏著朝靴，在宮中捉小鬼吃。他自稱是終南（今陝西）進士鍾馗，曾因應攷落第，所以觸階而死。明皇醒來，熱就退了。於是下詔當時的畫家吳道子，將他的像畫出以便紀念他的功勞，這就是後世有鍾進士捉鬼像的原來。』

再按開元遺事看來，則說『明皇當白天睡覺時，夢見一個小鬼，穿著紅色衣裳，一隻腳穿鞋，一隻赤脚，鞋懸在腰間，到案上偷取貴妃楊太眞的繡香囊；明皇因此叱斥小鬼，並問是從何來？小鬼奏告說：臣乃是名叫虛耗，明皇大怒，就要呼喚力士來予以逮捕，隹了不多一會，就看見有一個大鬼，頂著破帽，穿著藍袍，腰繫魚帶，足踏朝靴。直將小鬼抓住，將眼剜出，劈開取食。明皇因問道：你是何人？大鬼奏告說：臣乃終南進士鍾馗啊。』

據這兩段道事看來，雖然略有不同，大體却是一樣，其實唐明皇是信鬼怪神仙的，所以偏夢見此不祥的事；後世既不像明皇那樣的迷信，又爲甚麼效法明皇呢？況且那樣鍾馗治鬼的圖像，畫的非常難看，明明的一個好家庭，硬被圖像點綴壞了，豈不可惜？再說凡家庭中又那有這些小鬼；貼上那張小鬼畫，豈不越發令人心頭作惡？鍾馗既然是大鬼，又焉有捉吃小鬼的理；俗語說猩猩從來惜猩猩，所以大鬼自然不能吃小鬼了。再察這段事情，本是唐明皇惹下的，爲甚麼在唐朝以前沒有呢？難道唐朝以前沒有鬼麼？或是唐朝以前的人，任憑鬼作祟呢？其實自從唐明皇迷信以後，鬼就越發不可收拾了；試看社會各家門上不都是貼著鬼麼？至於近來，又有於端午節，懸在門上的，不知是爲的甚麼；或者以爲端午節是鬼的好日子罷！

再察唐朝的進士，並無姓鍾名馗的，所以有人說鍾馗是終葵的轉音。周禮上說齊人稱椎爲終葵，（即椿鎚）可見鍾馗乃是家庭中的一件器物。馬融是漢朝的大儒，鄭康成與劉玄德的師傳盧植，皆曾受業於其門下，他作的廣成頌上有句說：『揮終葵，揚玉斧』，這就見出古人是用椿鎚逐鬼，就好像行大儺時扮演執戈揚盾逐鬼是一樣的用意。唐朝李延壽所著的北史上，也有一個名堯鍾葵的，字是辟邪，足證鍾葵是辟邪的東西。古人迷信鬼邪，取名也要取個能辟邪的，以求壓制邪鬼自己取勝。即如北魏有叫楊鍾葵張鍾葵于鍾葵李鍾葵的，北齊有名宮鍾葵慕容鍾葵的；隋朝則有喬鍾葵，宗寶鍾葵，段鍾葵等；唐代又有張鍾葵，無非都是治鬼邪的意思。女子也有名鍾葵的，即如南北朝時宋國南陽人爲過震武將軍，封爲洮陽侯的宗愨，他妹子就是名鍾葵。試思歷代所以名鍾葵的這樣多，想必都是以爲用能逐鬼的器物爲孩子的名，則孩子必能好養活。後世越傳越謬，竟畫出一張難看的圖畫貼在門上去捉鬼，可說是想入非非了。

（二十）邪醫　我國庸醫，草菅人命，本是最爲可恨，然而偏要故爲神奇，以神其術；即如最通行的就是龍蟠橘井。據仙鑑說：『桂陽人蘇耽將要成仙時，對他母親說明年當有大瘟疫，庭中井水，簷前橘樹，可以代養，凡染疫的，食一橘葉，飲一杯井水，就能痊愈。說完就乘雲上升；以後果有大疫，鄉人得活者凡千百人，號爲橘井。』後世醫家有龍蟠橘井的說法，總是由左道的仙家傳出的。

神仙傳上說：『吳國有名董奉的，隱居廬山，爲人治病。不要錢物，重病愈者栽杏五株，輕者一株，數十年得數十萬株。到杏熟時，奉於林下作倉貯杏，欲買杏的，按取杏器的大小，用穀米換杏，所得穀米皆用以賑貧乏。凡多取杏的，虎必驅逐，當時號爲董仙杏林，後世稱爲虎守杏林。』龍蟠橘井，虎守杏林，遂成爲時髦醫生的門聯。

華佗是三國時有名的醫生，可惜死於曹操之手。據華佗別傳上說：『河內太守劉勳的女，左膝上有瘡，痒而不痛，愈而復發，七八年不見痊愈。後請華佗醫治，佗用繩繫一犬於馬後，走馬牽犬，行三十餘里，犬困不能行，又令人拖拽五十餘里，乃以藥飲女，女即安臥不覺，佗乃雙刀斷犬腹，令所斷處向瘡口，相距二三寸，須臾有似蛇之物從瘡中出，長有三尺許，病遂痊愈。』此等療法，不知是何所取義，不過只點綴其神奇而已。

異苑上說：『宋朝元嘉年間，有姓張的女兒，宿在廣陵廟門下，夜間有邪鬼假作其壻來迷女，女因成病，幸虧有一個名王纂的，善會療邪鬼，爲女下一鍼，即有獺從女被中走出。』

南史上也說：『薛伯宗善於徙癰，公孫泰癰發於背，伯宗噓氣封之，將癰徙於庭前柳樹上；第二天癰消，樹上便起一瘤，二十餘日瘤大膿爛，出黃赤汁斗餘，樹也萎損了。

由上看來，我國古時不講衛生，專以仰賴邪魔消災去病，醫藥事業也不講求，惟獨僧道術士，方能精於醫道；所以古時有名的醫生如扁鵲、華陀、孫思邈、葛洪、管輅等等，都帶著幾分妖邪滋味。這不但失去醫藥的眞義，且大背科學的定程，近來醫藥昌明，舊說自無存在的餘地。

伍　結論

俗語說：『天地之大，無奇不有。』而天地間最奇的，莫大於人心，所以說：人心惟危。又說：理想為實事之母。祇因心能理想，以致所現的事實，也是千奇萬狀，不可言喻；正如風之盪雲，無奇茂有。惟我國自古以來，就偏重於斜曲一途，因此所現的事實多屬虛妄，歷代所遭災禍最為沉重。閒嘗考究其原委，不外乎心地愚蒙，未看清上天的眞面目就是了。在奸險者以為天可利用，標出一個替天行道的旗幟，便可以號召群衆，肆其野心；大而作反，小而斂財，為所欲為，結果吃虧的還是一般無辜的小民。在愚昧者靜極思動，一夫揭竿，萬衆附和，雖肝腦塗地，亦所甘心；不可不算世間的一大奇啊。況且信從左道，有的為金丹毒死，有的破產亡家，有的身繫囹圄，有的國破身亡，至死不悟，毫無反悔，豈非最可玩味的事。此等愚昧非以眞道灌溉心田，是不能鋤去莠草的。因為心非眞空，總須有物以補其位，充塞左道，眞道即無由而入；眞道欲正位心中，非先將左道除去不可；而且破除左道的利器亦唯眞道是賴。現在眞道昌明，左道雖揭死灰，想必無復燃的實力了。寄語同胞，直接的研究天道，在神倫上多用工夫，不必再去爲古年黠者的學說所蒙混啊。

▲今之左道

老圃

今之時髦。皆喜素食。或廢止朝食。此就衛生節欲而言。誠未可厚非。然淺人習之。或流爲左道。有公然倡絕食者矣。南宋時。兩浙州縣有喫菜事魔之俗。王居正上言。『事魔者每鄉每村有一二桀黠。謂之魔頭。凡事魔者不食肉。而一家有事。同黨之人皆出力以相賑卹。蓋不肉食則費省。故易足。同黨則相親。相親故相卹。而事易濟。民愚無知。謂吾從魔之言。事魔之道。而食易足。事易濟也。故以魔頭之說。謂皆可信。而爭趨歸之。』陸游條對狀謂『妖幻邪人處處皆有。淮南謂之二襘子。兩浙謂之牟尼教。江東謂之四果。江西謂之金剛禪。福建謂之明教。揭諦齋之類。名號不一。或以祭祖考爲引鬼。永絕血食。以濟爲法水。用以沐浴。其他妖濫。未易概舉。』此皆南宋之俗。然歷代相傳。根株實未盡絕。猶憶乾隆時江蘇一案。『有吳時濟者倡立龍華會。將法祖奉順龍被惑心迷。詢吳以白日升天之術。吳言七日不食。卽可脫凡。應在水鄉飛升。將奉信以爲實。乃挈子孫弟姪女媳共十三人。赴太湖嶴山絕食。先後餓死。事發。吳時濟照殺一家三人例。量減。擬斬立決。』民國以來。宗教自由。

挾左道者無所忌憚。愚民受其扇惑。誠不足怪。獨怪當世士大夫。身受教育。亦投身秘社。僕僕附叩拜。何許子之不憚煩也。

箕卜本兒女嬉戲之事。其後師巫用之。以爲惑人之具。又其後士夫惑之。以爲卜筮之具。今則登起而奉之。學士文人。搖首而吟箕詩。政客軍閥。行動決於箕仙。儼然衣冠中人。啓口動稱祖師之命。老君之令。恬然不以爲恥。則自儕於巫覡矣。考箕卜之法。始見於荊楚歲時記。而其盛行。則在趙宋之世。何薳春渚紀聞。載政和時請紫姑神。書徑丈之大福字大慶字。上皇大奇之。因令於寶邑擇地建祠。此蓋箕卜之極盛時代。其後南宋陸游詩。有箕詩落筆驚之句。則見於詩歌矣。然考岳珂愧郯錄。則宋時有箕筆之禁。岳言政和六年正月二十三日詔。『近來京師姦猾狂妄之輩。輒以箕筆聚衆立堂。號曰天尊大仙之名。書字無取。語言不經。竊慮浸成邪慝。可令八廂使臣。逐地分告示。毀撤焚棄。限三日外。立賞錢三千貫收捉。犯人斷徒二年。刺配千里。官員勒停。千里編管』觀此則春渚記聞所謂擇地建祠者。不過小說家言。而愧郯錄所引。乃當時公牘也。此禁後世相沿。故大明律禁止師巫邪術門。所謂扶鸞禱聖。亦在左道亂政之例。淸律亦沿用之。皆濫觴於政和詔書也。

破除迷信全書

卷九　邪說

壹　引言

邪說所包甚廣，凡是帶著迷信色彩的，俱可打在邪說一類，雖將本書改稱破除邪說，也是最爲恰合。不過其餘九卷，均有獨立的可能，而本卷所述，則爲九卷以外的零碎。所以讀者最好是從第一卷讀起，方能得窺破除邪說的全豹，因爲只讀本卷，實有掛漏的缺憾。再者我國邪說觸處皆是，實不能一一拾取，祇述萬段的一段，已是不勝破除。例如本卷中二段所論的人物，所提者僅有十條，可謂掛一漏萬，因關於我國古人的事蹟，幾無一人不帶著邪僻的色彩，區區十人又焉能概括其餘過去的古人。推而三四五六段，無不如此簡短，所以然者，不過舉出一段，以明萬段無不如此邪偏就是了。再察本卷中的邪說，俱是發端於古人，且多是佛道二教所創造的；從知今人雖未能跳出邪風敗俗，然而已不復造作新的邪說以自糾纏了。這種現象，然是可賀，遙想數十或數百年後，必當平地消滅無數邪說，人羣得以自由進化，所有今世觸忌犯諱的邪說再也不得猖獗於社會了。佛道二教雖是邪說的策源地，所幸風氣大開，凡事主張公開，不復主持祕密，好事者雖從中鼓吹，也只算是最後的一口氣，並無再延長的可能。就各方面的觀察，眞道的前途，是最爲光明；因爲人人能直接與上帝交通，看淸上帝的作爲，實在是人羣的一大進步，那麼陷罔神人的邪說，還有不被掃除的麼？

貳　人物

(一)盤古　自古宗教家哲學家科學家，對於天地初闢，都有些揣想的話語。我國最主持的是盤古氏，說是盤古氏是首出御世的。據一種御覽上說：『天地混沌，如同雞子，盤古生在其中，有一萬八千歲。天地開闢以後，盤古居於其中，一天能有九次變化。當時天一日高一丈，地一日厚一丈，盤古一日也長一丈；這樣過了一萬八千歲，所以天是最高的，地是最厚的，盤古也是最長的』如次說來，盤古一日長一丈，則一萬八千歲共有六百七十五萬天，一天長一丈，是盤古共有六萬六千五百里長了。像這樣的一個長人，恐怕地球上還容不下罷！祇知想到人，不知想到天地爲唯一的主宰所造；祇知想到羣神，不知想到唯一的眞神，這是我國自古的缺欠處。

(二)女媧。列子上說：『天地也是一樣東西，凡東西皆有不足，所以天地當初也是不足；幸虧有女媧氏煉五色石，總將天地補好了。』史記上記：『女媧氏是伏羲（紀元前二七〇〇年）的妹子，嘗煉五色石補天，斷鰲足以立四極，殺黑龍以濟冀州，積蘆灰以止淫水。』其實這些說法，雖然載在列子與史記上，其不足取信於人，不待言了。

(三)龍女。佛教法華經上載有龍女成佛事；意思是說人皆可以成佛，因爲無知的昆虫龍女，也能成佛，自然人更容易成佛了。其實佛原是空空洞洞的東西，並無所謂準指，所以說龍女成佛也可，說長蛇成佛也可，並無人強去分辯。況且龍既未曾成佛，龍女又怎麼去成佛呢？是那一個龍的女成了佛呢？龍的子爲甚麼不成佛呢？龍女成佛的究竟如何呢？凡此種種疑問，都不曾解說明白，所以龍女成佛的說法，還是一種虛假的話。可是論到龍女的事，在唐逸史上記載：『唐明皇夢中遇見凌波池中的龍女，手中鼓琴，口中唱凌池之歌，並向明皇拜了幾拜，方纔蹣跚而去。』又據柳毅傳及異聞錄上說：『唐朝的柳毅，於唐高宗儀鳳年間，（紀元後六七六年）赴京應考，當下第旋歸時，在太湖（在江蘇吳縣）邊下，看見一位婦人牧羊，對毅說：妾是洞庭龍君的小女，請君將此信帶回家中。毅便口稱道『好好好……』。以後他就到洞庭去訪問，果然遇見了洞庭龍君，隨將信交上。在洞庭龍君家中住了一夜，第二天就要返回，龍君贈送他許多珍寶，多是人世間所未有的。後來柳毅又到廣陵，（今江蘇江都縣即揚州）娶了一個姓盧的女子，閒時談到爲龍女捎信的事，不料盧氏就是昔日的龍女。以後柳毅全家徙居南海，在那裏住了四十年，年紀雖然很高，但是容貌不見衰老。到唐明皇開元年間，（紀元後七一三年）又再回到洞庭，以後就不知其下落了。』

這樣看來，柳毅所遇的眞算是巧合的了。至於龍女爲甚麼去放羊？爲甚麼還捎家信？柳毅是怎麼住在龍君家中？後來龍女又爲甚麼變成姓盧的閨女？這些事只得付之不可知之數而已。況且龍女既爲柳毅的妻子，又何嘗成過佛呢？可見法華經是妄誕不經的了。

(四)**龍子**　龍女固然是荒唐的話，龍子又何嘗見得眞？據續仙傳上說：『唐朝隱士孫思邈是甚能降龍伏虎，且通曉陰陽醫藥，推步等術數，著有醫藥書名千金方凡九十三卷。』若是要問他是從何處得的方術呢？據說：『他曾救過一條青龍，就是龍王的兒子，後被龍王召到水府，這纔得到龍宮藥方凡三千條。』再進一步追問他是怎麼救的青龍呢？據說：『當唐明皇開元年間，天氣大旱，明皇遂吩咐西域來的和尚在昆明池中作法求雨，過了七日，池中的水忽然縮小了好幾尺。此時突然有一老者，於夜間拜見主持求雨的執事說：弟子是昆明池中的龍，現在水甚縮小，千祈法力救護。執事辭謝道：可去求孫先生。老人於是走到孫思邈那裏號哭求救。思邈趁機要整老人的相眼，抗聲回答道：我知道昆明龍宮有仙方三十首，若能都將仙方給我，我必要搭救你。老人爲保守性命起見，不得不將仙方交給思邈，這就是俗所說的龍宮方。老人將仙方交給孫先生以後，昆明池的水忽然大漲，不到幾天竟漲到岸外了。所說的這位老人，就是龍王的兒子』。讀者試思，這段事謅不謅呢？那有龍子被和尚制服的呢？既有龍宮仙方三千，爲甚麼還去求告一個孫隱士呢？豈有龍王不如和尚道士的麼？所以這怎記載，完全是和尚道士製造的瞎話，出來騙人的啊！

龍王不知是有多少，而龍子卻似乎有一定之數；據明朝楊愼與張士佩二人所撰編的升庵外集所載則說：『俗傳龍王生有九子，這九子都未成龍，且各有所好；明孝宗爲好奇起見，曾問內閣，龍的九子到底是誰？當時有一個名李文正的官，根據一種外派的雜記，上疏道：龍的九子一名贔屭，最喜歡負重，現今馱碑碣的就是他。第二個名螭吻，嗜好看光景，就是現在屋頂上所立的獸頭。第三個叫蒲牢，他的癖氣喜好吼叫，看見鐘紐上所鑄的形狀，就是看見了他。論到第四呢？性情是凶惡的，也是有威力的，他的名字是叫狴犴，監獄門上所繪的就是他的圖像，他的職務就是把守監門。再說鼎蓋上不是也帶著一種形像麼？那就是龍王第五子的形貌，因爲他好愛吃喝，所以給他起名叫饕餮，也將他按在盛食物的鼎蓋上，以便他就近取食，不然他或者要降災禍人的。至於第六個呢？名字嗜好又各不同了，名字是蚣蝮，性情是好水，現在橋柱所雕的形像，就是他的原形。最奇怪的要算第七個，因爲他是居於一個活動的地位，就是刀環上所鐫刻的，他的名字是睚眦，性情是好殺。香爐上也常刻著一種圖像，那就是龍王第八個兒子的本來面目，名字是狻猊，嗜好弄烟火，香爐上若不鑄上他，香是不肯著的。門鋪上也常有一種圖像，那就是龍王的第九子，他的性情喜好幽閉，名字是椒圖。』

既是一個龍王，恐怕不能生出這些沒出息的兒子罷！世人這樣的誣賴他，恐怕龍王也不肯承認這些兒子罷！以上均是提到龍女龍子，却把龍王撇掉了，今再略一述說龍王的來歷。據佛教所通行的華嚴經上說：『有無量諸大龍王，即如毗樓博叉龍王，娑竭羅龍王等，莫不勤力興雲布雨，令諸衆生熱惱消滅。……』後世求雨祀龍王，就是從華嚴經所學的。這樣看來佛教經典是一味的胡言亂語，不落實際，眞無可讀的價値，亦無可信可學的價値，奈何今世有些浮虛的人，獨獨擁佛學的死灰呢？咄咄怪事！

（五）盧眉娘　唐時有一個名蘇鶚的，著作一部杜陽雜編，多於唐代各朝的事，鋪張揚厲，失其本眞。可是因爲他所敘述的奇技寶物，最能眩人聽聞，所以後世的詩詞家，多引來點綴事物的景色，就不再去問他的眞不眞了。此種慣說大話的毛病，原是硯北人的通病，因爲他祇取一時的快心，至於是否迷惑後世，他就不管了。編中所述的盧眉娘，就是欺後世的一個女子；據說：「當唐永貞年間，（紀元後八〇五年）南海進貢一個奇女名叫盧眉娘，時年十四歲，他的眼眉細如線而且長，所以當時稱爲細眉娘。他能在一尺正方的絹上，繡出法華經七卷。又能在掌中用五彩絲結五層樓，其中繡出十洲三島，天人玉女，臺殿麟鳳的形像，另外還有執幢捧節的童子，唐順宗因此號爲神姑。以後眉娘不願居禁中，遂度爲道士，放歸南海，後人往往見他乘着紫雲在海上游玩。」

說眉娘有奇異的繡工，不算爲奇；最奇的是說他的眉細如線而且長，後來又度爲道士，放歸南海，乘著紫雲在海上游玩。所說的南海，不知是指著那個海說的，且不知爲甚麼要乘紫雲到海上游玩；全是一排瘋話。

（六）麻姑　俗有麻姑獻壽的說法，說是麻姑是古時的女仙，乃是建昌人，背在牟州東南的姑餘山上修道，當宋徽宗政和元年（紀元後一一一一年）封爲眞人。其實從宋徽宗到麻姑生時，還不知相隔多少年，於書本上祇說他是古時的一個仙女，這個古字，却就含糊極了。即使連宋徽宗也找不出麻姑的來歷，只因他是受了道教的迷惑，所以每逢聽到一個古傳，就要立刻加封甚麼眞人，或是眞君，此種輕以名爵賜人的癖氣，實是謬誤之至。

再按晉朝有名的道士葛洪（紀元後三一七年）所著的神仙傳看來，說是『有一次有一位神仙名王方平的，降到蔡經家中，王就召了麻姑來，年紀大約有十八九歲，乃是一個極美麗的好女子，手長的如同鳥爪似的，所梳的髻是在頭頂上，所穿的衣裳滿有花紋，却不像是繡織的。麻姑對方平說：自從侍奉先生以來，已經看見滄海三次變爲桑田了。如今海水又見得淸且比從前格外的淺了。』現在江西南城縣的西南，有一座山，高有九里，周圍四百里，也叫麻姑山，道教稱爲第二十八洞天。山上有會仙亭，相傳就是蔡經的住宅，當初麻姑與王方平相會的地方。

神仙傳又說：『當麻姑降到蔡經家時，蔡經看見他的手如同鷄爪，心中想道：設若脊梁大癢時，用麻姑的手爪揉一揉，必是不錯的。不料蔡經剛一起這個念頭，就被王方平曉得了，遂吩咐人將蔡經用鞭子抽了一頓，並說道：麻姑本是個神人，你想著用他的手爪搔癢耶！』

王方平既有此種先見之明，所以宋朝的大儒蘇軾，也有詩句說：『道中若見王方平，背癢莫念麻姑爪。』不知宋時那些號稱社會領袖的儒子，爲甚麼還迷信這些不經的事，眞是莫明其妙。

世俗既迷信這些事，也以爲麻姑是長生不死的神仙，因此每逢爲婦女祝壽時，就必寫出麻姑獻壽數字，或是繪出麻姑的形狀，手捧蟠桃，以爲祝壽的吉利。還有人壽保險公司所刊的印件，也必繪出麻姑獻壽的圖畫，以相號召。其實這些舉動，從那裏能得其眞像呢？

當唐朝大曆六年（紀元後七七二年）顏眞卿作江西撫州刺史；曾按照神仙傳上所說的，作過一篇麻姑仙壇記，共寫出大小二本大字本存在臨川，到元朝時爲火所焚；小字本存在南城。以後南城改屬建昌，所藏仙壇記的碑，亦就移到建昌衙門中，不料後來被某官帶去，於是建昌人又命石工重新模仿鐫刻了一座。現在社會上所流傳的仙壇記，多爲翻刻的，而眞的已不可得了。獨怪顏眞卿爲親民的官，不在百姓的疾苦上著意，反倒好整以暇的去作些虛僞的事以迷惑後世，不知是何居心。

（七）霸先做夢　當南北朝時的陳高祖陳霸先，本是作梁朝的官，後來因爲功勳，就進爵爲王，隨卽篡位而爲陳朝開國的君。此種得天下的法子，正當不正當，暫且不必去論；祇是一般著書立說的，偏要捕風捉影的替他說些神奇的話，那就未免過於失實了。據史鑑上說：『陳霸先自小就不務正義，專以游鬥打抱不平爲事，並且還甚通孤虛遁甲的邪術。他曾到義興（今江蘇宜興縣）去游歷，住在一個姓許的家中；有一次夢見天開了好幾丈，有四個穿着紅色衣裳的人出來，捧着日頭送到他口裏，他就隨口吞下去了；及到醒來之後，覺着肚子裏還是滾熱。後來侯景作亂，他就奉命征討，當對敵時，侯景私自對左右的將官說：請看敵人的軍隊上有紫氣發生。』隨即被霸先攻破了。

做夢原不是奇事，甚麼夢都可以做的；可以夢見天開，可以夢見吞日，也可以覺着肚子滾熱，這並不關乎爲天子不爲天子。所最奇的，就是反叛侯景，他自己作賊心虛，竟爲霸先的先聲所奪，先自氣餒了三分勇氣；並且還朦朧了眼睛，看着霸先的軍隊上，出現甚麼紫氣；那真是自嚇自的舉動，不戰也要先潰了。

（八）**楊堅降生**　至於論到那位開創隋朝的楊堅，鑑史上也爲他說些迷惑人的話，卽如論到他的生記。說是『他降生時，有紫氣充滿了庭堂，有一個尼姑從河東（山西）來，對他母親說：這個孩子生來是甚奇異的，不可養在塵俗中，應當擇一個幽閒的地方將他教養。』他母親聽了尼姑的話，就立刻將他交給尼姑；尼姑遂擇了一個清靜的別館，將他撫養成人。有一天尼姑將他抱出來交給他母親，忽然見他頭上生出了一隻角，遍體且生了鱗，他母親不覺吃了一驚，竟自失手墮在地上。尼姑當時雖然未在眼前，但是當楊堅墮地時，他心中却忽然大動，因此匆匆跑回來說：使我兒吃驚不小，以致他晚得天下。』

以上這段記載，也是抄襲了神道設教的成套，來愚弄平民。獨不想一個楊堅降生，那有甚麼紫氣滿堂呢？尼姑又那有此種認識人的眼力呢？驚了一下又怎能影響到晚得天下呢？一個小孩子又那能遍體生鱗頭上長角呢？這豈不都是些欺世的謊麼？

（九）道成相貌　當南北朝時，凡開國的君，沒有一個不是帶著一些神異；或是下生時有甚麼神異，或是身上帶著神異，似乎他們所以能登天子位，並不是因爲有甚麼軍功，乃是完全從胎裏帶的。即如那位開有齊一代的蕭道成，能說是他的額顴如同龍似的；他的聲音如同鐘似的；他的全體上是滿長著鱗文；他的眼眉上還生有紅痣，如同日月似的。當他爲宋朝大都督時，民間都傳說他是具有異相，恐怕終究要篡位的。當時宋主準也是甚猜忌他，却是無法將他殺戮，所以後來他就自爲相國，加封齊公，進爵爲王；最後又自稱皇帝，廢宋主爲汝陰王，並且加以弒逆，又滅了宋主的全家。

仔細調查蕭道成的行徑，雖然歷史上曾著說是合該爲天子，然而篡位以後，統計廿四年間，共換了七主，就被蕭衍所滅絕了；這豈非又與他的相貌有關係麼？試想當南北朝時，綱紀掃地，篡奪相尋，連一個享國久遠的也沒有，豈不都是吃了迷信邪說的虧麼？

（十）**九天玄女**　據傳這是上古的龍女，當黃帝與蚩尤作戰時，玄女將兵法交給黃帝，這纔將蚩尤誅戮了。相傳現在所有六壬遁甲等書，就是玄女所教授的。至於論六壬遁甲等書，則六壬爲占卜書的一種，占法有六十四課，也是從易經脫胎而來的。奇門遁甲也是一種占卜書，占卜的法子，乃是以十干中的乙丙丁爲三奇，以戊己庚辛壬癸爲六像，所有三奇六像，但用甲統率著，所以叫做遁甲。總起來說，這些學問只可作邪說看罷了。若是要問甚麼是九天？則據漢時失身王莽的楊雄所著的太玄經上說：『一爲中天，二爲羨天，三爲從天，四爲更天，五爲睟天，六爲廓天，七爲滅天，八爲沈天，九爲成天。還有以中央及八方爲九天者。所以九天乃是四面八方的別名，也足證明乃是迷信這位九天玄女爲天地間唯一的神女。

（十一）**月老**　現在社會中盛講的是自由戀愛，婚姻自由；但是某甲某乙之間，爲甚麼發生了戀愛？某甲爲甚麼祇與某乙發生戀愛？爲甚麼不與某丙發生戀愛？此中奧竅，就要用著舊迷信的月老了。在舊社會上，固然迷信婚姻是由月老暗中牽合，即在新社會中，也仍脫不掉舊腦筋中傳下來的習性；因爲舊社會中是稱媒妁爲月老，新社會中又稱證婚人爲月老，總是脫不掉相傳的窠臼。若要追究月老的來歷，據幽怪錄上記載，說是：「唐朝有一個名韋固的，旅行到宋城的南店中，看見一個老人在月下檢點書籍；固因問說：檢點的甚麼書？老人回答說：天下的婚姻書。隨又同老人到米市中游玩，有一個瞎姑抱著一個年約三歲的女娃，蹣跚而來；老人指著對固說：那個女娃，就是你的未婚妻。韋固以爲我怎麼該娶這樣的一個小女，所以趕快回到店中，磨快了小刀，吩咐奴僕快到市上將該小女刺殺，以便絕了後患。奴就應聲去了，在人叢中朝小女臉上刺了一刀，拏腿快跑了。時隔十四年，有相州的刺史，將親女嫁於韋固，容色是甚美麗，惟獨眉上常貼著花鈿。韋固不明白其所以然，所以就問爲甚麼要貼花鈿？回答說：當在襁褓中時，乳母陳氏抱著妾行在市中，不料被狂賊所刺，疤痕至今未去，貼花鈿爲的是遮醜啊！固就想起當年的事，惟不知到底是不是他所做的；因此又問說：乳母是瞎姑麼？答道：不錯，是的。韋固這纔決定就是當年他的作爲了，於是將事情的原委前後，都與新婦述說了一遍，他兩口就越發倍極的恩愛了。」這段事情，無怪乎記載幽怪錄上，惟獨後人不以爲怪，反以爲自己的婚姻，也是由這位月老所牽合爲可怪耳。

叁　節令

（一）新歲　（1）爆竹　古時以火著竹，畢剝有聲，稱爲爆竹，用爲驅鬼。荊楚歲時記：「正月一日是三元之日，鷄鳴而起，於庭前爆竹，以避山臊惡鬼。」神異經記：「西方山中有人，身長一尺，赤身捕蝦蟹，塗入鹽而食，觸犯他就必使人發寒熱病；故人當於庭中以竹著火中，爆而出，則驚嚇而走。」又說：「山中木石之怪名山魈，人冒犯他，必要生病，他最不愛聽爆竹聲。後世多不用竹，多用紙包裹火藥，燃火發聲，亦稱爆竹。另有結連成串者，稱爲爆仗，俗稱爲鞭。」據諸書所載看來，爆竹原是由於驅鬼而作；後世則流爲遊戲品，而且花樣愈出愈奇，種類亦多不同，不但小孩樂於燃放，即成人亦認爲開心之具。再者古時本用以嚇鬼，今則凡開歡迎會，歡送會，亦多燃放鞭炮，表示迎送的至意。這纔算是爆竹的真用處，驅鬼不驅鬼，最好不去提罷！

（2）屠蘇酒　俗傳元旦日飲屠蘇酒，不能得瘟疫疾。屠蘇原是一種草，用此草蓋屋名爲屠蘇屋，在此屋中釀酒，名爲屠蘇酒，相傳是三國時華陀所發明的。梁朝宗懍所著的荊楚歲時記有話說：『元旦時喝屠蘇酒，是年幼的先喝，爲的是慶賀他又得一年；年老的後喝，爲的是安慰他又失了一歲。』元朝費著所撰的歲華紀麗上也說：『屠蘇是草菴名，從前有人住在菴中，每到除夕必送給鄰舍一付藥，令投入井中，到元旦時取井水和在酒中，合家喝了不染瘟疫。』現今此種屠蘇酒，雖是絕種，但是每到元旦賀年時，還是競相敬酒，甚至醉倒在地，嘔吐狼藉，並不管瘟疫了。

(3)**避兵灰** 墨子祕要說：『元旦取鵲巢燒灰，拋在廁上，可避兵患。』宋書上說：『元旦日縣官殺羊，將頭懸於門上，可以驅匪。』時下我國所怕的一是兵患二是匪患，若是墨子與宋書所說的法子靈驗，倒是便利得很；惟恐怕白殺鴉鵲與羊啊！

(4)**決八風** 漢天文志：『正月元旦，藉八方風，可決一年的事。南風主大旱；西南風小旱；西風主兵患；西北風主收成；北風主中等年成；東北風主上等年歲；東風主大水；東南風主有瘟疫。』這些風今世大約不吹了。

(5)**却鬼丸** 梁武帝本是最信佛教的，撇了皇帝不作，偏到同泰寺去當和尚；他曾於元旦日賜給羣臣却鬼丸。據荆楚歲時記說：『江夏（今湖北安陸縣）人劉次卿元旦日到市上去，看見一個書生入市，衆鬼都競相躲避。劉問書生說：先生用的甚麼法子能驅鬼呢？回答說：家中的老師給我一粒丸藥，盛在袋中，佩在胳膊上，爲的是防免惡氣。』劉於是將丸藥借到手中，走到有鬼的聚處，鬼都奔跑了；後世遂名爲却鬼丸。藥的配法是用雄黃丹散二兩，和蠟調成彈丸，當元旦日，男佩在左邊，女佩在右邊，可以驅鬼』。不知梁武帝偏偏去迷信這些邪事。

（6）人日　董勛問禮俗上說：『正月初一爲鷄日，二日爲狗，三日爲羊，四日爲猪，五日爲牛，六日爲馬，七日爲人，八日爲穀。凡在該日天氣正當，則主其獸强壯；若初七日天氣惡劣，則主人受災。唐書上說：『魏徵嘗出使，正月七日謁見太宗，太宗慰勞說今日卿來可說正合人日』。蘇東坡也有詩說：『七種共擠人日菜，千枝先剪上元燈』。四川嘉定有金燈山，燈根有淵，每年人日，太守必灑油水上，觀其水紋，可以測知一年荒歉。據上看來，唐宋以來，已經盛行人日，而且含著許多迷信，是最無意味的。

（7）水餃　我國北幾省除夕夜間，必食水餃，餡中多置吉利物，如錢，棗，花生，糖，栗子，糕等物，如吃的錢多，則主發財；棗多則必早得子；糕則主高人一頭；糖則主一年多得隨心如意；栗子也是能生兒子的意思；花生意思同上。若不如此辦理，則以爲是年未曾過，因爲俗語說：吃了水餃過了年。但是在江南數省，多種稻，少種麥，過年時並無水餃一味，不過擺設一座酒席，就算過年。是北方以爲必須的吉利，在南方看來却是一味取鬧，毫無意識。可見這些風俗，俱是人心理的作用，全與吉利無干了。

(二)送窮日　俗傳除歷正月念九日爲送窮日，也稱爲窮九，是日必掃除屋中灰塵，投到水中，稱爲送窮。其實此等洒掃，是最合於衛生，若迷信能送出窮去，却未敢必。然而其中也未嘗不含著道理，因爲窮的來源，或是由於水火天災，或是由於疾病盜賊，苟能戰勝天災，防免病疾盜賊，則必不至於窮。洒掃庭除，直接的能免除疾病，間接的可戰勝窮困，可惜世人不於此點著意，祇知一味的迷信送窮。大賢如韓愈，且有送窮文之著作，佻薄如楊雄，亦有逐貧賦之印行，此外如桑民懌有留窮文，黃勉子有禮貧賦，皆是出以滑稽之筆。文人弄墨，無補實際，倒不如去舉辦實業，謀求生計，那麼窮不送也就走了。

(三)社日　土地神又名社；敬土地神的日期，爲社日。萬物土中生，所以自古除敬天以外，即以敬土地爲要緊。禮記上說：『仲春之月，擇元日，命民社。』社就是后土。又說：『郊社之禮。』意思是冬至祭天爲郊，夏至祭地爲社。惟後世社日，多在立春後第五戊日爲春社；立秋日第五戊日爲秋社。古時也說：『生而眉髮皆白者爲社公，又呼土地爺，亦稱天老。』直到如今，凡人年老，鬚髮白者，社會上就嘲為土地爺，又稱土地老；土地奶奶，也是如此。提要錄上說：「社公社母，不食舊水，社日必下雨，稱為社公雨。」陸龜蒙也有詩說：「幾點社公雨，一番花信風。」海錄碎事上說：「俗傳社日吃酒治耳聾。」這也是敬土地的迷信。唐時社日，婦女皆停作針線；有詩句說：「今朝社日停針線，起向朱櫻樹下行。」韓愈也有詩云：「白布長衫紫領巾，差科未動是閒人，麥苗含穗桑生椹，共向田頭樂社神。」可見土地爺連大賢如韓愈也是要信的。史記上說：「漢時六出奇計的陳平，當社日時，管着分肉，父老都稱道他分的均勻。平說：使我得宰治天下，也能如分肉一樣。後果相劉邦得天下。」這就見出土地神在漢時已為大典。可是人當敬獨一真神，土是真神所造，就不該再敬土地爺爺與土地奶奶了。

（四）上巳日　上古以陰曆三月初旬之巳日，為上巳日；魏以後則以三月三日，不復用巳日。古時鄭國風俗，三月上巳日齊到溱洧二水，執蘭招魂續魄，祓除不祥。漢高祖的呂后，亦曾於上巳出宮，臨水祓除不祥，不料路上遇見有物如蒼犬來，抓在肘腋之間，因此得惡疾而死；如此不但未曾除去不祥，反倒招來不祥。晉時王羲之與孫統等二十四人，也曾會於會稽山陰之蘭亭，也是為修禊的事；他的一片蘭亭序，至今膾炙人口；可是此等祓除不祥的事，轉而為衛生的事了。

（五）寒食　俗傳寒食節是爲紀念春秋時的介子推，因他當時從晉文公出亡凡十九年，文公還國爲君，羣臣皆有俸祿，獨獨忘了介子推，他遂與母親避往緜山。（在今山西沁源縣，介休三縣交界處）文公下令說若不出則必舉火，不料子推竟抱樹爲火焚死，文公遂禁人是日舉火，並說且旌善人以誌吾過。後世遂有寒食節，並信凡舉火則必有雨雹毀傷田禾。後漢書上說：「周舉爲幷州（今山西太原）刺史，俗因子推焚骨，有龍忌之禁，舉因致書於子推廟說寒食一月，老小不堪，今改爲三日」。可見漢時則冷食一月，後又爲三日；今則祇爲一日，並且一日也沒有了。還有一說：寒食不是紀念子推，即如漢時劉向別傳上說：「寒食蹋蹴，（即蹴踘又名蹋球）乃黃帝時作的一種習武的戲，是三代以前已有寒食的名稱」。周禮司烜氏「仲春以木鐸修火禁於國中，是禁火乃周之舊制，不過漢時桓譚與周舉說是起於介子推」。憑以上所引看來，春天氣候乾燥，最易引火，古時禁火寒食，乃是一種小心燈火的作用，用意本屬正當；不料後世轉相傳染，以致疑爲是紀念介子推。其實介子推負母避緜山，焚於火；後世對於他下的評論，多斥他是不忠不孝，那有可紀念的價值呢？再說寒食與清明是緊相連，北方稱淸明下雨爲潑火雨，這又與防火相同；所以與其寒食，倒不如小心燈火。

(六)端午　俗以五月五日爲端午，也是社會一年三大節（端午仲秋新年）之一，多半以爲是紀念楚國時的屈原。按屈原名平，別號靈均，爲楚國的三閭大夫，因爲楚王聽信讒言，將他謫到江南，他因冤氣莫伸，除著作了含冤的文字外，又於五月五日自沉在汨羅江。（在湖南湘陰縣）這樣看來，屈原不過是一個自經於溝瀆的輕生人，他的行爲並不與聖賢的行爲相同；即如孔子也曾不得行其道，或是接淅而行，或是乘桴浮海，絕未想到投海投江的邪事。再如近今有以國事緊急而自殺的，也絕不得社會的贊同。屈原既是輕生投江，並無爲後世法的地方，後世應以他爲戒，又焉可再去紀念他呢？後人不察，狂起紀念，相沿成風，至今不衰，亦可見人心是不問是非的。至於端午節舉行之事，及關於端午迷信者，則如左列：

(1)龍舟競渡　江南水居，船隻甚多，故端午節多飾龍舟，將粽子雞鴨等物，拋諸江河；好比是屈原落水，許多龍舟一齊打槳施撈，凡撈獲者，即是將屈原救上的意思。從前本是不拋粽子，只用竹筒盛米，拋在水中，以備屈原充飢；後來有一個奇形怪狀的人，對拋米的說：這樣的作法，多爲蛟龍所吞噬，若能將米用蒲葉包裹，再用五彩絲細纏，則蛟龍就不敢吞噬了；這就是粽子的由來。論到龍舟的稱呼，也有來歷，據說夏天是五毒（蛇，蜥蜴，即蝎虎，蟾蜍，即癩蝦蟆，蜈蚣，蜘蛛。）盛行，力驅除起見故船名龍（卽蛇）舟；船頭船尾又似壁虎蜻蜍；船艎則似蜘蛛足；船旗則剪爲蠍蚣形；這樣的擺弄則可不受五毒的害了。

（2）長命縷　風俗通上說『端午用五彩絲纏於臂間，能以辟鬼疫，及兵災；又名續命縷，辟兵繒五色縷又名朱索，更有條達等稱呼』。至今此種遺風，還是不斷；爲父母的爲愛子起見，每於是日天未明時，卽以彩絲纏於兒女手腕手指。成人則多半用一種藥水，於臂腕上繪上各種形狀，洗滌不去，以爲辟邪之用。

（3）艾蒜菖蒲　張天師本是張道陵，當漢朝時，以左道惑人，凡學道的必須先祭五斗米，所以當時號爲米賊；此種無賴行動，又有甚麼可取的地方呢？但是世俗偏偏迷信他有神力，宋朝陳元靚所著的歲時記上說：『京中（當時以河南開封爲京城）多畫張天師像賣錢，又用泥塑張的像，以艾爲髯，以蒜爲拳，以蒲爲劍，懸在門上，以除妖異』。荊楚記上說：『端午用艾紮成虎形，或剪彩爲虎，精上艾葉，戴在頭上，皆能除毒氣』。這些迷信，至今還盛行不絕。

（4）地臘　道書上說『五月五日爲地臘，五帝於是日校定生人的官爵，血肉的盛衰，並且記錄長生』。

以上這些說法，是見古人是甚重衛生，可惜不得其道，未免徒然費事；至於風水道士所說的，簡直不成問題。

（5）生日　孟嘗君本是齊國的賢相，是五月五日生的，他父親以爲不祥，就吩咐他母親不必令他生活；母親不忍，這纔得以長大。他有一次問道父親說：「爲甚麼不願叫五月五日生的兒子活呢？」父親說：「五月五日生的兒子，長的必與門戶一般高，是最克父親的。」孟嘗君說：「人生受命於天，父親何必太小心；若是受命於門，儘多不過再將門高築幾尺罷了，誰能長的那樣高？」他父親這纔想道這個孩子倒甚會說話，後來果然名重四海，可見不可因爲孩子生的時辰不好，就妄加殘害。

世說上記著：「漢朝的胡廣，本是姓黃，父母因他是五月五日生的，以爲日期太惡，所以剛剛落地，就盛在甕中放於江湖之中。有一位姓胡的，拾到家中養爲自己的兒子，後來作了高官。」宋朝也有一個王鎮惡，也是五月五日生的，家中以爲不祥，就要丟在外面。幸虧他的祖父王猛說：從前孟嘗君是生於五月五日，長大名重四海；這個孫孫也必要興吾家的，於是起名叫鎮惡，就是鎮壓惡魔的意思。孝子傳上說：「紀邁五月五日生，母親將他棄到郊野，被村人紀淳的妻子收養成人。到六歲時，他的本生父母說：你是我家的兒子啊。」邁聽這話，就涕泗交流的戀戀不捨；後來長大爲人傭工，常將工錢奉養生身父母。」「王莽的先人王鳳，也是五月五日生的，他父親也要將他丟棄，幸虧他叔父說的好，這纔留著了，後來作了大將軍。從以上數段看來，妖祥不妖祥，原是沒有定論，只在人爲的如何就是了。

（6）殺韃子　關於端午的說法，又有相傳於五月五日殺盡韃子的話。查韃子原是何奴的一種，當宋末後擾亂華夏，其餘孽就是元朝的忽必烈，與清朝的滿洲人。因爲當韃子侵來以後，命令漢人每十家供養三個韃子，白吃坐穿，不敢稍有怠慢，漢人受害過甚，約定於五月五日在門上懸掛蒲劍爲號，到時一齊動刀，不一時就將所有韃子俱各殲屠淨盡。這個傳說現在指不一定是在何年，按元史所載，當時統兵的韃子，往往於駐軍的地方強掠平民爲奴，所擄的常有幾百萬人，令他們供養韃子，就好像現在日本人令高麗人供養一般。後來明朝興起，漢人羣起殺韃子，這纔脫了數十年的禍害。當韃子侵入華夏以後，不但擄人爲奴，還強佔民田，以後韃子惡貫滿盈，失田的人民羣起殺韃子，據說轉眼的工夫韃子都死在快刀之下，雖小孩子也是一個不留。明朝的軍師劉伯溫，也有殺韃子的燒餅歌說：「手執鋼刀九十九，殺盡胡兒方罷手。」這或者就是指著五月五日殺韃子說的。現在韃子既隱名換姓，我們就不必再懸掛蒲劍了。

（七）七夕　（1）織女牛郎　俗傳天河東邊有織女，乃是天帝的閨女，他是常常不住的織錦，所織的有雲錦天衣。天帝因爲他勤勞，而且可憐他獨居，所以纔許他嫁給河西的牽牛郎。不料締婚以後，他這個小家庭，倒是只知嬉戲，全不知織錦了。天帝這纔把他們夫婦分在天河兩岸，只許七月七日黑夜渡河一會。相傳所有鴉雀，還都飛到天河搭雀橋，以便二人往來。華北各地，每到七月七日還要甄別成爲大節，各家都要炸巧餅吃。閨女們則皆到井口上燒香，說是織女能使他格外手巧。在湖北湖南等地，每當七夕時，婦人多結綵線，穿七孔鍼，在庭中陳列瓜果，以求織女使他巧妙。一旦遇有蜘蛛一類的活物，落在瓜果上，就以爲這是織女答應了所求的。在明朝天啓年間，宮中多於七月七日正午，以盆盛水，曬於日光之中，直至水中生沫，投上鍼一枚，就必浮在水面上。若是水底的針影，有成雲龍花草形者，則爲得巧，若是鍼影如同椎軸者，則爲得拙。還有不祇在七月七日乞巧，於別的日期也可以乞巧；相傳山東地方，於正月間常使五個不同姓的年少女子，共臥在一個榻上，用被蓋好，再用簸箕播揚，也能使少女靈巧。還有的地方則在八九月間月亮四圍的輕雲顯五色時，就呼女子持著針線，小兒持著紙筆，朝著月亮跪拜，也叫乞巧。

(2)種生　夢華錄上記著：『用綠豆，小豆，小麥等，浸在磁器內，生芽數寸，用紅藍縷絲貫緊，於七夕時採食，主著一家人口興旺，所以稱爲種生。』此風至今尚存，其實人口興旺與否，不在乎此。

(3)晒衣　世說上說：『七月七日晒衣，不爲虫蛀。』昔時阮姓爲大族，卽如阮咸，卽爲竹林七賢之一，是最不拘小節的，當天阮姓皆將貴重衣裳曬於庭中，阮咸獨獨用竹竿撐大布犢鼻褌（卽今流行短至膝蓋以上之袴）於庭中，日內還說：未能免俗，不過虛應故事罷了。』晉時的郝隆，看見別人都於七月七日晒衣，他就仰臥於日中，說是我晒晒腹中的書。西京雜記『太液池西有漢武帝的曝衣樓，七月七日宮女將后妃衣晒於該樓。』其實無論晒衣晒書，似乎都是取樂的舉動，並無正當的意義。

此外關於七夕的邪說很多，再提一則於左：

『唐朝的郭子儀，在銀州時，（在今陝西米脂縣東北）七夕忽見空中有駢車繡幄，一美女自天而下，子儀拜祝求賜長壽。美女說：大富貴亦壽考，後果以身繫唐室安危者凡三十年，號尚父，官太史中書令，爵汾陽，謚忠武王，壽八十五歲而終。』（見感遇集）其實郭汾陽是實事求是，並不決求這些怪異的事成湊集，不是正書，自然不足憑信。

（八）中元　按佛教的說法，陽間有無告的窮民，陰間即有游蕩的孤魂。窮民若不加以賙濟，則弱者輾轉溝壑，強者流爲盜賊，爲害地方，不堪設想。孤魂若不予以布施，他們也是要釀成災禍，疫癘生人，更要無法爲生了。既有此種迷信，所以每當陰曆七月十五日，就稱爲中元節，城隍是要出巡，凡所經過的商店居戶，或是設奠，或是焚紙，說是城隍出巡，一來爲的是賑施之祀孤魂，二來還要鎭壓孤魂，不得造作疫癘，害生人。所以生人對於城隍，總要燒十二分香，頂十二分禮的。

以上是說城隍對於孤魂的布施，但是人還嫌城隍布施的未必十分周到普徧，所以還要私自糾合起來，從事施捨餓鬼的事；這種舉動，叫作盂蘭盆會。辦理此事的人，多是村中的無賴，或是城市的青猪流氓。屆時先沿門勸捐款項，凡不樂捐的，他們就使他不得平安度日；所以細民怵於一般市虎的強橫，就不得不充其慾壑了。款項既然到手，用於布施鬼魂者，至多不過十之二三，其餘十之七八，則皆爲他們分肥，或是耗於酒宴了。布施的法子，是先搭下一座蓆棚，喚來數個或數十個和尚高坐唸經，鈸鐃響，倒算熱鬧；一面則扎些紙衣，沿門懸掛，免得餓鬼逗遛不去，末了付之一炬，就算完結了布施的大事。

有心世道的人，曾祇就燒紙一端，加以痛惜，以爲我國一年到頭是要燒紙，若祇就中元節所燒的紙算來也就有幾千萬了；設若能節省此一桩消耗，用以設立義務學校，或是開辦貧民工廠，或撥充地方公益，或雇工掃除街衢，或賑濟水旱災黎，或從事修治道路，或用爲挖掘河道，或充作開墾荒田，或用以償還外債，豈非比較的尤切實用麽？可是這不過是祇顧及經濟一方面，而在心靈一方面則尚未計及，不能不算爲一大缺陷。按此種迷信由來已久，相沿成風，一時甚難挽回；最要緊的還是將知識灌輸於百姓的心田中，使他們自知所作的無謂，那就不禁自改了。一面還當對於市虎無賴，嚴加取締，使他們不得藉端斂錢。又一面則當使人民明曉僧道一流沒有超度亡魂的能力，他們持咒誦經，呢呢喃喃，不知是甚麽意思，又如何能替平民解危消災呢？

社會中有盂蘭盆會，主旨是取悅死鬼，消除災祲，然而消除災祲亦自有道，就小處說：在城市間，除勤洒掃外，一購買臭藥水到處噴灑，二撲滅蚊蠅，三畜猫捕鼠，四街頭巷尾多置有蓋垃圾箱；五施送救急藥物，六助窮苦死亡者立時斂葬，七修整公共廁所。

對於盂蘭盆會又有一種說法：盂蘭原是印度話，意思是救倒懸，也是用盆盛貯百樣食物，供養衆佛，使佛可以搭救世人的倒懸之苦。其實衆佛倘賴世人供養百味，他又何嘗能解世人倒懸之苦呢？至於第一個作俑的當是佛教的大弟子目連，說是他曾到地獄中去救他的母親，並說在地獄中食物入口卽化爲烈火；佛教因此設盂蘭盆會以搭救此等難鬼。事之不宜爲信，自然不用細說，可惜上海戲園中，還有目蓮救母的戲劇，您想那會到了何極呢？

關於中元節的事，還有以下種種謬妄的說法：

七月十五日，天上老君同元始天尊會於集福世界。（見道藏經）、

七月十五日，九地靈官下人間，校定罪福。（見道經）。

唐代宗於大內道場設盂蘭盆，用金翠作飾，所費百萬，又設高祖以下七聖神座，所有旛飾龍繖衣裳之制，無不齊備，從內庭昇出陳於寺觀；中有的人都批評不合經典。（見舊唐書）此等作怪，連當時都諷誚不在經典，無怪後世更要不信了。

後漢書上說：『佛當癸丑七月十五日寄生於淨住國摩耶夫人腹中，至周莊王十年四月八日生。』這就是後世說四月八日是浴佛日，屆時各廟裏，都以五色香水浴佛，稱爲龍華會。歲時記上說：『長沙有九子母神，凡無子的，於四月八日到廟中供養薄餅，往往得子。』這些俗傳，雖至今仍是不改，然而人皆知是謬妄不經。

（九）中秋　中秋節爲一年三大節之第二節，主要的目的，爲敬拜月亮；燒月宮馬，供月宮香，擺設月餅瓜果，無非都爲拜月。此種舉動，也寓有一家團圓的意義，因爲月圓人也圓，乃是最好的事；可惜世俗多偏重敬月，反倒不講求一家的如何團圓。

（1）嫦娥奔月　據說嫦娥是古時的仙人，當時有一位善會射箭的后羿，向西王母請了些長生不死的藥，被嫦娥竊去吃了，遂奔到月亮中。至今社會舊戲中有嫦娥奔月的戲目，爲一般迷信家所樂觀。至於要問西王母是那一個？他如何能有不死的藥呢？別的先不必說，只提漢武內傳上論到西王母拜會漢武帝的一段交涉史，也就可概見其餘也都是荒唐到極處了。說是『西王母乘著紫雲之輦，駕九色的斑龍，別有五十天仙側近鑾輿，身量皆有一丈多長，手中都執著綵旄之節，身上佩帶金剛靈璽，頭上戴著天眞之冠。王母扶持二位侍女下輦，年紀都不過十六七，穿著青綾袿，容眸流盼，神姿清發，眞算是美人中的美人。王母上殿向東坐，只見穿的是黃金褡襡，文彩鮮明，光儀淑穆，帶靈飛大綬，佩分景之劍，頭上梳著太華髻，戴的是太眞晨嬰的帽子，脚下踏的是元璚鳳文的鞋子，看著不過剛剛有三十來歲，長的身量甚合尺寸，天姿掩藹，容顏絕世，眞算是靈人。武帝下拜已畢，王母呼他共坐牀頭；王母並設天廚，皆珍妙非常；又命侍女用玉盤盛仙桃七顆，獻給漢武帝。』

試看這一段怪事，竟錄在漢武內傳上，眞算是西王母的好運氣，世俗上並信王母常與行蟠桃大會哩！

（2）月中桂　唐朝的詩家李白，有句說：『欲斫月中桂，持爲寒者薪。』是明明以月中爲眞有桂樹了。西陽雜誌上也說：『月中的桂樹高有五百丈，根下有一個西河人名吳剛的，持著刀斧斫桂樹，無論怎麼斫不壞，因爲隨斫隨合的。至於吳剛爲甚麼要斫桂樹，乃是因爲他學仙不成，所以被罰去斫桂。』若是要問誰罰的？他爲甚麼祇罰他斫桂？吳剛是怎麼到得月中？旣然隨斫隨合爲甚麼還去斫他？那就答不出來了。可是現在還有以月中桂三字爲牌號的，眞是令人不解。

（3）月中兎　就月中的光暗看來，世俗上傳說：有白兎於松樹下用臼搗藥，每逢陰曆八月十五日，還有對於月亮大施敬拜；南方多以香紮成宮殿式樣，對月焚燒；北方則用麵食對月供養。而且中秋亦是一大節期，月餅亦是一大敬禮，均是世俗相沿成風，其事多不可考。

（十）重陽　俗以陰曆九月九日爲重陽節，又名登高節。據梁朝吳均著的續齊諧記說：『汝南有一個名桓景的，跟著爲鬼所殺的費長房學；長房對他說：九月九日你家當有災危，你當趕快歸家，令家人各作彩囊，盛滿糗糧，奔到山上，飲菊花酒，方能免死。景隨照話作了；當天晚上，從山回家，看見所畜的雞犬牛羊，都暴死了；這就是後世重陽登高的意思。』可是這段事情，大可疑惑，因爲續齊諧記不過本著莊子寓言說的，並非真有其事；從來說齊諧說怪，不足爲信，那麼桓景登高的事，也未必有的。然而世俗相沿，竟成風俗，直到如今，重九登高習爲故常。南宋書上也提到『宋武帝在彭城（今江蘇銅山縣）九日登項王臺，至今相承爲故事。晉宣帝時，羌人獻桑落酒，於九日分賜百官。』唐書上說：『王勃過鍾陵，九月九日閻都督大宴滕王閣，命其女婿作序，誇示賓客，並出紙遍請客作文，客無敢應者，王勃獨援筆成文，閻嘆爲奇才，就是古文釋義中的滕王閣序。』從上看來，九月九日登高飲酒，乃是社會中通行的事，這也難怪後世效尤了。

肆、器物

（一）秦鏡　現在世俗對擅長折獄的官，所說的恭維話，是秦鏡高懸；或是給他送一架匾，立一座碑，也要用秦鏡高懸四字，當作最爲堂皇的話。考究這四字的來歷，原是極不正當；據號稱能煉丹的葛洪所著的西京雜記上說：『當漢高祖初入關時，看見秦始皇的宮內，金玉珍寶，觸目皆是。另有一架方鏡，寬有四尺，高有五尺九寸，裏外通明，人若直向鏡子走來，在鏡中就顯出一個倒影；若是以手捫心，向鏡走來，則五臟六腑都可一一照見；人若長內科病，將心掩蓋，對鏡一照，就知道病是在甚麽地方；女子若有邪心，對鏡照時，就必膽張心動。秦始皇常使宮人對鏡相照，遇有膽張心動的，就加以誅殺。漢高祖都封閉起來了，以後楚霸王項羽攻來之後，鏡子就不知去向了。』

其實無道的秦始皇，又那能有此種寶貴的鏡子呢？再說爲甚麽獨獨能照女子的邪心呢？這還是重男輕女的心理罷。當時趙高指鹿爲馬，不能再奸惡的，爲甚麽不用鏡子照一照他呢？秦始皇焚書坑儒，爲萬世的罪人，一提起他的眞事來，尙且令人作惡，爲甚麽世俗反倒以其假事當作歌功頌德的專名詞呢？眞是令人不解。

(二)鏡聽　古人於大除夕，或新年時，常用鏡子聽話，藉以斷定事情的吉凶。據月令萃編所記：『正月初一日晚間，在灶神前安置上香爐，點上燈，再洒掃的清清潔潔，將水注在鍋中，然後放上一把杓子。於是虔虔誠誠的拜祝，隨後用手撥轉杓子，就順著杓柄所指的方向，將鏡子抱在懷中，邁步出門，暗中竊聽別人說的是甚麽話；所聽的第一句，就是關乎吉凶的，這就叫作鏡聽。』惟不知若是杓柄是指向屋內，不指向門外，將如何呢？

再按瑯嬛記上說：『鏡聽也是有咒語的，凡抱鏡的，口中必須唸著咒語，然後方纔靈驗。咒語是『並光類儷，終逢協吉』。乃是先用一架古鏡，用錦囊盛起來，不要令第二人看見，於是捧著鏡子，朝著灶神將咒唸七遍，然後再出門聽聽別人說的甚麼話。隨即將眼閉煞，任意走七步，再睜開眼看看鏡子所照的，必與別人所說的相合，也就能定奪出是吉是凶了。唐朝中過進士官過侍御史的王建，以及李廓，都曾作過鏡聽古詞，是甚膾炙人口的。』其實這些迷信無非古人過於判不出吉凶，特爲想出路的法子就是了；別人說話與鏡子有何關係呢？

（三）鐵牛　牛是能飲汚水的，所以世人每逢遇有水患，則必鑄成鐵牛，或投在水中，或安在水涯，以爲消除水患的利器。唐朝有一位名賈玊的，也曾作過一篇鉄牛頌，以爲點綴迷信的文字。當宋朝時，黃河奪汴泗水入淮，由江蘇海州入海，經過徐州，（今江蘇銅山縣）適値宋朝大儒蘇軾守徐州，雖然黃水來得勢頭很猛，但是蘇軾仍然率領百姓，從事杜防，至今徐州城西，仍有堤壩，稱爲蘇堤；而城北東二方的石堤，宛然如舊。當時從汴梁（河南開封）可以一航至徐，今則連河底亦變爲農田，所留的遺跡，只有高蹲北門外堤上的鉄牛而已。據遺傳說：這就是宋朝以來治水的神牛啊！再察徐州曾二次爲黃水冲决，滿城變爲魚鱉，而衙署則遷至南門外雲龍山；當時不知鉄牛跑到那裏去了。

世俗並迷信婦女因爲信水的緣故，所使用洗滌的水也多，說是生前用多少，死後必要重新如數喝下去；所以臨死的時候，家中必爲紮一隻紙牛燒了，以便替他喝髒水，這又是巧極的迷信了。

（四）蟠桃　漢武帝作了五十四年皇帝，造作了不少怪異的事，也求了不少的神仙。漢武內傳與漢武故事上，也替他記了不少怪誕的事。即如有一段關於蟠桃的故事，說是：『東海中有一座度素山，山上有一棵大桃樹，屈盤數千里，名爲蟠桃。當時東都來貢獻一個矮人，漢武就宣召東方朔觀看，矮人忽指著東方朔說：這個人甚是不正當的，因爲西王母所種的蟠桃，三千年方纔結一回實，他竟去偷過三回了。』又有一段說：『西王母曾送給漢武帝仙桃四顆，甘味是不能再甘美的，漢武就打算將桃核種在地裏。西王母說：這種桃三千年方纔結一回實哩！而且你國中的地土是甚薄的，雖然下種也是不能生長的啊！』這段記載，也不知是漢武做夢做出來的，還是癡心妄想的，世間眞有說大話的。

又在一本委宛餘編上記著說：朱洪武滅除元朝以後，在元朝的庫中尋出所藏的蟠桃核，有五寸長，四寸七分寬，上面刻著：『西王母賜漢武桃宣和殿』十字。若再按桃核的尺寸推測，桃實的大小至小也有十個人頭大，這樣的大桃子，眞是中國所沒有的，聽說泰西有一種餅果，是甚大的，或者就是西王母所送漢武的大桃，也未可知。再者書本上祇記著西王母是漢武的入幕之賓，他並未與第二人有甚麼來往，難道只漢武帝是合他的眼麽？眞是令人大惑不解。（關於西王母的記載，可參看本全書卷六成仙）

（五）星槎　槎與査同，乃是海中所漂流的碎木頭；星槎是說槎上發光，如同星月一般。拾遺記說是『當堯登位三十年時，有一塊大木頭浮在西海中漂流，上有星月所發的光，常浮繞四海。十二年浮繞一遍，周而復始，稱爲貫月槎。』現在人的名字，若帶著甚麼漢槎等字，多半以星槎二字爲字，表示可通四海，可與銀漢相通的意思，其實何嘗有這麼一塊周而復始漂流的木頭呢？

又按荆楚歲時記上說：『漢朝的張騫，曾乘槎去尋黃河源，行了一月多，到在一個地方，看見有城有郭，如同州縣城一般；走到一處家內，見有一個女子在那裏織布，又有男子在河中飲牛。騫不禁的問道：這叫甚麼地方？答道：可去問嚴君平。織女就取支機的石頭，與張騫一同去了，以後走到四川，就問道君平；君平說有一年某天有客星犯牛女。』就這段記載，似乎是說張騫乘槎尋河源，忽然尋到天河上去了；其實如何能彀！

（六）聚寶盆　當元末明初時，在蘇州（今江蘇吳縣）出有一位富戶，姓沈名富字仲榮，行三，當時人都稱他是沈萬三。明太祖既定都金陵，就想著增修外城，可惜府庫空乏，難以成事。沈萬三就要甘心報効願與太祖合築一半，不料他沒想到匹夫無罪懷璧其罪象有齒以僨其身的故事；竟發出好勝的心，比太祖先完工三天。其實處在君權無限的時代，那有公理的可言，不過皇帝的喜怒，就是法律，這次爲修築城牆的事，既被萬三佔了上風，所以洪武心中大不是味，就想著雞蛋找骨頭，尋一個把柄，要勦滅沈萬三了。當時沈萬三還在夢裏，以爲富家翁可以吃著不盡的；隨後他又修築蘇州街，用茅山（在江蘇句容縣）的石頭爲街心，洪武因此就把他捕殺，一切財產盡皆入官，這是沈萬三的小史。

至於論到他所以爲江南的首富，能以敵國；按世俗傳說的，是他家中有一座聚寶盆，無論放上一件甚麼寶貝，就能取之不盡，用之不竭了；所以稱爲聚寶盆。若是要問這座寶盆是如何得的呢？據說：他原是一個無賴的窮漢，有一次他看見一個漁翁手中提著一串青蛙，約有百餘頭，預備刴去賣；他一時觸起了惻隱心，所以就從那人手中買了來，全放在鄰近的一座池塘中。嗣後青蛙叫聒不休，吵的鄰近不得安眠。有一清晨，他手提器械，將與青蛙尋釁，不料聽見一羣青蛙在池中亂吵，他隨走上前去觀看動靜，只見那些青蛙共同舉著一個瓦盆，慢慢的向他脚下來，他遂用手提起，帶回家中當作洗臉盆。有一次他妻子用盆洗臉，將手上的戒指落在盆中，剛一轉眼，不料盆中忽然滿了無數的戒指，他這纔大以爲希奇。後來又用金子銀子試驗試驗，也是生生不息，層出不窮，於是纔成了首富。

以上的傳說，自然是完全附會的，近來上海大舞臺又演成戲劇，叫作沈萬三得聚寶盆。據劇中的節目，並沒有以上的事蹟，不過祇演成沈萬三是一個著名的賭棍，家產妻子都是賣盡，依然得錢就賭。最後窮極無聊，就去上吊，忽然於牆壁中發出一道毫光，發掘以後，乃是一座聚寶盆。這個風聲傳出，就爲人劫去了。後又落到踞蘇州稱吳王的張士誠手裏。按士誠爲明太祖所擒，至於那座聚寶盆，則再也不出世了。然而直到如今，又演爲戲劇，似乎是鑿鑿可據；所以社會心目中，還忘不了這種發財的心理哩！

還有一種傳說，就是當明初時，有一個神仙叫張三丰，（詳見卷六成仙）教給沈萬三一種爐火術，按術能煉成白銀黃金。至於所說的盆，乃是一種鼎器，也就是能煉成金的爐。沈萬三得到此種法術，從事煉熬，後來就富甲天下了。至於張三丰爲甚麼獨獨將法術授給沈萬三，不教與別人，則不得而知其故了。再如張三丰是怎麼得的這種妙法，更是無法追求其所以然的。據大鄰齋所演的戲劇，聚寶盆是落於張士誠手；但讀柳亭詩話，則說是又落於明太祖的手。再說張三丰所授於沈萬三的是法術，不是盆，既然有法，則隨時隨地隨物隨器都可以當作盆用，怎麼反倒只重這一只盆，而不重方術呢？這又是令人不解的事。柳亭詩話又說：『當時金陵水西門有豬龍為患，明太祖特將沈萬三的聚寶盆埋在地下，方纔鎮壓住了。』這樣說來，則太祖是不重金銀，只重為妖的豬龍了。想明白如太祖，決不為此愚憨的事。老實說去，豬龍為患是欺人的，聚寶盆也是欺人的罷了。沈萬三的聚寶盆既然不知去向，不料現五百年來，倒落生了無數的聚寶盆，因為社會上凡逢人死去，起碼也要為他紮一座紙聚寶盆焚燒；這又是何苦的呢？

（七）泥馬　宋徽宗因為崇信道教，自稱教主道君皇帝，任用奸黨蔡京等，貶斥司馬光等一百二十餘人，以致國事大壞，金人來侵，攻陷汴京，（河南開封縣）徽宗被擄，死於五國城。（今吉林依蘭縣）當時被擄的諸妃，皇子，公主，駙馬，群臣，百官，凡三千餘人。徽宗第九子康王構先時為質於金，後以肅王代質，所以得還；但據南渡錄上記載：『王從間道奔竄，投到一座名稱崔府君的廟中，廟內拴有馬一匹，王遂騎上向南馳驅，一天行了七百里；既渡過黃河，馬不肯向前行，王下馬細看，方知是一匹泥馬；這就是俗傳的泥馬渡康王，並演成戲劇，亦可見人心之好奇了。再說康王既然飽經艱難，至少也當戮力國事，不料他竟寵信奸佞的秦檜，殺戮精忠的岳飛，那有泥馬再去渡他的呢？

（八）青蚨　我國北方數省，盛行一種錢袋，稱為錢褡子，其功用如手提籃手提包，正復相同；惟於袋上多寫上：『青蚨飛來』四字，以為吉利。據搜神記所載：『南方有一種虫子，大如蠶子，若取其子，母即飛來，用母虫血塗錢八十一文，再用子虫血塗錢八十一文，到市上買物，或先用母錢，或先用子錢，皆能再飛回原主，輪轉無已，所以後世稱錢為青蚨。』按搜神記是作於晉朝的干寶，還有搜神續記十卷，據說是作於陶潛。不用說南方沒有此種青蚨鳥，即使有也不能如此靈驗，況且只限定八十一文，又是過於數少，大宗交易無法應付。再者即使能以飛回，實是一種欺騙行為，若人人行此種欺騙手段，則交易場中豈不紊亂至極麼？後世只顧貪利，不顧公德，甘心將青蚨飛來四字，寫在錢袋上，是公然的取貨不付價，那有正人君子，去做這明取暗奪的事呢？

（九）喜鵲　社會上對於喜鵲的迷信，也是牢不可破，以為一旦遇見喜鵲吵得啞啞響，是必主有甚麼事故；因此左顧右盼，鼠首兩端，進退維谷，不知如何是好了。其實鵲焉能靈於人呢？人為能不如禽呢？人若甘於退化，聽命於鵲，那眞是不如鳥了。可是古人有藉鵲巢省刑罰的，即如當唐明皇時，有鵲巢於大理寺，於是大理少卿奏告說：統計當年之中，共判決死囚五十八名，獄院中由來殺氣太盛，鳥雀不栖，今有鵲來巢，足見是處決的得當。』當時口蜜腹劍的李林甫爲宰相，大得明皇的寵任，明皇說這都是宰相的功德呵！於是賜李林甫晉國公的爵位。不料一國的最高法庭，竟是看鵲的眼色行事，眞算是自比如鳥；判決的得當不得當，鵲焉能曉得呢？況且李林甫身爲宰輔，慫恿著唐明皇一天之間殺了三個兒子，明明是他祇知取悅於當時的君，不知助成君盡上爲父當慈的人倫至義；那有功德的可言呢？明皇舉動，可謂失措大不得當了。

（十）**鷄卜**　本全書卷二卜筮中，已經論到關於卜筮的事，都是虛妄，但是尚未論到鷄卜的事，今再補述一下。按漢書上所記：『廣東人最迷信鷄卜。』是怎樣的卜法呢？是先將小公鷄捕殺了，取出脛骨，用麻繩捆起來，再將一根竹杆，插在所捆的地方，使兩根脛骨，彼此相背，那麼就著兩脛骨旁邊所有的細紋，就可定出吉凶來了。

還有一種用鷄蛋占卜的，是先用墨將蛋皮繪畫，這就是叫作外象；然後再將蛋放在鍋中煮熟。於是取出來，用刀橫切爲兩半，所現出的黃白，即爲內象。這樣按外象內象就可以卜出病的好歹，出門的吉凶來了。這種卜法，倒是叫鷄倒運的廣東人想必有此種興趣。

（十一）**九尾狐** 按瑞應編上說：『九尾狐生在青丘國，青丘又名長洲，在南海中，爲十洲之一，乃是神仙所居的。』東方朔十洲記也說：『青丘國中專長林木，一望青葱，所以名青丘；不但生九尾狐，而且仙草靈藥，以及甘液玉英等，無所不有。』九尾狐有四足九尾，凡吃了九尾狐肉的，以後就遇不見妖邪的氣，以及蠱毒一類的禍害。我國自古以來，對於一般奸詐的人，多半嘲他爲九尾狐；即如宋朝時有一個奸臣彭鶴年，素性是奸佞的，所以時人號稱是九尾狐；其實那有此等狐。

（十二）**九頭鳥** 九頭鳥又名鵂鶹，俗名猫兒頭，他的眼白天看不見，惟黑夜能看見，所以多在夜間飛行；他的鳴叫如同笑聲，所以人凡聽見他叫喚的，就以爲不祥。俗傳他有九頭，曾爲犬嚙掉了一個，血是常淋漓下滴的，無論滴到誰家，則其家必有凶兆。古時還有相傳的俗話，說是天上有九頭鳥，人間有三耳秀才。這是指著兗州（今山東滋陽縣）有一個叫張審通的，有一次夢見爲泰山府君所召，給他在額上按上一個耳朵。及到醒了以後，果然覺著額上發癢，隨即生了一個耳朵，所以當時稱爲三耳秀才。至於論到泰山府君，也就是現在所稱的東嶽泰山神，俗傳他是能治鬼。三國志上記著管輅對他兄弟說：『但恐怕到泰山只要治鬼，不能治生人了。』俗傳人死以後，他的魂就去游泰山。即如後漢書論到烏桓（今黑龍江省嫩江縣）有風俗說：「我們死了，魂游赤山，中國人死了，則魂游泰山。」這些虛傳都與九頭鳥有串連，其實何嘗有這一些事。

（十三）石言　平常對於過於橫暴的人，要嘲他是逼著啞吧說話；這是表明啞吧原不能說話，某人若是強暴加人，豈不是強迫啞吧說話麼？設有一人說是啞吧能說話，人就必要掩耳不聽；設若他再說是石頭能說話，人就必更要掩耳疾走了。爲甚麼呢？因爲是絕對不能的。但是古時大聖人左丘明曾說：『石頭在晉國（今山西）說話；晉侯還問師曠說：石頭爲甚麼說話？答道：石頭不能說話；或是有甚麼憑在石頭上講話。』其實石頭既自己不能說話，還有甚麼器物憑著他說話呢？按當時的師曠是居於重要的職位，他能以按作樂的聲音，占出吉凶來。左傳上又說：『晉人聽說楚國要發兵來攻，師曠又說：不要緊，我驟然歌了一齣北風，又歌南風，南風來的不急，多有些死聲，楚兵必然不成功。』

這樣說來，師曠真算是聰明的，不知他若聽見現在無線電的聲浪，又將作何等的感想。可惜此等信石頭說話或是按聲音占吉凶的人，不可見了。

伍　地域

（一）五嶽　民國十二年兩湖巡閱使吳佩孚五十壽辰時，有某客贈壽聯一付，詞爲『泰山爲五嶽之首，黃河千年一淸。』吳極口稱絕。推究後世所以如此推崇五嶽，無非因自古相傳五嶽最爲神奇罷了。其實這些神奇原是最無謂的，先論到山東的泰嶽罷。按史記上載著管仲有話說：『古者封泰山禪梁父者七十二家。』莊子上也說：『易姓而王，封泰山禪梁父者七十二代，其有形兆，垠堮，勒石，凡一千八百餘處。』這樣說來，當春秋時代（紀元前六八五年）即孔子以前二百年時，易姓而王封泰山者已有七十二代，勒石者已有一千八百餘處；這個迷信，恐怕從盤古時就看上了泰山的尊嚴，以爲泰山是上帝的代表，一到泰山便可作天子而無愧了。只因有這許多作俑的，所以後世效顰的就無法數算；最顯然的，連秦始皇漢武帝也三番五次跑到泰山敬天；還有那倒霉的宋眞宗，竟能於泰山得天書，以爲壓制民心的利器。現在這些古蹟，祇能見之於文字的記載，可惜天書啊，一千八百處勒石啊，俱不知流落到何處去了。也許是他們恐怕留到後世，被人覷透破綻，所以急遽的銷燬形跡，即如宋眞宗以天書殉葬，就是此等主義。因爲若不銷燬，又不殉葬，留在世間，實是一件大惑不解的問題。可是又有最顯然的陳跡，就是泰山下的岱廟，又稱東嶽廟；這座廟的地基佔泰安縣城的四分之一，乃是歷代帝王的結晶體，所供奉的是泰山神，凡歷代開國帝王，都於廟中樹立，碑敍述其應運而生，所得泰山神的呵護。現在雖已傾圮不堪，而陳蹟依然巍存；幸虧民國成立，開國總統不復以泰山爲大帽子以恐嚇小百姓了。

泰山是爲東嶽，至於爲中嶽的，乃是河南登封縣的嵩山。關於嵩山的迷信，也是來得久遠；詩經上說：『嵩高惟嶽，峻極於天；惟嶽降神，生甫及申。』這是說：甫與申兩個大人物，是嵩山神所降生的。續漢書上說：『漢武帝登嵩山時，聽有三呼萬歲的聲音，於是特別立下三百戶，主持祭祀嵩山的事，並立這三百戶爲特別區，命名崇高邑；到漢靈帝時，改爲嵩高邑。』這樣說來，嵩山若不三呼萬歲，恐怕就得不到血食了；其實豈有神呼萬歲以求血食的呢？當時漢武不知是聽了甚麼聲音，竟誤認是嵩山三呼萬歲，可算是掩耳盜鈴自哄自的舉動。嵩山記則載：『那位以邪術惑世的鬼谷子，曾於嵩山東南學仙。』這些說法，也是賣弄神奇，無甚價值。

論到西嶽，乃是陝西華陰縣的華山，據華山記說是：『山頂有池，生千葉蓮花，服之可羽化登仙，故名華山。』此外則無甚怪誕說法。

南嶽爲衡山，在湖南衡山縣；關於衡山的話，尚書上有：『荊及衡陽惟荊州。』名勝志說：『衡山七十二峯中，一峯名叢香峯，峯頂有風穴，每將雨時，風卽自穴中發出。又有雷池，禱雨輒靈。』晉書上說：『劉驎之好遊山澤採藥，游到衡山，深入忘返，見有一澗水，水南有二石囷，一開一閉，水深不可過，欲還失道，幸遇伐弓人，這纔能歸回。或說：石囷中皆是仙靈方藥。驎之再欲進山採尋，至終未曾找到。』以上是關於衡山的兩段邪說，自然無須辯駁。

爲北嶽的恆山，歷來不是指一山；說自漢以來，以直隸陽曲縣西北的常山爲北嶽；明時則以山西渾源的玄岳爲恆山；淸時又改祭岳於渾源。五岳圖上說：『恆山有神草十九種，服之可度世。』『神農本草上說：『常山有草名神護，置之門上，每夜叱人。』孔子兵法云：『常山之蛇，名曰率然，一身兩頭，擊其一頭，則一頭至，擊其中則兩頭俱至；故擺陣有常蛇陣的名目。』

以上關於五嶽的記載，以東嶽泰山爲最多，也是因爲泰山爲五嶽之首，自古帝王，皆封泰山，後世也惟獨東嶽廟到處皆有，無非都是古來野心家強推出五座高山來，以爲自己是高高在上，也能在高高的山上與高高在上的上帝相交通；至於平民則無此等幸遇的。此等高自位置的心理，雖然來得甚遠，行的甚久，可是到在今日，已如強弩之末，不足滿人心的希望了。

(二)瑯嬛福地　瑯嬛記是元朝伊士珍的著作，又有人以爲是明朝桑懌所僞托的。該書上所記的都是些不正經的事，即如論到晉朝伐吳成功的張華，說是『有一次張華游洞宮，遇見一人引他走到一處，別有天地，每一間室中，存貯著一些奇書；張華換次瀏覽，都是記的漢朝以前的事，也是往常未曾見聞過的。張華就問那人道：這是個甚麼地方？答道：是瑯嬛福地。」伊士珍因此也就取瑯嬛二字，名自己所著的書。書中有一段記的是關於楊太眞的事。說是：「唐明皇因寵幸滿洲人安祿山，後來安祿山造反，攻破兩京，明皇不得已要奔往四川，行到馬嵬坡，軍士不肯行，以致將楊太眞縊死於佛堂，這纔安住了軍士的心。但是明皇非有太眞，是寢不安食不飽的，自從太眞死後，他就朝夕的如同癡迷一般。幸虧有一個道士，甚懂李少君返魂的法術，於是求見明皇，說明原委，明皇遂叫他先畫出一個女子像，供在五色帳中，復將五色石研爲細末，和上藥料，做成蠟燭，燭皮上畫上五彩花，叫作還形燭。夜間請明皇自己秉燭入帳，果見太眞在帳中。」其實此等無道昏君，還有甚麼可記的價值呢？瑯嬛記，瑯嬛福地，以及唐明皇俱不是些好東西；爲甚麼現今的輓聯，還多用瑯嬛福地四字呢？

(三)望夫山　寰宇記上記載：「安徽當塗縣西北十四里的地方，有一座山名望夫山，說是從前有人往楚國，久不返回，他妻子常登山上往南望，望的久了，竟化爲石，所以後來稱爲望夫山。」按寰宇記是宋朝樂史所著的，共計二百卷，最爲有價值的書；滿淸時代，乾隆所敕撰的文獻通考，對於該書且極加推崇，並改爲太平寰宇志。惟不知道人化石的故事，乾隆以爲然否？地質學家祇有地中化石的事，未有地面化石之事，不知寰宇記所說的望夫山，是本於何說。

（四）望夫石　武昌北山上，有石形狀如同立人，相傳昔有貞婦因爲丈夫從軍，遠赴國難，所以他就領著兒子在山上爲夫餞行，既至丈夫去遠，他仍癡望不去，隨後竟化爲石，所以叫望夫石。這段事是記在神異經上，真可算爲神異的。

陸　其他邪說

（一）旱魃　詩經上說：『旱魃爲虐。』所以上古時，就迷信有一個旱神，就是旱魃。據神異經上說：『南方有人長二三尺，赤著身子，眼長在頭頂上，行走時如同飄風一般，這就是所說的魃。凡魃所出現的地方，就要大旱不雨，赤地千里，又稱爲旱母。』又按俗傳說是魃的鼻子是長在頭頂上，他喘氣時，能將空中的雲彩吹散，以致不得下雨。社會中還有一種迷信，就是凡在五六月死的，能以變爲旱魃，所以某家若是五六月間有去世的人，就必要急急埋葬，埋葬以後，還要在墳土上用水淋濕，免得成爲旱魃。雖然這樣防備的周密，然而往往還引起不少的亂談。例如五六月之間旱，又碰著某處有一座新墳，則四圍村莊的人，對於新墳是要懷疑的；這個風聲傳出，都以爲所以不雨，乃是由於該新墳中的屍首變爲旱魃；於是社會中無賴分子，就要糾合衆人，執著鈀鈎一類的農具，從事抓旱魃了。事後還得意的說：『幸虧抓的早，試看已經長了白毛，若再等幾天，恐怕越發不可收拾了。』在迷信最深的鄉間，發生此種無謂的擾亂，原是不在少的，愚民無知，煞是好笑。

不但鄉曲間有此種謬妄的怪狀，古時大臣並有因旱魃落職的，那就更冤枉了。即如唐明皇開皇八年宰相宋璟因爲一般罪人往往不服判決要求復審或是提出上告；於是他就一概批交御史臺（即大理院）按治，所以當時人對於他多不滿意。後巧當年正月，天氣亢旱，所以唐明皇所畜養的優伶們，（按唐明皇爲優伶的鼻祖，直到如今，凡爲梨園子弟的，都仍供奉明皇的像。）特爲扮演出旱魃的形狀，在明皇跟前嬉戲。明皇遂問道：『旱魃出來做甚麼呢？』優伶答道：『原來是要受宰相的罰落。』明皇又問道：『爲甚麼要受宰相的罰落呢？』優伶又作旱魃的口氣說：『今有冤枉的三百多人，宰相都把他們繫在獄中，所以不得不出來。』不料明皇竟聽了優伶的話，罷了宋璟的宰相職任；您想是宋璟冤枉呢？還是一般罪人冤枉呢？處在迷信世代中，眞是有不測禍福哪！抓旱魃的對面是挑龍潭，均屬無識舉動。

據左傳說：『夏大旱，公欲焚巫尪。』巫尪就是女巫，土著祈禱晴雨的事，既不下雨，必是他們失職，所以公要將他們焚燒。還有一種說法，尪並不是女巫，乃是脊梁有病的人，面孔是向上的；俗傳上天恐怕將雨落在他們鼻子裏，因此不下雨，所以公打算將此等病人焚燬。天或者也要下雨了。再按禮記上說：『天久不雨吾欲暴尪而奚若。』意思是要將尪羸的人曝在日光中，求感動上天的哀憐而下雨。憑這些語氣看來，左傳與禮記所說的是絕對的相反；左傳是說天哀憐尪者所以不下雨，而禮記則又要天哀憐尪者而下雨，想必古人當著紅日炎炎時，思想就顛之倒之了。

(二)江潮　家語是魏王肅的傑作，專裁孔子的軼事，為歷代所推崇；其中有一段說到：『楚昭王渡江，有物大如斗，圓而赤，直觸王舟，舟人取之，王大怪，使人至魯問孔子。孔子曰：此萍實也，可剖而食之，吉祥，惟霸者能獲之。使返，王遂食之，甚美。』斗大的萍實的確是希罕的果實，若說他能故意的去觸楚昭王坐的船，卻是例外的話；昭王也甚好奇，偏能為這麼一件小事，打發人從楚國到魯國去問孔子；可巧孔子未曾親眼看見，立刻就能說出是一個萍實，還說惟霸者能得到，似乎要特為獎勵霸道，無怪乎孔子以後，五霸迭出了，想必都是孔子所獎勵的罷。

吹簫乞食的伍子胥，佐助吳王夫差攻敗越王勾踐，夫差准勾踐請和，子胥屢諫不聽，以後夫差聽太宰嚭的讒言，賜子胥屬鏤劍，令其自殺。子胥對家人說：我死之後，可抉出眼睛，懸在吳東門之上，以便觀看越人來滅吳。夫差聞知這番遺囑，大大惱怒，將子胥屍身，盛在鴟夷革中，拋在江中。從該時以後世俗傳說子胥因怒夫差，所以常鼓動江水爲波濤，以恐嚇生人。直到如今，浙江錢塘江，每年陰曆八月十五日午時，必有海潮隆隆從東而來，一直如線，高低不等，轉瞬間一白無際，聲如萬馬奔騰，高至數丈，忽作半圓，向西直馳，四方觀客，如山如海，皆說是子胥作弄的。所以會稽錢塘丹徒等地，皆爲子胥立廟，四時香火不斷，爲的是要給子胥消消氣；您說這一肚子氣，到底如何可消呢？豈非極爲可笑麼？臨安志上則記：『子胥死，浮屍於江，因流揚波，依潮來往，蕩激隄岸，勢不可禦；或有見其乘白馬素車在潮頭者，因爲之立廟。』這更是迷離惝怳的說法。高僧傳上也說：『有一個名寶達的和尚，見江潮大至，因此念呪，要將潮兒止，有一夜，江中有偉人來，頭上戴的黑帽子，身上穿著紅衣裳，護衛的侍從是甚多的，自稱是子胥，特來造訪。』淵鑑類函則說：『宋朝嘉熙年間，錢塘江大潮不退，張天師設黃籙大醮纔退的。』其實潮來有定期，人皆按期到海甯觀潮，過期即退，雖欲再觀，亦不可得；焉用張天師與和尚去唸退潮呪，設置黃籙大醮呢？這就可見佛道二教的功用了。

(三)溺人井　關於井溺人的迷信，有一段神奇的記載，即如鄭還古博異志上說：『唐則县天寶年間，有一個名陳仲躬的，在洛陽清化里假居一宅，宅內有井，常溺人。有一天，陳向井中窺探，見有一少麗的女子在水中注目向上看，陳隨即走開了。後來有一天，井水忽然見少，清早有人來叩陳的門，說是敬元穎特來請謁。陳開門一看，乃是井中所見的麗人，隨問他說：卿爲甚麼常令人掉在井中淹死呢？回答說：此井中有毒龍，好食人血。我墮入井，爲龍所驅使，爲妖誘人，用供龍食。說完就走了。陳於是命匠人入井，獲得一面古鏡，夜間一更以後，美女忽來下拜說：某本師曠所鑄十二鏡的第七鏡，唐太宗時，被許敬宗的婢女蘭苕墮入井中，幸遇君子，重到人間。陳再看他背上有夷則之鏡四字。』

世俗每每迷信某處井慣於溺人，因此必按時供以香火，方免於禍。其實此種迷信，最爲不智，豈有人掘的而再爲人禍的呢？即如以上這段奇怪的事，更是不足爲憑，因爲師曠不但未曾鑄鏡，即便鑄鏡，又何能成爲妖鏡？況且井中那有毒龍，毒龍又那能驅使妖鏡變成美女以誘人跳井呢？眞是怪誕到了極處。

(四)走百病　北京有一種風俗，婦女們多半於陰曆正月十五日元宵夜間出游，去摸摸正陽門上的釘子，凡摸著的就可以免除一切的不祥事，這叫作走百病。荊楚歲時記上也說：『燕城地方每逢正月十六日，婦女們都結隊出遊，儀前的一人手中持著香，使別人看見可躲開路，若前面有橋，大家就接連而過，這也叫作走百病。』北京有此種習俗，別的地方與此相類的習俗正自不少；老實說來，這樣的舉動，就能夠走百病麼？恐怕是招病惹災的幌子罷！

（五）說鬼　搜神記載顓頊氏有三子，死爲疫鬼，一居於江水，爲脾寒鬼；一居山澗，爲魍魎鬼；一居宮室，爲驚嚇小兒鬼。

杜佑通典上說：『司書鬼名長思，當除夕時呼名祭祀，則鼠不敢齧書，蠹魚亦不能生。縑神名阿佩，又名昌化。墨神名回氏。紙神名尚卿。硯神名淬妃。』

莊子也說：『山有罔象，邱有莘，澗有夔，野有方皇，澤有委蛇，凡此皆鬼也。』

易經上說：『載鬼一車。』

漢書說：『高明之家，鬼瞰其室。』

左傳上說：『鬼猶求食，若敖氏之鬼，不其餒而。』

又說：『鄭人相驚以伯有，曰：伯有至矣！則皆走。』

史記說：『秦二世夢白虎齧驂，卜曰：涇水爲祟。乃沈馬祭之。』

左傳『齊侯田于貝邱，見大豕，從者曰：公子彭生也，豕人立啼。』

以上這些鬼話，彰彰載在經史，不算不是一大希奇。想顓頊氏是五帝之一，祖宗是黃帝子孫又焉能成了邪鬼呢？不知搜神記何所根據，竟如此的厚誣古人。杜佑既是唐朝的司徒，（如內務總長）倒也不算下賤，爲甚麼偏偏提倡些書筆墨紙硯的神呢？不知是何用意。至於莊子慣愛說些謊話，那就不足爲奇了。再論到左傳史記所提的鬼祇，可恐怕嚇古人，不能爲祟於今日罷。

（六）動土　社會上以爲土是不可亂動，若是隨便掘土挖泥，就要觸犯山神土神太歲的惱怒，他就要使你的眼發紅，或是坍在你身叫你神氣昏迷，癡說癡道。俗傳遇見某人發生以上的病狀，要知是不是觸犯神怒，唯一的實驗法，是將鷄蛋一枚煮熟，趁著熱氣，剝去硬皮，另用銀針一枚，穿過兩端，於是用手將鷄蛋在某人胸腹上輕輕的轉動，約過數分鐘，即將銀針取下，若果變成黑色，那就必是鬼神作祟的。解救的法子，必須請僧道唸經，爲他懺悔；道士並有謝土司的經文焚化以後，方能消除一場大禍。

其實按化學的理說，鷄蛋內含有硫，與銀質相遇，則必化爲硫化銀，硫化銀是黑色的，這就是銀針變黑的原因。用銀匙吃鷄蛋，亦必變爲黑色，也是一樣的理，那有甚麼觸犯土神山神太歲的事呢？

迷信動土的說法，也是來得久遠，即如當漢安帝時，（紀元後一〇七年）皇太子忽然得了驚嚇不安的病，所以避到乳母王聖的家中安養安養。宰相鄧吉說：『王聖家中剛纔修築的新屋，是觸犯土禁的，不可令太子久住在那裏。』可見漢時已有此種迷信了。最可怪的，就是爲宰相的鄧吉，不在國事上著意，偏去迷信這些犯土禁的事，眞算是不知輕重本末的。

（七）煉丹　葛洪所作的抱朴子上，又提到燒金丹的法子，說是：『變化一次爲一轉，以九轉爲最上；即如燒丹炒成水銀爲一轉；燒煉的時間愈長，則轉數亦愈多，藥力亦愈足，服了以後成仙亦愈快。大概服一轉的丹，三年後纔能成仙；服九轉的丹，只用三天就可成仙了。若再將九轉的丹，加以再煉，即化爲還丹；只用服如刀尖大者，即能白日升天。』哎呀！這位葛老先生，眞是算會煉丹的，可惜他全是空口說空話，並未見諸甚麼事實，徒落的盲人騎瞎馬，夜半臨深池罷了。

柒　結論

著者寫到末了，按例要說幾句收束的話；本集中所舉的條段不多，都是最爲通行的迷信，尤以三段節令最爲通行，其餘有的行於北方，有的行於南方，又有的祇行於某省某地。統起看來，這些迷信實在是最爲陳古最爲勢豪人所推崇；因爲說的越發玄，越發打動有知識的耳目，所以只提出幾十段來，也就能概括其餘愚氓的迷信了。若是要問爲甚麼邪說得以在社會上作霸王呢？這個問題並不難答復，不爲別的，只爲人受惡宗教的支配，估不透自己的地位，看不清上帝的心思，以致瞎說盲從就是了。宗教愈高尙，社會必愈文明，人羣必愈進化，那麼邪說自然無立足之地了。試看蠅蚊叢生的地方，必是溝渠汚濁，瘟疫發生的地方，也是不講衞生，然則我國自古爲惡宗教所轄制，又焉能不在迷信以下輾轉哀號以苟延殘喘呢？時到二十世紀，基督教來提高我國人格，不料大多數安於故常，不思拔除，正如鄉愚安於梳辮，不肯剪髮，爲甚麼這樣的積重難返呢？由此看來，國人並非重看邪說，不過因爲習慣了，祖宗所傳下的老規矩就是了。其實祖宗一誤，子孫豈可再誤；所以凡是精明果決的，就不該囿於故習，應該毅然決然的與故習分手，那纔算是明哲的人。再論習慣不改，原是最爲可醜，即如上古例行井田，坑儒的秦始皇廢除井田，百姓怨恨，倒也不錯；誰知篡漢的王莽復行井田，百姓又怨恨的了不得，弄的王莽也身首兩處了。趙武靈王爲便利射箭起見，令國人都穿匈奴滿洲裝，國人羣以爲不便；及到魏孝文帝時，又察禁匈奴滿洲裝，國人又多不從。愛新覺羅福臨下令，三日不剃頭則割頭；當時不知妄割了多少頭；及到民國成立，偏搞出了一些愛剃頭的，雖剃頭也是要剃頭。從這段事中，可以想像社會所以迷信邪說的原因了。

破除迷信全書

卷十 多神

壹 引言

我國敬拜多神的原因，一是由於未看清神的眞面目，二是由於罪惡中所發生的階級觀念。從第一原因中遂生出對於神的謬妄估計；以爲神是赫赫震怒，或是不仁不義，以萬物爲芻狗，或是也同人的癖性，人的見識；因此就用對待人的禮節，去對待神。從第二原因則生出大神小神無數階級的神來，以爲神也是如同人世有貴爲天子的，也有賤爲平民的；即如對於天地的敬拜，自古就標出天子祭天地諸侯祭社稷的階級；推而至於士農工商以及三百六十行，無不盡有其應敬拜的專神，分門別戶，不得僭越。當初季氏旅於泰山，還賺了孔子的一番譏評；不但譏評季氏，而且連泰山還譏評著，可見春秋時代，對於所敬拜的神是最嚴格的了。其實若泰山果眞有神，則不但季氏當祭，即凡有血氣者，無不當去祭祀，又焉能成了魯君的專利品呢？况且季氏並未去祭天地，設若他再向天地施行甚麼祭禮，恐怕又不知禮的孔子說甚麼話了。大概說來，人不能無神，只因得不到大神敬拜，所以不得已纔去找一個小神敬拜，這就是我國多神的原因。其實神只有一位，又焉能從別處去找到許多的神呢？乃是因爲那一位最高的大神，已爲歷代居高位的所霸佔，不讓平民去敬拜，平民不得已，所以纔自行造作出小神來敬拜。一般居高位的，也樂得用此政策愚民，所以纔醞釀歷代相傳的多神教，說來是最爲苦惱的。

貳　大神

（一）天地．　祭天是皇帝的專利品，自古相傳，天子祭天地，諸侯祭社稷。至於平民，則無法與天相通，此種限制的階級制度，也無非是專制的帝王造作出來，以壓制人的；人心好高，於此可見一斑。即如論到泰山，自古就以爲是只有天子應該獻祭，當孔子時，季氏去祭祀泰山，還被孔子嘲笑了一頓，說甚麼曾謂泰山不如林放乎？這是因爲林放尚知問禮的根本，那麼泰山就當不收季氏的祭禮，方纔算是知禮的，若是泰山竟公然與季氏周旋，接收他的一片誠心，真算是不知禮的了。大聖如孔子，處在君權無限的時代，也脫不掉這種觀念，可見當時君王的威權，是最爲無上的了。還有那些好高的帝王，竟以泰山爲奇貨，以爲一祭泰山，便是得了天帝的默認，便可以自由行動，不受臣民的約束。即如秦始皇漢武帝唐明皇統是此一流的人物。所最奇怪的，就是當唐明皇封泰山時，自己在山上祭祀昊天上帝，令群臣們在山下祭祀五帝百神，似乎群臣們配不上與昊天相接近，祇可以和一般小神們來往；來往此種不公開的宗教，原是迷世的魘道，是不可不亟亟打破的。祭畢以後，還封泰山神爲天齊王，這又是可笑之至，泰山無神，所以可任憑明皇如何的擺弄，他全不與他計較；泰山若眞是有神，恐怕他未必肯老老實實聽憑明皇的擺弄。爲甚麼呢？因爲既然是神，就比人大，明皇當時不管泰山神願意不願意，竟硬派的封他爲天齊王，自己却居於皇帝的地位，世間那有此等不知輕重的神呢？所以封泰山祭昊天，並不存著甚麼好意，原是一種愚人的政策。最近如民國初立時，袁世凱他蓄意背叛民國，他就抄襲了古來帝王愚民的舊套，也就穿上袞旒，祭起天來了。他以爲國民的腦筋中，存著個祭天惟獨是皇帝可以行的，他不便明明說出自己要作皇帝，他不過要露出願作皇帝的表示，所以纔去祭天。其實他心中既是以國民爲黔首，他眼中何嘗還有天呢？文明世界決不肯有此種鬼鬼祟祟的作爲，因爲在上帝的眼中，世人都是兒女，是一例的看待，絕不許那野心勃勃的奸宄，再出來蹂躪人權。此外在現行的法律中，有特定的祀孔祭關岳的典禮，平民並不得參與；似乎孔子關公岳飛這三位文武聖人，惟獨元首官傑纔可以祭祀，平民夠不上祭祀的資格。如此規定，亦未見得是切合世人的心理，所以最好還是不分平民官僚的等級，共同的祭祀方好。

朱太祖趙匡胤登極以後，有一次合祭天地，將升圜丘壇時，有司特備黃褥鋪在階上，以表示皇帝的尊貴。然而太祖當時却忘了尊貴，一心事天，對有司說：『朕潔誠事天，不必鋪設黃褥，可以撤去』。此種舉動，正見出太祖的豁達大度處，也滿含著與平民共同事天的精神，眞可爲後世法的。

古時帝王常以上帝與平民的中間人自居，百姓不能與上帝直接交通，非有皇帝居間是不可的，所以稱爲天子。漢文帝時，崇尚儉約，天下從風，當時最爲富庶；據漢書說：『乃是由於文帝郊祀上帝諸神所致的』。漢武帝時，天下豐饒，太倉之粟，充溢暴露，也是因爲他曾下詔說：巡祭后土，以祈豐年』。禮稽命徵上說：『天子祭天地，宗廟，六宗，五嶽得其宜則五穀豐登』。禮器上說：『饗帝於郊，而風雨節寒暑時』。由上看來，豐年竟是由皇帝得來的，那有這樣的理？

（二）五帝　據河圖上說：『東方爲蒼帝，神名靈威仰，精爲青龍；南方是赤帝，神名赤熛怒，精爲朱雀；中央是黃帝，神名含樞紐，精爲麒麟；西方是白帝，神名白招矩，精爲白虎；北方爲黑帝，神名叫光紀精爲玄武。這五帝就是所說的五方的天帝。其實只有一個上帝，掌管天上人間，那有五方之中又有五個天帝呢？況且那些神名又極爲怪誕，又說他們精或是爲朱雀或是爲白虎等，又極爲難懂。

(三)太歲 社會中所最怕的，要以太歲爲最；一提到太歲二字，人就以爲比老虎還要厲害。平時對於難惹的人也稱他是太歲；對於長的容貌凶惡的人，也說他是像太歲一般。都迷信太歲是輕易不敢觸犯的，因爲一不小心，慢待了太歲，他立刻就要給個眼色看看；不是叫個人長病，就是弄的家庭不安，所以怕太歲眞算是怕到十二分的。

若是追究太歲到底是個甚麼東西？他原是居八大行星的第五位，就是所說的木星；並無關於吉凶，不過因爲道士一流的術數家，造作出嚇人的話，說是太歲所在的方向爲凶方，所以世俗也以太歲爲凶神，無論是誰，都不敢與太歲所在的方向相對立。若在太歲所在的方向動土，或建築，就算是在太歲頭上動土，必要招來不可思議的災殃；所以世俗人家每有動土建築等事，必要先請一個明白人問明當年太歲是在何方，免得觸犯了他老人家的禁忌。此種迷信，來得甚遠，當漢朝時就有：『抵太歲凶，負太歲亦凶』的話，可知當時不但以爲不可與太歲對立，並且逆不可與太歲背立，眞是想入非非的了。

調查木星是十二年繞日一周，比地球慢十二倍，因爲地球是每年繞日一周。他的周圍有七十七萬多里，較地球周圍大十餘倍，乃是行星中最大的。他自身有四個衛星，而地球則祇有一個，就是月亮。不知社會中爲甚麽獨獨怕木星，而對於其餘的水金火土天王海王等六星，反倒一無所怕；想必自古以來，迷信大家就在空中提出一個凶星來，驚嚇世人，以便隨其私圖罷了。再察古時關於星的迷信也極爲深切，即如將星落地，太白（金星又名啓明）經天，景星慶雲等等的成語，也是最爲流行；這樣就不必怪乎迷信太歲星了。

古時又有犯歲的說法，比如興兵伐太歲星所在的分野，就算是犯歲；所以凡太歲星所在的國，則別國就不敢去伐；這不啻是以太歲星爲護國大王。當苻堅（晉時前秦之主）欲伐吳國，太子宏諫諍說：『今年歲星在吳國，恐怕伐不得』。這是就人事說不可觸犯太歲；還有時太歲與其他行星行在同度上，也是叫作犯歲，可見不但人犯歲是主凶，即便行星犯歲也是主凶。即如晉書上記載義熙七年六月月亮犯了歲星，當時占卜了一回，說是主著邊地起兵，且有荒年。八月某日，月又犯了歲星，占卜之後說是益州（四川）必有兵災荒年。至於果否如此，那就不得而知了。可見晉朝時對於太歲是極爲迷信的了。

（四）閻羅　世俗迷信管理地獄的神名閻羅，此種說法，是起於佛教。閻羅二字本是印度話，意思是雙王。佛經上說：從前有兄妹二人，都作地獄的主，兄管理男界事，妹管理女界事，所以稱爲雙王。當初佛教將此種邪說傳入我國，繙譯佛經時，未曾譯義，只按印度話的音譯成閻羅二字。其實這不是我國古時本有的神，乃是從印度國輸來的。現在我國已要破除此種邪神，想必閻羅要被驅逐出境的。再細一察，即在佛教中也摸不清到底是怎麼一回事；因爲佛經中原有所說的十王，閻羅是居於第五位，至今各大城中還有特別建立的十王殿。又有一種說法，則是閻羅居於十八王之上，閻羅是總攬一切的，十八王俱是他的僚屬。佛經上既是穿鑿附會，指不定到底是如何；那麼我國爲甚麼還不當劣貨一樣的抵制呢？

（五）八蜡　古人因迷信的多，所以立的廟也多，到廟裏燒的香也多，因燒香鬧出的亂子也不在少數。即如社會上最流行的一齣戲劇八蜡廟，就是因迷信八蜡所惹出來的。至於要追究這種迷信的無謂，原是古時當田功告成時，要將八樣神合在一塊共同加以祭祀。這八樣神一是先嗇，即如神農一類的；二是司嗇，就是教民稼穡的后稷；三是督理農事的田畯官；四是田畯官駐劄的地方；五是能捕野鼠野獸的猫虎；六是遮擋水的隄塲；七是洩水的溝渠；（卽城隍）八是害苗的昆虫。求他不爲苗害。

其實對於那立德立功的神農后稷，以及督察農事的田畯等，固然該紀念他們的功勞，予以誠懇的景仰。至於論到吃人的老虎，也要將他當神看待，難道在你工作時還盼望他不來吞噬你麽？況且又看隄塲溝渠爲神，又給害虫燒香設祭，求他不害稼穡；恐怕他們架不住你的大香火、或是領會不來你的一片誠敬罷！

（六）城隍　現在全國中，沒有一城沒有城隍廟，而且城隍又按時於清明節及陰歷七月十五日的上元等節出巡，儼然如同省長出巡一般。其實在上古時，不過是將城隍列在八蜡神的第七位，就是所說的溝渠神。（又名水庸）當北齊時，（紀元後五六一年）有名慕容儼的說：「禱城隍得了他的呵護」。唐明皇時，（紀元後七一三年）張說張九齡等均有祭城隍文字；當時不過僅有此種神名，並未立廟，且並未塑像。後唐清泰年間，（紀元後一〇三〇年）又封他爲王爵；也不過僅有此種神名，且不是遍地奉祀，就好像五通神，祇行於江南一般。直到宋朝以後，纔算是爲各地共同所奉祀的，似乎從前不認城隍爲神的，宋朝以後，也認他爲神了；這就如同宋朝以前是分為若干國，直到宋朝總統一天下一般。其實若是眞神，那有隨人的心理妄加擺弄的呢？可是當時也未見得為城隍立廟。其間經過了元朝，直到明初時，國家對於城隍的敬禮，就又隆重了不少；因為並不是空空的虛祭，而且還又建下壇，又加封府城隍為公，州城隍為侯，縣城隍為伯爵，算是越弄越好看了。後來以為設壇不甚體面，因為祇在平地上堆上一堆土，大不是敬神的禮，於是在洪武二十年又下詔於各府州縣改建城隍廟，要照著府州縣衙門的款式，從事建築；並且還要設下審判的座位，一如縣州府官陞堂退堂一般。至於現在城隍廟中，又添建上城隍奶奶的臥房，以及兩廊的各號房中所塑的觸目驚心的各等怪像，則又是明朝以後人的心理作用；因為當明朝時，並沒有城隍奶奶及兩廊的名稱。可是明朝時只有泥塑的像，沒有木刻的像，但是現今各地城隍廟中，都有兩座城隍像，一座是泥塑的，是永遠不動的；一座是木雕的，是好抬著出巡的；這種對於敬拜城隍的心理，却又見花樣出奇了。

從這一段城隍神的歷史看來，原是歷代踵事增華步步發成的。起初是當田功告成時，聚攏八神共同加以祭祀，就是所說的八蜡，城隍僅屬第七蜡。歷代竟踵事增華的從事畫蛇添足，撇棄那第一蜡第二蜡（后稷）直到第八蜡於背後，亦可見人情對於神也是分厚薄了。老實說來，這並不是敬神，實是慢神的了。況且起初不過以城隍是管理田間的溝渠水道，歷代帝王竟授與生死的大權，尤見得是不倫不類的了。

（七）土地　萬物土中生，地能載萬物，世人本此觀念，遂生出敬拜土地的事來。禮記上說：『郊社之禮，所以祀上帝也』。意思是冬至祭天曰郊，夏至祭地曰社；社就是土地的簡稱。即如公羊傳上說：『社者土地之主也』。詩經上說：『以社以方』。社就是五土之神，能生萬物的。古時天子祭天地，諸侯祭社稷；社稷就是土穀之神，意思是諸侯沒有祭天地的程度，祇可以與土穀神交接。北京皇城內有社稷壇，為四方形，分二層，上層用五色土築成，乃是皇帝祭土神穀神的地方。至於論到鄉野間，雖然是十室之邑，亦必先立下一座小土地廟，廟多以石築成，尺寸不等，最矮者不過一二尺，神多以石鑿成。俗語曰：『土地土地，住在石頭屋裏』。就是指着此事說的。社會上對於土地的敬拜禮節也不一律，乃是隨地隨意自由行動；有時於荒野間見有高約一二尺的小土地廟，兩旁貼有對聯是：『石室無光月當燈，荒野無人風掃地』。則可見其對於土地的冷淡態度了。既是如此，又何必多此一番敬拜呢？（此條可參看卷九邪說）

叁　河海神

（一）河伯． 戰國時魏國出了一個破迷的大家名西門豹，說起他破迷的事情是甚有趣味的，也正可以見出他是有識有膽的。據說當時西門豹爲鄴地（今河南臨漳縣）的官，初到的時候，觀看城內外閭里蕭條，人民稀少，就甚爲希奇，隨即召集父老問道他們所以爲苦的是甚麼？父老們齊說：『不著別的，所苦的是河伯娶婦』。豹開啓他們說：『眞是怪事，河伯又怎能娶婦呢？請略略說給我聽一聽』。父老們說：『我們此地有一條漳河，河伯就是漳河的神，神有一個壞脾氣，每年要娶一個美好的女子當婦人。當地百姓若從其所好，他就保佑年歲豐盛雨水調和；若是不從其所好，那麼他就要赫然大怒，使水波汜濫漂沒人家了』。西門豹聽了，偶一尋思道：『這些話是誰先說的？』父老答道：『這都是本地的女巫男覡所先說的，我們這裏最怕水患，所以不敢不從；每年中村市的頭目和衙門的吏役以及巫覡們共同課賦民錢，約有數百萬，用二三十萬當作河伯娶婦的經費，其餘七八十萬，他們就大家分肥了』。西門豹又問道：『百姓們竟任憑他們課捐，難道連說一句反對話的也沒有麼？』父老們又答道：『巫覡是主持禱祝的事；至於一般頭目吏役等，也都有奔走的勞苦，他們是理當領用辦公費的啊！我們出錢倘算甘心，所最難爲情的，就是每當春天耕種時，那些巫覡們就要挨家訪察女子，有幾分顏色的，他們就說：這個女子當爲河伯的婦人。那家若有財力，就可以買免，沒有財力的貧家，也只得將女子交給巫覡。是怎麼個娶法呢？乃是先在河邊上搭下一個齋宮，宮中設下帷帳席褥，妝飾的煥然一新；於是先將該女子洗一回澡，換上新鮮衣裳，使他居於齋宮以內，以便送給河伯。隨後擇下一個良辰吉日，使女子上到一隻用蘆葦編成的小船上，將船推到河中，漂流個幾里，就漸漸沉下去了；這就算完了河伯娶婦的一段事，每年都是如此的。我們這裏有的人沒有錢出，有的人還不願將親生的閨女嫁給河伯，因此都搬往別處去，這就是人烟零零落落的原因啊。』

豹聽了以後，心中好不發惱；隨又慢慢問道：『你們這裏常有水患麼？』父老又答道：『因爲每年送給河伯的一個美麗的女子，未曾觸犯他老人家的盛怒，所以不曾水患；可惜因爲土高路遠，河水達不到這裏，反倒受一些乾旱災禍。』西門豹此時心下已拿定了主意，當怎樣的處置；但他只存在心裏，不說與第二人知道，於是又安慰父老們道：『既然有神靈保護，那是甚好；等到下一次河伯娶婦時，我也要來送親的，也要替你們禱祝。』父老們都歡歡喜喜的回家去了。

說書的嘴快，過了不多日期，果然又來到河伯娶婦的時候了。父老們都來衙門中稟報，西門豹；於是穿上禮服，親自來到河上；只見城中的官吏、衙役以及地方鄉約、村長、社董等，莫不聚在那裏；那些百姓也從四方擁擁擠擠來看熱鬧。霎時間有村長社董，領著巫頭來見西門豹，豹一見乃是一個老女子，容貌極其傲慢，身後還跟隨着二十幾個女弟子，打扮得簇新，手中都持着手帕香爐一類的東西。那些村董吏役們，以爲這一次可要得縣令的獎勵了。西門豹開口說道：『巫頭爲河伯辦理親事，想必受的勞苦不淺，現在可將河伯婦領到這裏，我可先察看一番』。巫頭轉過頭去，吩咐了一聲，隨有女弟子將新娘子領來。豹看了看，穿的新衣新襪，倒也像個新人，但是論起像貌來，僅有中等的姿色；於是對巫頭及一切辦理親事的人說：『河伯是個貴神，非有美色女子是不能相配的，這個女子長得不好，不甚相稱，所以煩巫頭去報告河伯，說是太守當另求一個美貌女子，隨後送上』。一面說着，也不問長短，吩咐吏卒們硬把巫頭投到河中；只聽得鼓鼕一聲，巫頭投入水中去了！當時一般小巫，及萬惡村長吏役們，合兩岸觀看的百姓，無不大驚失色。

但是西門豹聲色毫不爲動，靜坐了好久，遂又說：『想必巫頭年紀老邁，不能幹事，所以去了好久，還不回來，不妨再打發一個小巫去看看』。於是又吩咐吏卒，抱住一個小巫投入河中；只見那小巫也入水就不見影了。四圍的人，又是吃了一驚，嚇的都不敢說出話來。等了不到五分鐘，豹又說：『怎麼都不回話呢？難道都被河伯留下了麼？快再打發小巫去看看，到底是甚麼事？』於是接連將小巫投入三個個個入水就不再見了，西門豹仍是一味妝呆，說道：『這都是因女流不會傳話，所以躭誤公事。時下煩村董入河，去明明白白的說一說。』村董一聽，嚇的面如土色，正要推辭不去，西門豹大聲喝道：『快去！』說着命吏卒左牽右拽，不由分說，將村董們推入河中去了。旁觀的看了，個個張口吐舌。豹又假妝着向河鞠躬，恭行等待的模樣，約莫過了一個時辰，仍是不見動靜，隨又說道：『想必村董們年高老邁，不會辦事，現在不如再遣派幾個青年的吏役，地方鄉約罷！』只見嚇得他們汗流如雨，一齊叩頭哀告，流血滿面，而堅不肯起。西門豹道：『你們既不肯去，等一會再說。』衆人戰戰慄慄，如同將殺的牛觳觫一般。又過了一刻鐘，西門豹這纔揭開了悶葫蘆，說道：『河水滔滔，去而不返，那裏有甚麼河伯呢？你們既是枉殺民間的女子，實在是該償命的』。衆人於是又連連的叩頭哀告說：『我們從來都是被巫覡所愚弄，並不干我們的罪』。豹又說：『老巫頭已當了河伯的老婆，此後若再有人說是河伯娶婦，一定是叫他去報告河伯』。於是迫令村董吏役，將所乾沒的錢財悉數交還民間，又使父老們詢問百姓中中年無妻室者，將那些臘下的小巫們，都嫁給他們；此後河伯娶婦的事，既然斷絕，那些逃避的百姓，也都奔回本鄉了。西門豹又相度地勢，在漳河岸上開鑿十二渠，通水灌溉田地，再也沒有水旱災患了。

河伯娶婦雖是斷絕於西門豹，若再攷究他的發起人，却是秦靈公。據史記上說：「秦靈公起初取他人的女兒當作自己的公主，送給河伯當妻室。當初魏國有此種風俗，乃是從秦靈公傳下來的」。這樣看來，秦靈公是第一個造孽的罪犯，因爲他不肯將自己親生的女兒投在河中，竟是取民間的女兒以媚河伯，眞算是可惡到了極處。

有人批評當時河伯娶婦的爲患，尙不若今世佛老爲患更烈，因爲河伯娶婦只算是有形的損失，而佛老爲患則是陷溺人心，傷殘風化，包藏奸宄，干犯政敎，爲害於世道人心者，是萬劫不復。但願今世一般媚佛的，愼勿如古昔一般媚河伯的，終至沉溺河底啊！

(二)金龍四大王　我國凡江河碼頭的地方，多有大王廟，所敬的是河神，稱爲大王。據說大王最喜歡聽戲，所以凡大王廟中，就必連帶着建立一座戲樓，按時唱戲給大王聽。若問大王是甚麼樣呢？據說乃是一條小長虫，他能管着江河中風浪的事，凡行船的，無不小心的加以奉祀。可是在帆船時代，大王固然甚打攤，但是到在輪船時代，就用不着大王了，所以近來大王的威風，已經漸漸的消滅了。大王中有一個名稱金龍四大王的，從前在運糧河中，南起江淮，北到直隸通縣，都在他的勢力範圍之內，南北二千餘里，兩岸上多爲他建設廟宇，按時祭祀。若要推究這位大王的起源，據滿清順治年間中過進士的安徽宣城人施閏章先生在他著作的矩齋雜記上說：「有一家姓謝的，隱居在浙江錢塘的金龍山，家有兄弟四人，長名謝紀，次名謝綱，三名謝統，第四個則名謝緒。當時宋朝爲何奴所迫，遷都臨安，（即杭州）及至宋亡以後，他兄弟四人也都投到錢塘江裏死了。後來明太祖朱元璋起兵與元朝的何奴兵在呂梁（今江蘇銅山縣東南）鏖戰，似乎在雲中有天將揮戈驅河（黃河）倒流，元兵於是大敗。到了夜間明太祖夢見一位文雅的書生，前來拜謁，口中稱道臣是謝緒，上帝遣派爲河伯官，今特來佐助眞人戰爭。明太祖醒了以後，第二天遂封爲金龍四大王。」

其實明太祖是和尚出身，當他雲遊四方時，就看出非假托神怪是不能制服人心的；所以當時天下大亂，遍地土匪四起時，他就要假托怪異威嚇人了。第一步先威嚇住了郭子興的兩個兒子，奪了他郎舅的兵權。（詳見本全書卷二下篇）第二步則說是起兵是奉的佛的指示。（詳見本全書卷二下篇）第三步天下的城隍以及兩廊中所塑的鬼怪都是他用爲嚇愚民的。（城隍廟是起於明太祖）第四步則在鏖戰時，說是大王在雲中助戰；又說大王在夢中與他交談。其餘所有舉動，也多是用的神道設教的故智；其實何曾有這些事呢？

(三)洛神　洛陽古來爲帝王建都之地，其得名原由於洛河。據傳伏羲氏有女，在洛河溺死，後來成了洛神。三國時那位七步成詩的曹植也曾作過一篇洛神賦。至於一個溺死的女子，是怎麼能成神，那就無法可攷。曹植又甚爲麼作一篇洛神賦，賦上又爲甚麼用些翩若驚鴻的靡麗字句，那就更無法求其所以然。想必是古人無事尋着開心罷了。

(四)張大帝　我國江南人士，多敬張大帝；附近上海的江灣，有張大帝廟，每年陰曆二月八日，說是大帝生日，香火是甚盛的。僑寓上海的人，因爲久困市塵，屆時爲滌除俗塵，也要爭先恐後的前去趕趕熱鬧。所以每逢到了二月八日，總有成千累萬的人，化上八個銅元，從上海搭火車到江灣去，表面看來是去給張大帝做壽，其實原是兩手空空而去的，並未曾捧着甚麼壽桃。今將張大帝的來歷略略一述；據一種歲華紀麗書上說：『張大帝原名渤，是烏程縣人；（浙江吳興縣）當他生時，能使喚陰兵導河，他自己則變成一個猪，隨後被他夫人察覺出來了，因此就罷了工。這就是現在設祭不用猪肉用狗肉的原因；社會上還述說張大帝是喜好吃凍狗肉的』。又說：『他有三個閨女，一個是嫁於風，一個是嫁於雨，第三個是被雷娶去的。每逢二月初八日，三個閨女必要一齊來給他父親過生日，所以生日前後不是颳風就是下雨下雪，叫作接客風送客雨。設若晴天，必是三個閨女家中有甚麼事故阻住了。三個女兒旣能興風作雨，所以與大帝得同等的待遇，因爲若不好好供養，恐怕他們見罪，不是起狂風，就是作雷雨，或是下狂雪，與年成是大有影響的了。可是越敬拜越見出是無謂的了。

(五)天后　凡靠海的地方以及江河碼頭，莫不有天后廟。推究此等廟的歷史，也不過是近幾朝代纔有的，宋朝以前，尙無此等名稱，可見是最爲膚淺的了。據傳宋朝時，福建莆田縣有一人姓林名愿，他的第六個女兒生下來就甚神異；他哥哥們是常使船，沿海到南北作買賣，在海上遇見暴風，他就瞑目出神去搭救，後來到二十歲時就死去了。可是凡行海的人，仍然於將遭滅頂危險時，似乎看見該女子往來搭救，因此就以爲他是海神，並有隨地立廟的舉動。到明朝永樂年間，加封爲天妃，並在京師立廟，以後晉封爲天后，直到如今，仍稱爲天后宮。細攷明初所以這樣推崇這位隔世的女子，乃是當宋時旣有此種邪說流傳於社會，而成祖時，又遣三保太監鄭和，乘船由南洋歷印度至非洲東岸，招撫海外諸國，於是爭相來貢，這就是俗傳的三保太監下西洋的故事。當時鄭和唯一的護身符，就是這位隔朝的女子，每逢狂風陡起，他就祭出這位女子來，安慰士卒的心。後來返回本國，奏告這女子的功勳，於是纔有天妃天后的封號，京師立廟的榮典。其實宋朝以前那些行船的，難道沒得這位女子的呵護，曾都沉沒了麼？怎麼一個已死的女子，又能成爲海神呢？當初哥倫布去尋找印度，無意中尋獲美洲，也沒得這位女子的呵護。現今萬國交通，輪船往來如織，潛水艇游泳自由，更用不著明成祖所加封的天后海神了。神也隨時代而變易，不成其爲神了。總起來說，我國的習慣，每逢舉辦點甚麼事，就必假托著神靈，以神其事；三保太監就是抄襲的古人成套；若使他當著哥倫布的地位，他還不知要造作出何等的謊話來威嚇世人哩！眞是可笑之極。

（六）湘君　唐堯將親生的二女娥皇女英，嫁與舜，本是要試驗舜能不能治家。舜果然不錯，於是堯將天下讓給他。後來舜往南方巡狩，不料到蒼梧（今湖南甯遠）崩逝了。他的二妃追趕不上，因此也落於湘江中淹死了。後來人爲在洞庭湖中的山上，立下一座廟，叫作湘山祠，神稱湘君。到秦始皇南巡時，不料到湘山祠忽然起了大風，幾乎翻了船。始皇問左右說：『湘君是甚麼神？』左右回答說：『乃是堯的女，舜的妻啊』。始皇自以爲功過五帝，德兼三皇，堯女舜妻，焉敢如此作怪；於是吩咐左右將山的樹木花草，一概砍伐淨盡，以爲起大風的懲戒。

從一段事看來，堯以二女妻舜，爲後世多妻主義留下個惡例子，是一錯；二女追舜落江，是二錯，後人立廟稱神是三錯；秦始皇伐其樹木以爲懲戒是四錯。

肆　泰山神

(一)泰山府君　古傳泰山府君是治鬼的神，後漢書烏桓傳上說：『烏桓國（今吉林）的風俗，都以人死後魂必游赤山，就好像中國人死後魂必歸泰山一樣。』三國志上也記著管輅曾對他兄弟說：『但恐怕到泰山祇有治鬼，沒有生人可治了』。可見數千年前，就以泰山眞有治鬼的神了。後世人因爲遠地不便到泰山，所以在各地設立泰山神廟，就是俗稱的東嶽廟。唐明皇時，則封泰山神爲天齊王，因此東嶽廟又名天齊廟，乃是縣城中必有的點綴品。

(二)碧霞元君　我國所敬拜的諸神，似乎多發源於泰山，即如東嶽大帝啊，石敢當啊等等；而三國時的管輅，且有到泰山治鬼的話。至於世俗所供奉的碧霞元君，則又說是東嶽大帝的閨女；眞是妙不可言。據山東考古錄所載說是：碧霞元君雖是宋朝纔加封的，但是從西晉時（紀元後三〇〇年）已有泰山女的說法。再說晉朝文士張華所著的博物志說是：「當初太公望爲灌壇令，有一年的工夫沒起大風，文王夢見一位婦人在道上哭，遂問他哭的原因。婦人回答說：『我是東海泰山神的閨女，嫁爲西海的婦人，明天我要東歸，必須經過灌壇，可惜灌壇令遮當道路，不得涌過，因爲灌壇令甚有德政，我不敢乘暴風從該地經過；既不得歸，因此纔在此地號咷大哭啊」文王一夢醒來，覺得歷歷如同實事，於是第二天將太公望召回朝堂，隨即起了一陣驟風疾雨，那就是泰山女所帶的。」後世敬拜泰山女，就是起源此事。至於所以稱爲碧霞元君，則是由於宋眞宗的加封；再據蕭庵閒話所錄稗史上的話，則說：「漢朝時在昆宮殿前，有用石琢成的金童玉女，以後傳到五代時，殿就傾圮了，金童也剝蝕殆盡；玉女則陷於池中。到宋眞宗時，曾到泰山封禪歸回以後，有一次到池中洗手，忽有一座石人浮到水面，眞宗驚喜不定，拾起來加以洗滌，乃是用石琢成的女像，因此吩咐有司，建下一座祠，按時加以奉祀，號爲聖帝之女，封爲天仙如玉碧霞元君，也就是後世奉祀的碧霞元君；近今並有奉菩薩爲碧霞元君的。」

這一段奉祀，却是來的突兀，怎麼東海女嫁爲西海婦，不知是自由結婚，還是憑的媒妁之言；也不知西海是指著那個海說的，難道是指的大西洋麼？恐怕大西洋還不承認有這一段親事。既是一個神，怎麼又被一個淸官當住了路，處在無計奈何，只會效兒女之哭；難道不會繞道北冰洋或是南海麼？宋眞宗封泰山得天書，原是向百姓所用的一種催眠術，他自己原是要遮遮羞的；又怎能於洗手池中時漂出一座玉像呢？既是一座玉像，他又怎能封爲碧霞元君呢？眞眞玄而不眞。

（三）石敢當　世俗迷信石敢當爲禁壓不祥的神，所以多用磚刻上石敢當三字，樹在巷頭街口的牆壁上，以爲凡邪神走到該處，就不敢前進了。又有人說：石敢當是泰山上的一種神，所以在磚上也寫上『泰山石敢當』五字。此處不妨提到一個笑話；按外國人都聽說我國的泰山是最爲有名的，他們不但以爲我國最重泰山，更是指望親自游泰山的。曾有一個略識之無的美國人，到我國山東某村游歷，他見街頭的牆上，有『泰山石敢當』五字，隨手指着牆向同行的人說：『那是一塊泰山上的石頭麼？』同行的未及回答，就捧腹大笑了。其實泰山神已屬沒有，又那有石敢當神呢？可是石敢當三字，在漢朝時就見之書本；唐朝的文學家顏師古曾加解釋說：『敢當的意思是所當無敵』。至於石字是如何加上的，連顏師古也說不出所以然來了。再按輿地紀勝上所記，則說：『當宋朝慶歷年間，（紀元後一〇四三年）張緯作福建莆田縣的官，他就重新修築衙署，掘地時得到一塊石頭，上面鐫刻著「石敢當，鎮百鬼，厭災殃，官吏福，百姓康，風教盛，禮樂張。唐大歷五年（紀元後七七〇年）縣令鄭押字記」。這樣看來，石敢當是在唐時就爲人所崇信，惟衙門中既沒有街頭巷口，爲甚麼鄭押反立在衙門中呢？再說：石敢當本是立在牆上，使邪鬼見了，可以遠避，不知反倒爲甚麼埋在地中？况且從大歷到慶歷，二百七十餘年間，石敢當不曾出頭露面，不知還肯埋死否？若把他再立在牆頭，不知他還能辟鬼否？這些迷信，眞是令人難懂。再按織古叢編上則記有：『姓吳的廬舍，若建在正當街衢的地方，就必於牆角上設下石人或是立下石片，上面鐫刻石敢當三字』。這樣說來，不但石敢當能鎭壓妖鬼，即便一個不知姓名的石人也是有同等效力的。可是降及今世，人都取其便利省錢，不但不妄費錢雕刻石人，並且連石敢當三字也不鐫刻了，不過用墨筆在磚上寫上石敢當三字而已。世風變易，對於神也要苟且了事，可見此等神原不是來得不正當。

伍 佛道神

（一）觀音 觀音本稱觀世音，乃是菩薩的名字，因爲唐太宗的名字是李世民，所以他就不敢觸犯皇帝的忌諱，特將三字名改爲二字名；這就見出皇帝的諱連神也不敢犯的，無怪人都想作皇帝，不想當神了，原來皇帝還敢硬强的給神改名字啊！再查觀音並不是眞有這麼一位神，原來不過是一種語句，即如法華經上說：『一切衆生，若是一心信佛，那麼菩薩即時觀察其人的聲音，使他能解脫世界的煩惱，所以叫作觀世音』。因此即知觀世音祇算佛教中一種皈依的階級，就好像學校中的『考試』，官場中的『審查』，同有一樣的作用。既然如此，又焉可當作一種神敬拜呢？北方現在有人若將『考試』二字任意繪出一張像來，按時焚香叩拜，別人豈不要看他爲瘋子麼？可是敬拜觀世音，與此並沒有甚麼分別啊！

再察世俗對於觀音所畫的像，也不一律，惟多半是畫婦人像，這倒是令人莫明其妙！按現在美術月份牌上多畫美女，豈是古時也曾以美女爲畫佛的必須品，這纔流傳後世各家貼著婦女觀世音的像麼？好古之士，對於此種頹風，發生不少的推敲；即如胡石麟筆叢上，以及明朝時著鳳洲綱鑑的王元美，他在所作的觀音本紀上，都曾說：『古時所畫塑的觀音像，沒有作婦人狀的。』試思別人的評論，或者不足爲評，難道一位執文壇牛耳二十年的王鳳洲先生，還能發出無價值的評論麼？他既對於世俗所奉祀的觀音像，大加眥議，自然是見出世人對於觀音是糊塗敬拜了。敬拜關公，是因古時真有一個關雲長，尚算有點實際，至於敬拜觀音，不過是虛擬的一種名詞，而且還不祇是寫上觀音二字，乃是糊亂的造作出一個美女像來，當作觀音敬拜；這樣就更是不著實地了；所以王鳳洲先生這纔批評是矯揉造作。

但是滿清時有一個名趙翼的，則作過一部陔餘叢攷，辯駁王鳳洲的不是，說是：『當六朝時，（紀元後四〇〇年至六〇〇年當時佛教大興）就將觀音畫爲婦女像』。可是無論是男像，是女像，足徵歷史上對於觀音的看法連男女也分不出來；難道還有敬拜的價值麼？

（二）菩薩　按佛敎修行的階級第一步爲出家，必要剃去鬚髮頭髮，辭別父母兄弟妻子朋友，歸到和尙廟中，完了這一步，就成了沙門；沙門原是梵語，意思就是勤息，也就是勤修善法，止息惡行。再進一步，若是修行到好處，就成了羅漢；羅漢也是印度話，含有兩種意思，一是斷盡了煩惱，成了堪受世界供養的聖人；二是無所再學，因爲已經脫離生死的束縛，無從再學了。現各地大佛寺中，塑的羅漢像不少，即如廣州有一廟中，塑有五百羅漢，蘇州的西園中，也有木雕的五百羅漢，但都是印度羅漢，連一個中國羅漢也沒有，不知爲甚麽佛敎在印度偏有許多羅漢，來到我國偏不生羅漢了；這也算是一個極有趣味的啞謎。現在佛敎中並未出一個羅漢，不料北京城中倒出了些羅漢議員，平時不出席，一聽說有二十元的出席費，竟是忽然有七百二十個出席的，因此人纔稱他們是羅漢議員，想必也是斷盡了煩惱，成了堪受世界供養的聖人罷！一笑。第三步是羅漢若是修行到精進的地步，就成爲菩薩；菩薩的地位較佛還低一級；至於菩薩二字，也是印度話，意思就是自覺本性，又能普渡衆生。惟不知他是自覺的甚麽本性，又怎樣的去普渡衆生。

這樣看來，菩薩原是佛敎中修行的一種階級，就如舊時代學子由秀才而舉人，由舉人而進士，而翰林，而狀元，是一樣的遞進。也如同新時代由學士而碩士，由碩士而博士，是一樣機括。既然如此，佛教中的菩薩，只算是儒教中的進士，新學界的碩士。設有人掛起進士碩士的招牌來，給他焚香磕頭，豈不至爲可哂麽？再如有人虛擬出一種進士碩士的圖像來，在客堂中特爲該圖像立下一間小房，擺下一張供桌，按時擺供燒香叩頭，別人豈不要嗤之以鼻，看該人爲瘋狂麽？然而比較起來，敬拜菩薩還更劣於敬拜進士碩士啊！因爲菩薩原是亡國的印度的土產，我國不察，竟是迷著心，瞎著眼，糊糊塗塗的弄到家裏來，胡亂的敬拜，眞算是愚不可及了。

佛教若是眞有普渡衆生的能力，就不能將印度陷在萬刼不復的無底深坑，我國也不能連帶的遭受同等的苦難。老實說一句，現在西國在印度是揀取了些金玉珠寶，我國自漢朝以來，是從印度拾了些矢橛，而且反將印度矢橛陳列在香案之上，向之行三拜九叩禮；試看現在此種臭氣，豈不是爲一般落魄的政客，趨時的人物，播颺的滿處熏人麽？從此可知我國將來的如何了。

(三)靈官　道教有一種神，稱爲靈官，又稱王靈官；他原是宋徽宗時的人，姓王名善。起初在四川人薩守堅門下學著畫符，也曾跟從林靈素的弟子，學習佛道的事。按林靈素本是宋徽宗所最寵幸的術士，他倒是能守正不阿；當時所有忠臣如司馬光等一百二十人，都爲奸臣蔡京等貶斥爲奸黨，並泐爲黨人碑，樹立太淸樓下。有一天靈素在太淸樓下陪著徽宗宴筵，突然在碑下叩頭；徽宗甚爲奇怪，叩問他是爲的甚麼？靈素戰戰兢兢的答道：臣見碑上所列的名字，都是天上的星宿，怎敢不下拜呢？以後見朝政一天不如一天，於是上疏痛斥蔡京等爲奸黨；可惜徽宗不聽，所以就不告而去了。從靈素的舉動看來，倒不失爲正人君子，他所以假托天上星宿，無非是要警告人君，不可貶斥善類。這樣王善雖未曾親自受業門牆，却是得的衣鉢眞傳，總該有點價值。直到明朝永樂年間，有一個叫周思德的道士，挐著靈官的法術，在京師中大行其道。永樂皇帝於是爲他建立了一座天將廟，共塑有天將二十六名，靈官就是第一名。到宣德年間（紀元後一四三〇年）改天將廟爲火德官，封靈官爲玉樞火府天將；從此以後，似乎又變成火神了。至於他到底有甚麼本領，書本上却未曾提到，想必宋徽宗時迷信道敎，不厭神多，來者不拒啊！

（四）韋馱　佛敎中有一種善走的神，名叫韋馱；說是他在增長天王的屬下，爲八大將軍之一，又屬四天王管，爲三十二將的頭目。他是最能保護佛法的，也是能驅除邪魔的。廟中所塑韋馱的像，多作童子狀，穿著全身甲冑，手中捧著金鋼杵，表明他是勇猛善戰，而且具有赤子之心。因爲按佛敎的說法，當初有邪魔將釋迦牟尼的骨頭奪了去，幸虧被韋馱從後追趕，又重新奪回來了。

試想這些神話，還要矯揉造作出一種神像來，為他立廟，按時燒香設祭，真算是飽暖生閒事的。

陸　家庭神

（一）灶神　我國舊家庭中，有五種祭祀；這五種祭祀的看法，也不一律。有的人以為門神，行神，戶神，灶神，中霤為五神。有人以司命，（即灶神）中霤，門，行，厲為五祀。還有以門，井，戶，灶，中霤，為五祀。更有以句芒，（管著木頭運氣的神）蓐收，（管著秋天的神）玄冥，（冬天的水神）祝融，（夏天的火神）后土，（土神）為五神。更有以禘，（大祭）郊，（祭天地為郊）宗，（所尊祭者如禮于六宗，即指星辰，風伯，雨師，司中，司命說）祖，（路神）報，（酬報）為五神。這樣看來，古人雖提出五祀，但是對於五祀的看法，卻是隨意亂祭。就中單論到灶神說，對於他的看法，也是七嘴八舌；即如那本漢朝博士們所著的白虎通，說是：『夏天祭灶，因為他是養人之主，夏天也是因火而長養萬物。』禮記上說：『孟夏之月，其祀灶。』但是今世則皆以陰歷臘月廿三日為送灶的日期。若問是送到甚麼地方去呢？說是送到天上，上帝要問他某人家是好是歹，他要一五一十的把某家一年的大小事體一概對上帝說個一字不漏。人為要討好起見，每逢到臘月廿三日，要在所奉祀的畫像上，抹上一些蜜糖，以便他到上帝那裏多說些甜言蜜語。還有的在灶君嘴上抹上一些粘糕，以便將他的嘴封住，使他到上帝面前時張不開口，那麼他就不能對某家說長道短了。這種對付灶君的方法，可說巧妙到了極處。對於祀灶所用的對聯，也是極爲工巧，即如「上天言好事，下界降吉祥。」「黃羊能致富，青錢可通神」。等等語句是最確切。横楣上多用「一家之主」「司命灶君」等句。而羅隱的送灶詩則爲「一盞清茶一縷烟，灶君皇帝上青天」。均屬清淺雋妙。

至於黃羊致富的來歷，在後漢書上說：「有一個名陰子方的，當臘日的早晨炊飯時，灶神忽然現出了原形；（不知是人樣還是別樣）子方於是再拜稽首連連叩頭，受灶神的祝福。可巧家中養著一隻黃羊，遂趕快殺掉，奉祀了灶神。從該時以後，家中的財寶就大發而特發了，到三世以後，人財更就兩旺了；別人聽見這個消息，也就於送灶日殺黃羊而祭祀，可惜黃羊白白殺，大財未必慢慢發。

至於再往裏追究灶神到底是誰？說法也不一定；可見後世只知敬拜，而到底還認不清是那一個。淮南子說：「灶是黃帝先作的，他死了以後，遂成了灶神」。五經異義說：「灶神姓蘇名吉利，灶神的太太是姓王名搏頰」。這也無怪世俗上所供養的灶神，原是一對男女的畫像啊！但是酉陽雜俎上則說：「灶神名隗，而貌長的如同美玉」。又說：「灶神是姓張名單字子郭，他的太太字是卿忌，共生了六個閨女，名字都叫察洽。酉陽雜俎說：『灶神的名字是叫壤子。』既有這許多的名字，真是認不清那個是真這個是假來了。

平常稱呼刻板印的灶神像為灶馬；要請一位灶神，都說是買一張灶馬。另有一種紅色虫，多生於灶間的鍋臺上，俗稱為灶雞，本是最於人有害的；但是酉陽雜俎上說：『此種虫名叫灶馬，形狀如同促織，多生於灶房的壁穴間；若是某人家的灶房中多生此種虫，則是不缺飯吃的兆頭。』而宋朝孟元老所著的東京夢華錄上，亦提到『十二月廿四日，京中各個人家，都要夜間燒一些紙錢，將灶馬貼在灶上，再用些酒糟塗抹在灶門上，意思是要特特對於灶神，大加致敬，令他喝一個酩酊大醉，吃一個肚而圓，好叫他替家中多說一些方便話。』這樣的擺弄，恐怕灶神祇能說醉話，那有好話可說呢？以上種種記載，正見出社會間無謂的舉動，是必當破除的。

(二)門神　有人說是神荼鬱壘是門神，乃是本於風俗通及荊楚歲時記。還有不指出是誰，祇說是有門神；即如禮喪大記注上說：『君釋菜，以禮禮門神』。這是泛泛的說有一個門神就是了。及到後世，以為祇說有門神，而不指出人誰來；一來恐怕有冒充的，二來還於心不安，於是纔打算找出人名來充充數；所以有的說門神是成慶。按成慶本是古時的一個勇士，在漢朝時，殿門上就畫著他的像，穿的是短衣大袴，持的是長槍。又有的說：『門神乃是戰國時刺秦始皇未刺中的荊軻』。還有的以爲是唐朝時的功臣秦瓊，所以北幾省中各家大門以內，都要供養一位門神，兩旁貼的對聯是『昔爲唐朝將，今作鎭宅神』。還有連秦瓊與神荼鬱壘一齊都敬拜的，神不嫌多，於此可見。

（三）神荼鬱壘　漢朝時有一位名應劭的，作過一部風俗通，原是甚有價值的書，明朝永樂大典中，且特採錄其書中的事蹟。他自己也曾在序中解釋說：『所以名爲風俗通者，乃是要將風俗中不合義理的舉動，都叫他們通於義理，也就是祇錄合於義理的事，那些不合義理的則盡情删除』。這樣說來，風俗通中所錄的各事，就該盡合於義理，那纔於應劭的本意相符。至於是否如此，則看其所載神荼鬱壘一段，卽可知其不然了。書中說：『上古時有名神荼鬱壘者，本是弟兄二人，他們的性情，是甚能捉鬼』。今世的人，看見應劭的說法，所以每逢新年時，就要用紙寫出神荼鬱壘四字，二字貼於門左框，二字貼於門右框，也是使他們捉鬼的意思。其實那有這麼些鬼可捉？卽便他兄弟二人活著能捉鬼，及至死過不知幾千年，他又何嘗再能捉鬼呢？

又在一部名獨斷的書上說：『海中有一座度朔山，山上有桃木，蟠屈有三千里，樹枝的東北有鬼門，乃是萬鬼出入之路；門旁有神荼與鬱壘二神把守，稽查所有出入之鬼，凡有爲生人害的鬼，就必用草繩子綑起來去喂虎。』世俗既有此種傳說，因此也在自己的大門口貼上神荼與鬱壘四字，並懸掛草繩子以便捕捉邪鬼。其實鬼門可用神把守，既不是鬼門又何必用門神把守呢？設若好好的一個人走的門，再去用鬼門的神把守，豈不是自居於鬼門的地位麼？智者當不出此。況且在好好的一個門上，畫上些亂七八糟的鬼像，也是大不雅觀，令人心頭作嘔，那趕上清清氣氣的倒看著心裏好受呢？再說此種門神，並不能看守門戶，來了盜賊他又不去作聲；正如聾漢的耳朵一般，那眞可以不必多此一舉了。

（四）廁神　我國是敬多神，幾乎無物無神，更有所謂廁神的。即如傳嘉靈應錄上說：『台州（今浙江臨海縣）有一個姓王的，是常祭祀廁神；有一天他看見一個穿黃色衣服的女子，對他說：我就是你所常供養的廁神啊！說着從懷中取出一個小盒子，用指甲點出一點藥膏，塗抹在王姓的耳朵上；隨後囑咐他說：你若見有螞蟻時，要緊要側耳細聽，就必要發一大宗財的。住了好一會，女子方纔不見了。第二天，王某看見石柱底下果然有一羣螞蟻，他就伏耳而聽，只聽得螞蟻彼此說：我們必將家搬挪到一個溫暖的地方，因爲這裏有寶氣，所以是甚冷的，一點住不安穩。以後

「王姓等到螞蟻搬開之後，向下挖掘，果然得獲白金十錠」。廁神既然有如此的靈驗，無怪乎一般貪財鬼，都要殷殷勤勤的燒香磕頭了。續幽怪錄上還說道：『廁神不但是常遊在茅廁裏，每月還要出巡六次』。但不知是到何處出巡，或是爲的甚麼出巡，也許是出外喘喘清氣罷！

(五)紫姑　相傳紫姑原是某人的妾，因爲常受大婦的虐待，又強迫他做些骯髒的事情，所以他於正月十五日自盡了。後世多半畫出他的形像，於正月十五日夜間到茅廁中或是豬圈中去迎接他，以爲他是能預先曉得萬事，還能預先指示當年五穀蠶桑的好壞。其實一個自殺的婢妾，又有甚麼可以敬拜的呢？既是不得好死，又焉能預先指示人萬事的究竟呢？

柒　雜神

(一)雜神　我國自古除奉昊天上帝外，其餘凡物都信以爲有神，所以可名爲泰多神教。那些有名的大神自然是很多的；即便一些零星的小物，也都信以爲有神，眞是數算不過來的。即如「姜子牙」本是文王時的一位名將，也是我國最信服的一位名人，還信他是已經成爲神；所以凡人要驅逐邪鬼，則必寫出『太公在此百無禁忌』數字，貼在牆上，或是粘在壁間。凡趕山趕會的商人，更是迷信此種作爲，因爲他們迷信凡山會就有廟宇，凡廟宇必有邪鬼，而且不但活人要去趕由自，即便死鬼也要一齊去的。活人有警察兵卒維持治安，宵小不敢搶劫；至於那鬼呢，則非姜太公是制止不住的，因此纔貼出太公在此等字樣。世人這樣的推崇姜太公，試問姜太公到底能替他們效勞麼？恐怕他不便受這些麻煩罷！

若問姜太公自己對於神的觀念是如何呢？在他所作的一部太公兵法上有幾句說：「刀神名脫光；戟神名大將；矛神名跌蹌；箭神名續長；弩神名遠望」。按太公兵法恐是後人假托太公的名義所編造的，姜太公恐怕不信有這些刀箭的神罷！況且現在行軍的利器是機關鎗，射遠礮，炭克礮，飛行机，潛水艇，那麼姜太公的刀箭神，恐怕要銷聲匿跡了。

還有管著化粧品的神，即如採蘭雜誌上提到「粉（搽臉用）神名子占；黛（畫眉用）神名天賦；脂神（臙脂）名與賞；宵（脂不凝結者）神名雁姬」。但是現今所通行的花露水，生髮油，以及花士蓮，白玉霜，爽身粉等，不知這些物品，還有神否？

又有論到五穀的神，即如春秋佐助期上說：「麥神叫稱習，豆神叫靈殖，禾神叫辟翁，萊蔬神叫榮相公主」。這些神更是無法追致。

論到文房四寶，古人也說都有專神管理，即如致虛閣雜俎上記載說：「筆神是阿佩，又叫昌化；墨神是同氏；紙神是尙卿；硯神是淬妃。管書籍的鬼是長恩；每到除夕，呼叫他的名，將他祭祀，則鼠不敢嚙書，而且書中且不能蠹魚」。試看說的有何等的神靈，恐怕還是瞎話罷！

(二)伏魔大帝　古人迷信妖魔，以爲非有有力人物，是不能鎮攝的，所以往往加封一種素爲社會所稱道的人物，使他居於崇高的位地，然後於心方纔平安。即如對於關雲長罷，就是此等作用，當明朝萬歷年間，特爲封他爲伏魔大帝；其實他已死去一千餘年，能伏魔不能伏魔，並不在乎這一封；豈是封他就能伏魔，不封他就不能伏魔麼？皇帝既不能伏魔，又如何能封關公爲伏魔大帝呢？如果信關公爲神，則是已經超乎帝王萬萬，然則帝王又如何能對於他再加封位呢？當元世祖忽必烈時，則又對於關公大加擺弄，忽必烈本是迷信佛教的，每逢設壇時，硬派關公爲監壇的；所以直到如今，佛廟中禮拜關公，仍稱他是爲伏魔大帝，這就是從元朝傳下來的舊套。其實此種舉動，是絕對的對於關公不加禮貌，不過祇看他是一個配襯佛境的客而已。從來人君好弄權柄，所以他對於一切死過的人，也要隨便的加以驅使；關公有知，恐怕他要揮以毛拳罷！

(三)財神　俗敬趙玄壇爲財神，說是陰歷正月初五日是財神生日，商家都要循例買點魚肉，三牲，水菓，煙炮，供以香案，迎接財神。正當買賣固然如此，近世彩票盛行，無論買者賣者，對於趙玄壇，更要百倍的恭敬。此外還信玄壇的兩位使者，一個是招財，一個是進寶，都配受同等的供養。現在五洲交通，此種獨霸中國的財神，自然來到他的末路無法立足了，說來也很悽涼的。有一位金先生曾作過一段簡短的諧談，題目是『可憐的趙玄壇』。今錄如左：

『陰曆正月初五，商家居戶，都要循例敬財神，彩票行更要焚香頂禮，如同搗蒜似的，跪在地上幾乎捨不得起來；這種怪狀，眞是又可憐又可笑。某年財神倒運，行自凡塵，臉上帶著愁容，口中不住噯氣；恰巧招財進寶二童子，赤著雙腳，甩著雙手，（試想）一步捱一步的走進來。玄壇忙問道：伽藍（佛教的護法神）和觀音（佛教的品級名）可曾答應麼？二童子搖著頭說：未曾未曾，都說連自己還過不去，怎能再借給人呢？玄壇聽了，忙道：這一次借不出來，可就糟了；（窮神的口氣）今天是我到下界享供養受歡迎的日期，想看我的衣甲是破碎的，鋼鞭又送到長生庫中，這副窮相，怎麼有臉去受下界的迎接呢？當時二童子，已凍得咬牙切齒，渾身發抖，一時也說不出話來。玄壇無法，長嘆一聲，便轉思道：此刻諸神佛菩薩，想必賭錢的賭錢，吸鴉片的吸鴉片，打嗎啡的打嗎啡；幾個有錢的，想必都送到交易所，彩票店，及滙豐銀行，與儲蓄會中去了。可是彌勒佛（佛教徒說是釋迦滅後五十六億七千萬歲，彌勒當下降人間而成佛；釋迦在世時，他是在旁邊聽講；佛經上也說

彌勒是繼釋迦而成佛的。此等迷信，比較的尤爲荒唐。）整天家面團團而帶笑容，腰袋中想必是
吊吊的，我爲甚麼不去與他開大借款的談判呢？主意打定，套上零碎鐵甲，持定竹梢鋼鞭，吩咐招
財進寶，看好大門，騎上黑虎向西方去了。黑虎久未得食，走起來比猪更慢；玄壇怒道：畜生！這樣輕
挪脚步，豈不誤了借貸的大事麼！方將動手打虎，驀然間對面來了一個披髮赤足的神；玄壇吃了
一驚，跌下虎來，連竹鞭也折斷了。只聽那神喝道：快些扶他起來！

玄壇定了定神，抬頭一看，原是達摩祖師。（據佛教說：達摩是印度的和尚，當梁武帝大崇佛
教時，他從印度到金陵，特要拜會武帝，不料兩下裏話不投機，意見不合，弄的達摩生了一肚子氣，
於是折了一根蘆葦，踏著渡過揚子江，一直的走到嵩山少林寺，（在河南登封縣北）面壁坐了
九年，形入石中，越探越清楚，人都說是精誠貫金石。其實這些瘋話，並不能爲佛教增光，反能形佛
教的醜）。達摩問道：趙道兄爲甚麼狼狽到了此地？玄壇流淚揮涕的答道：不瞞祖師，我們的晉了，
沒會把陰陽歷算清，剛到陽歷初四，就騎上黑虎，要出殿去；誰知餓虎不能搖尾千里，還未出南天
門，便落下人間，只見窮百姓不是鬧荒，就是逃災，並未爲我擺設貢獻。待要回來，虎又餓的挪不動
蹄爪，沒奈何這纔押了鐵甲鋼鞭，權作路費，搭火車，趁輪船，回到殿中。好歹挨到今天，以爲一年總

可以吃一頓飽飯的，可是穿戴的若不整齊，也未免令下界的人瞧不起；我們要到彌勒佛那裏去告貸告貸，前次走到災荒地方，已是嚇怕了，這次見你蓬頭赤脚，以爲又是走到災區，這纔嚇的跌下虎來啊！」達摩聽了，嘆一口氣道：我兄是督理天下財源，掌管世間寶鈔，聚寶盆定是很多的，試看我當這冰雪在地，還弄不上一雙鞋子，一頂帽子，正要到兄那裏去想個法兒，誰知連兄也成了窮光蛋；罷罷罷！我們再見罷！說罷，將手一供，忽忽的去了。玄壇癡望了一會，跳上黑虎，持著竹棍，朝著雷音寺而來，走進大進寶殿，拜見彌勒。彌勒笑道：不瞞師兄，貧道上年作了幾次投機的買賣，即如買股票，賭彩票，存在儲蓄銀行，不料交易所倒閉，股票如同廢紙，銀行關門，一文取不出來，所以弄的一精二光，別人看著我笑嘻嘻的，以爲滿足得意，其實心中哭還哭不出音來哪。財神暗暗想道：連捨身救人的佛，也不認得我了，眞是神情冷暖，佛態炎涼。連第二句也沒說，就告辭了，路上又想道：下界本是迎接財神，像我這個窮樣了，若到下界，恐怕要惹得他們嗤笑了；一面想一面走，不覺回到殿中，越想越氣，一跟頭埋在被裏睡他的窮覺去了』。

這一段故事，說得雖然離奇，足徵財神是靠不住的，可是關於財神的歷史，據說是起於宋朝的奸相蔡京。按蔡京爲福建仙遊人，凡四出爲宰相，大得不長進的宋徽宗的信任，排斥司馬光等一般的忠臣爲奸黨，崇信亂天下的王安石，凡所作爲與奸相秦檜前後相映，宋朝可說是毀於二人手中。當蔡京執政時專心將國賣於金人，（即滿洲）他似乎專門敗壞，所以倡導豐亨豫大的奢侈法以取徽宗的歡心，廣興土木耗費國帑。當時民間都羨慕他的富有，傳說他是富神降生；他的生日又是正月初五日，所以民間也於正月初五日祭祀他爲財神，以便發財。推想當時他這樣紅，正如洪憲時代稱爲大財神的梁士詒是同樣的旨趣。可是梁士詒的財本不是由正道來的，正如蔡京的富有，不是由正道來的一樣。從梁士詒被通緝以後，雖還擁著大財神的虛名，其實並不齒於人類。從蔡京被貶於廣東海南島儋縣，未到貶所，死在路上，子孫二十三人都分竄遠地以後，世俗就以爲他的名字甚不光而，因此就打算另換一個財神。可巧當時宋朝的國姓是趙，並且玄字也帶著肖字的一份，這纔瞎起上一個趙玄壇的名字當作財神敬拜。後世不察，以爲是眞有這麼一個財神，還在正月初五日去迎接他，眞算是妄想發財的了。

（四）利市仙官　俗傳利市仙官是一種使人發財的神；我國北方，每屆新年，必將利市仙官的像，貼在門上以求吉利，商人更是如此。據圖繪寶鑑上說：「宋朝的嘉禾，最會繪利市仙官像，背格態度並皆佳妙，不是俗工所能趕得上的」。可見宋朝時就有此種迷信了。可是發財不發財，不在乎敬拜利市仙官，乃在乎有沒有商業知識。人若在利市仙官上多用心，不去講求交易的大道，恐怕祇有賠本破產的了。

(五)喜神　喜神又名吉神；人的心理是趨吉避凶，是指望喜樂而厭棄煩惱，所以就生出一個喜神來了。平時固然多用著喜神，而婚姻時更是離不開喜神的。世俗於婚姻時，新人坐立須正對喜神所在的方位，然後一生方能多有喜樂的事。按喜神的方位，是變換無定的，要知某天喜神所在的方位，則必先請陰陽家指示；這也是術士謀食的一種方法。其實並沒有喜神，他何嘗能知喜神的方位呢？據滿清乾隆時，所敕撰的協紀辨方書上說：『喜神於甲巳日居艮方，是在寅時；乙庚日則居乾方，是在戌時；丙辛日居坤方，是在申時；丁壬日居離方，是在午時；戊癸日居巽方，是在辰時。』既然推定喜神所在的方向，新娘子上轎以後，轎口必對準該方向少停一刻，叫作迎喜神；然後再爲出發，這纔心下滿足。其實這種荒渺無憑的事，不知乾隆爲甚麼還要敕撰，眞是不識其務的。再說天干地支，古人雖用以記日，然而現在則祇用以紀年，比如拳匪作亂是在主後一九〇〇年，也稱爲庚子年；民國成立於主後一九一二年，也稱爲辛亥年，未嘗不算是便利。至於要用干支紀日，那眞是弄不清楚；比如說甲巳日寅時喜神居艮方，若果如此，則甲巳日是甚多的，因爲六十日就要循環一周；卽如禮拜日每七日是有一次的；難道這一個甲巳日喜神居艮方，第二個甲巳日喜神仍居艮方麼？既是神又焉能如此的六十天內循環一次呢？這樣說來，既找不淸喜神這在何方，也就無法再去迎了。老實說來，喜神並不管這些瑣屑事，因爲原來沒有喜神啊！不知乾隆是敎那一個明白家杜撰的，到如今還爲害社會！

(六)凶神•• 俗稱煞爲凶神，說是人死後魂再返回，凡相遇的，卽必死亡，這叫做歸煞。當前五代時，卽有此種迷信，當時凡父母喪亡的，都按天干地支推算歸煞的日期，屆時子孫必先逃避，沒有敢居留家中的。吹劍錄上記著：避煞不知起於何時，當唐朝時有一位太常博士李才，曾作過一冊百忌曆，說是煞乃是一個白色男子，他死去以後，住了二十天及二十九天時，曾兩次回家，所以世俗也都效法於父母死後三七二十一天或四七二十八天時，相率躲避，免爲凶煞所遇見。

這樣的迷信，不但對於父母過於薄情，而且竟看父母爲凶神；稍講孝道的，豈肯屍骨未涼，遽然作此等待遇呢？我國自古是講孝道，原是甚爲可取，不料在純全的孝中，還摻雜上些混濁的邪說，以致視父母爲凶神；可見迷信是最爲根毒的。

至於此種風俗，南北也不相同，北方多避煞，而南方則多接煞；乃是當父母死後，請陰陽家按死的年月日的干支推算返魂的日期，屆時預先請下巫覡等接待，這就叫作接煞。惟不知巫覡等是如何的接法。

（七）火神　世人以爲火是最厲害最無情的，也是以爲上天無故要降天火，燒燬人居；因此從迷信生出畏懼，由畏懼生出敬拜，所以各地都建有火神廟，按時舉行大會。此種迷信，說來是又可憐又可醜，因爲是從無計奈何中求生路的。推究此種迷信，均是由於古傳所養成的，即如搜神記上記載三國時劉備的內弟糜竺的一段事，就是淵源於天火。這段事三國演義上也曾記錄，似乎是千眞萬眞。是那一回事呢？據說：「糜竺從洛陽歸家，路上遇見一個婦人，要求與糜竺同坐一輛車。糜竺允許了他，婦人上車以後，行了數十里，糜竺未曾起甚麼淫念，且未曾看婦人一眼。隨後婦人求去，臨行時對糜竺說：我本是天使，奉上帝命往東海燒燬你家；今因君許我同載，且無邪念，所以甚爲感激，君可急速還家，搬當一切，我可暫且緩行，今天正午時君家必要起火。糜竺聽了，不覺出了一陣冷汗，趕快奔回家中，將財物一概移到別處，時到正午，果然房屋不火自焚了。」其實此等事，用爲儆戒淫行，倒也不錯，卻不能認爲是眞實的。因爲火是有人爲的，天然的；性能引火的物品，自然就能燃燒，並於上天無關；世人往往疎於防範，起了大火，反倒埋怨是上天降的火災，那眞是愚不可及；因爲上天是慈祥的，又焉能降甚麼火災呢？

（八）神女　今世所通行的端午節本是紀念戰國時楚國的屈原，因爲他當時抱著忠臣的心，可惜不見信用，所以自己懷著沙沉在汨羅江中；（在湖南湘陰縣北）後來爲紀念他的忠心起見，這纔爲他立了一個端午節。論起這種死法來並不見得正當，正如孔子說的自經於溝瀆而莫之知也，是一樣的無趣；況且歷代爲國事家事輕生的，多不得人的稱讚；即如烈士殉國烈女殉夫以及蹈海自殺服毒投繯等等，在前幾世或者可稱爲忠烈，其實原是聖人所不取的。閒言少敍，今單提到屈原有一個弟子是宋玉，因爲他老師不得好死，所以作出兩篇神女高唐賦來，以諷當世。據宋朝姚寬所作的西溪叢話上說，宋玉有一次夢見神女，醒來述說給楚襄王聽，王吩咐將夢境寫出，宋玉因此作成神女賦。按賦的序文中提到宋玉與楚襄王遊到雲夢澤，（在湖北安陸縣南）起先楚懷王獨遊高唐時，曾夢見神女；按神女乃是赤帝（南方之神爲赤帝）的閨女，名叫瑤姬，他死時是葬在巫山的南邊，所以稱爲巫山女。楚懷王因此在巫山南邊，爲神女建立下一座寺觀，命名朝雲觀，也就是神女廟。這一次楚襄王與宋玉既遊雲夢，襄王於是命宋玉再將高唐的事作一篇賦。當天夜間王果夢見與神女相遇，容貌非常姝麗。第二天將夢境對宋玉述說，逼宋玉這纔作的神女賦。按高唐賦中有句說：『昔者先王嘗遊高唐，怠而晝寢，夢見一婦人曰：妾巫山之女也爲高唐之客聞君遊高唐，願薦枕席。王因幸之。去而辭曰妾在巫山之陽，高丘之阻，旦爲朝雲，暮爲行雨，朝朝暮暮，陽臺之下。旦朝視如言，故爲立廟，號曰朝雲』。從賦中的語氣看來，神女原是一個淫奔的死鬼，又有甚麼敬拜的價值呢？又有甚麼可以爲他立廟的價值呢？自從這一段無恥的事傳開之後，所以後世凡遇男女不按正式的禮節交合的，不是說巫山，就是叫雲雨，或是稱爲高唐，或是名爲陽臺；這就是神女瑤姬所流下的淫毒。詩經上說：『中冓之言，不可道也』。豈可奉以爲神麼？

（九）路神　人不能常居本地，是必要出遊的。古時交通不便，出遊的少，近今輪船火車，一日千里，出遊的或單行，或團體；近者數百里，遠者數千里，數萬里，或數十萬里，均是司空見慣，不以爲奇。惟在我國，一般頭腦陳舊的人，於出行時，則必先祭路神，以爲非如此，路上就得不著平安。若要推究那一個是路神呢？原來是甚不光而令人可醜的。爲甚麼呢？若是一個有功生民的偉人死去，後人因要紀念他的功德，把他將神敬拜，或者可以說得下去；至於一個凶人的浪蕩子弟，又沒得著好死，後世再去拏他將神看待，未免過於優待了。按風俗通說是：『路神是堯時曰爲四凶之一舜時流於幽州的共工的兒子；他的名字是叫修，性好遠遊，却沒有遊歷的好目的。當遊歷時，不知如何死在路上，當時也不過以爲死了就算完，並沒有想到他還成了神，誰知時隔二千餘年，到了漢朝就把他當路神祭祀』。這樣說來，漢朝以先，並沒有路神的名目；漢朝人若是以爲非有個路神是不行的，也當推出一個得好死的好人，將他抬上路神的座位，決不當推出一個敗家的子弟來，當路神敬拜。漢朝以後的人，若是想到漢朝的錯處，就不當將錯就錯，至少也當另行擇選一個好的路神；可是爲甚麼二千年來，竟以漢朝人的路神爲路神呢？基督說：『瞎子領瞎子，兩個人都必掉在坑裏』。就是指著此等事說的。

還有一個岔兒，就是古人一面以共工的兒子爲路神，一面在後漢荀彧傳上又說：『黃帝的兒子好遠遊，死在路上，所以後世以他爲路神，加以祭祀，以求出門時在路上多蒙他的祝福』，這樣看來，在漢朝時忽然添上兩個路神，不知他兩個還爲這最高問題起甚麼交涉否？

（十）開路神　世俗出喪時必用開路神，古時則多用方相，按官品的大小，定規所用開路神的大小。凡四品以上的官，所用的開路神爲方相，頭是四方的，所以叫方相，一方安一眼，共有四眼。四品以下的官，則祇爲兩眼，所穿的衣服，如同道士，手中執著戈，還持著盾牌，其實不過祇紮成一座架子，雇人在架子中擺弄就是了。走到坟墓時，則用戈打擊坟壙的四角，這就完了開路神的本分。但是近來此種方相的開路神，已經變成紙紮的開路鬼了，眞是不可思議的。

（十一）五通。　江南各地多祀五通神，又名五聖，又名五郎神，俗傳他能魅婦女，並爲種種怪異，蒲留仙在聊齋志異上說的最爲詳盡；所以迷信的人多爭先恐後的供以香火。此種神當明朝及淸初時，最爲興旺，尤以蘇州城西楞伽山上的五通廟香火最盛。到康熙年間，有一位江蘇巡撫湯斌，因爲破除此種迷信起見，曾將其塑像投諸太湖，並將他處的五通廟也都加以毀壞。有人說五通之名，是起於唐宋，因爲當時一般迷信神仙的說是神仙五通不死，迷信成佛的也有佛具六通不生不死的說法。宋朝的大儒蘇軾，也有詩說：『聊爲不死五通仙。』就知當時已有此種迷信了。但是還有的說：五通神實起於明初，因爲當時明太祖伐陳友諒，陣亡的兵士甚多，有一次他夢見有許多陣亡兵士，要求加以撫恤，他就應許他們以五人爲一組，在各地爲他們立廟血食。明太祖後來於是命令江南各家都要立下一座一尺五寸高的小廟，這就是五通神的起點。其實兵士陣亡，乃是常事，死後又焉能爭求血食呢？明太祖與陳友諒之戰，比較歐洲的世界大戰，豈不是如同蝸角之爭麽？然而不聞歐戰陣亡的兵士成神爲祟，那麽這五通神，又是從何處來的呢？推究所以，還是那些欺世惑人的巫覡，藉著一種邪說騙錢罷了。

（十二）淫祠　凡多神教，對於所祀之神，往往沒有限制，所建設的祠廟，也是多至不可限量；遂有此事發生，則謂之淫祠。唐書上記載：『狄仁傑為江南巡撫使，毀吳楚淫祠一千七百所』。現在淫祠遍天下，若是遇見狄仁傑，恐怕早就被毀了。淫祠中有一種，稱謂叫作神君。按史記封禪書上所記說是：『當時有一個皇帝去求神君，神君乃是一個長陵女子，因為他兒子死了，就在妯娌的室中出神，妯娌們加以奉祀，別人也進去祭祀，又有平原君也去敬拜祭祀。後來他的子孫登了高位，及至當時封禪的皇帝登了帝位，於是特特將神君按置在皇宮中，加以奉祀；祇能聽見神君的聲音，並看不見他的形像，這就是後世淫祠的一種』。

其實這些亂祀的風俗，流弊最為厲害，怎趕上只敬獨一真神呢？

（十三）二郎　按朱子語錄說：『四川灌口（在今灌縣西北）有二郎廟，乃因秦時有叫李冰的，曾開鑿一處離堆口，使江水向東北流，藉以灌溉田地。後人因為他有功，所以為他立廟。至於所以稱為二郎廟，乃是因為李冰的第二子，也塑在廟中，起初曾封為王，後來宋徽宗不加信服，就不封他為王，但是他常顯出許多靈怪。另有一位張魏公，當用兵時，夢見二郎對他說：應當再重封我爲王。於是徽宗遂總又加封他爲王』。所以從宋時，這二郎廟就大興了；現在也是多有供奉的。此種相沿成俗的事，本不足以取信，因爲二郎廟又何能斷出靈怪？又何能拒邪？又何能再要求封王？豈是爲神還不如爲王麽？

（十四）巨靈　俗傳河神是名巨靈；即如後漢時湖北有一個文學家，名叫張衡的，精於文字，作兩京賦，構思十年方總告成。賦中有幾句說：『綴以二華，巨靈贔屓，高掌遠蹠，以流河曲』。意思是說西嶽華山本是一山，黃河流過，循山曲行，不料被河神巨靈用手將山頂擘開，用足將山根踢開，因此分爲二山，河流從中通過。通甲開山圖上，也有幾句提到巨靈的話，即如：『有巨靈胡者，能造山川，出江河』。這樣看來，我國多神的流傳，是由精於文字所鑄成的，就不能不歸咎於古時的文學家。

（十五）陳寶　俗傳陳寶是在地中專吃死人腦子的神。至於他是管理著那一門事情，則不得而知，不過因爲他是最奇異的，所以纔奉爲神罷了。據史記說：『當初秦文公在陳倉（今陝西寶鷄縣）的北阪城得到一塊石頭，因此即將其奉祀。神來時多半在夜間，光輝如同流星，都是從東方來，集在祠城中，如同一隻雄野鷄一般。叫喚起來，聲音是殷殷動聽，名叫陳寶，秦文公特爲設了一隻牛祭祀他』。

另有一種說法，是有一個陳倉人得到了一種奇異的物件，要奉獻給秦文公，行在路上時，遇見了兩個童子，對那人說：『這個物件的名字叫媦，專在地下吃死人的腦子』。不料那個媦，也會說話，順口就說：『這兩個童子，是叫陳寶，一個是雄的，一個是雌的，凡得雄的就必能爲王，凡得雌的就必要爲霸』。那人於是要下手捕捉童子，誰想忽然化成野鷄飛去。後來秦穆公田獵時，得到了一隻雌的，遂爲他立下祠廟，按時奉祭，直到如今，陳倉還有一座寶夫人廟；陝西寶鷄縣，或者也是從這段故事得的名。其實何嘗有此野鷄神，又焉能生爲王爲霸呢？又如何能叫甚麼陳寶呢？無乃說的太也玄了。

（十六）**眞武**　我國北方俗拜一種名眞武的神；按眞武原名玄武，因爲宋朝開國的君是趙匡胤，玄字與胤字有點牽連，所以爲諱避起見，纔改爲眞武。就這一節說，足徵神不如人貴重了。人既敬玄武爲神，祇有人犯神的忌諱，豈有神犯人的忌諱之理，這就見出人對於神的心理了。至於論到玄武到底是甚麼神呢？據禮記上說：『前朱鳥而後玄武』。朱鳥是指著南方的七星說，玄武則指著北方的七星，即如斗牛織女等是。爲甚麼不以朱鳥爲神，又以玄武爲神呢？據世俗傳說，則因爲玄武常常顯靈，卽如那本專講荒渺無稽怪誕不經的酉陽雜俎上說：『唐朝時有一個姓朱的道士，到江西廬山遊歷，在山澗的石頭間，遇見有一條長虫，蟠在那裏，如同堆積錦緞一般，轉眼之間，變成一個大龜。朱道士訪問當地的老頭們，這是甚麼神怪？老頭們道：是眞武出現啊！』又在靈應錄上說是：『有沈仲容的兒子，在竹林中看見一條長虫，糾住一隻烏龜，遂用鋤將龜蛇都擊斃了，隨後家中數十口，於十天以內都相繼死去。當時鄰舍不知是甚麼病災，後來有一個號稱明白的，說是他兒子所擊斃的龜蛇，原是眞武神啊』。

這樣說來，眞武神旣被沈仲容的兒子打死，後世就不該再將他敬拜了。當宋朝時，在開封縣建築一座醴泉觀，掘地時得到龜蛇二物，有道士也說：這是眞武的化身。從宋朝以後，奉祀的就越發謹愼了。按世俗所奉祀的眞武像，是披著頭髮，穿著黑衣，持著刀劍，踏著龜蛇，還有些侍從的都擎著黑旗。這種惡像貌，豈能配稱爲神？

（十七）蛇神。　蛇爲有毒的爬虫，本是最爲害人之物，所以人常常對於蛇露出一番驚懼之心；俗語說：『一次被蛇咬，百年怕井繩』。又說：『打草驚蛇』。『杯弓蛇影』。可知世人的心理，對於蛇的懼怕心，是無微不至了。按世人的心理，對於所怕的就要奉以爲神，所以蛇本是人的仇敵，却是反要對它望風而拜，稱爲蛇神，眞是不可思議的。據拾遺記上說：『當初大禹鑿門龍山，遇見一位神身子如同蛇而孔如同人。大禹於是親親熱熱的合他交談了一回。那位神隨指示禹八封之圖，列在金版之上，又探出玉簡來交給禹，以合於十二時之數，使禹按之可以量度天地。大禹得到這些寶物，這纔完成他平定水土的大功。至於要問這個蛇首人面的神是誰呢？原來乃是伏羲皇帝』。其實大禹治水，三過其門而不入，原是用的一片勞苦工夫，何嘗是仗著蛇神的扶佐呢？

古時又有以蛇爲國家的妖孽的，即如左傳上說：『起先有內蛇與外蛇在鄭國南門中戰鬪，內蛇受傷而死，住了六年，有厲公闖進鄭國。鄭公聽見這個事情，遂問道中繻說：難道還有蛇妖，以致使厲公得進來麼？』這是以爲強敵來攻，是由蛇招來的，其實不修武備德政，予敵人以可乘之機，那有甚麼蛇妖呢？

(十七)蝗神。 俗傳劉猛將軍是一位除蝗神，凡遇蝗虫發生，則敬拜此神，蝗虫就必殄滅。如要追究他的原委，說法也不一樣，似乎已找不出眞來歷了。即如畿輔通誌上載著：『神原是姓劉，名承忠，廣東吳川人，當元朝將亡時，作指揮官，上陣是甚勇猛的。當時江淮一帶大旱，蝗虫大起，所以他就督兵捕蝗，蝗都盡死。後來因爲元朝爲朱洪武所滅，他就自投河死了。但是江淮人民，思念他捕蝗的功勞，所以特立下廟祭祀他』。可是又有一個說法，則是『當宋朝景定四年，（紀元後一二六〇年）也是發生了蝗虫，皇帝遂敕封一位善於用兵的劉錡爲揚威侯天曹猛將之神，蝗虫因此就殄滅了』。

其實生前能用力捕蝗，原是可佳，恐怕死去以後，就無力捕蝗了；如其奉他爲神，倒不如再奉一個能捕蝗的活人，倘算有裨實用。

（十八）**堂子**　北，東長安門外，有一處廟，稱爲堂子，乃是滿洲人祀神的地方。廟中所奉祀的神，要推土穀爲首，另外還連帶著些百樣的神。廟中沒有塑像，僅樹立一枝神杆，以爲神主，另外也有滿洲諸王陪祭的靈位。按俗傳，廟中是奉祀明朝的鄧子龍，當明初開國時，明太祖爲要察訪遼東形勢，所以曾改裝私到遼東，不料邏卒以其形跡可疑，幸虧有鄧子龍看出太祖是非常人，所以暗暗的護送他出了境。後來明太祖不忘舊情，因此也將子龍附祀堂子以內，也算是百神中的一位；今竟成爲滿洲人敬神的所在了。這樣看來，百神都是漸漸添造的，也是常常變換的，不知滿洲人爲甚麼偏偏看上了鄧子龍，眞是數典忘祖的舉動。

（十九）**跳神**　滿洲有一種風俗，每逢新年時，要祭如來（即佛）像與觀音像，先於擺上糕擺酒肴時，搖鈴的搖鈴，敲鼓的敲鼓，嘈雜的一塌糊塗；女巫則婆娑舞蹈，獻上猪頭鷄羊等品。這樣的擺弄，非三天的工夫不能罷休。平民固然是如此，最迷信的要推愛新覺羅的近支們，韃靼何奴本是迷信佛教的，與西藏的僧民有同等的迷信；所以當滿清竊踞中原時，在北京的皇宮中，還是當除夕的前一天，行一些野蠻的禮節，叫作甚麼跳布扎。是怎樣行法呢？乃是當除夕的前一天，叫一些喇嘛和尚，粧扮出衆天神及二十八宿的像來，彼此旋轉唸經。又做出些人皮形，鋪在天井的中央，然後再做些神鹿五鬼及護法神，去挨次捕捉。末後則排出兵甲，幡幢，旗幟，用火槍送出宮中。這樣的作弄，不但毫無意識，而且也毫無趣味；但是愛新覺羅氏，反倒以為能消除一年中的不祥。試思此等野蠻的舉動，又如何能為我神冑華夏之主呢？若不是我華夏仁厚，滿清早已絕跡了。

捌　結論

我國所敬拜的神，固不祇限於本卷中所提的幾位，試看祇就文房四寶及兵器中的神，已是凡物卽必有神的明證。世界之大，物類之多，豈祇限於本卷所提區區數十種物類呢？不過本卷所列的，但是見之於書冊，或是通行於各地，或是專為某地所推崇的知名之神就是了。至於那些未見之於書冊的，還不知上千累萬有多少呢！試看當唐朝狄仁傑為江南巡撫使時，祇就吳楚二地說，已有淫祠一千七百餘所，這樣若統全國算來，眞不知淫祠有多少了！每一座淫祠，要敬拜一個邪神，試思統天下而算來，當有多少邪神呢？俗語說：『小廟的神架不住大香火』。是證架住大香火的，必是大廟的神了。其實這些神，原是人心理的作用，人的心理有這等作用，正見出人是最容易趨到下流的，因爲不思上進求一個上等的神，只去因陋就簡的思想卑鄙齷齪的神，而且又認不是神的爲神，撇棄眞神而不認，乃是最無意識的舉動。此等敬神法，與不進化而退化，慣於作惡不思遷善是一樣的旨趣。可是神乃世界的主腦，人若對神混蒙不清，則根本上已經錯誤，其餘萬事就無有不混亂的了，這就是我國現世不振，歷代變亂的原動力。我國果欲變弱爲強，日見進步，那麼就當認淸獨一上帝，上帝是天地萬物的主宰，耶穌基督是他的代表，要專門作犧牲的事業；凡爲人類俱是上帝的兒女，爲上帝所長養，無論是生是死，俱當爲上帝，不當爲一己；這樣可以達到地國變成天國的地位了。

破除迷信全書(民國)李幹忱編纂 --影印本--臺北市:臺灣學生,民 78
32,600面;21公分-- (中國民間信仰資料彙編第一輯;附錄三)
ISBN 957-15-0017-8 (精裝) :全套新臺幣 20,000 元

I (民國)李幹忱編纂 II中國民間信仰資料彙編第1輯;附錄三
272.08/8494 附錄三

中國民間信仰資料彙編 第一輯

王秋桂 李豐楙 主編

破除迷信全書(全一冊)
編輯者:李幹忱
出版者:臺灣學生書局
發行人:丁文治
發行所:臺灣學生書局
臺北市和平東路一段一九八號
郵政劃撥帳號〇〇〇二四六六～八號
電話:三六三四一五六
本書局登記證字號:行政院新聞局局版臺業字第一一〇〇號
印刷所:明國印製有限公司
地址:台北市桂林路二四二巷五七號
電話:三〇八九八二〇
香港總經銷:藝文圖書公司
地址:九龍又一村達之路三十號地下後座
電話:三-八〇五八〇七
中華民國七十八年十一月景印初版

ISBN 957-15-0017-8 (套)